# DSM-5 성격장애의 진단 및 치료 핸드북

원서 3판

## 평가, 사례개념화, 치료

HANDBOOK OF DIAGNOSIS AND TREATMENT OF DSM-5 **PERSONALITY DISORDERS**

Third Edition

Assessment, Case Conceptualization, and Treatment

Len Sperry 저

김석웅 · 강영신 · 이세라 공역

학지사

**Handbook of Diagnosis and Treatment of DSM-5 Personality Disorders: Assessment, Case Conceptualization, and Treatment (Third Edition)**
by Len Sperry

# 역자 서문

살아오면서 누구나 한번쯤은 '정말 이해하기 힘들고 함께하기 어려운' 사람을 만난 적이 있을 것이다. 그리고 그런 사람을 만나 상처받은 경험을 곱씹으면서 다시는 '그러한 사람'과 어울리지 않으리라 다짐했을지도 모른다. 나에게도 그런 경험이 분명히 존재한다. 심리학을 오랜 시간 공부하면서 나는 나에게 고통을 주고 한편으로는 성장시키기도 했던 '그러한 사람'의 말과 행동이 일종의 '증상'이고, 그 '증상'의 총체가 10개의 성격장애로 분류되어 있다는 사실을 알게 되었다. 또한 '그러한 사람'을 이전과는 다르게 바라보는 훈련을 받았으며 더 나아가 그들 역시 고통받는 환자이므로 그들의 삶에 보다 적극적으로 개입하여 도움을 제공하는 역할을 하게 되었다. 하지만 많은 임상가와 상담가가 그러하듯 성격장애를 가진 이들과 함께하는 여정은 녹록지 않았고 그것은 지금도 마찬가지이다.

임상심리학자로서, 임상심리전문가로서 성격 문제를 가진 내담자를 마주하는 상황은 힘겨울 때가 많고 어딘가로 도망치고 싶은 기분을 들게 하는 일이다. 나는 꾸준히 성격장애 사례를 접하면서도 과연 전문가로서 나의 역량이 향상되고 있는 것인지, '자신 그 자체'로 고통받는 환자의 삶에 내가 필요한 만큼 기능을 발휘하고 있는지 자주 의문을 품었다. Len Sperry 박사의 임상가적 역량이 집약되어 있는 이 책을 강영신 교수님, 이세라 박사와 함께 번역하기로 결심했을 때, 나는 나의 오래된 의문에 답을 하고 싶었던 것 같다. 이 책은 각 성격장애의 진단과 치료에 대한 여러 연구 및 문헌을 체계적으로 조직화하여 보다 실질적이고 효과적으로 진단을 내리고 치료적 개입을 할 수 있도록 안내한다. 따라서 각기 다른 학문적 기반을 가지고 정신건강 영역에 종사하는 전문가와 수련생들이 성격장애를 가진 내담자들을 개념화할 때 기본적인 지침이 될 수 있을 것으로 기대된다. 이와 더불어, 비록 전문적인 내용이 많긴 하나 내용의 명료성과 구체성으로 미루어 볼 때, 이 책은 성격장애를 가진 환자 당사자와 가족들, 성격장애를 가진 사람들을 돕고자 하는 이들에게도 유익한 정보를 제공할 수 있다고 생각한다.

번역 과정에서 세 명의 역자는 원서의 의도와 내용을 충실히 전달하기 위해 적극적으로 의견을 교환하며 노력하였고, 독자들의 이해를 돕고자 필요시 괄호를 이용해 추가 설명을 하거나 주석을 달아 두었다. 이 책이 번역되고 독자들에게 전달되기까지 많은 사람의 고민과 노력이 필요하였다. 먼저 번역을 함께 해 보자고 제안하시고 귀중한 경험을 하게 해 주신 강영신 교수님께 감사드리고, 번역 작업을 하며 지치지 않도록 끊임없이 같이 투덜대고 농담을 나누던 이세라 박사에게도 고마움을 전하고 싶다. 그리고 우리 세 사람의 느린 번역 과정을 기꺼이 기다려 주신 학지사와 꼼꼼하게 퇴고를 해 주신 정은혜 과장님에게도 무한한 감사의 말씀을 드린다. 끝으로 최선을 다해 번역을 했음에도 불구하고 오역이나 매끄럽지 못한 번역이 발견될 수 있을 텐데 미리 독자들께서 넓은 아량으로 이해해 주시길 부탁드린다.

2023년 7월

현장에서 고군분투하는 많은 동료에게 격려와 감사의 마음을 전하며

광주 심리건강연구소에서

대표 역자 김석웅

# 저자 서문

오늘날 임상 장면에서 평가를 받는 사람 중 약 50%(Zimmerman, Rothschild, & Chelminski, 2005)가, 일반인 중에는 약 10%(Torgersen, 2009)가 성격장애 기준을 충족한다. 성격장애는 한 개인의 직업, 가족, 대인관계에 큰 지장을 불러일으킬 수 있다. 성격장애는 가족 갈등, 별거, 이혼, 자녀 양육권 분쟁, 실직, 무주택, 약물 남용, 폭력, 범죄 등과 높은 상관을 갖는다. 성격장애는 현재 갖고 있는 의학적 질병을 악화시킬 뿐만 아니라 다른 정신질환에 대한 예후도 나쁘게 한다. 또한 성격장애는 낮은 치료 협조도, 의료 및 정신건강 서비스의 높은 이용률, 재발 및 조기종결 가능성과 상관이 있다(Skodol, Bender, Gunderson, & Oldham, 2014). 이러한 성격장애들을 치료하는 것은 아마 틀림없이 치료자들에게는 몹시 까다로운, 때로는 매우 답답한 일일 것이다.

『DSM-IV 성격장애의 진단 및 치료 핸드북(Handbook of Diagnosis and Treatment of DSM-IV Personality Disorders)』(Sperry, 1995a)의 첫 판은 DSM 성격장애들에 대한 진단, 사례개념화, 치료를 다룬 첫 단독 저자 서적이라는 점에서 새로운 지평을 열었다. 또한 성격장애의 효과적인 치료를 계획하고 수행하는 데 있어, 치료자에게는 간략하지만 빈틈없는, 사용자에게는 편리한 정보를 제공했다는 점에서 기존의 다른 성격장애 관련 책들과 차별성이 있다. 『DSM-IV-TR 성격장애의 진단 및 치료 핸드북』(2003) 두 번째 판에는 진단 및 효과적인 치료 개입 방법들을 계획하고 수행하기 위한 부가적인 자료들이 포함되었다. 세 번째 판인 이 책[『DSM-5 성격장애의 진단 및 치료 핸드북(Handbook of Diagnosis and Treatment of DSM-5 Personality Disorders)』]은 이전 판들이 지닌 사용자 친화성과 임상적 활용성을 계승하였다.

두 번째 판이 출간된 후 13년 동안 정신건강 영역에서는 DSM-5가 출판된 것은 물론이고 몇 가지 변화가 있었다. 물론 DSM-5가 성격장애의 특성을 어떻게 정의하느냐와 관련된 주요한 변화가 사전에 예상되었다. 하지만 2013년 5월에 출간되었을 때 기존의 장애와 진단기준들은 그대로 유지되었다. 성격장애와 관련하여 DSM-5에서 바뀐 몇 가지 변화는 성격장애의 대안 모델과 더불어 제1장에 제시되었다. DSM-5의 성격장애 관련 내용들이 크게 바뀌지는 않았지만 임상 실제 및 임상가들에게 요구되는 사항들에 있어서는 핸드북 첫 판 이후 상당한 변화가 있었다.

이러한 변화들 가운데에는 연구와 임상 실제 분야에 있어 몇 가지 흥미진진한 진전도 포함되는데, 매우 효과적인 근거기반 개입이 그 변화들의 핵심이다. 이는 시기적으로 매우 적절하기도 한데, 성격장애로 진단받은 사람들을 포함한 모든 내담자와 환자에게 치료자가 근거기반 치료를 제공하기 기대하는, 이른바 치료자에 대한 최고의 책임을 강조하는 시대에 부합하기 때문이다. 다행히도 초점을 맞춘 심리치료 개입들이 성격장애를 치료하는 데 효과적이라는 연구 결과들이 증가하고 있다. 지난 10년 동안 성격장애에 효과를 보인 몇 가지 새로운 치료 개입과 전략이 치료자들에게 소개되었다.

그리 심하지 않은 성격장애의 치료도 몇 년 동안의 집중 치료가 필수라고 한때 간주되었지만, 발표된 사례연구와 전향적 연구들에서조차도 경계성 성격장애를 포함한 보다 심각한 장애들에 상대적으로 기간이 짧은 치료들이 효과적일 수 있다는 점을 시사하고 있다. 하지만 여전히 어떤 임상가들은 대부분의 성격장애는 치료 불가능하다는 입장을 고수하기도 한다. 최근에 발표된 한 전향적 연구에서는 그러한 의견에 도전장을 던졌다(Zanarini, Frankenburg, Reich, & Fitzmaurice, 2010). 이 연구는 10년 넘게 경계성 성격장애로 진단 및 치료를 받은 약 300명을 추적 조사하였다. 주요 연구 결과는 87%가 증상 완화를 보였고 50%는 완전히 회복되었다는 것이다. 이러한 사실은 이 사람들이 성격장애 진단기준에 더 이상 부합하지 않고 일상생활을 상당히 잘 이어 가고 있다는 점을 시사한다!

다른 임상가들은 상대적으로 보다 낙관적이기는 하지만 효과적이라고 증명된 근거기반 치료 개입들에 대해 잘 모르거나 활용하지 않는다. 그동안 "치료 허무주의는 잠재적으로 가치 있는 다양한 치료 모델을 광범위하게, 하지만 매우 비일관적이게 사용하는 것으로 변모되어 왔다"(Skodol, Bender, Gunderson, & Oldham, 2014,

p. 868). 반대로, 활용 가능한 최선의 근거기반 치료법들에 관심을 갖고 채택하는 임상가들은 이러한 장애를 가진 사람들을 성공적으로 치료할 가능성이 증가하고 있다.

이 책은 성격장애를 치료하는 데 있어 가장 최신의 정보를 담고 있다. 또한 개별적 요구에 초점을 맞춘 치료 전략을 채택함으로써 성격장애를 겪고 있는 사람들과의 치료 작업의 효과 및 효능을 어떻게 하면 임상가들이 증가시킬 수 있는지에 초점을 두고 있다. 이 책의 기반을 이루는 기본 전제는, 가장 효과적인 치료란 해당 성격장애의 심각성뿐만 아니라 그 기저에 있는 부적응적 패턴을 다루는 데 맞추어진 치료라는 것이다.

새 판은 성격장애를 가진 사람들에게 다양한 근거기반 치료의 적용성과 효과성을 증가시키는 것을 강조하고 있다. 이를테면, 인지행동치료, 변증법적 행동치료, 심리치료의 인지행동분석체계(Cognitive Behavioral Analysis System of Psychotherapy), 패턴 초점 치료(Pattern-Focused Therapy), 마음챙김, 심리도식치료, 구조화된 치료 개입(Structured Treatment Interventions), 전이 초점 치료, 정신화 기반 치료, 발달치료(Developmental Therapy) 등이며, 이 치료들 모두 이 책에서 다루어지고 있다.

이 책은 수련 중인 상담자뿐만 아니라 일선의 상담자들을 위한 독자 친화적이며 실무적인 매뉴얼이 되기를 바라는 마음으로 집필하였다. 이 책은 상담자에게 성격장애가 치료 가능하다는 희망적인 관점을 제공하고, 긍정적인 치료 성과를 달성하기 위한 매우 효과적인 진단적 · 치료적 개입 방법들을 제공하고 있다. 성격장애를 겪고 있는 사람들의 삶에 이 책이 조금이라도 도움이 되기를 바란다.

Len Sperry

# 감사의 글

내가 상담자가 되기까지 내게 큰 영향을 주고 격려를 아끼지 않은 사람들에게 공개적으로 감사를 전하는 것은 중요하다. 성격장애 분야에 있어 가장 위대한 선구자들 중 하나는 故 Theodore Millon이었다. Ted는 나의 멘토이자 동료였다. 1984년 내가 위스콘신 의과대학에서 수련을 시작할 때 그는 방문 교수로 재직 중이었다. 수년 동안 그는 너그럽게도 내게 시간을 쏟아 수많은 피드백을 주었다. 1995년 이 책의 초판을 위해 그가 책의 뒤표지 인사말을 적어 준 것과 2003년에 발간된 2판에서 추천의 글을 써 준 것에 대해 끝없는 감사의 마음을 갖고 있다. 나는 이 세 번째 판에도 그가 추천의 글을 써 줄 것이라 기대하였다. 하지만 불행히도 세 번째 판의 집필이 끝나기 전에 그는 세상을 떠나고 말았다. 그가 내게 준 영향과 격려에 대한 감사는 말로 형용할 수 없다.

더불어, 나는 지난 세월 동안 내게 보내 준 위스콘신 의과대학 동료들의 우정, 훌륭한 피드백과 지지에 가장 큰 고마움을 전하고 싶다. 정신의학 및 행동의학과의 이전 학과장들이었던 Harry Prosen 박사, Laura Roberts 박사와 현 학과장인 Jon Lehrmann 박사, 이들 모두는 내 경력을 충만하게 만들어 주었으며 연구와 집필에 대한 지지를 아끼지 않았다. 또한 동료이자 친구인 플로리다 애틀랜틱 대학교의 Paul R. Peluso 박사에게 감사를 전한다.

늘 그렇듯이, 세 번째 판을 완성할 수 있도록 격려를 마다하지 않은 Routledge/Taylor & Francis 사의 오래된 친구이자 출판자인 George Zimmer 박사에게도 크나큰 감사를 보낸다. 마지막으로, 이 책의 집필 마지막 단계에서 도움을 준 박사과정 제자 George Stoupas의 수고에 감사를 전한다.

# 차례

제1장

# 오늘날 성격장애 진단과 치료

『DSM-IV 성격장애의 진단 및 치료 핸드북』(Sperry, 1995a)의 초판 첫 장에서 나는 1990년대 초기에 시작한 성격장애에 대한 패러다임 전환을 이미 그전에 발생한 우울장애에서의 패러다임 전환에 비교하였다. 1970년대 중반까지는 많은 상담자가 우울장애를 치료하는 데 자신이 그리 효과적이지 않다는 생각을 가졌고, 1990년대 초반까지는 이러한 분위기가 성격장애를 치료하는 많은 상담자에게서 서로 공유되었다. 나는 패러다임 전환이 일어나려면 상담자들이 성격장애를 개념화하고, 평가하고 치료하는 방식에 있어 중대한 변화가 필수적이라고 주장하였다. 태도 변화 및 상담 접근 방식의 변화에 대해 일부 상담자들의 반발이 있겠지만 대부분의 상담자는 그러한 변화에 응할 것이라고 나는 예상하였다. 그러한 전환은 성격장애는 본질적으로 '치료 불가능한' 상태라는 당시 팽배했던 관점을 포기하는 것을 의미한다. 약간의 떨림을 갖고, 나는 상담자들이 심지어는 성격장애 환자들이 "새로운 세기에는 우리가 가장 환영하는 내담자들, 즉 깊은 어려움에 처해 있으나 우리가 자신감을 갖고 조력할 수 있는 내담자들"이 될 것이라는 생각을 언젠가는 하게 될 것이라고 말하면서 첫 장을 끝맺었다(*Clinical Psychiatry News*, 1991, p. 26).

이후 20년이 지나고 두 번의 개정을 거치는 시간이 지나면서 상담자들의 태도와 상담 접근 방식에는 많은 변화가 일어났다. 실제로 패러다임 전환이 일어났다. 모든 상담자가 '자신감 있게' 모든 성격장애 내담자를 조력할 수 있다고 믿지는 않겠지만, 그럼에도 불구하고, 심지어는 DSM-5 경계성 성격장애 진단기준을 충족하는 많은 환자를 현재의 치료 방법들을 통해 조력할 수 있다는 의견 일치가 치료자들 사이에 커지고 있다.

이 장은 성격장애의 진단과 치료에 대한 소개와 전반적인 개요를 담고 있다. 성격장애를 포함하여 DSM-5에서의 주요한 변화, 특히 '성격장애의 DSM-5 대안 모델(Alternative DSM-5 Model of Personality Disorders)'과 성격 기능 수준 척도(Levels of Personality Functioning Scale)를 기술하면서 시작하고 있다. 이어서 성격장애를 개념화하는 또 다른 대안적 방식인 정신역동적 진단 매뉴얼을 간단히 설명하고 있다. 이 장의 핵심 부분은 패러다임 전환에 더 많은 영향을 끼치는 진단 및 치료에서의 몇몇 흥미진진하고 가장 최신의 추세를 구체적으로 설명한 것이다. 이러한 추세를 구체적으로 설명하기 이전에 이 장은 성격장애의 진단과 치료에 있어 진행 중인 패러다임 전환의 본질을 설명하면서 시작하고 있다. 마지막으로, 이 장은 제3장에서부터 제12장까지 다룰 내용들을 전반적으로 훑으면서 끝맺고 있다.

## DSM-5와 성격장애

DSM 진단 체계는 이 책의 2판이 출간된 2003년 이후 주요한 변화를 겪었다. 이 변화들의 대부분은 진단명 및 그에 따른 기준을 추가하거나 제거하는 것이었다. 하지만 DSM-5(American Psychiatric Association, 2013)는 중대한 몇 가지 변화를 담고 있어서 그중 몇 가지를 간략하게 여기서 언급하도록 하겠다.

### DSM-5: 일반적인 변화

DSM-5에서 가장 눈에 띄는 변화는 DSM-I과 DSM-II에서와 같이 단일 축 진단으로 회귀한 것이다. 다축(다섯 가지 축) 체계는 DSM-III에서 처음 소개되어 DSM-IV-TR까지 이어졌다. 성격장애와 특별히 관련 있는 것은 축 II와 축 V이었다. 축 II는 성격장애에 코드를 부여하기 위해 추가된 반면, 축 V는 개인의 현재 기능 수준과 손상 정도를 전반적 기능 평가 척도(Global Assessment of Functioning Scale)에 표기하기 위해 추가되었다. 다축 체계가 사라진 몇 가지 이유가 있다. 그중 한 가지는 예기치 않게 축 II를 추가하는 문제점이 생긴 것이다. DSM 초기 버전들의 의도는 아니었겠지만, 성격장애 진단을 구체화할 수 있는 기회가 많은 치료자에게는 문젯거리가 된 것이다. 성격장애 진단이 한 개인을 낙인화할 수 있다는 우려 속에 일부 상담자들은 실제 해당되는 경우일지라도 축 II 진단을 거부하였다. 이는 치료자들과 보험사들 사이에 성격장애는 치료 불가능하다는 잘못된 인식 때문에 더 복잡하게 되었다. 결과적으로, 성격장애로 진단된 일부 사람들은 치료법을 확보하지 못하게 되는 문제에 당면하게 되었다. 하지만 오늘날 성격장애 진단기준을 충족하는 사람들은 치료법을 선택하기가 더 수월해졌다. 그 이유는 다른 장애들에 비해 치료하기가 더 까다로운 진단명을 갖고 있다고 간주될 가능성이 더 낮아졌기 때문이다.

축 V를 없앰으로써 전반적 기능 평가 척도(GAF)도 사라졌다. GAF는 상담자가 개인의 사회적 · 직업적 · 심리적 기능과 안녕을 평가하기 위해 사용되는 점수이다. 한 개인이 다양한 삶의 문제를 다루는 데 보이는 적응도(안녕) 혹은 부적응도(기능 손상)에 대한 주관적 점수이다. 기능과 손상을 대략적으로 측정하는 이 같은 방식을 대체하기 위해 DSM-5는 세계보건기구 장애평가목록 2.0(World Health Organization Disability Assessment Schedule 2.0: WHODAS 2.0) 사용을 추천하고 있다. 그럼에도 불구하고 일부 상담자들은 여전히 GAF를 사용하고 있다. GAF는 전반적인 기능과 안녕도를 평가하여 1점(가장 낮음)부터 100점(가장 높음)까지의 점수 중 특정 점수를 부여하는 것이다. 또한 상담자들은 심리적 기능 수준 척도(Level of Psychological Functioning Scale: LPFS)를 활용하기도 하는데, 이는 다음에서 설명하고자 한다.

## DSM-5 성격장애 부분

DSM-5 진단명에 있어 수많은 유의미한 변화가 있지만, 성격장애와 관련해서는 큰 변화가 없다. "개인이 속한 문화로부터 기대되어지는 것으로부터 현저하게 벗어나는 내적 경험과 행동의 지속적인 패턴이 만연하고 비융통적이며…… 시간이 지나도 변하지 않고, 결국 심리적 고통 혹은 손상으로 이어지는"(American Psychiatric Association, 2013, p. 645) 장애로서의 성격장애에 대한 DSM 초기 정의는 그대로

DSM-5에서 유지되었다. DSM-IV-TR 진단기준은 유지되었지만, 진단 기술은 갱신되었다. 어쨌든 한 가지 주목할 만한 변화가 있었다. '달리 분류되지 않는 성격장애(Personality Disorder Not Otherwise Specified-NOS)' 진단은 '달리 명시된 성격장애(Other Specified Personality Disorder[301.89])'와 '명시되지 않는 성격장애(Unspecified Personality Disorder[301.9])'로 대체되었다.

주요한 변화를 만들기 위한 DSM-5 성격장애 작업 팀(the Work Group)의 노력에도 불구하고, 열 가지 '공식적인' 성격장애 진단명은 DSM-IV-TR과 달라지지 않았다. 작업 팀은 기존의 '범주적(categorical)' 모델이 갖는 점수화 문제 때문에 이를 대체하는 '차원적(dimensional)' 모델을 제안하였다. 하지만 미국정신의학회의 이사진들에 의해 결국 거부되었다. 대신, DSM-5 매뉴얼에서 'III편 새로 개발된 평가치와 모델'로 격하되었다. 작업 팀에 의해 개발된 새로운 차원적 모델은 '성격장애에 대한 대안적 DSM-5 모델'로 이름 붙여졌고, 범주적 모델로 알려진 성격장애의 DSM-IV-TR 모델과 대비되었다.

## 성격장애의 범주 모델

그렇다면 왜 범주 모델을 대체해야 하는가? DSM-IV-TR의 성격장애 모델에 대해서는 세 가지 주요한 우려 사항이 있었다. 이 세 가지는 동반이환, 이질성, 성격의 구성이다.

동반이환(comorbidity)에 대한 우려는 한 가지 이상의 장애 기준에 한 개인이 동시에 해당될 수 있다는 것이다. 예를 들어, 적어도 한 가지 DSM 성격장애 진단기준을 충족하는 개인에게 가능한 성격장애 진단명 수는 3~4개로 추정된다(Gunderson, 1996). 이는 틀림없이 사례개념화 및 맞춤형 개입 수립에 문제가 된다. 이를테면, 3개의 진단명이 있다고 했을 때, 무엇에 초점을 두고 우선적으로 치료해야 할 것인가? 이유는 무엇인가? 성격장애에 대한 DSM-5 대안 모델은 '특질에 따라 명시된 성격장애(Personality Disorder-Trait Specified: PD-TS)' 진단을 통해 이러한 문제를 해결하고 있다. 만약 해당 내담자가 DSM-5의 특정 성격장애(예: 자기애성 성격장애)에 맞지 않는다면, 상담자는 PD-TS로 기록하고 내담자의 중요한 임상적 성격 특성을 구체적으로 명시해야 한다. 한 예로, 한 내담자가 자기애성, 히스테리성, 반사회성, 경계성 성격장애의 특성을 지니고 있다고 하자. 이 모든 네 가지 진단명을 기록하는 대신 상담자는 PD-TS로 기록하고 과대망상, 주의끌기 행동, 적대성, 정서적 불안정이 합해져 있음을 기록한다.

다른 우려 사항은 이질성(heterogeneity)이다. DSM-IV-TR 성격장애 모델의 전제는 특정 성격장애 기준을 명료하게 아는 것이 정확한 진단을 가능하게 해 준다는 것이다. 불행히도 개인이 지닌 성격과 정신병리적 양상은 그러한 범주적 모델에 잘 부합하지 않는다. 예를 들어, DSM-IV-TR의 경계성 성격장애 기준을 충족하는 사람들은 매우 이질적인 사람들일 수 있다. 실제로 이러한 기준을 충족하는 6개의 서로 구별되는 집단이 있으며, 이러한 하위 집단은 과거 자살 시도, 반사회적 행동, 자해 행동 등과 같은 치료적 관심사와 관련해서 서로 현저히 다르다(Wright et al., 2013). 성격장애에 대한 DSM-5 대안 모델은 이 같은 이질성 문제를 크게 감소시킬 수 있다. 왜냐하면 관련된 이질성이 진단 과정의 일부로 명시되기 때문이다. 한 예로, 한 내담자가 경계성 성격장애 프로파일을 충족하지만 동시에 특이한 신념 및 경험과 같은 임상적으로 유의미한 다른 성격 양상들을 보인다고 하자. 이 경우에 경계성 성격장애 진단이 부여될 수 있는 반면, 특이한 신념과 경험 내용도 기록될 수 있다.

세 번째 우려 사항은 범주적 진단의 본질적 특성과 관련된다. 범주 모델은 한 개인이 성격장애에 해당되는지 아닌지를 정확하게 판정할 수 있을 것이라고 기대된다. 성격이 연속적이며 다측면적인 차원이기 때문에 여러 측면에서 그러한 모델은 성격장애를 진단하는 데 그리 적합하지 않다. 예를 들어 설명하자면, 자기애성 성격장애의 한 특성인 과대망상이라는 특질을 떠올려 보자. 건강한 자아존중감에서부터 자기중심적인 특권의식까지의 연속선상에서 상담자는 어느 지점에서 건강과 장애를 구분할 것인가? 과대망상과 같은 연속적 차원에 범주 모델을 적용하는 것은 네모난 구멍에 동그란 나무못을 강제로 집어넣으려 하는 것과 비슷하다.

이러한 우려 사항들을 고려할 때, 많은 상담자가 DSM-IV-TR 성격장애 모델이 임상적으로 매우 유용하다는 생각을 하지 않는 것은 그리 놀랍지 않다. 그 결과, 상담자들은 종종 내담자의 차트에 의미 있는 성격 특성을 기술하는 것을 망설인다. 또한 많은 사람은 DSM-IV-TR 성격장애를 심각한 오명이라고 간주하기 때문에 실제 상담에서 성격장애 양상들을 정확하게 규정하는 것을 주저하게 된다.

추정하건대, 대안 모델은 이러한 문제들을 해결할 수 있다. 337명의 정신과 의사와 심리학자를 대상으로 설문 조사한 결과, 대안 모델이 DSM-IV-TR 성격장애 모델보다 상당히 더 유용하다는 것이 드러났다(Morey, Skodol, & Oldham, 2014). 상담자들이 대안 모델에 더욱 익숙해질수록 내담자들은 보다 정확한 평가와 진단을 받을 가능성이 높아지고, 나아가 보다 나은 정신건강 돌봄을 받게 될 수 있다.

## 성격장애에 대한 대안적 DSM-5 모델

그렇다면 이 대안 모델은 무엇인가? DSM-IV 범주 모델의 많은 한계점을 인식하면서 DSM-5 성격장애 작업 팀은 범주 모델을 대체할 차원 모델을 제안하였다. 이 차원 모델은 두 가지 주요 기준을 포함하고 있는데, 성격 기능과 병리적 성격 특질이 그것이다(American Psychiatric Association, 2013).

**성격 기능.** 성격 기능에는 네 가지 요소가 포함된다. 자기(self) 기능을 나타내는 두 가지 지표가 있는데, 정체성(identity)과 자기주도성(self-direction)이다. 대인관계 기능을 나타내는 두 가지 지표는 공감(empathy)과 친밀성(intimacy)이다. 성격 기능의 네 가지 요소에 대한 손상 정도가 0점에서 4점 사이의 점수로 평가된다. 손상 정도는 성격 기능 수준 척도(LPFS)를 통해 평가되는데, 다음에서 설명할 것이다.

**병리적 성격 특질.** 다섯 가지 포괄적인 특질 영역이 차원적 혹은 연속적 방식으로 명시되고 있다. 이러한 특질들은 성격과 성격 병리학의 5요인 모델(American Psychiatric Association, 2013, p. 773)로부터 도출되었다. 이러한 특질 영역은 25개의 특정 성격 특질 양상을 포함하고 있다. 이 특질 영역과 양상들은 몇 가지 심리측정 도구에 의해 평가될 수 있다. 이 영역들은 부정적 정서성 대 정서적 안정성; 애착상실 대 외향성; 적대성 대 우호성; 탈억제 대 양심적임; 정신병적 경향성 대 명료성이다. 현재 10개 성격장애와는 달리 대안 모델에서는 오로지 6개 특정 성격장애만이 포함되어 있다. 이 6개 성격장애는 반사회성 성격장애, 회피성 성격장애, 경계성 성격장애, 자기애성 성격장애, 강박성 성격장애, 조현형 성격장애이다. 나머지 4개의 성격장애(의존성 성격장애, 연극성 성격장애, 편집성 성격장애, 조현성 성격장애)는 연구 근거 부족으로 포함되지 않았다.

이와 같은 차원 모델을 통해 이제는 특질에 기반을 둔 성격장애 진단이 가능해졌다. 즉, '특질에 따라 명시된 성격장애'가 사용된다. 대안 모델의 또 다른 유용한 측면은 특정 성격장애가 실제로 존재하는지의 여부와는 관계없이 성격 기능과 특질을 평가하기 위해 사용된다는 점이다. 이 점이 대안 모델의 임상적 활용성을 크게 만드는데, 그 이유는 치료자로 하여금 내담자의 결점뿐 아니라 강점까지도 확인할 수 있도록 도움을 주기 때문이다.

이 모델이 언젠가는 성격장애에 대한 '공식적' 진단 접근 방법이 될 것이라고 기대된다. 그동안 치료자들은 이 모델에 익숙해지기를 바랄지도 모른다. 또한 치료자들은 현재의 차원 모델을 선택하여 사용할 수 있다.

## 성격 기능 수준 척도

세계보건기구의 장애평가목록 2.0(WHODAS 2.0)을 통해 내담자의 기능을 평가하는 것 이외에도, 치료자는 성격 기능 수준 척도(LPFS)를 활용할 수 있다. 이 척도는 DSM-5의 III편 840쪽부터 841쪽에 나와 있다(American Psychiatric Association, 2013).[1] LPFS는 성격장애의 존재 여부를 재빠르고 정확하게 결정하는 데 사용하는 객관적 측정 도구이다. 이 척도는 대안 모델의 4가지 성격 기능 요소, 즉 정체성(identity), 자기주도성(self-direction), 공감(empathy), 친밀감(intimacy) 요소를 평가한다(Bender, Morey, & Skodol, 2011). 성격 기능의 이 네 가지 요소에서의 손상이 5점 척도(0=손상이 거의 없거나 전혀 없음, 1=경도 손상, 2=중등도 손상, 3=고도 손상, 4=극도 손상)상에서 평정된다. 중등도 이상의 손상은 성격장애 진단에 필수적이다. 〈표 1-1〉에 이러한 기능 수준과 손상 수준이 요약되어 제시되고 있다.

1) 역자 주: 국내 판의 경우 855쪽부터 858쪽까지 참조

〈표 1-1〉 성격 기능 수준

0. 손상이 거의 없거나 전혀 없음
삶의 모든 영역에서 최적의 기능 수준을 보이고 있음 자기와 세계에 대해 잘 통합된 감각을 지니고 있음. 대체로 긍정적이고 적절히 조절된 정서를 지니고 있음. 목표 지향적이며 사회 내에서 생산적으로 기능할 수 있는 능력을 지니고 있음. 타인에 대해 쉽게 공감하며 상호 교류적이며 만족스러운 관계를 형성할 수 있음

1. 경도 손상
자기와 세계에 대해 나름 온전한 감각을 지니고 있으며 강한 정서 혹은 정신적 스트레스를 맞닥뜨렸을 때 경계선이 덜 분명해짐. 대체로 목표 지향적이거나 목표 억제적일 수 있으며, 혹은 다소 비현실적인 개인적 기준을 갖고 있음. 타인의 관점을 이해하고 존중하는 데 약간의 어려움을 갖는 경향이 있으며, 자신의 행동이 타인에게 끼치는 영향을 때로 자각하지 못할 수 있음. 친밀하고 상호적인 관계를 형성할 수 있더라도 다른 사람을 존중하고 함께 협력할 수 있는 능력이 다소 제한될 수 있음

2. 중등도 손상
자기와 세계에 대해 손상된 감각이 있으며 경계선을 유지하는 데 다소 어려움이 있음. 자기에 대한 평가가 과장되거나 위축되어 있으며 정서 조절에 어려움을 경험할 수 있음. 자아존중감에 위협을 받으면 분노와 수치심 같은 강한 정서를 발생시킬 수 있음. 종종 목표는 스스로 만든 것이라기보다 외부로부터의 승인을 얻기 위한 수단이기 때문에 목표의 일관성이나 안정성이 결여될 수 있음. 공감 능력이 다소 제한됨. 관계 형성은 가능하나 피상적인 수준이며 항상 상호적이지는 않음. 주로 개인적 이익을 위해 타인과 협력함

3. 고도 손상
자기에 대한 감각이 빈약함. 자기에 대한 평가는 자기혐오의 수준에서부터 자기과대화 수준에 걸쳐 있음. 정서 조절에 상당한 어려움을 겪음. 자율성이 약하고 정체성 결핍 혹은 공허함을 경험할 수 있음. 경계선이 분명하지 않거나 경직되어 있음. 개인적 목표를 수립하고 달성하는 데 어려움을 겪음. 자신의 내적 경험을 성찰하거나 이해하는 능력이 상당히 제한적이며, 공감 능력도 제한적임. 관계는 안정적이지 않으며 자신의 욕구를 충족시키는 수단으로 간주함. 타인과의 협력은 타인과 지각의 차이로 종종 제대로 이루어지지 못함

4. 극도 손상
매우 피폐하고, 와해되어 있고, 약하고, 비효율적이며 또는 모순된 자기의식을 가지고 있음. 부정적이고 유의미한 정서 조절 문제를 가지고 있음. 공감 능력이 제한되어 있으며, 다른 관점을 고려할 수 없거나 다른 관점에 의해 위협을 받음. 적응적이고 협력적인 대인관계 기능과 사회적 행동을 하기 위한 능력이 결여되어 있음

## 정신역동적 진단 매뉴얼

이 부분에서는 점점 더 많은 치료자가 성격장애를 가진 사람들의 치료 계획 및 수행에 활용하는 DSM-5 모델의 또 다른 중요한 대안 모델을 간단히 설명하려고 한다. 『정신역동적 진단 매뉴얼(The Psychodynamic Diagnostic Manual: PDM)』(PDM Task Force, 2006)은 한 개인의 정서적 · 인지적 · 사회적 기능뿐 아니라 정신역동 기제를 통해 해당 개인을 이해하려는 진단 틀이다. PDM의 목적은 성격 패턴, 전반적 기능, 증상 형성에 관한 정신역동적 설명을 통해 진단 및 통계 편람을 보완하고자 하는 것이다. 또한 특정 성격장애와 증상장애(symptom disorder; 우울장애 등)의 발생 기저에 있는 흔한 동기 요인들과 이러한 장애들을 지닌 사람들이 그러한 장애들을 경험하는 방식들을 강조한다. DSM이 특정 장애에 대한 행동 기술 및 진단기준을 제공하는 반면, PDM은 그 장애의 기저에 있는 영향 요인, 원인 혹은 병인을 파악하게 해 준다. PDM은 이러한 영향 요인들이 현재 어떻게, 왜 등장했고, 증상을 유발했는지와 초기 환경의 역할, 발달 요인들, 현재 스트레스원, 심리 내적 요인들을 설명하고자 한다. 간단히 말해, DSM과는 달리 PDM은 내담자들과 치료 작업을 위한 전략 수립을 가능하게 해 줄 뿐 아니라 해당 개인에 대해 보다 개별화되고, 차원적이며, 동기에 기반을 둔 이해가 가능하도록 해 준다.

PDM은 5개의 정신분석 단체의 협력으로 2006년에 출판되었다. Stanley Greenspan, Nancy McWilliams, Robert Wallenstein과 37명의 기타 다학제적 태스크 포스 구성원과 자문가로 구성된 태스크 포스 팀이 저술을 맡았다. PDM이 갖는 임상적 가치가 상당함에도 불구하고 PDM은 DSM을 대체할 수 있을 것 같지는 않다. 많은 이유가 있겠지만, 대대적인 보급을 보장하기 위해 필요한 신뢰도를 아직 수립하지 못한 것이 한 이유일 것이다. 대체로 임상적 치료를 계획하고 수행하기 위한 가치 있는 틀을 제공한다는 점에서 PDM은 DSM을 보완한다.

DSM-5가 10개의 성격장애를 기술하고 있는 반면, PDM은 DSM-5에서 기술되기 위해 필수적인 연구 기반을 갖추고 있지 못하지만 실제 임상 장면에서 흔히 나타나는 몇 가지 추가적인 성격장애를 기술하고 있다. 이 성격장애들에는 우울 성격장애, 불안 성격장애, 해리성 성격장애, 가학성/피학성 성격장애, 수동-공격 성격장애가 포함된다. 다음 예시는 현 DSM 버전에는 더 이상 포함되지 않지만 상대적으로 임상 장면에서 흔히 나타나는 증상(수동-공격 성격장애)을 PDM이 어떻게 개념화하는지를 보여 주고 있다.

## 수동-공격 성격장애

PDM은 의존성 성격장애의 변형으로 수동-공격 성격장애를 개념화하고 있다. 전형적으로 이 성격장애를 가진 개인은 타인을 기준으로 자신을 규정하되, 부정적 값어치를 더하여 규정한다. 예를 들어, "나는 저 죽일 놈의 아내이다."라고 스스로를 일컫는다. 편집성(paranoid) 성격장애를 가진 사람들처럼 이들도 타인이 자신을 공격할 것을 미리 예상하여 공격적인 행동을 보이지만, 차이점은 간접적으로 한다는 것이다. 피학성 성격장애를 가진 사람들과 마찬가지로 이들은 타인들이 자신을 잘 대우하지 않을 것이라고 생각하지만, 이들은 교묘하게 되돌려 준다는 점에서 차이가 있다. 이들이 핵심적인 자기애적 관심사를 가지고 있긴 하지만, 자기애성 성격장애를 가지고 있는 사람들에 비해 타인과의 관계에 더 몰입하는 경향이 있다. 이들의 주관심사는 타인이 자신들에게 잘못 대우하는 것을 참으면서 앙갚음을 하는 것이며, 이들의 주요한 정서는 분노, 원한, 적대적인 행동에 대한 쾌감이다. 자신을 보호하는 주요한 방법들로는 타인에게 부정성(negativity)을 투사하는 것이며, 부인, 외재화, 합리화 등이다. 가치로움을 느끼려면 타인이 성취하지 못하게 하는 것이 필수적이라는 자기관을 갖고 있다. 이와 관련하여, 자신의 규칙을 따르기 위해 사람들이 자신을 원한다는 것이 이들이 지닌 세계관과 타인관이다.

타인의 의견에 반대하는 성향이 있기 때문에 이들은 자신만의 개인적 · 직업적 목표를 수립하거나 추구하는 것을 어려워한다. 그에 따라 심리치료의 주요 과제 중 하나는 정체감 증진 및 단지 수동적이고 반사적인 반응을 보이는 사람이 아닌, 자기 자신을 주체적인 존재로 수용할 수 있는 능력을 증진시키는 것이다. 그리 놀랍지 않겠지만, 공격적으로 접근하는 사람들과 관계를 유지하게 하거나, 이들과 교류하려고 노력하는 사람들에게 적극적으로 반응하도록 하는 것이 치료에 있어 도전거리일 수 있다.

치료자는 환자가 야기할 가능성이 있는 짜증과 조바심을 안정시키기 위해 유머 감각을 가질 필요가 있다. 치료 시 부정적인 감정은 쉽게 올라오고, 힘겨루기는 피해야 하는 위험 요인이다. 때로는 자신들이 알게 모르게 드러내는 적대심에 깜짝 놀랄 만큼 순진할 수 있지만, 수동-공격적인 환자들은 자신들이 지닌 부정적인 감정을 명명화하고 분노에 대한 언어적 표현과 비언어적 표현을 구별할 수 있는 도움이 필요하다. 이들이 보이는 반대주의(oppositionalism)에 계속 물을 주지 않기 위해서, 치료자는 치료 성과에 과잉으로 매달리는 것처럼 보여서는 안 된다. 대신, 치료자는 환자가 자신의 수동-공격적 행동에 대한 대가에 치료의 초점을 맞추면서 이들의 도발과 불일치를 당연한 일로 받아들이면서 침착하게 대처할 필요가 있다 (PDM Task Force, 2006, p. 53).

## 성격장애 진단 추세

이 부분에서는 성격장애 평가와 진단에 현재 영향을 끼치고 있는, 더불어 앞으로도 지속적으로 영향을 끼칠 수많은 임상 및 연구의 최신 동향에 대해 기술하고자 한다. 이러한 동향은 애착양식, 기질, 문화, 정서적 학대 및 방임, 기능적 손상 등에 초점을 두고 설명하고자 한다.

### 애착양식과 성격장애

애착은 아동과 부모 혹은 주양육자 간에 형성되는 정서적 유대로서 이후 성인기에 이르러서 성숙하고 친밀한 관계를 형성하는 능력에 영향을 끼친다. 주양육자를 포함한 동기, 정서, 기억 과정에 영향을 주고 구조화시키는 선천적 뇌의 체계이다. 발달에 미치는 애착 과정의 영향은 과소평가될 수 없다. 왜냐하면 "유아기의 애착관계가 어떤 패턴으로 구조화되는지는 정서 조절, 사회적 관계, 자서전적 기억에로의 접근, 자아성찰과 내러티브의 특징적인 발달 과정과 연관되기 때문이다"(Siegel, 1999, p. 67).

애착 연구자들은 생애 초기 관계적 결핍이 신경생리적 뇌 결손뿐 아니라 심리적 결손까지 유발한다고 주장한다(Siegel, 1999). 민감하고 반응적인 부모는 눈 맞춤, 얼굴 표정, 몸짓, 목소리 톤 등을 통해 아기와 대화 혹은 '합동 작업'함으로써 유아 뇌의 안와전두피질에서의 연결 고리를 증진시킨다. 아기가 까르륵 소리를 내면서 웃으면, 부모는 이를 보고 웃으면서 즐거움의 언어적 · 비언어적 표현으로 '응답'한다. 또는 아이가 고통이나 좌절로 인해 울게 되면 부모는 아이를 달래고 위로하거나, 흥분한 아이를 잠재우기 위해 진정시키기도 한다. 이러한 일상적 행동과 지속적인 상호작용을 통해 안와전두피질에서의 시냅스 성장을 자극시키고, 이는 아동으로 하여금 좌절, 분노, 공포 등을 조절할 수 있게 하여 타인에게 융통적으로 반응할 수 있게 한다. 연구 결과를 보면 안정적인 애착을 형성한 아동은 회복탄력성을 위한 신경 경로들을 발달시키게 된다. 심지어 부모가 화 혹은 짜증을 낼 때에도 아동의 뇌는 경험을 통해 부모가 자신을 버리지 않을 것이며 이 폭풍이 지나가면 괜찮아질 것이라는 것을 '안다'. 불행히도 불안정 애착양식을 지닌 아동은 그와 같은 부모와의 상호적인 관심을 경험하지 못했기 때문에 그 결과 정서적인 공격에 더욱 취약해지는 경향이 있다. 이를테면, 이러한 아동은 분노와 공격적 정서를 조절하지 못하고, 불안과 슬픔을 달래거나 위로하지 못할 뿐만 아니라 높은 수준의 즐거움과 흥분을 감당하지 못하게 된다(Ainsworth et al., 1978). 말할 필요도 없이, 이러한 아동은 타인이 보이는 사회적 단서들을 정확하게 해석할 가능성이 낮은데, 이는 보다 심오한 대인관계 발전과 관계되는 안와전두피질의 결손 때문이다.

## 애착양식 유형

생애 초기 고유한 애착 패턴 혹은 양식은 성인기로까지 이어지는 경향이 있다(Bartholomew & Horowitz, 1991; Hazan & Shaver, 1987; Main & Solomon, 1990). Bowlby(1973)의 자신과 타인에 대한 작동 모델 개념을 반영하여 Bartholomew (1999)는 두 가지 차원을 중심으로 한 개인의 작동 모델을 구조화하는 성인 애착의 네 가지 체계를 발전시켰다. 한 가지 차원은 자신과 타인을 구별하는 것이며, 다른 차원은 유의성(valence)으로서 긍정적으로 평가하는가 혹은 부정적으로 평가하는가에 관련된다. 이러한 차원에 바탕을 두고 Bartholomew는 성인 애착의 네 가지 원형적 양식을 추출하였다. 이 네 가지 애착양식은 **안정 애착**(secure; 자신과 타인에 대한 긍정적 관점), **몰입 애착**(preoccupied; 자신과 타인에 대한 부정적 관점), **거부형 애착**(dismissing; 자신에 대해서는 긍정적 관점, 타인에 대해서는 부정적 관점), **두려움 애착**(fearful; 자신과 타인에 대한 부정적 관점)이다.

이후 임상적 경험을 토대로 다른 양식이 추가되었는데, 이는 **혼란형 양식**(자신과 타인에 대한 긍정적, 부정적 관점이 수시로 변함)이다(Main, Goldwyn, & Hesse, 1998; Main & Solomon, 1990).

이에 따라 성격장애는 불안정적 작동 모델이 자기확신적인 모델이 된 결과로 간주되었다. 자신과 타인에 대한 이 같은 작동 모델은 새로운 정보에 대해 비교적 융통적이지 못하고 폐쇄적으로 반응하게끔 한다. 그 결과 사회적 · 직업적 · 관계적 기능을 하는 데 유의미한 스트레스를 경험하게 된다. 다양한 성격장애가 자신과 타인에 대한 이 같은 차원적 모델을 통해 특징적으로 구분되는 것이 가능하다. Bartholomew(1990)는 "모든 사람에게서 한 가지 애착양식만이 기대된다."(p. 162) 라고 가정하지 않았다. 대신에 이러한 애착양식들이 원형적 개념이기 때문에 성인 애착은 다차원적인 방식, 즉 사람들이 한 가지 혹은 그 이상의 양식 유형을 지배적인 유형으로 갖고 있다는 의미로 간주하는 것이 더욱 적절하다. 이에 따라 DSM-IV 성격장애는 다음과 같이 지정된 성인 애착양식에 따라 유형화될 수 있다(Lyddon & Sherry, 2001).

**몰입 애착양식.** 몰입 애착 차원은 자신에 대한 무가치감과 타인에 대해서는 긍정적 평가로 특징지어진다. 이러한 양식을 지닌 사람들은 자신에 대한 규정을 할 때 외부에 지나치게 초점을 두는 경향이 있다. 이 같은 성인 애착 형식을 보여 주는 성격장애들로는 의존성, 강박성, 연극성 성격장애가 있다.

**두려움 애착양식.** 두려움 애착양식을 지닌 사람들은 자신에 대한 무가치함과 더불어 타인이 자신을 거부하며 타인은 믿기 힘든 존재라고 기대한다. 이들은 자신의 내적 인식과 감정도 믿지 않고 타인의 의도도 신뢰하지 않는다. 자신들이 특별하며 타인과 구별되는 존재라고 믿기는 하지만 외적 위협과 예상치 못한 상황에 경계심을 갖는다. 왜냐하면 이들은 타인이 자신을 보호해 줄 것이라는 신뢰가 없기 때문이다. 이러한 두려움 성인 애착양식을 가장 특징적으로 보여 주는 성격장애는 강박성 성격장애이다.

**거부형 애착양식.** 거부형 애착양식을 지닌 사람들은 자신은 가치롭고 긍정적이라고 간주하는 반면, 타인에 대한 평가는 낮고 부정적이다. 이러한 점은 전형적으로 타인에 대한 불신으로 드러난다. 이들은 자신들이 정서적으로 자립적이라고 믿는 반면, 타인은 정서적으로 반응적이지 않다고 믿기 때문에 우정에 대한 욕구와 타인에 대한 접촉 욕구를 무시한다. 이러한 거부형 애착양식을 특징적으로 보여 주는 성격장애는 조현성 성격장애이다.

**몰입-두려움 애착양식.** 타인에 대한 관점은 부정적이며 자신에 대한 관점은 부정과 긍정을 오고 가는 사람은 몰입 애착양식과 두려움 애착양식을 혼합한 특징을 보인다. 이들의 회피는 타인이 자신을 좋아하고 수용해 주었으면 하는 욕망에 기초를 두고 있다. 하지만 동시에 거부와 버림받음을 두려워한다. 이 애착양식을 특징적으로 보이는 성격장애는 회피형 성격장애이다.

**두려움-거부형 애착양식.** 타인은 부정적이라는 관점과 자신에 대한 관점은 긍정과 부정을 오고 가는 이들은 두려움-거부형 애착양식을 지니고 있다. 이들은 자신이 특별하고 자격 있는 사람이라는 견해를 갖는 경향이 있지만 더불어 잠재적으로 자신을 해할 수 있는 타인을 향한 욕구에도 민감하다. 이에 따라 이들은 타인을 자신의 욕구를 충족시키기 위해 이용하면서도 그들을 경계하고 거부한다. 이 같은 애착양식을 특징적으로 보여 주는 성격장애는 반사회성, 자기애성, 조현형 성격장애이다.

**혼란형 애착양식.** 자신과 타인에 대한 관점이 자주 바뀌는 사람들은 혼란형 애착양식을 보인다. "혼란형 애착양식은 주양육자가 공포에 질리거나 혹은 아동에게 공포심을 주는 경험이 반복되면서 발달된다."(Siegel, 1999, p. 117). 이러한 양식은 해리 증상과 관련되는데, 이는 외상후 스트레스장애를 발달시킬 가능성을 증가시킨다. 경계성 성격장애는 다양한 불안정 애착양식을 오고 가는 듯한 변하기 쉬운 성격 구조로 특징지어진다. 이러한 성격 구조는 혼란형 프로파일을 만들게 된다.

## 기질과 성격장애

애착과 같이 기질은 연구와 임상적 활용을 지닌 개념이다. 기질(temperament)은 "정서적 자극에 대한 민감성, 통례적인 강점과 반응 속도, 지배적인 기분의 질, 기분의 특이성, 오르내림, 강도 등을 포함한 개인이 지닌 정서적 본성의 특징적인 현상을 가리킨다. 이러한 현상들은 체질적 구성에 의존적이라고 간주되기 때문에 대체로 유전에 기인한다"(Allport, 1937, p. 54). 비록 60여 년 전에 제안된 내용이지만, Allport의 정의는 이 개념에 대한 현대적 규정과 상당히 일치한다. 기질과 애착양식이 서로 관련된다는 이 임상가의 견해를 숙고해 볼 때 기질이란 "정보가 처리되고, 애착이 발달되고, 정서가 경험되고 표현되는 성격 필터이다"(Graybar & Boutilier, 2002, p. 156).

치료자들은 기질이 애착에 영향을 끼치기도 하고 애착이 기질에 영향을 끼치기도 한다고 확신하는 듯이 보이지만, 연구자들은 여전히 이 두 구성 개념 간 관계의 정확한 본질을 명료화하기 위해 노력하고 있다. 이는 대체로 두 개념이 상이한 기원을 갖고 있고 상이한 연구 주제를 담고 있기 때문이다. 기질이 성격의 생물학적 결정인자(선천성)에 해당되는 반면, 애착양식은 성격의 환경적 결정인자(후천성)에 해당된다. 다른 선천성-후천성 논쟁에서처럼 이 두 가지 요인의 관계는 '양자택일'적인 것이라기보다 '양자합일'적이다. 최근 연구들은 애착과 기질이 보통 정도의 연관성을 지니고 있고, "두 가지 모두 아동기 초기에 서로 씨실과 날실처럼 짜여 성격과 자기개념의 형성과 표현에 영향을 미칠 것"이라고 간주한다(Vaughn & Bost, 1999, p. 221).

기질적 특질과 패턴은 태어나면서부터 두드러진다. 예를 들어, 어떤 유아는 빛과 큰 소리에 꽤 민감함을 보이지만, 다른 유아는 그렇지 않다. 어떤 유아는 차분하고 얌전한 반면, 다른 유아는 매우 적극적이거나 손이 유달리 많이 간다. 세 가지 주요 기질 패턴 양식, 즉 수월한(easy; 대체로 예측 가능하고 기분이 좋은 상태에 있는), 더딘(slow to warm; 관심을 많이 필요로 하고 기분 변화가 심한), 까다로운(difficult; 전형적으로 예측 가능하지 않고 짜증스러운 기분을 보이는) 기질 패턴 양식이 유아기에 관찰된다(Thomas & Chess, 1977). 아이의 기질은 성인 패턴에서도 관찰되기도 한다. 예를 들어, 낙관주의와 일관된 노력은 수월한 기질을 지닌 성인들에게서 더 흔한 반면, 부정성과 의심은 '까다로운' 기질과 관련되며, 소극성과 과잉의존은 '더딘' 기질과 관련된다. 다른 몇 가지 기질 특질 혹은 특성이 성인들에게서도 확인되는데, 충동성, 짜증, 자극에 대한 과민성, 반작용적 반응, 정서적 불안정성, 억제, 성찰적인, 정서 수축, 과경계성, 격렬함 등이 포함된다.

1980년 이전에는 성격장애가, 예를 들어 말 많은 특성 혹은 강박적 특성과 같은

'품성 용어(character language)'로 주로 개념화되었다. 비록 기질을 강조하는 성격 연구에서 생물학적 학문 전통이 자리 잡고 있었다 하더라도, 품성을 강조한 심리학적 학문 전통이 20세기 내내 유행이었다. DSM-I과 DSM-II에서 제시된 성격장애에 관한 기술은 품성과 정신역동에 대한 이러한 강조가 반영되어 있다. 정신분석적 틀 안에서 품성이란 특정 방어 기제를 반영한 것이다. 이에 따라 품성 관점에서 보면, 강박성 성격장애는 정서 고립, 주지화, 합리화와 같은 방어 기제로 특징지어진다.

최근에는 성격장애가 품성 및 기질 모두를 포함하는 보다 포괄적인 관점으로 개념화되고 있다(Cloninger, 2004; Stone, 1993). 품성은 성격에 영향을 주는 학습된 심리사회적 요인을 가리킨다. 품성은 특히 협동에 관한 것과, 자기개념과 삶에 대한 목적의식(이를테면, 자기초월과 자기책임) 개발을 촉진하는 반사 과정(mirroring process)과 같은 사회화 과정을 통해 형성된다.

기질은 성격에 영향을 주는 선천적 · 유전적 · 체질적 요인을 가리킨다. 품성과 심리도식이 성격의 심리적 차원을 반영한다면, 기질 혹은 특질(혹은 양식, 이 책에서 같은 뜻으로 사용되고 있는)은 성격의 생물학적 차원을 반영한다. Cloninger(2004)는 기질이 네 가지 생물학적 차원(자극 추구, 위험 회피, 사회적 민감성, 인내력)을 지니고 있다고 주장한 반면, 품성은 세 가지(자율성 혹은 자기책임, 연대감, 자기초월) 정량화될 수 있는 차원을 지니고 있다고 주장하였다. 다른 연구자들은 충동성과 공격성을 기질의 또 다른 추가적 차원으로 설명하기도 한다(Costello, 1996). 널리 알려져 있는 기질에 기반을 둔 다른 모델은 5요인 모델로 신경증, 외향성, 개방성, 친화성, 성실성의 다섯 가지 특질 차원을 포함하고 있다(Costa & McCrae, 1990). DSM-5의 III편에서는 이러한 차원들과 기타 모델들을 바탕으로 성격장애에 대한 차원 접근을 담고 있다. III편에 제시된 다섯 가지 기질 영역으로는 부정적 정서성, 애착상실, 적대성, 탈억제, 정신병적 경향성이 있다(American Psychiatric Association, 2013). 이에 따라 기질 관점에서 보면 강박성 성격장애는 정서 표현의 억제, 행동 억제, 인지적 경직성, 과잉성실로 특징지을 수 있다.

기질과 품성은 면담과 자기보고식 평가도구에 의해 평가될 수 있다. 치료 계획을 수립하기 위해 품성과 기질을 구별하는 것은 유의미하면서도 적절하다. 통찰 지향적인 심리치료가 품성 차원에 초점을 둔다면, 심리치료는 기질 차원에는 거의 혹은 아무런 영향도 끼칠 수 없을 것이다. 하지만 초점 기술 훈련(focused skill training)을 추가한다면 정서 조절곤란, 충동성, 정서적 고통 감내력 부족 등과 같은 기질 혹은 양식 측면을 충분하게 조절하거나 조정할 수 있을 것이다.

### 애착, 기질, 문화 그리고 성격장애

앞에서 이미 기술한 바와 같이, 기존 연구들은 불안정 애착이 성격장애의 발달에 영향을 끼친다고 강력하게 제안하고 있다(Brennan & Shaver, 1998). 하지만 성격과 성격장애 발달에 기질과 문화가 끼치는 영향은 무엇인가? Brennan과 Shaver(1998)는 불안정 애착, 나아가 성격장애의 발달에 기여하는 동일한 환경적 조건들이 마찬가지로 한 개인의 기질과 상호작용한다고 믿는다. "더불어, 특정 특질들(예: 독립성, 유별남)이 표현되는 정도에서 문화적 다양성은 또한 성격의 표현에 있어서 문화 간 차이를 초래할 가능성이 있다."(p. 868)

불행히도, 임상적 실제를 위해 구체적인 지침을 제공할 수 있는 성격장애의 문화적 측면에 대한 연구는 현재 거의 없다(Mulder, 2012). 그럼에도 불구하고, DSM-5는 진단과 관련한 몇 가지 일반적인 지침을 제시하고 있다. 이에 따르면 성격장애는 "이민자의 문화 적응과 관련된 문제나 개인의 문화적 근간에서 공인된 습관, 관습 혹은 종교적·정치적 가치의 표현과 관련된 문제와 혼동되어서는 안 된다. 치료자가 다른 문화적 배경을 가진 개인을 평가할 때는 그 사람의 문화적 배경에 익숙한 정보 제공자로부터 추가적인 정보를 얻는 것이 도움이 된다"(American Psychiatric Association, 2013, p. 648).

## 성격장애 치료 추세

성격장애 치료에 있어 전통적인 심리치료를 활용하는 이전의 접근법과 비교할 때, 오늘날의 치료 방법은 치료자가 보다 적극적인 역할을 취하게 되는 상당히 더 세부적이고 구조화되는 경향이 있다. 이러한 치료 접근들과 개입 전략들 중 많은 수는 다른 치료 접근들과 모델들과 비교해 볼 때 이론에 기초를 두고 임상실험을 통해 검증되어 왔다. 이러한 치료 접근들과 개입 전략들에는 인지행동치료(Cognitive Behavior Therapies: CBT), 변증법적 행동치료(Dialectical Behavior Therapy: DBT), 심리치료의 인지행동분석체계(Cognitive Behavior Analysis System of Psychotherapy: CBASP), 패턴 초점 심리치료(Pattern-Focused Psychotherapy), 마음챙김(Mindfulness), 심리도식치료(Schema Therapy), 구조화된 치료 개입(Structured Treatment Interventions), 전이 초점 심리치료(Transference Focused Psychotherapy: TFP), 정신화 기반 치료(Mentalization-Based Treatment: MBT), 발달치료(Developmental Therapy) 등이 있다. 치료에 있어 최신 추세를 이해하는 유용한 틀은 신경과학에서 비롯하기 때문에 바로 다음에서 이를 논의하고자 한다.

## 신경과학과 치료 과정

성격장애 치료에 관한 최근 신경과학 연구들의 성과 중 하나는 '하향식(top-down)' 혹은 '상향식(bottom-up)' 전략 중 하나로서 치료를 개념화하는 것이다. 이러한 개념화는 과잉조절된 부적응적 성격 특질들이 표현되는 것을 다양한 향정신성 약물치료와 행동 개입을 통해 정상화하려는 노력을 이해하는 데 유용하다(Fawcett, 2002). '하향식'의 의미는 주로 대뇌피질 구조(cortical structures)와 피질하부 신경망회로(subcortical circuits), 특히 변연계(하)에 있는 신경망회로에 영향을 끼칠 수 있는 신경로(neural tracts)(상)에 초점을 두는 치료 노력들을 일컫는다. 유사하게, '상향식'은 대뇌피질 신경망회로에서의 변화를 야기할 수 있는 변연계 회로에 주로 초점을 두는 치료적 노력을 가리킨다. 향정신성 약물치료와 행동 개입을 통해 과소 혹은 과잉 조절된 부적응적 성격 특질들의 발현을 정상화하려는 최근의 시도들은 특히 전망이 밝다. 예를 들어, 하향식 치료 전략들은 변연계 회로에 끼치는 대뇌피질 영향을 증강시키기 위해 전형적으로 심리치료와 인지행동치료와 같은 행동적 중재를 활용한다. 이 치료의 목표는 부정적 학습, 특히 부적응적 심리도식을 무효화시키고, 정서적 반응의 조절 효과 혹은 정상화 효과를 증진시키는 것이다. 상향식 치료 전략은 변연계 구조에서의 활동을 정상화시킴으로써 유해한 성격 특질과 정서적 상태를 조절할 수 있도록 향정신성 약물을 전형적으로 사용한다. 상향식 치료로서 약물치료 이외에 기술 훈련 개입이 나름의 효과를 보이는 듯하다.

## 인지행동치료

1980년대 중반 이후 행동치료, 인지치료, 인지행동치료는 성격장애에 대한 심리사회적 치료에 가장 대표적으로 선택되는 접근이다. 이러한 전통적인 접근들의 효과가 일관적으로 연구를 통해 지지되지는 않았지만, 보다 최근의 초점화된 접근들, 이를테면 변증법적 행동치료(DBT), 심리치료의 인지행동분석체계(CBASP), 마음챙김 기반 인지치료(Mindfulness-Based Congnitive Therapy: MBCT) 등의 효과는 일관되게 지지되어 왔다. 흥미롭게, DBT, CBASP, MBCT는 행동치료의 '제3의 물결'이라고 불리고 있다(Hayes, Follette, & Linehan, 2004).

첫 번째 물결은 전통적인 행동치료를 일컫는데, 역조건 형성과 강화를 통해 문제 행동을 건설적인 행동으로 대체하려고 시도한다. 인지치료는 행동치료의 두 번째 물결이다. 이는 문제 행동을 야기하고 유지시키는 사고들을 변화시킴으로써 이를 수정하고자 한다. 세 번째 물결에는 마음챙김, 변증법, 수용, 가치, 영성 등과 같은 보다 경험적이고 간접적인 기법들을 활용하여 치료하는 경향이 등장하였다. 보다 구체적으로, 세 번째 물결에서는 접근 방법들이 "문제해결 시도를 그만두고, 대신 반사적으로 반응하지 않는 비반응의 렌즈를 통해 그 문제들을 바라볼 때 어떤 느낌이 드는지 알 수 있도록 그리고 그러한 어려움에 대해 따뜻한 자각을 갖게 될 수 있도록 멀리 떨어져 바라보도록 하는 특징을 지닌다"(Segal, Williams, Teasdale, & Williams, 2004, p. 55). 첫 번째와 두 번째 물결과는 달리 세 번째 물결 접근들은 이차 변화, 즉 구조 및/혹은 기능에서의 기본적인 변화를 강조하며, 치료적 관계를 우선시하는 것과 같은 맥락적인 기본 가정들에 기반을 둔다. 이러한 접근들은 성격장애를 치료하는 데 특히 밀접한 관계가 있는 듯하다.

## 변증법적 행동치료

원래 경계성 성격장애 치료를 위해 개발된(Linehan, 1993a) DBT는 다른 성격장애뿐 아니라 축 I 혹은 기분장애, 불안장애, 섭식장애, 물질사용장애 등과 같은 장애들에까지 확대되어 적용되어 왔다(Lynch & Cuper, 2012; Marra, 2005). DBT는 행동치료의 결과물이지만 전통적인 CBT보다는 덜 인지적이다. DBT는 인지 그 자체로는 정서 조절보다 덜 중요하다고 가정하기 때문이다. 그에 따라 DBT는 부적응적 사고 과정보다는 정서 조절에 더 강조를 두고 있다. DBT는 인지가 행동의 한 요인이라는 인식은 있으나, 인지가 반드시 필수적인 매개 요인은 아니다. 오히려 인지는 행동 및 사후의 정서적 사건들을 이해하는 데 더 도움을 주는 역할을 할 가능성이 높다(Marra, 2005).

**이론.** DBT와 전통적인 CBT, 특히 인지치료 간에는 수없이 많은 유사점이 있다. 이 두 가지 모두 내담자와 치료자 간 협력적 자세를 필수로 요구한다. 둘 다 학습 원리를 활용하고, 촉발 요인과 환경적 촉발 단서를 분석하며, 심리도식과 정서를 탐색하고, 모델링, 숙제, 심상을 활용한다. 나아가 둘 다 공감적 반응의 중요성을 강조한다.

성격장애 치료에 있어 인지치료와 DBT 간에는 수많은 차이가 있다. 본질적으로 인지치료는 우울이나 불안장애를 경험하는 동안의 자동적 사고를 파악하고 평가하는 데 사용하는 동일한 기법들이 성격장애를 치료하는 데 사용된다는 점을 상정한다(Beck, Davis, & Freeman, 2015). 인지치료가 일관되게 편향된 판단을 내리고 귀인 편향을 통해 인지 오류를 만드는 경향을 야기하는 심리도식 때문에 부적응적 감정과 행동이 발생한다고 주장하는 반면, DBT는 초기에 심리도식이 어떻게 형성되는지에 초점을 둔다. 이에 따라 DBT를 활용하는 치료자들은 심리도식이 얼마나 제한적으로 사용되는지를 증명하는 '협력적 실험(collaborative experiments)'을 수행하기보다 심리도식을 야기하는 그 기저에 있는 변증법적 갈등을 탐색한다. 인지적 재구조화를 활용하기보다 DBT 치료자는 신념 체계를 기저의 정서와 욕구에 연결시키고, 내담자로 하여금 자신이 느끼는 감정과 욕구에 대한 자각 확장을 기반으로 자신의 신념 체계를 재해석하도록 조력한다.

부적응적 신념을 논박하고 수정하기 위해 '안내된 발견(guided discovery)'을 사용하는 대신, DBT는 심리도식이 초기에 어떻게 형성되었는지를 결정하기 위해 정서적 및 인지적 추론 과정 모두를 분석한다. 이에는 위협적인 내적 혹은 외적 단서들로부터 보호 장치가 될 수 있는 고착 혹은 고집 반응 및 주의력 제약을 야기할 수 있는 초기 발달에 있어 박탈된 정서적 상태를 확인하는 것이 포함된다. 그뿐만 아니라 부분적 강화 효과를 통해 보상되었을 법한 정서적 도피 및 회피 전략 혹은 부적절한 심리적 대처 기술의 부정적 강화 효과를 검토하는 것도 포함된다(Marra, 2005,

p. 141).

마지막으로, 병리에 대해 차별적인 태도를 갖지 않는다는 점에서 DBT는 성격장애에 대한 인지치료와는 다르다. 대신, DBT 치료자는 행동과 전략을 조작적 행동으로서 바라본다. 다른 사람들처럼, 성격장애를 가진 내담자는 위험을 피하고 쾌락을 추구하는 시도를 하면서도 정서적 취약성 때문에 바람직한 성과를 성공적으로 획득하는 데 어려움을 겪는다. 그럼에도 불구하고, DBT 치료자는 서로 다투고 모순되는 욕구와 소망 사이를 부적절하게 타협한 것이 성격 구조의 기반을 형성한다고 가정하고, 욕구를 폄하하지 않는 방식으로 성취하도록 조력한다.

**치료.** Linehan(1993a, 2015)은 DBT 치료의 네 가지 핵심 양식을 구체화하였다. 그 네 가지는 개인치료, 집단을 통한 기술 훈련, 전화 접촉, 치료자 자문이다(Linehan, 1993a, 2015). 전반적인 모델을 따르면서, 치료자의 판단에 따라 집단치료와 다른 치료양식도 추가될 수 있는데, 그 양식이 지향하는 목표를 명료화하고 우선순위를 정하여 알려 준다. 개인치료자가 주치료자가 되며, 치료의 핵심 작업은 개인치료 회기에서 이루어진다. 회기와 회기 사이에는 치료자가 전화 접촉을 실시하는데, 근무 시간외 전화 접촉도 포함된다. 이때는 치료자가 명확한 한계를 설정해야 한다. 전화 접촉의 목적은 심리치료를 위한다기보다 내담자로 하여금 자해를 피할 수 있는 방법을 찾을 수 있도록 조력과 지지를 제공할 뿐 아니라 내담자 자신이 치료자와의 관계가 손상되었다고 느끼고 이를 바로 잡고 싶을 때 다음 회기 전 관계 회복을 위함이기도 하다. 자해가 강화되지 않도록 하기 위해 내담자가 자해한 이후 전화를 거는 것은 수용하지 않는다. 다만, 안전한지의 여부만 즉각적으로 파악한 후 더 이상의 전화는 24시간 동안 허용되지 않는다. DBT 치료자들은 치료자 자문 집단에 정기적으로 참여하도록 권장된다. 이러한 집단은 까다로운 내담자를 다루는 치료자에게 정서적인 지지와 DBT 사용에 대한 지속적인 훈련을 제공한다.

기술 훈련은 대개 개인치료자가 아닌 다른 사람이 이끄는 집단 맥락에서 실시된다. 기술 훈련 집단 내에서 내담자들은 성격장애를 가진 사람들이 갖는 특정 문제들과 관련된 기술들을 배우게 된다. 이러한 기술들로는 마음챙김 기술, 대인관계 효율성 기술, 감정 조절 기술, 고통 감내 기술이 있다(Linehan, 2015).

**치료 단계.** 평가, 치료에 대한 전념 및 오리엔테이션과 같은 치료 전 초기 단계에 이어, DBT는 4단계의 치료 단계를 거친다(Linehan, 2015). 1단계는 '심각한 행동

조절곤란(severe behavioral dyscontrol)'에 초점을 맞춘다. 이 단계의 목표는 행동 통제를 증가시키고 자살 시도 행동, 자해, 물질 남용과 같은 심각한 치료 방해 행동을 대상으로 삼는다. 2단계는 외상후 스트레스와 1단계에서 언급되지 않은 기타 장애들과 같은 문제들을 다루는 데 있어 정서적 경험을 증진시키는 목표를 두고 '조용한 절망(quiet desperation)'에 초점을 둔다. 3단계는 '삶의 문제'에 초점을 둔다. 이 단계의 목적은 일상적인 행복과 불행에 대한 걱정을 훈습하는 것이다. 4단계는 '미완성'에 초점을 두는데, 이 작업은 기쁨, 자유, 영적 충만에 대한 능력을 증진시키는 것이다. 각 단계마다의 표적 행동은 다음 국면으로 넘어가기 전에 통제되어야 한다. 각 단계에서의 치료는 그 단계의 특정 표적에 초점을 두는데, 특정 표적들은 상대적인 중요도에 따라 명확한 위계가 결정되어야 한다.

**핵심 전략.** DBT에서 핵심 전략은 '타당화'와 '문제해결'이다. 변화 촉진 시도는 내담자의 행동과 반응을 내담자의 현재 삶의 상황과 연관시켜 타당화하는 개입 및 내담자의 어려움과 고통에 대한 이해를 보여 주는 개입들과 함께 이루어져야 한다. 문제해결은 필수적인 기술들을 수립하는 것에 초점을 둔다. 다른 치료양식들로는 수반성 관리, 노출 기반 인지치료, 약물치료 등이 있다.

**DBT 실시.** 외래로 DBT 치료를 제공하는 것보다 입원, 부분 입원 혹은 거주 치료 환경에서 제공하는 것이 더욱 수월하다. Linehan(1993a)에 따르면, 그 이유는 DBT는 한 치료자가 심리사회적 기술 훈련을, 다른 치료자가 개인치료를 그리고 다른 치료자들이 자문가의 역할을 그리고 치료자들이 서로에게 지지를 제공할 수 있는 자문 집단을 활용할 수 있는 팀으로서 제공될 때 가장 잘 실행될 수 있기 때문이다. 최근에 Marra(2005)는 개인 개업 장면에서의 DBT 적용을 위한 몇 가지 사항을 언급하였다. 다른 치료자가 기술 훈련을 실시하는 것을 추천하면서 가능하지 않은 상황일 때 고려할 수 있는 지침을 제시하였다. 그럼에도 불구하고, 그는 DBT를 활용하고자 하는 어떠한 개업 치료자든지 치료자 자문 집단에 참여하는 것이 가능하지 않는 경우 심리치료 자문가를 활용하도록 장려한다.

**연구 지원.** 마지막으로, DBT의 효과성은 실증적으로 지지되고 있다. 종합적인 DBT 치료의 전반적인 효과성을 평가한 몇몇 무작위 대조군 연구가 발표되어 왔다(Linehan et al., 1991, 2002, 2006). 통제 조건에서 일반 치료법과 비교될 때 DBT는 월등한 것으로 평가되었다. 이 연구들의 대부분이 경계성 성격장애를 가진 여성들에게 초점을 맞추고 있지만, 몇몇 연구는 다양한 장면에서 다른 집단들을 대상으로 DBT를 적용하였다. 폭식장애, 폭식증, 신경성 식욕부진증, 만성 우울장애, 기타 성격장애들과 같은 다양한 장애를 가진, 입원 중이거나 범죄를 저지른 청소년 및 성인들을 대상으로 한 연구들이다. 하지만 남성과 소수 인종에 대한 DBT 활용 결과에 대한 연구는 극히 드물다(Lynch & Cuper, 2012).

## 심리치료의 인지행동분석체계

심리치료의 인지행동분석체계(CBASP)는 McCullough(2000)가 개발하고 더 정교화한(McCullough, Schramm, & Penberthy, 2015) CBT의 한 형태이다. 이 접근의 기본은 내담자로 하여금 자신의 행동 결과에 초점을 맞추고 개인적 및 대인관계적 어려움을 해소하기 위한 문제해결 방법을 사용할 수 있도록 조력하기 위해 행동, 인지, 대인관계 방식을 상황적 분석과 혼합하는 것이다. 원래 CBASP는 만성적 우울증을 지닌 내담자들을 치료하는 데 목표를 두었다. 다양한 장면에서 표집된 전국적 표본 연구를 통해 CBASP가 효과적인 치료임이 입증되었다. 대체로 주요우울장애와 기분부전장애 두 기준 모두를 충족하기는 하지만 만성적 단극성 우울증 기준을 충족했던 내담자들이 세 치료 집단 중 한 집단에 무선 할당되었다. 세 집단은 각각 약물치료만 실시하는 집단(세르존[2]이라는 이름으로 알려진 네파조돈[3] 투약 집단), 심리치료(CBASP)만 실시하는 집단, 약물치료와 CBASP를 혼합한 집단이었다. 세 집단 모두에서 유의미한 향상이 확인되었으나, 혼합치료 집단에서 가장 큰 효과가 확인되었다. 12주 동안의 실험 기간에 걸쳐 약물치료 집단의 55% 참여자들이 긍정적 반응을 보고했고, CBASP 집단의 52% 참여자들이 치료 반응을 경험했지만, 혼합 집단의 85%는 치료에 긍정적인 반응을 보였다(Keller et al., 2000).

**이론.** CBASP의 기본 가정은 내담자들이 삶의 특정 상황들을 분석하고 일상의 스트레스원들을 스스로 관리할 수 있는 법을 배울 수 있다는 것이다. CBASP의 기본 전제는 단순하고 직선적이다. 즉, 치료자는 내담자로 하여금 왜 자신들이 바라

2) 역자 주: Serzone, 네파조돈을 사용한 브리스톨-마이어스 스퀴브사의 항우울제
3) 역자 주: Nefazodone, 세로토닌 재흡수 억제를 통한 비정형 항우울제

는 성과를 얻지 못하는지를 자신들이 지닌 문제적 사고들과 행동들을 평가함으로써 깨닫게 조력한다는 것이다. 짧게 말하면, 치료자는 내담자들 자신이 원하는 것을 얻는 데 방해가 되는 사고와 행동을 스스로 결정하도록 돕는다. 내담자가 원하는 것과 실제로 내담자의 삶에서 일어나는 일 사이에는 부조화가 있기 때문에 CBASP 접근은 아동 행동 문제와 커플 간 갈등과 같은 문제에서부터 불안장애, 경계성 성격장애와 같은 성격장애들까지의 다양한 고통스러운 문제를 다루는 데 활용될 수 있다(Driscoll, Cukrowicz, Reardon, & Joiner, 2004). 흥미롭게도 McCullough(2002)는 심각한 경계성 성격장애를 가진 성인들, 특히 만성적 우울증이 공존하는 사람들에게는 CBASP를 활용하는 것을 유보하라고 언급하였다.

**치료.** CBASP 치료의 보편적 목표는 특정 상황에서 발생했으면 하고 내담자가 바라는 것이 무엇인지와 이전부터 발생하고 있는 일은 무엇인지 혹은 현재 실제로 발생하고 있는 일은 무엇인지 간의 격차를 확인하는 것이다. 구체적인 정황들을 검토함으로써 내담자들은 점차로 자신의 삶에서 문제가 되는 주제와 패턴뿐 아니라 바라는 것을 성취할 수 있는 방법들을 발견하게 된다.

CBASP 치료에는 두 가지 시기, 즉 끌어내기(elicitation)와 교정하기(remediation) 시기가 있다. 끌어내기 시기는 여섯 단계로 구성되어 있는데, 다음과 같은 특정 질문들로 윤곽을 잡을 수 있다. "그 상황을 구체적으로 묘사해 주시겠습니까?" "그 상황을 어떻게 해석하셨습니까?" "구체적으로 그 상황에서 어떤 행동을 했고 무슨 말을 하셨습니까?" "그 상황에서 벗어나기 위해 무엇을 바라셨습니까? 다시 말하면, 어떤 결과를 바라셨습니까?"

"그 상황에서 실제로 얻은 결과는 무엇이었습니까?" 그리고 마지막으로는 "당신이 원했던 것을 얻었습니까?"이다.

교정하기 시기 동안, 행동과 해석 혹은 인지(cognitions)는 변화를 목표로 하여 내담자의 새로운 행동과 인지가 바라는 결과를 가져 오기 위해 수정된다. 첫째, 내담자의 상황에 대한 모든 해석은 그 해석이 원하는 결과를 성취하는 데 도움이 되었거나 혹은 방해가 되었는지를 결정하기 위해 평가된다. 다음으로, 내담자의 각 행동도 같은 목적을 위해 평가된다(Driscoll et al., 2004).

이 접근의 수정 버전(Sperry, 2006b, 2014)은 성격장애를 가진 내담자들, 특히 과거 경험으로부터의 학습 능력이 낮은 것으로 평가되는 사람들과 작업할 때 특히 유용하다. 그러한 개인들은 자신이 저지른 실수로부터 학습한 충분한 경험이 없었다. 왜냐하면 결과적 생각보다는 정서적 생각(emotional thinking)에 종종 더 몰입하기 때문이다. 이 수정된 개입 전략은 결과적 생각(consequentral thinking)을 향상시킴으로써 효과적이 된다. 이 전략은 내담자로 하여금 자신의 부정적 혹은 자기패배적인 사고와 행동이 자신이 진정으로 원했던 결과 대신에 부정적인 결과(실제 결과)를 낳는다는 고리에 초점을 맞추도록 한다. 이 전략은 아홉 가지 단계를 포함하는데, 인지 및 행동 분석을 시작으로 차차 내담자가 바라는 성과 혹은 결과를 중심으로 내담자의 해석과 행동을 다루는 것으로 나아간다.

## 패턴 초점 심리치료

패턴 초점 심리치료는 Len Sperry(Sperry, 출판 중[4])에 의해 개발되었다. 이 치료 방식은 패턴 확인과 패턴 변화를 강조하는 생물심리사회적 치료(Biopsychosocial Therapy; Sperry, 1998, 2000, 2006b)와 심리치료의 인지행동분석체계(CBASP; McCullough, 2000), 동기강화상담(Motivational Interviewing: MI; Miller & Rollnick, 2002)으로부터 도출되었다. CBASP와 MI는 미국심리학회 산하 임상심리학회(Division 12)로부터 경험적으로 지지된 치료(empirically supported treatments)로 인정받았다.

**이론.** 패턴은 한 개인이 생각하고, 느끼고, 행동하고, 대처하며, 자신을 보호하는 예측 가능하고, 일관되며, 자기영속적인 양식이자 방식이다(Sperry, 2006b; Sperry, Brill, Howard, & Grissom, 1996). 패턴은 부적응적일 수도 있고 적응적일 수도 있다. 부적응적인 패턴은 유연하지 못하고, 비효과적이며, 부적절하여 증상 및 개인적 기능과 대인관계적 기능에서의 손상 그리고 만성적인 불만족을 야기한다(Sperry, 2010). 그러한 패턴이 충분히 고통스럽거나 손상을 가져오는 것이라면, 성격장애로 진단될 수 있다. 반대로 적응적인 패턴은 유연하고, 적절하며, 효과적인 성격양식을 반영하고 있으며 그에 따라 개인적 역량과 대인관계 역량을 담고 있다(Sperry & Sperry, 2012).

패턴 초점 심리치료는 네 가지 기본 전제에 바탕을 두고 있다. 첫 번째 전제는 사

4) 역자 주: 2016년에 『The Journal of Individual Psychology』에 게재됨

람들은 스스로 기능하고 타인과 관계를 맺는 자기영속적이며 비적응적인 패턴을 부지불식간에 발달시킨다는 것이다. 이후 그 패턴은 내담자의 호소 문제들의 밑바탕이 된다. 두 번째 전제는 패턴 변화는 근거기반 치료의 필수적인 요소라는 것이다. 세 번째 전제는 효과적인 치료는 내담자와 치료자가 부적응적인 패턴을 확인하고, 그 패턴을 깨뜨리며, 보다 적응적인 패턴으로 교체하도록 상호협력하는 패턴 변화를 포함한다는 것이다. 이 변화 과정으로부터 얻어지는 적어도 두 가지 성과는 내담자의 호소문제 해소와 안녕의 증가이다(Sperry & Sperry, 2012). 네 번째 전제는 비생산적인 생각과 행동을 더 생산적인 것들로 교체하는 것은 효과적으로 그리고 손쉽게 치료적 변화로 이끌 가능성을 높인다는 것이다. 그렇지 않으면 이러한 변화는 직접적으로 인지를 재구조화하거나 행동을 수정함으로써 만들어질 수 있는 것일 것이다.

**실제.** 패턴 초점 심리치료는 협력적 관계를 수립하고 이 접근의 기본 전제들을 내담자에게 교육하면서 시작된다. 평가 및 사례개념화 과정에 핵심적인 것은 비적응적 패턴을 파악하고, 패턴 변화에 초점을 둔 치료를 계획하는 것이다. 치료 계획에 고려되는 기타 핵심적 요인들은 변화를 위한 준비 수준, 증상의 심각도, 기술 결손, 강점 및 보호 요인들이다.

변화 과정에서 기본적인 치료 전략은 내담자가 보고하는 문제 상황을 부적응적 패턴의 관점에서 분석하는 것이다. 우선 내담자들에게 그 상황과 그 결과로 어떤 해석(생각)을 하였고 어떤 행동을 하였는지 묘사하도록 요청한다. 그런 후에 내담자들에게 실제로 얻어진 결과와 반대되는 자신들이 기대한 결과에 대해 질문한다. 치료가 시작되면 내담자는 틀림없이 자신이 기대한 결과가 얻어지지 않았다고 보고한다. 내담자의 해석에 대해 질문하고, 자신이 기대한 것을 얻는데 그러한 해석 하나하나가 자신에게 도움이 되었는지 혹은 상처를 주었는지 질문한다. 만약 도움이 되지 않았다면, 어떤 대안적 해석이 기대한 결과를 얻는 데 도움이 되었을 것 같은지 질문한다. 내담자가 보고한 행동은 그 행동이 자신이 기대한 결과를 얻는 데 도움이 되었는지 혹은 상처가 되었는지의 관점으로 분석된다. 마지막으로, 비적응적 패턴을 변화하는 것에 대해 내담자가 얼마나 중요하게 생각하고 있는지에 관한 내담자의 중요 수준과 변화를 도모하는 것에 대한 자신감 수준이 평가되고 치료적으로 다루어진다. 그리 놀랍지 않게, 치료적 변화를 판별하는 특징은 더욱 적응적인 패턴으로 이동함으로써 내담자가 자신이 기대한 결과를 점차로 성취하는 것이다.

간단히 말하면, 이 치료적 전략은 비적응적인 패턴을 확인하고 본질적으로 그 비적응적인 패턴 기저에 있는 비생산적인 해석과 행동을 교체함으로써 더 적응적인 패턴으로 변화시키는 것에 초점을 둔다. 인지적 재구조화, 행동 활성화, 노출, 기술 훈련, 재구성, 해석 등과 같은 다른 방식들 또한 보조적인 치료 방식으로 사용될 수 있다.

## 마음챙김

마음챙김은 한 개인이 현재 그 순간 일어나는 사고, 감정, 경험의 분석 혹은 판단 없이 수용의 자세로 초점을 맞출 수 있는 자각의 한 형태이다. 마음챙김을 실시하는 것은 감정을 억제하거나 감정에 탐닉하지 않고서 부정성, 공격성, 충동성을 흩뜨릴 수 있다(Marlatt & Kristeller, 1999). 마음챙김은 불교에서 비롯된 것이기는 하지만, 최근 의학과 심리치료에 통합되었다. 마음챙김은 대안적인 관점에 대한 자각 능력을 계발하고 습관적인 반응 패턴을 감소시키는 것과 관련되기 때문에 다양한 치료적 체계에 걸쳐서 공통 요인으로 제시되어 왔다(Martin, 1997). Linehan(2015)은 마음챙김이 자동적인 정보처리가 아닌 의도적인 정보처리와 관련됨과 마음챙김 주의집중의 비판단적 · 비평가적 특성을 강조하면서, 심리치료에 수용을 통합시키는 한 가지 방식으로 마음챙김 기법에 대해 기술하였다. 때문에 마음챙김이 경계성 성격장애를 위한 Linehan의 변증법적 행동치료에 포함된 것은 놀랍지 않다. 최근에는 마음챙김 접근이 몇 가지 인지적 그리고 인지행동적 치료 방법, 예를 들면 우울(Segal, Williams, & Teasdale, 2002; Teasdale et al., 2000), 물질 남용(Marlatt, 1994), 경계성 성격장애(Linehan, 1994), 공황장애(Kabat-Zinn et al., 1992), 폭식(Kristeller & Hallet, 1999), 범불안장애(Roemer & Orsillo, 2002), 강박장애(Schwartz & Begley, 2002)에 통합되었다. 마음챙김은 이러한 장애들뿐 아니라 발작 및 뚜렛 증후군에도 효과적이라는 연구 결과들이 쌓이고 있다(Schwartz & Begley, 2002). Teasdale의 우울 및 기타 장애들에 대한 접근에서 마음챙김이 핵심 전략이라는 점은 그의 접근 방식의 이름, '마음챙김 기반 인지치료(mindfulness-based cognitive therapy)'에도 반영되어 있을 정도이다(Teasdale et al., 2000). 또한 Young의 심리도식치료(Young, Klosko, & Weishaar, 2003)에도 성격장애 치료의 핵심 전략으로 마음챙김을 포함시켰다는 점은 흥미롭다.

## 심리도식치료

심리도식치료는 Young(1990, 1999; Young et al., 2003)에 의해 특별히 성격장애 및 기타 까다로운 문제를 지닌 개인과 커플 문제를 위해 개발된 정교화된 인지치료이다. 이 치료는 아들러 심리학, 행동치료, 대상관계, 게슈탈트 치료의 요소들을 체계적 치료 접근으로 통합하고 있다. 최근에 심리도식치료는 영적 차원에 민감한 내담자를 위해 마음챙김을 포함시켰다.

심리도식치료의 가장 기본적인 개념은 초기 부적응적 심리도식(Early Maladaptive Schema)이다. 심리도식은 아동기에 발달되어 전 생애에 걸쳐 정교화되는 자기 및 타인에 관한 관점에 대한 포괄적이며 만연한 주제로 정의된다. 이 심리도식들은 비록 성인기에도 형성되기는 하지만 생애 초기에 전형적으로 시작되어 부정적/역기능적인 사고 및 감정을 야기하며 목표를 성취하고 자신의 욕구를 충족시키는 것을 방해하는 지속적이고 자기패배적인 패턴들이다. 이 심리도식들은 심리도식 유지, 심리도식 회피, 심리도식 보상 등과 같은 대처양식을 통해 행동상으로 끊임없이 지속된다(Young, 1999).

Young(1999; Young et al., 2003)은 18개 심리도식을 확인하였다. 이 심리도식들은 아동기 시절 아동의 선천적 기질과 부모, 형제 혹은 또래들과의 지속적인 부정적 경험들 간의 상호작용을 통해 형성된다. 생애 초기에 형성되기 때문에, 심리도식들은 익숙하게 되고 편안해진다. 우리는 우리가 지닌 심리도식들의 타당성을 유지하기 위해 삶에서 발생하는 사건들에 대한 우리의 관점을 왜곡한다. 이 심리도식들은 특정 심리도식과 관련된 상황으로 인해 활성화되기 전까지는 휴면 상태로 있다.

이 심리도식들은 심리도식 영역이라고 불리는 다섯 가지 포괄적인 발달 범주로 분류된다. 각 영역은 아동의 핵심 욕구들의 중요한 요소로 대변된다. 심리도식들은 각 영역 내에서 아동이 핵심 욕구를 충족시키려는 시도들을 방해한다.

〈표 1-2〉는 이 심리도식들과 영역들을 간략하게 정리하여 보여 주고 있다.

심리도식치료에는 부적응적 심리도식들을 확인하고, 변화의 적절한 수준을 결정하고, 그 수준 혹은 정도에 이르기 위한 개입 방법들을 계획하는 단계들이 포함된다. 심리도식 변화에는 다양한 수준이 있는데, 심리도식 재구성, 심리도식 수정, 해석 및 심리도식 위장 등이다. 심리도식 재구성(schema reconstruction)은 부적응적인 심리도식을 보다 기능적인 심리도식으로 대체하는 것으로서 가장 대대적인 탈바꿈 수준이며 종종 장기적인 치료를 요한다. 반면, 심리도식 위장(schema camouflage)은 가장 범위가 좁으며 단기치료에 더 적합한 목표이다(Young, 1999; Young et al., 2003).

〈표 1-2〉 부적응적 심리도식과 심리도식 영역

단절 및 거부

- **버림받음/불안정:** '유의미한 타인들이 신뢰롭고 안정된 지지를 제공하지 않을 것이다 혹은 제공할 수 없을 것이다'라는 신념
- **불신/학대:** '다른 사람들이 자신을 학대하고, 모욕하고, 속이거나 조종하고, 자신에게 거짓말을 하며 자신을 통해 이득을 취할 것이다'라는 신념
- **정서적 박탈:** '다른 사람들이 정서적 지지를 바라는 자신의 욕구를 충족시켜 주지 않을 것이다'라는 신념
- **결함/수치심:** '자신의 중요한 부분에 결함이 있다고 믿는 동시에 자신은 나쁘고, 열등하며, 누구도 자신을 원치 않는다'는 신념
- **사회적 고립/소외:** '자신이 소외되고, 다른 사람들과 다르거나 어떤 집단에도 속하지 않는다'는 신념

손상된 자율성 및 수행

- **의존/무능:** '다른 사람의 상당한 도움 없이는 일상의 책무들을 완전히 해낼 수 없다'는 신념
- **피해 혹은 질병에 대한 취약성:** '내재적 재앙이 어느 때든 들이닥칠 것이며 이를 예방할 수 없을 것이다'라는 과장된 두려움
- **경계없음/미발달한 자기:** '전적인 개별화나 보통의 사회적 발달을 희생하면서 정서적으로 타인과 가까워져야만 한다'는 신념
- **실패:** '자신은 필연적으로 실패할 것이다 혹은 자신의 목표를 달성하는 데 근본적으로 부적합하다'는 신념

손상된 한계

- **특권의식/거대자신감:** '자신은 타인보다 우월하며 정상적인 사회적 관계에 작용하는 규칙이나 규준들을 따를 필요가 없다'는 신념
- **불충분한 자기통제/자기훈련:** '자기통제와 좌절 수용 능력이 부족하다'는 신념

타인 지향

- **예속:** '자신의 욕구와 필요 및 감정이 다른 사람의 필요를 맞추거나 보복과 비판을 피하기 위해 억제되어야 한다'는 신념
- **자기희생:** '자기 자신의 만족을 희생해서라도 타인의 욕구를 충족시켜 주어야 한다'는 신념

- 승인 추구/인정 추구: '진정한 자기감의 발달을 포기하고서라도 소속되고 수용받을 수 있는 곳이나 사람을 계속 찾아야 한다'는 신념

과잉경계 및 억제

- 부정성/비관주의: 삶의 긍정적이며 낙관적인 측면은 과소화하면서 부정적인 측면들에만 초점을 맞춤. 이러한 초점은 광범위적이며 평생 동안 지속됨
- 정서적 억제: 자발적 행동, 감정, 의사소통(다른 사람들의 비난을 피하려고)을 지나치게 억제하고 수치심이나 충동에 대한 통제력 상실을 피하려는 경향
- 가혹한 기준/과도한 비판: '타인에게 수용되거나 비판받지 않기 위해서는 비현실적으로 높은 수준의 수행을 해야 한다'는 신념
- 처벌: '실수를 하면 처벌을 받는 게 마땅하다'는 신념

## 구조화된 치료 개입 방법들

성격의 심리적 차원을 반영하는 심리도식과는 달리, 기질(다시 말해, 성격의 선천적 · 유전적 · 체질적 측면)은 성격의 생물학적 차원을 반영한다. 기질은 한 개인의 정서, 행동, 인지 양식의 조절 혹은 조절곤란에 중요한 역할을 한다(Sperry & Sperry, 2016). 약물치료가 행동 조절곤란을 조정하거나 정상화할 수 있다는 연구 결과가 있는 반면, 유사한 조정 효과 또한 사회적 기술 훈련에서도 나타났다(Lieberman, DeRisi, & Mueser, 1989). 따라서 사회적 기술 훈련은 변연계 매개 행동들, 예를 들어 충동성, 공격성, 기분가변성 등을 정상화하는 상대적으로 효과적인 상향식 치료 전략인 것으로 보인다. Sperry(2015)는 "성격장애를 가진 개인들이 유의미한 기술 결손을 전형적으로 보이며, 구조화된 기술 훈련 개입 방법들이 중등도 이상 성격장애의 성공적인 치료에 유용하며 필수적이다."라고 강력히 주장한다. 기술 결손은 모델링, 코칭, 역할연습, 과제 부여 등과 같은 실제 연습을 통해 개인 및 집단 회기에서 필수적인 기술을 습득함으로써 회복될 수 있다. 성격장애를 가진 사람들의 정서, 행동, 인지적 기질양식을 수정하기 위한 열여섯 가지 구조화된 치료 개입 전략은 『DSM-5 성격장애에 대한 인지행동치료(3판; Cognitive Behavior Therapy of DSM-5 Personality Disorders, Third Edition)』(Sperry & Sperry, 2016)에 기술되어 있다. 〈표 1-3〉은 이 개입 방법들의 목록을 담고 있다.

〈표 1-3〉 구조화된 치료 개입 방법들

| |
|---|
| 1. 분노 조절 훈련 |
| 2. 불안 관리 훈련 |
| 3. 자기주장 훈련 |
| 4. 스트레스 감내 훈련 |
| 5. 정서 조절 훈련 |
| 6. 공감 훈련 |
| 7. 충동성 통제 훈련 |
| 8. 대인관계 기술 훈련 |
| 9. 한계 설정하기 |
| 10. 마음챙김 훈련 |
| 11. 문제해결 훈련 |
| 12. 급진적 개방 기술 훈련 |
| 13. 자기관리 훈련 |
| 14. 민감성 감소 훈련 |
| 15. 증상 관리 훈련 |
| 16. 사고 중지 |

## 전이 초점 심리치료

전이 초점 심리치료(TFP)는 성격장애, 원래는 경계성 성격장애를 치료하기 위해 의학박사인 Otto Kernberg와 그의 동료들에 의해 개발되었다(Clarkin, Yeomans, & Kernberg, 2015). 이 치료 기법은 고도로 구조화되고, 매뉴얼화된 근거기반 치료 접근이다.

TFP는 성격장애 치료에 정신분석이 실패한 것에 대한 대응으로 등장하였다. 정신분석이 어떤 개인들에게는 유용했던 반면, 심각한 성격장애를 가진 사람들에게는 도움이 되지 못하였다. 실제로 성격장애를 가진 많은 사람은 정신분석을 받은 이후 더 악화되는 것처럼 보이기도 하였다. 치료 방법 자체가 원인이라고 결론짓는 대신, 많은 이는 성격장애가 치료 불가능하다고 결론지었다. TFP 개발자들은 이러한 믿음에 도전하였고, 심각한 성격장애에 전통적인 정신분석 방법을 수정하고 맞춰 나갔다.

TFP는 유아가 자신('self')과 타인('objects')에 대한 내적 표상을 형성한다고 주장하는 대상관계이론에 기초를 두고 있다. 전형적으로 이러한 '대상들'은 초기 양육자들이다. 이 같은 초기의 자기-대상표상들은 지배적인 정서를 통해 서로 연결되어 있다. 유아 발달의 초기 단계에서 긍정적인 기조의 자기-대상표상들이 부정적인 기조의 표상들과 독립적으로 발달되는 것으로 상정된다. Kernberg에 따르면 건강한 성인의 성격 발달에는 이처럼 분리된, 즉 긍정적 · 부정적인 기조의 대상표상들이 하나의 단일 응집체로 통합되는 것이 필수이다. 반면에 좋은 표상과 나쁜 표상들이 여전히 쪼개지고 분리된 채로 남아 있으면, 통합되지 못한 성격 구조 혹은 성격장애가 생긴다.

한번 형성되면, 이 같은 대상관계 짝(한 쌍)은 이후의 관계가 이해되고 실연될 수 있는 하나의 지도 혹은 본틀의 역할을 한다. 그처럼 내재화된 대상관계들은 이후 중요한 관계들에서 펼쳐지는 것으로 생각된다. 한 개인이 얼마나 정확한 지도 혹은 템플릿을 갖고 있느냐에 따라 미래 관계에 대한 건강하고 정확한 이해가 가능하다. 반대로, 그 사람이 부정확하고, '쪼개져 있고', 극화된 지도 혹은 템플릿을 가지고 있을 때 대인관계 문제가 발생한다. 이는 또한 치료자와의 관계에도 적용된다. 그에 맞춰 치료자는 그 문제의 본질과 어떻게 하면 문제를 바로잡을 수 있을지를 파악할 수 있다.

TFP에서 치료자와 내담자 간에 형성되는 관계는 변화의 기제가 된다. 이는 치료적 관계 자체가 문제가 되는 성격 구조를 확인하고 교정하는 수단을 제공한다는 뜻이다. 이 치료의 목표는 내담자에게 교정된 관계 템플릿을 제공하는 것이다. 이러한 교정은 아동기 동안 형성된 제대로 작동하지 않는 관계 템플릿에 내담자가 의지하기 때문에 발생되는 '전이' 과정을 통해 가능해진다. 치료 회기 동안 전이가 발생하면, 치료자는 이 경험을 내담자의 내적 표상 혹은 템플릿을 확인하고, 이해하고, 업데이트하는 틀로 활용한다. TFP 치료자들이 이 전이를 인식하면서, 내담자들로 하여금 이 같은 내적 표상을 이해하고 수정할 수 있도록 조력한다.

TFP의 일차적 목표는 치료 관계라는 수단을 통해 교정적인 정서적 경험을 얻도록 내담자를 조력하는 것이다. 치료자가 공감적이며 안정적인 관계 분위기를 만듦으로써 내담자는 치료자를 향한 고통스럽고, 상충되며, 양가적인 감정을 직접적으로 경험할 수 있게 된다. 이와 같은 안전하고 편안한 환경에서 혼란스럽고 분리되어 있는 자기-대상표상들이 활성화될 때 떠오르는 괴로운 감정들을 내담자는 직면하고 견딜 수 있는 방법을 익히게 된다. 이처럼 매우 불편한 감정을 견디는 능력은 유아 혹은 아동으로서는 가능하지 않다. 이 과정의 목표는 내담자로 하여금 분리된 '자기 및 타인(self-and-other)' 표상들을 하나의 응집된 전체로 통합할 수 있도록 조력하는 것이다. TFP의 궁극적인 목표는 정체성 통합이다.

TFP는 몇 가지 측면에서 전통적인 정신분석 치료와는 다르다. 첫째, TFP는 매우 구체적인 안건과 치료 계약을 포함하고 있다. 치료 계약은 회기 빈도와 기간, 위기가 생겼을 때 통화 및 관련 절차에 대한 한계를 공식적으로 다룬다. 치료자는 단순한 수동적 청자만은 아니며, 오히려 날카로운 질문을 던지고, 질문을 명료화하기도 하며, 자기파괴적 혹은 기타 부정적인 행동들에 도전시키는 매우 적극적인 역할을 담당한다. 특이사항으로 치료가 지금-여기의 관계적 문제들에 초점을 둔다는 점이다. 이렇게 초점을 둠으로써 내담자는 치료자와 맺는 현재 관계와 자신이 삶에서 맺은 다른 관계들에서 경험한 현재 문제들 간에 연결고리를 짓게 된다. 더욱이 내담자는 직업을 구하거나, 자원봉사를 하거나, 학업을 이어 감으로써 유의미하고 생산적인 삶을 발달시킬 것이라고 기대된다. 전형적으로 치료는 45분 회기를 매주 두 번씩 진행한다. 필요한 경우 집단치료 혹은 12단계 프로그램[5] 참여가 추천되기도 한다.

## 정신화 기반 치료

정신화 기반 치료(MBT)는 Anthony Bateman과 Peter Fonagy(Bateman & Fonagy, 2007, 2009)에 의해 성격장애, 특히 경계성 성격장애 치료를 위해 개발되었다. MBT는 주로 애착이론에 기초를 두고 있는데, 기본 전제는 유아가 자신의 양육자와 친밀성을 추구하고자 하는 선천적 욕구를 지니고 있다는 것이다. 스트레스를 받을 때, 유아의 애착 행동(예: 미소 짓기, 매달리기, 울기)은 양육자가 달래는 반응을 보이도록 유도하고자 하는 목적으로 활성화된다. 양육자가 반응하는 방식이 아동의 기본적인 안전감 발달에 큰 영향을 끼친다. 시간이 지나면 아동은 양육자와의 상호작용을 바탕으로 관계에 대한 내적 작동 모델을 발달시키게 되고, 이 모델은 이후의 삶에서 다른 중요한 관계들에 영향을 끼친다.

5) 역자 주: 약물 중독, 행위 중독 등으로부터의 회복을 목적으로 한 상호 조력 프로그램

양육자가 아동을 달래거나 안정시킬 때 적절하게 반응하는 정도에 따라 안정된 애착이 형성된다. 안정 애착의 결과로 아동은 양육자의 달래는 반응을 모델링하여 스스로를 진정시키고, 자신의 감정을 스스로 조절하는 법을 배운다. 양육자가 적절한 반응을 보이지 못하는 정도에 따라 불안정 애착은 형성된다. 그 결과 아동은 자기위안과 자기조절 행동을 제대로 하지 못할 가능성이 높다.

정신화는 자신의 마음 상태를 성찰하고, 이해하는 능력이다. 내가 무슨 감정을 왜 갖는지를 통찰하고 이해하는 것이다. 정신화는 아동의 스트레스에 대해 양육자가 공감적 · 통찰적으로 반응함으로써 발달된다. 정신화는 안정 애착 경험을 통해 학습된다.

정신화는 효과적인 정서 조절에 필수적인 중요한 대처 기술이다. 실제적인 목표로서도, 정신화는 '정지' 버튼을 누르는 것과 같다. 예를 들어, 강력한 부정적 감정을 경험하는 것은 행동으로 옮기거나 반응하고자 하는 강렬한 충동과 맞물려 있다. 강력한 충동을 짧은 순간에라도 견디고, 그 감정에 대해 잠깐 생각할 수 있는 능력은 강렬한 충동을 행동으로 옮기는 것을 효과적으로 방지할 수 있다. 성격장애를 한 마디로 정의하는 특징은 관계적 어려움이기 때문에, 성격장애를 가진 개인은 전형적으로 이와 같은 결정적 기술에 결함을 갖게 된다. MBT의 기본 전제는 관계적 어려움을 교정하기 위해서는 반드시 정신화가 학습되어야 한다는 것이다. 따라서 MBT 치료의 기본 목표는 필수적인 기술인 정신화 능력을 향상시키는 것이다.

대체적으로 MBT의 진행되는 방식은 이렇다. 정신화 기술을 학습할 수 있는 환경을 제공하는 따뜻하고 공감적인 치료 동맹을 발달시키는 것이 첫 단계이다. 그러고 나서 치료자는 환자로 하여금 현재의 관계적 상호작용에 대해 되돌아보도록 적극적인 격려를 한다. 이는 치료 회기 내에서의 상호작용도 포함된다. 내담자가 자신의 마음이 어떤 생각을 하는지 알고 이해하게 된다는 점에서 내담자의 마음은 치료자의 초점이 된다. 내담자는 부정적 결과를 낳는 자신과 타인들에 대한 잘못된 실수와 판단을 평가하는 법을 배운다. 대체로 개인 상담 회기는 일주일마다 진행되며, 집단 구성원들을 통해 서로 배울 수 있는 집단 회기도 매주 진행된다.

## 발달치료

심리치료를 통해 개인적 · 관계적 · 직업적 수행을 증진시키는데, 달리 말하면 보다 온전한 기능을 발휘할 수 있도록 도움을 받고자 하는 사람들이 늘어나면서, 치료자와 초점화된 치료 기법들은 그에 따라 적절하게 변화할 것이다. 심리치료에서 발달에 초점을 맞춘 것은 1960년대와 1970년대에 등장하기 시작했으며(Blocher, 1974; Shostrum, 1976), 이후 쇠퇴했다가 현재 재등장하고 있다(Blocher, 2000; Cortright, 1997; Sperry, 2002). 이처럼 발달에 초점을 둔 접근은 병리적인 상태에서부터 성장 상태의 연속적인 범위상에서 한 개인의 욕구와 관심사를 개념화한다.

발달 접근은 성격장애의 치료에 특히 적합하다. 그 이유는 범주 용어, 이를테면 장애, 적절, 최적 기능 등이 아니라, 낮은 기능에서부터 높은 수준의 기능이라는 연속적인 차원 용어로 문제와 성장 욕구 및 관점을 개념화하기 때문이다(Sperry, 2002). 그와 같은 발달적-차원적 관점이 병리적 기능 대 정상 혹은 최적 기능으로 구분하는 현 DSM-5의 범주적 판별보다 더 우수하다. 비록 제3자 지급인[6]은 최적 기능에 초점을 맞춘 치료, 예를 들어 발달적-차원적 사례개념화가 치료를 최적하기 위한 치료자의 결정을 가이드해 줄 뿐 아니라 그러한 치료의 비용-효율에 관한 성과 연구를 가이드하는 데 도움이 될 수 있음에도 불구하고, 최적 기능에 초점을 맞춘 치료에 즉각적으로 돈을 지불하는 데에는 큰 관심이 없어 쉽게 설득되지 않을 수도 있다. 10개의 성격장애 각각에 대한 세 가지 수준의 기능에 대해 〈표 1-4〉에 개괄하여 제시하였다.

최적 기능을 향상시키는 것에 초점을 두는 발달치료를 시행하는 프로토콜은 Sperry(2002)에 기술되어 있다. 최적 기능을 증진하는 다른 발달 접근들에 대해서는 Cortright(1997)와 Blocher(2000)가 기술하였다.

6) 역자 주: 환자(제1당사자)와 의료제공자(제2당사자)가 아닌 의료서비스에 대한 돈을 지불하는 보험 회사 혹은 기관

〈표 1-4〉 성격의 발달 수준: 최적, 적합, 장애

| | |
|---|---|
| **강박성** | |
| 최적 | 관대함, 희망, 친절과 개인적 진실성이 균형 잡힌, 성실하지만 틀에 매이지 않는 자발적인 사람 |
| 적절 | 과업 및 관계에 있어 완벽주의적 경향과 경직성이 덜 하며, 어느 정도의 정서적 관여를 할 수 있음 |
| 장애 | 과업 완수와 관계에 방해가 되는 완벽주의 및 정서 회피; 지나치게 경직된 사고와 태도; 비관적이며 인색함 |
| **연극성** | |
| 최적 | 자신들 내부에서 자신들이 찾는 사랑을 발견하고, 이타주의적이며 받을 것을 계산하지 않고 주는 것 |
| 적절 | 즐거움을 추구하며 종종 충동적인 반면, 만족지연이 가능하고 대부분의 시간 동안 정서적으로 적절함 |
| 장애 | 자신이 관심의 초점이 되지 않는 상황에서는 불편해함 |
| **자기애성** | |
| 최적 | 특별한 대우 혹은 특권을 기대함 없이 에너지가 넘치고 자신감이 있음 |
| 적절 | 자신감이 있으나 정서적으로 취약하며, 특별대우 혹은 특권을 바람 |
| 장애 | 자기 중요성에 있어 과대 감각을 드러내며 특권을 요구함 |
| **회피성** | |
| 최적 | 대인관계에서의 단서에 민감하며 타인에 대한 예리한 직관을 소유하고 있음에도 불구하고, 타인에 대해 존중심과 인정을 베풂 |
| 적절 | 타인이 주변에 있을 때 내성적인 태도를 보이는데, 자신에 대한 타인들의 의견에 대해 민감하고 걱정하기 때문임 |
| 장애 | 비난, 불인정, 거부에 대한 두려움 때문에 유의미한 대인관계 접촉을 포함하는 사회적 · 직업적 활동을 회피함 |
| **조현성** | |
| 최적 | 자신 스스로에게 깊이 기반을 두고 있으면서 외부 세계와도 정서적인 연결감을 갖고 있음 |
| 적절 | 친밀성 혹은 정서적 유대감이 강하게 요구되지 않는 한, 타인이 주변에 있는 것에 나름대로 편안해함 |
| 장애 | 친밀한 관계를 바라지도, 즐기지도 않음 |
| **의존성** | |
| 최적 | 중대한 결정을 해야 할 때 다른 사람의 의견과 조언을 구할 수 있으나, 그 결정은 궁극적으로 자신이 내린 결정임 |

| | |
|---|---|
| 적절 | 책임을 지고 의사결정을 할 수 있는 능력은 있지만, 여전히 다른 사람의 도움과 조언을 구하거나 의지함 |
| 장애 | 대부분의 주요한 삶의 영역에서 타인이 책임질 필요가 있음 |
| 반사회성 | |
| 최적 | 비록 타인들이 관계를 진지하게 이어 가지 않는다 하더라도, 타인들과 수다의 즐거움을 누리고 쉽게 친구를 사귈 수 있음 |
| 적절 | 힘을 건설적으로 사용하고 가치로운 명분을 장려하며 명예롭고 연민감을 갖고 행동함으로써 타인으로부터 존경을 얻음 |
| 장애 | 공격적이고, 충동적이며, 이기적이며 무책임한 행동을 보임 |
| 경계성 | |
| 최적 | 자신의 감정과 내적 충동에 대해 매우 편안해하는, 민감하고 내적 성찰을 하며 섬세한 사람 |
| 적절 | 재빠르고 손쉽게 대인관계를 시작하며, 때때로 그러한 과정에서 상처를 받거나 거부를 당함 |
| 장애 | 실제적인 혹은 상상의 거부와 버림받음을 회피하기 위해 필사적으로 노력함 |
| 조현형 | |
| 최적 | 타인에게 도움이 될 수 있도록 상황과 삶을 다르게 볼 수 있는 특별한 능력을 갖고 있음 |
| 적절 | 대인관계가 보충해 줄 만한 가치가 있는지의 여부와 상관없이 특별하고 특이한 경험에 몰입할 수 있음 |
| 장애 | 유별나고, 특이하고, 기이한 행동, 사고, 언어를 보임 |
| 편집성 | |
| 최적 | 통제감을 잃거나 공격적이 되지 않으면서, 규칙을 잘 지키고 분별력을 지니면서 스스로를 지킬 수 있음 |
| 적절 | 타인의 비판에 다소 예민하거나 상처를 받음 |
| 장애 | 충분한 근거 없이 타인들이 자신을 착취하며, 위해를 가하고, 속인다고 의심함 |

## 약물치료 전략

전통적으로, 성격장애 치료에서 약물의 활용은 한계가 있는 것으로 간주되었다. 약물치료는 양극성장애 혹은 불면증 같은 특정 증상과 같이 동시에 발생하는 임상장애에만 활용되는 경향이 있었다. 이러한 관점은 급속히 변하고 있다. 오늘날 정신약물적 치료가 성격의 기저를 이루는 기초 차원들에 겨냥할 수 있고 그래야만 한다는 정신약물학자들이 증가하고 있다. 특정 성격장애 치료에 관한 정신약물 관련 연구는 지난 몇 년에 걸쳐 급속하게 증가해 왔다(Reich, 2002; Sperry, 2003). 최근까지 성격장애 환자에 대한 약물치료는 주로 경험적 수준이었는데, 달리 말하면 대체로 시행착오 수준이었다. 그 이유는 회피성 성격장애와 경계성 성격장애를 제외한 DSM-5 성격장애들에 관한 특정 약물치료 방법이 여전히 존재하지 않기 때문이다(Black, Zanarini, Romine, Shaw, Allen, & Schulz, 2014; Silk & Feurino, 2012).

### 혼합치료

정신건강 공동체의 모든 구성원 간에 성격장애에서 효과적인 치료는 치료 방법들을 혼합하고 치료 접근들을 통합하는 것이라는 공통된 의견이 증가하고 있다(Sperry, 2006a). 이는 많은 치료 기관에서 개인치료가 집단치료 혹은 심리교육 집단과 병행되거나 약물치료 혹은 기타 치료 방법들을 포함할 수 있다는 것을 의미한다. 개인 및 집단 치료 방법들과 약물치료를 혼합하는 것은 효과성을 증대시킬 가능성이 있다. 다양한 접근을 통합하는 것뿐 아니라 치료 방법들을 혼합하려는 노력은 지난 몇 년 전에는 이단적인 것으로 간주되었다. 현재는, 치료의 통합과 혼합은 지금도 진행 중인 '패러다임 전환'의 거대함을 반영하는 새로운 합의이다(Beitman, 2003; Sperry, 2003).

## 각 장의 구조

각 장은 다섯 가지 주요 영역, 즉 개관, 기술, 사례개념화, 평가, 치료로 분류되어 있다. 개관 부분에는 DSM에서 성격장애가 어떻게 진화되어 왔는지를 역사적인 측면에서 간단히 기술하였다. 또한 해당 성격장애에 대한 유병률 자료를 제시하였다.

기술 부분에서는 생물심리사회적 용어를 통해 해당 성격장애에 관한 포괄적인 논의를 기술하였다. 인지양식, 정서양식, 행동양식, 대인관계 양식 등과 같은 기질적 측면이 강조되어 있다. 치료자로 하여금 보이는 증상이 장애 혹은 양식에 해당될 것인가, 장애의 성공적인 치료를 위해서는 무엇을 해야 할 것인가를 결정하도록 조력하기 위해 각 성격장애 양식과 장애에 대한 기술, 특징, 사례가 제시되어 있다. DSM-5 기술 내용들, 원형적 기술, 유병률 자료 등이 포함되어 있다. 사례개념화는 진단적 개념화, 임상적 개념화, 문화적 개념화, 치료적 개념화 등으로 설명될 수 있다(Sperry, Gudeman, Blackwell, & Faulkner, 1992; Sperry & Sperry, 2012). 이 부분에서는 해당 장애의 진단적 개념화를 담고 있다.

그다음 영역에서는 해당 장애의 다섯 가지 서로 다른 사례개념화를 담고 있다. 가장 널리 사용되는 다섯 가지 임상적 개념화로는 정신역동적, Millon(1981, 1990; Millon & Everly, 1985)이 대표하는 생물사회적, 주로 Beck과 Freeman(1990)이 대표하는 인지행동적, Turkat(1990)가 대표하는 행동적, Benjamin(1993)의 대인관계적, Sperry(1990, 2010a, 2015)의 통합적 혹은 생물심리사회적 개념화가 있다.

평가 영역에서는 성격장애 환자가 보이는 전형적인 면담 행동과 라포를 형성하기 위한 장점, 단점 등을 기술하였다. 또한 Millon(1981, 1990)의 생물사회적 개념화와 연구 자료에 기초를 둔 MMPI-I, MCMI-II와 가장 흔하게 사용되는 두 가지 투사검사인 로르샤흐(Rorschach) 검사와 주제통각검사(Therapeutic Apperception Test: TAT) 등과 같은 심리검사들에 대한 해당 성격장애에 흔한 특징적인 반응 패턴들도 기술하였다. 심리검사는 내담자의 성격에 대한 차원적 특징을 명료화하는데, 다시 말하면 어느 지점에서 한 가지 성격장애 이상 혹은 일군의 특질들이 존재하는지를 명료화하는 데 특히 유용할 수 있기 때문에 이 영역은 심리학자들과 심리 평가를 활용하는 다른 전문가들에게 임상적인 연관성이 있을 것이다. 사례개념화에 대한 그다음 영역은 이러한 장애들의 기원을 이해하는 데 상당히 유용할 수 있다.

치료 부분에서는 해당 장애에 대한 개인치료에서 가장 흔하게 활용되는 세 가지 보편적인 접근인 정신역동, 인지행동, 대인관계 접근을 구체적으로 기술하였다. 정신역동 접근은 대체로 전통적인 분석적 방법이 표현적-지지적 용어들을 사용하면서 변형되어 온 방식을 포함시켜 기술되었다. 인지행동적 접근은 성격장애에 대한 Beck, Davis와 Freeman(2015)의 인지치료를 중심으로 설명되었고, Turkat(1990)와 다른 이들의 연구 기반 행동적 접근이 보충으로 기술되어 있다. 나아가 Benjamin(1993, 2007)의 대인관계 치료에 대한 실시 요강이 제시되어 있다.

해당 장애와 관련된 다른 치료 방법들이 이론 및 효능성 관련 연구들과 더불어 논의되어 있다. 이 책의 가장 독특한 측면은 각 장애에 대해 집단치료, 부부 및 가족

〈표 1-5〉 장의 구성

| |
|---|
| I. 개관 및 배경 |
| II. 성격장애의 기술 |
| 1. 정의적 특징 |
| a. 양식 vs. 장애 |
| b. 촉발사건 |
| c. 행동양식 |
| d. 대인관계 양식 |
| e. 인지양식 |
| f. 정서양식 |
| g. 애착양식 |
| h. 최적의 진단기준 |
| 2. 원형적 기술 |
| 3. DSM-5 기술 |
| 4. 유병률 |
| III. 사례개념화 |
| 1. 정신역동적 접근 |
| 2. 생물사회적 접근 |
| 3. 인지행동적 접근 |
| 4. 대인관계적 접근 |
| 5. 통합적 접근 |
| IV. 성격장애의 평가 |
| 1. 면담 시 행동과 라포 |
| 2. 심리검사 자료 |
| a. MMPI-2 |
| b. MCMI-IV |
| c. TAT/로르샤흐 검사 |
| V. 치료 접근 및 개입 |
| 1. 치료 시 고려사항 |
| 2. 개인 심리치료 |
| a. 정신역동적 접근 |
| b. 인지행동적 접근 |
| c. 대인관계적 접근 |
| 3. 집단치료 |
| 4. 부부 및 가족 치료 |
| 5. 약물치료 |
| 6. 혼합/통합적 치료 |

치료, 정신약물치료 방법들을 논의하고 있다는 점이다. 집단치료는 동질 혹은 이질 집단, 구조화된 집단 및 기간 제한 집단, 혹은 비구조화 집단 및 기간 무제한 집단 방식으로 운영될 수 있다. 이질 집단은 기능 면에서 다양한 사람이 구성된 집단을 가리킨다. 동질 집단은 성격 유형 및 기능 수준에 있어서 서로 유사한 사람들끼리 구성된 집단을 가리킨다(Frances, Clarkin, & Perry, 1984). 동질 집단은 구조화되고 기간 제한이 있는 집단으로 운영된다. 마지막으로, 치료 방법을 혼합하고 치료 접근들을 통합 혹은 조화시키기 위한 구체적인 제안을 끝으로 장과 책을 마무리하였다.

제3장에서부터 제12장까지는 〈표 1-5〉에서 표기한 바와 같이 동일한 구성으로 되어 있다.

## 성격장애의 정의적 특징

성격장애의 효과적인 치료 제공을 위한 열쇠는 성격장애 병리가 어떻게, 왜 발달되는지 뿐만 아니라, 성격장애를 가진 사람 및 관련자들 모두가 어떤 경험을 하는지 심도 있게 이해하는 것이다. 각 장, 특히 기술 부분에서 해당 성격장애에 대한 구체적인 기술을 제공하고 있음에도, 각 장마다 정의적 특징들을 일목요연하게 정리한 캡슐 요약(capsule summary)을 제시하고 있다. 이것의 목적은 해당 장애에 대한 첫걸음 학습을 장려할 뿐 아니라 심화 학습을 위한 참고자료로서의 역할을 하기 위함이다. 〈표 1-6〉에서 이러한 특징들이 열거되어 있다. 그다음 열두 가지 특징별로 간단한 설명이 제시되어 있다.

**촉발사건(들).** 가족 혹은 친밀 관계, 사회적 상황, 직장 등에서 특징적인 부적응적 반응을 처음 발생시킨 특징적이며 예측 가능한 상황, 조건, 혹은 기타 자극들이 그 개인의 행동, 대인관계, 인지, 정서 양식에 반영되어 있다(Othmer & Othmer, 2002). 촉발사건(들)은 시험에 불합격하는 것과 같은 개인 외적인 사건일 수 있고, 혹은 자기애 손상과 같은 개인 내적인 사건일 수도 있다.

**행동양식.** 한 개인이 촉발사건에 개인적으로 반응하는 특징적인 방식이다. 자기중심성, 성급함, 방어적임, 거만함 등이 그 예이다.

〈표 1-6〉 성격장애의 정의적 특성

- 촉발사건(들)
- 행동양식
- 대인관계 양식
- 인지양식
- 정서양식
- 기질
- 애착양식
- 부모의 금지명령
- 자기-타인 심리도식
- 부적응적 핵심 심리도식
- 최적의 진단기준

**대인관계 양식.** 한 개인이 타인들과 상호작용을 하는 특징적인 방식이다. 이러한 양식의 예로는 착취적, 경멸하는, 공감 없이 사교에 능란한, 타인에게만 맞추는, 남에게 달라붙는, 비난하는, 허세부리는 등이 있다.

**인지양식.** 한 개인이 문제를 인식하고 그에 대해 생각한 후 해결법을 고안해 내고 수행에 옮기는 특징적인 방식이다. 이러한 양식의 예로는 분석적, 꼼꼼한, 보편적 혹은 통각적, 조심스러운, 부주의한 등이 있다.

**정서양식.** 한 개인이 다양한 정서 유형 및 강도에 반응하는 특징적인 방식을 가리킨다. 이러한 예로는 화, 분노, 환희, 변덕스러운 기분 등이 있다.

**기질.** "어떤 정보가 처리되고, 애착이 형성되고, 감정이 경험되고 표현됨으로써 성격의 필터 역할을 하는"(Graybar & Boutilier, 2002, p. 156) 한 개인의 에너지 수준, 감정 구조, 강도, 반응 속도를 반영하는 특징적인 반응 패턴이다. 이러한 양식의 예로는 억제된, 충동적인, 성찰적인, 공격적인 등이 있다.

**애착양식.** 정서 조절, 심리적 탄력성, 자서전적 기억에로의 접근, 자기성찰 및 내러티브 발달에 영향을 끼치는 부모와 유아 사이에 형성되는 정서적 유대를 반영하는 성인의 관계 패턴을 가리킨다. 이 양식들은 안정적이거나 불안정적이다(Ainsworth et al., 1978; Erdman & Caffery, 2003). 성격장애를 가진 사람에게서 발견되는 불안정 양식의 예로는 몰입형, 두려움형, 거부형, 혼란형이 있다.

**부모의 금지명령(parental injunction).**[7] 아동이 어떤 사람이 되어야 하고 어떻게 행동해야 하는지에 대해 부모의 표현된 혹은 암시된 기대를 가리킨다. 이러한 금지명령의 예로는 "혼자서는 그거 못할 걸." "쓸모 있는 사람이 되어야지." "실수를 저질러서는 안 돼." 등이 있다.

**자기-타인 심리도식.** 이 심리도식은 자기 및 타인에 대한 관점이 해당된다. 한 개인의 자기관 혹은 자신에 대한 개인적 지각은 능력, 자기 가치, 잠재력, 목표 등에 관한 자기평가를 포함한다. 이러한 자기확신의 예로는, "나는 어딘가 모자라." "다른 사람의 관심이 없으면 난 중요하지도, 가치로운 사람이 아니야." "나는 특별하고 특권을 지닌 사람이야."(Sperry, 2015) 등이 있다.

타인에 대한 한 개인이 평가적으로 지각하는 것에는 인간성, 세계, 타인에 대한 신념이 포함된다. 이러한 예로는 "삶은 분투야." "사람을 믿어서는 안 돼." "다른 사람들은 날 돌봐야 해."(Sperry, 2015) 등이 있다.

**부적응적 핵심 심리도식.** 심리도식은 아동기 동안 형성되고 일생에 걸쳐 정교화되는 자신 및 세계 그리고 타인에 대한 자신의 관점과 관련된 지속적인 자기패배적 패턴을 가리킨다. 이 심리도식들은 부정적 사고와 감정을 유발하고, 목표를 성취하거나 개인의 욕구들을 충족시키는 것을 방해한다(Young et al., 2003). 이러한 심리도식의 예로는 결함, 사회적 고립, 인정 추구, 자기희생 등이 있다.

**최적의 진단기준.** 만약 치료자가 각 성격장애에 대한 오직 한 가지 핵심 기준만을 기억한다면, "그 기준이 존재하느냐, 존재하지 않느냐만을 검증하고 곧바로 해당 성격장애를 진단할 수 있을 것"이라고 여겨진다(Allnutt & Links, 1996, p. 22). 최적의 기준은 세 가지 특징으로부터 도출된다. 첫째는 원형성(prototypicality)인데, 그 장애에 대한 모든 기준의 총합과 높은 상관을 갖는 것을 의미한다. 둘째는 적절한 행동 기술(behavioral description)이며, 셋째는 높은 긍정적 예측가(predictive value)인데, 한 개인이 특정 장애에 대한 그 특정 기준을 지니고 있을 가능성을 가리킨다. 원형성과 예측가는 『성격 진단을 위한 구조화된 면담(개정판; Structured Interview for Diagnosing Personality-Revised)』(Allnutt & Links, 1996)을 바탕으로 도출되었다.

---

7) 역자 주: 어떤 행위를 금지시키는 명령으로, 부모가 자녀에게 직접적으로 표현하거나 역할 모델을 통해 간접적으로 전달되는 메시지임. 부모는 자녀에게 뭔가를 금지시켜 자아에 대한 생각이나 삶의 경험을 제한시킴으로써 자녀는 부정적이고 금지적인 인생 각본을 형성하게 됨

## 맺음말

새로운 밀레니엄을 시작하면서 치료자들은 정신의학 및 정신건강의 역사상 그 어느 때보다 성격장애를 가진 사람들과의 작업에 보다 상당한 자신감을 갖고 효과를 내고 있다. 20여 년 전에 많은 치료자는(대부분은 아닐지라도) 이러한 장애들이 치료 불가능하다고 믿었지만, 지금의 치료자들은 성격장애를 가진 사람들(경계성 성격장애를 가진 사람들을 포함하여)의 기능과 안녕을 증진시키는 데 도움을 받을 수 있다는 임상적 경험과 연구 증거를 접할 수 있다. 이 책의 초판에서 기록한 것처럼 성격장애에 대한 치료 패러다임의 새로운 변화는 온전히 진행 중이어서, 우울장애를 진단하고 치료하는 데 있어서의 기존의 패러다임 전환만큼이나 흥미진진하고 전망이 밝다.

이 장에서는 DSM-5 성격장애의 사례개념화, 평가 및 진단, 치료를 포함한 수많은 최신 변화 내용을 미리 살펴보았다. 진단 및 치료에서 이 같은 변화는 이어지는 다음 장들에서도 많은 부분 통합되어 다루어질 것이다. 이 개정판이 성격장애를 가진 사람들과 작업하는 치료자들의 자신감이 향상되고 역량이 증진되는 데 도움이 되었으면 하는 바람이다.

제2장

# 성격장애의 사례개념화와 효과적 치료

요즘과 같은 책무의 시대에 효과적인 치료의 실제를 위해서는 치료자들이 초점화된 임상 평가를 실시하고, 그를 바탕으로 한 설득력 있는 사례개념화를 수립할 것을 당연한 것으로 한다. 이와 같은 사례개념화는 내담자가 처한 상황과 기능 수준에 맞춘 치료에 대해 고지된 임상적 결정을 내리는 기초가 된다. 달리 말하면, 사례개념화는 치료하기 까다로운 내담자들, 특히 성격장애를 가진 사람들에 대한 효과적인 치료 성과를 달성하는 데 핵심이 된다.

이 장은 통합적인 사례개념화의 임상적 가치에 대해 기술하고 있다. 사례개념화의 정의, 구성 요소들에 대해 기술하고, 평가를 치료와 연결시키는, 특히 치료 목표와 개입 방법에 대해 고지해 주는 다리로서 사례개념화의 중요성에 대해 언급하고 있다. "효과적인 사례개념화는 설명력과 예측력이 높고, 부적응적 패턴을 보다 적응적인 패턴으로 바꾸는 것에 초점을 두는 것이다."라고 주장된다. 오늘날 임상 실제에서 가장 흔하게 사용되는 성격장애 사례개념화 세 가지 예시를 제시하고자 한다. 다음 장에서는 사례에 대한 설명을 시작으로 사례개념화 주요 개념들을 사례와 관련지어 제시하고 있다.

## 사례

여기에서는 독자 스스로 직접적인 학습을 할 수 있도록 상호작용적 내용을 담고 있다. 다음과 같은 질문을 던지며 시작하고자 한다. "성격장애를 지니고 있는 사람들과 작업할 때 당신은 임상적 결정을 어떻게 내리는가?" 다음의 두 사례를 읽고 평가, 사례개념화, 개입별로 각각 당신은 어떻게 접근할 것인지 생각해 보라.

### 키이라의 사례

키이라는 20여 년간의 심리치료 및 약물치료를 거친 후 처음으로 경계성 성격장애를 진단받은 33세의 미혼 여성이다. 지난 세월 동안 키이라는 변덕스러운 기분, 불안정한 관계, 목숨을 잃을 뻔한 행동들을 보였다. 결과적으로 몇 번의 입원과 지속적인 외래 심리치료를 거쳐야 했다. 그녀는 DBT를 약 2년 전에 시작했는데, 개인치료 및 위기 시 개인치료자와의 전화 자문, 집단 심리교육을 포함한 완전한 형태의 DBT 치료였다.

그녀의 발달사는 다음과 같다. 어렸을 때 자신이 지나치게 예민하고 정서 조절이 잘 되지 않았다고 키이라는 보고하였다. 그녀에 따르면 아동기 내내 부모는 자신에게 요구가 많았고, 비판적이었으며 정서적으로는 무심하였다. 부모는 키이라가 4세 때 이혼했는데, 아빠의 알코올 문제 때문일 거라고 보고하였다. 엄마는 '불인정(invalidating)'하는 사람이었는데, 달리 말하면 키이라의 관심사나 경험을 부정하고, 무시하며 비일관적으로 대응하였다. 또한 키이라는 성취와 성공에 대한 엄마의 기대나 기준에 못 미친 자신을 비난하였다. 여러 해 동안 그녀는 여러 직업을 거쳤으나 모두 단기간만 근무했으며, 몇몇 사람과 짧지만 진지한 교제를 하기도 하였다.

더군다나 키이라는 6세 때 자신을 돌보러 온 베이비시터로부터 성적 학대를 받았는데, 이 사건이 사춘기와 성인기 초기 내내 자신이 보인 과도한 성생활과 관련성이 있을 것이라고 보고하였다. 12세 때 첫 자살 시도를 하였고 그 이후 수차례 병원에 입원하게 되었다. 이후 손목 긋기를 포함한 다양한 자해 행동을 하게 되었다. 14세 때 시작된 약물 남용은 20대 초반까지 계속 악화되었다. 키이라에 따르면

AA[1]와 NA[2]에 참여하면서 10년 동안은 술과 약물을 끊었다. 키이라는 개인 심리치료와 집단 DBT를 시작하기 전 거의 20년 동안 몇몇의 치료자를 거치면서 기분 변화, 약물 남용, 자해 행동 문제에 대한 '모든 종류의 심리치료'를 받았다고 말하였다.

심리 평가를 완성하기 위해 당신에게 필요한 기타 관련 정보는 무엇인가? 당신의 사례개념화, 진단, 개입 계획은 무엇인가? 이 장의 마무리 부분에서 키이라의 사례와 이 질문들을 다시 살펴볼 것이다.

## 에이미의 사례

에이미는 12세와 11세 두 아들을 둔 30세의 편모이다. 현재 직업은 리무진 기사이고 비전일제로 대학원을 다니고 있다. 심리치료를 받으러 온 이유는 자신의 엄마에 대한 분노와 분개심을 다루는 법을 알고 싶어서였다. 그녀는 자신이 수동적인 사람이며 분노와 분개심을 드러내지 않지만 이러한 감정을 '스스로 자책하고, 죽도록 일하면서' 푼다고 말하였다. 다시 말하면, 끊임없이 타인의 욕구만을 충족시키면서 쉬거나 자신의 삶을 즐기지는 않는다는 것이다. 에이미는 엄마의 감정을 다치게 할까 봐 두려워하면서 엄마에 대한 이야기는 매우 조심스럽고 신중하게 말하였다. 요점은, 에이미가 어렸을 때 엄마가 자신을 버렸고, 외할머니가 자신을 키웠다는 것이다. 과거에도 그렇지만 지금도 외할머니와 매우 친하게 지내고 있으며, 아빠와는 더 친하게 지내고 있다고 말하였다.

더불어 에이미는 전남편이 언어적 · 신체적으로 자신을 학대했고, 조만간 형기를 마치고 감옥에서 풀려날 것이라고 이야기하였다. 남편의 석방이 다가오자 에이미는 자신과 아이들의 안전이 걱정되었다. 그녀는 아빠와는 매우 친하게 지내고 있지만 엄마와는 정서적으로 상당히 거리가 멀다고 말하였다. 접수면접지에 에이미는 "나는 엄마에 대해 매우 화가 난다."라고 적었다. 다소 심한 두통, 불안, 우울, 수면 문제, 악몽 등의 문제가 있기는 하지만 현재 치료를 요하는 문제는 없다고 보고하였다. 심리검사 결과 타인을 기쁘게 하려는 욕구가 강하고 '피해자'라는 것이 드러났

---

1) 역자 주: Alchoholics Anonymous(익명의 알코올 중독자들)라는 알코올 중독 자조 치료 프로그램의 약자
2) 역자 주: Narcotics Anonymous(익명의 약물 중독자들)라는 약물 중독 자조 치료 프로그램의 약자

다. 자신의 가장 큰 걱정은 혼자가 되는 것이라고 보고하였다. 이전에 치료를 받을 때 에이미는 비록 상황이 좋아지긴 했지만 긍정적인 변화는 없었다고 말하였다.

심리 평가를 완성하기 위해 당신에게 필요한 기타 관련 정보는 무엇인가? 당신의 사례개념화, 진단, 개입 계획은 무엇인가? 이 장의 마무리 부분에서 에이미의 사례와 이 질문들을 다시 살펴볼 것이다.

## 사례개념화

'사례개념화(case conceptualization)'라는 용어는 상대적으로 최근에 등장한 용어이지만, 임상가들과 연구자들은 50년 이상 '사례공식화(case formulation)'라는 용어를 사용해 왔다(Tarrier, 2006). 분석적 · 구성주의적 · 대인관계적 · 정신역동적 · 인지행동적 · 체계적 접근들을 포함하여 대부분의 사례개념화 모델에 있어서 '패턴'이라는 요소는 흔하다. 이는 사례개념화에 대한 모든 접근이 동일하다는 것을 암시하지는 않는다. 하지만 각 접근마다 고유한 요소들이 있긴 하더라도 몇 가지 요소, 예를 들어 패턴은 거의 모든 접근에 걸쳐 공통으로 포함된다(Eells, 2007, 2010). 이 장의 나머지 부분에서는 공통 요소들을 강조하고, 동시에 고유한 요소들을 통합할 수 있는 사례개념화의 통합적 접근에 대해 기술할 것이다(Sperry & Sperry, 2012).

### 사례개념화: 정의 및 요소

사례개념화는 내담자를 더 잘 이해하고 치료 계획을 수립하기 위한 목적으로 다양한 정보를 간결하고 논리 정연한 방식으로 요약하는 방법이다. 사례개념화는 네 가지 구성 요소로 이루어진다. 네 가지 구성 요소는 진단적 공식화, 임상적 공식화, 문화적 공식화, 치료적 공식화이다(Sperry, 2010; Sperry & Sperry, 2012).

**진단적 공식화.** 진단적 공식화(diagnostic formulation)는 내담자의 정신의학적 호소 문제의 본질과 심각도를 기술하는 것이다. 진단적 개념화는 임상가로 하여금 진단을 위한 세 가지 결론에 이르도록 도움을 준다. 첫째는 내담자가 보이는 증상이 일차적으로 정신증적인 것인지, 성격적인 문제인 것인지, 신경증적인 것인가를 결론 내려야 하고, 둘째는 내담자의 증상이 일차적으로 신체적인 원인을 갖는 것인지 아니면 심인성인 것인지, 셋째는 심각한 급성 증상이어서 즉각적인 개입을 필요로 하는 것인지에 관한 답을 얻어야 한다. 요컨대, 진단적 공식화는 본질적으로 기술적이며, 현상학적이며, 단면적이다. 진단적 공식화는 "어떤 일이 일어났는가?"라는 질문에 답하는 것이다. 실용적인 면에서 진단적 공식화는 DSM-5 진단기준에 특수화되어 있다.

**임상적 공식화.** 반면에 임상적 공식화(clinical formulation)는 본질적으로 보다 설명적이고 종단적이다. 그리고 증상과 역기능적 삶의 패턴의 발달 및 유지에 관한 합리적인 이유를 제공하고자 하는 목적을 지닌다. 임상적 공식화는 "왜 그 일이 일어났는가?"라는 질문에 답하는 것이다. 인간 행동에 관한 다양한 이론이 존재하는 것처럼 임상적 공식화의 유형도 다양하다. 이를테면, 정신분석적 · 개인심리학적 · 인지적 · 행동적 · 생물학적 · 가족체계적 · 생물심리사회적 · 통합적 등이다. 이 책에서는 인지행동적 사례개념화에 주안점을 두고 있다.

**문화적 공식화.** 문화적 공식화(cultural formulation)는 호소 문제들의 기저에 있는 문화적 요인과 역동들에 대한 체계적인 검토와 설명을 가리킨다. 문화적 공식화는 "문화의 역할은 무엇인가?"라는 질문에 답하는 것이다. 보다 구체적으로, 내담자의 문화적 정체성과 문화적응 수준을 설명해 준다. 또한 내담자의 현 문제 상황에 대한 문화적 설명뿐만 아니라, 내담자의 성격과 기능 수준에 문화적 요인들이 끼친 영향들이 무엇이었는지 설명해 준다. 더불어, 내담자와 치료자 간 관계에 영향을 줄 가능성이 있는 문화적 요소들을 포함시키며, 문화적으로 감수성이 있는 개입 방법들에 대해 알려 준다.

**치료적 공식화.** 치료적 공식화(treatment formulation)는 진단적 · 임상적 · 문화적 공식화로부터 도출되며, 주된 치료 개입 방법들에 대한 명시적인 청사진의 역할을 한다. 치료적 공식화는 "무슨 일이 일어났는가?" 혹은 "왜 그 일이 일어났는가?"라는 질문에 답하기보다 "앞으로 무슨 일을, 어떻게 할 수 있을까?"라는 질문에 답하는 것이다.

가장 유용하고 총체적인 사례개념화는 네 가지 요인, 즉 진단적 · 임상적 · 문화적 · 치료적 공식화 모두를 포함하는 통합적 사례개념화이다(Sperry & Carlson, 2014; Sperry & Sperry, 2012). 이어지는 장들에서는 통합적 개념화를 중점적으로 다룰 것이다. 진단적 공식화는 DSM-5 진단기준을 임상적 공식화는 인지행동적 설명을, 치료적 공식화는 인지행동적 치료 목표와 방법들을 부각하여 설명할 것이다.

## 기본 전제와 요소

많은 임상가와 연구자의 견해에 따르면 사례개념화는 숙달되는 데 가장 어려운 임상적 역량의 하나이다(Eells, 2010; Sperry & Sperry, 2012). 효과적인 사례개념화를 만들어 가는 것이 어렵다고 지각되는 이유가 많은 치료자가 사례개념화를 만들거나 활용하지 않기 때문이거나, 혹은 사례를 개념화할 수 있는 능력에 대한 자신감이 부족하기 때문일 것이다. 내 경험으로는 숙련된 치료자나 수련생들 모두 두세 시간의 훈련만으로도 손쉽고 자신감 있게 이 역량을 숙달할 수 있다. 이 훈련에는 공통요인 및 특별 요인에 기초를 두고 역기능적 패턴과 같은 패턴 요소를 강조하는 사례개념화의 통합 모델을 학습하는 것이 포함되어 있다. 두 가지 기본 전제가 이 통합 모델의 밑바탕이 된다.

**역기능적 패턴.** 첫 번째 전제는 개인은 영속적이며 역기능적인 기능 및 타인과의 관계 패턴을 부지불식간에 발달시킨다는 것이다. 필연적으로 이러한 패턴은 그 사람의 호소 문제의 기저를 이룬다. 효과적인 치료는 내담자와 치료자가 이러한 패턴을 파악하고, 중단시키고, 보다 적응적인 패턴으로 교체하기 위해 협력하는 변화 과정을 항상 포함한다. 적어도 두 가지 성과가 이러한 변화 과정을 통해 얻어지는데, 안녕의 증진과 내담자 호소 문제의 해소가 그 것이다.

**패턴 인식과 변화.** 두 번째 전제는 패턴 인식과 패턴 변화가 사례개념화 과정의 핵심이라는 것이다. 패턴은 한 개인이 사고하고, 느끼고, 행동하고, 대처하고, 스스로를 옹호하는 예측가능하고, 일관되며 자기영속적인 양식과 방식이다(Sperry, 2005; Sperry et al., 1996). 패턴 변화는 세 가지 과정을 포함한다. 첫 번째는 역기능적 패턴을 파악하기, 두 번째는 역기능적 패턴을 단념하게 하고 보다 적응적인 패턴으로 교체하기, 세 번째는 적응적인 패턴을 유지하기이다(Beitman & Yue, 1999).

## 사례개념화: 요소들

이 장에서 기술되고 있는 사례개념화는 17개 요소로 구성되어 있는데, 〈표 2-1〉에 제시되어 있다(Sperry & Sperry, 2012). 이러한 요소들을 확인하는 것은 하나 이상의 성격장애들에 대한 진단기준을 충족하는 사람들을 위한 사례개념화를 하는 데 필수적이라고 여겨진다(Sperry & Sperry, 2016).

## 사례개념화: 강점과 보호 요인

이 통합적 사례개념화 모델에는 강점, 보호 요인뿐만 아니라 결점, 위험 요인들이 포함되어 있다(Sperry, 2014). 내담자 강점과 보호 요인들(사전 성향의 한 측면으로 명기되는)이 끼치는 영향은 사례개념화에서 상당히 중요한 임상적 가치를 지닌다. 그 이유는 사례개념화가 강점들과 보호 요인들 모두 결점들 및 위험 요인들과 '균형'을 맞추게 하고, 더불어 예후를 전망하는 데 실질적인 토대가 되기 때문이다.

## 사례개념화: 종합 사례개념화 vs. 간략 사례개념화

종합 사례개념화는 다음에 제시된 17개 요소 전부 혹은 대부분을 포함하고 있다. 그러므로 종합적인 사례개념화는 네 가지 개념화(진단적, 임상적, 문화적, 치료적) 모두를 담고 있다. 반대로, 간략 사례개념화는 몇 개의 요소만을 포함하고 있다. 최소 수준으로는, 호소 문제, 촉진 요인, 패턴, 치료 목표, 개입 방법 등을 포함한다. 간략 사례개념화가 임상적으로 유용한 정도가 되려면, 한 개인의 행동과 기능 수준에 대한 상당히 설득력 있는 설명을 제공해야만 한다. 얼마만큼 간략한지와는 상관없이 사례개념화가 갖는 설명력 때문에라도 사례개념화는 단순히 사례 요약으로 간주되어서는 안 된다.

〈표 2-1〉 통합적 사례개념화의 요소

| | |
|---|---|
| 호소 문제 | 내담자가 제시하는 문제 및 촉진 요인에 대한 특징적인 반응 |
| 유발 요인 | 호소 문제를 유발한 특정 패턴을 활성화시키는 촉발 요인 |
| 패턴: 역기능적 | 비융통적이며, 비효과적인 방식의 지각, 사고, 행위 |
| 기저 요인(predisposition) | **보호 요인**, 강점, 위험 요인 등을 포함하여 적응적 혹은 부적응적 기능을 도모하는 요인 |
| 유지 요인 | 패턴을 활성화시켜 궁극적으로 호소 문제가 되는 요인 |
| 문화적 정체성 | 특정 인종(민족) 집단에 대한 소속감 |
| 문화: 문화적응 및 문화적응 스트레스 | 지배적 문화에 대한 적응 수준; 심리사회적 어려움을 포함한 문화적응 스트레스 |
| 문화적 설명 | 스트레스, 조건(상황), 혹은 손상의 원인에 대한 믿음 |
| 문화 vs. 성격 | 문화와 성격이 역동적으로 혼합되어 하나의 기능으로 발전함 |
| 치료 패턴 | 융통적이며 효과적인 지각, 사고, 행동 방식 |
| 치료 목표 | 명시된 단기 및 장기 치료 성과 |
| 치료 초점 | 적응적 패턴에 중점을 둔 치료에 방향성을 제공하는 치료의 주안점 |
| 치료 전략 | 보다 적응적인 패턴을 획득하기 위한 행동 계획 및 수단 |
| 치료 개입 방법 | 치료 목표와 패턴 변화를 달성하기 위한 치료 전략과 관련된 구체적인 변화 기법 및 책략 |
| 치료 장애물 | 비적응적 패턴으로부터 비롯한 치료 과정에서 예상되는 도전거리 |
| 치료-문화적 고려사항 | 문화적 개입 방법, 문화적으로 감수성을 갖춘 치료 혹은 개입 방법의 통합 |
| 치료 예후 | 치료의 유무에 따라 현 정신건강 상태의 예상되는 진행 과정, 기간, 성과에 대한 예측 |

## 사례개념화: 설명력, 맞춤력, 예측력

임상적으로 유용한 사례개념화에는 세 가지 특징이 있다. 첫째, 임상적으로 유용한 사례개념화는 높은 수준의 설명력(explanatory power)을 지니는데, 이 뜻은 내담자의 호소 문제와 관련하여 내담자가 왜 특정한 방식으로 행동하는지에 관한 질문에 답하는 설득력 있는 설명을 제공한다는 뜻이다. 둘째, 높은 맞춤력(tailoring power)을 지니는데, 이는 내담자의 양식과 기능 프로파일, 증상 정도와 심각도, 기능 수준 그리고 외재적 장애인지 내재적 장애인지에 대해 '최선으로 적합한' 치료 개입 방법을 선택한다는 것을 의미한다. 선택된 개입 방법들은 호소 문제 및 임상적 · 진단적 · 문화적 개념화들과 상응해야만 하며, 변화를 가져오는 데 성공적인 효과를 지닐 가능성이 반드시 있어야 한다. 셋째, 임상적으로 유용한 사례개념화는 높은 수준의 예측력(predictive power)을 지녀야 하는데, 성공적인 치료에 가장 방해될 것 같은 장애물과 가장 도움이 될 것 같은 촉진 요인들을 예상하는 것을 의미한다(Sperry & Sperry, 2012). 이 세 가지 특징은 치료 과정을 효과적으로 그리고 자신 있게 계획하고 수행하는 데 핵심적이다.

## 사례개념화: 사례 예시

통합적 사례개념화를 구성하는 과정을 여기에 기술하였다. 배경 정보에 이어, 핵심 정보를 확인하는 통합적 평가 내용을 제시하였다. 이어서 진단적 · 임상적 · 문화적 · 치료적 개념화로부터 17개 요소를 표로 요약하여 제시하였다. 다음으로 조리있는 일관된 내러티브를 통해 이러한 정보를 통합하는 종합적 사례개념화 내용을 기술하였다. 첫 문단은 진단적 및 임상적 개념화이며, 두 번째 문단은 문화적 개념화, 세 번째 문단은 치료적 개념화 내용이다. 간략 사례개념화 또한 제시하였다.

### 제리의 사례

제리는 사무 보조원으로 일하고 있는 35세의 아프리카계 미국인 여성이다. 제리는 미혼이며 혼자 살고 있는데, 3주 동안의 우울과 사회적 고립 문제로 회사의 인사부에서 평가와 치료를 의뢰하였다. 결근하게 된 것이 치료로 연계된 직접적인 원인이 되었다. 제리의 증상들은 직장 상사가 제리가 승진 대상이 되었다는 말을 하고 난 직후부터 시작되었다. 어렸을 때, 제리는 가족들과 친구들로부터 비난을 받고 놀림을 당해 외톨이가 되었고 다른 사람들을 피하게 되었다고 보고하였다. 그녀의 문화적응 수준은 매우 높았고, 우울은 직장 스트레스와 뇌의 '화학적 불균형'으로부터 비롯되었다고 믿고 있다.

### 통합적 평가

진단 평가를 위한 정보 외에도, 다음과 같은 생물심리사회적 정보를 얻었다. 제리의 가족사를 고려해 보면 우울에 대해 생물학적인 취약성이 있는 것으로 보인다. 제리는 자신의 이모가 항우울제를 복용했다는 이야기를 부모로부터 들은 적이 있다

〈표 2-2〉 통합적 사례개념화 요소: 제리의 사례

| | |
|---|---|
| 호소 문제 | 사회적 고립의 증가 및 우울 증상 |
| 촉발 요인 | 승진 및 직무 변경에 대한 이야기 |
| 패턴: 부적응적 | 안전하지 않다고 느낄 때 타인을 회피하고 단절함 |
| 사전 성향 | **생물학적**-우울에 대한 가족사<br>**심리적**-수줍어하며, 회피적이고, 비주장적이며, 거부에 민감함<br>**사회적**-현재: 비판적이고 요구적인 사람들을 피함; 과거: 요구적이며 비판적이고, 정서적으로 무심한 부모; 놀리고 조롱하며 비판적인 또래<br>**보호적 요인/강점**-믿을 만한 친구가 1명 있음; 종교적인 신념이 강해 자살에 반대함; 정신의학적 문제(「미국장애인차별금지법(ADA)」에 따라)로 직무 복귀 조정이 가능함 |
| 호소 문제 | 사회적 고립 및 우울 증상의 증가 |
| 유지 요인 | 수줍음, 혼자 사는 것, 전반적인 사회적 고립에 의해 유지됨 |
| 문화적 정체성 | 중류층의 아프리카계 미국인, 인종적인 연결감이 약함 |
| 문화적응 및 문화적응 스트레스 | 문화적 적응 수준이 높음; 문화적응 스트레스가 없음 |
| 문화적 설명 | 직무 스트레스 및 화학적 불균형으로 인한 슬픔 |
| 문화 vs. 성격 | 성격역동이 유의미하게 작동하고 있음 |
| 치료 패턴 | 안전하다고 느끼는 동안 타인과 교류하기 |
| 치료 목표 | 우울 증상을 감소시키기; 사회적 교류를 증진하기; 직장으로 복귀하기 |
| 치료 초점 | 취약점들로 인해 촉발되거나 악화되는 문제 상황 |
| 치료 전략 | 사회적 취약점들을 겨냥하고 적응적 기능을 촉진함; 약물치료; 지지; 대체; 기술 훈련 |
| 치료 개입 방법 | 약물치료 평가/모니터링; 지지적이며 인지행동적 개입; 심리교육적 집단; 직장 상사와의 협력 |
| 치료 장애물 | 치료자를 '시험'함; 집단치료를 거부할 가능성이 있음; 치료자에 대한 과잉의존; 종결이 어려움 |
| 치료-문화적 고려사항 | 성별이 문제가 될 수 있으니 지지적인 여성 치료자 배정을 고려 |
| 치료 예후 | 사회적 교류가 증가하고 기술을 개발하며 직장으로 복귀하면 예후는 좋음 |

고 기억하였다. 어느 정도 비만이기는 하지만 나름 건강하다고 보고하였다. 마약, 술, 처방약 등은 복용하고 있지 않다고 말하였다. 발달사와 사회 생활사 그리고 제리의 말에 따르면 그녀의 부모는 요구적이고, 비난을 많이 했으며, 정서적으로 무심하여 정서적 지지를 거의 해 주지 않았고 남동생만 편애한 것으로 보인다. 더불어, 제리는 이웃에 있는 또래들과 학교 또래들로부터 자주 놀림을 받고 비난을 받았다. 비난과 놀림에 대해 맞서 싸우거나 상쇄시키는 대신에 제리는 사회적 고립, 거부 민감성, 타인 회피를 거의 일생 동안 경험하였다. 제리는 어렸을 때 친한 친구가 없었다고 이야기했고, 현재는 1명의 직장 동료와만 편하게 지내고 있다고 말하였다. 1명의 고모 외에는 가족들과 거의 연락을 하고 있지 않다. 대학 졸업자이고, 몇 년 동안 사무실에서 일한 경력이 있음에도 불구하고 제리는 의사소통, 친구 사귀기, 문제해결 등에서 유의미한 기술을 발달시키지 못하였다. 더욱이 자신이 신뢰하지 못하는 사람들 곁에서는 자신감을 거의 갖지 못하였다. 그녀는 단일 삽화의 주요우울장애, 강박장애 특질이 있는 회피성 성격장애 기준을 충족한다. 앞의 〈표 2-2〉는 제리 사례에 대한 통합적 사례개념화 요소를 정리해서 제시하고 있다(Sperry & Sperry, 2012).

### 종합적 사례개념화

제리가 지닌 사회적 고립의 증가와 우울 증상들(호소 문제)은 비난받고, 거부되고, 안전하지 못하다고 느끼는 상황을 회피하는 그녀의 과거 경험을 고려해 볼 때 직무 변경과 승진이 임박했다는 소식에 대한 반응인 것으로 보인다(촉발 요인). 일생에 걸쳐 제리는 되도록 타인을 피하고 조건적으로 교류하는 것이 안전하다고 여기게 되어, 결과적으로 핵심적인 대인관계 기술이 부족하고 사회적 네트워크가 제한되었다(패턴). 이는 성격 기능 수준 척도(LPFS)상에서 '중등도의 손상'으로 간주되는 경도~중등도의 내적 패턴에 해당된다. 제리의 반응과 패턴은 요구적이며 비판적이고 무심한 부모 및 타인에게 개인적인 이야기나 가족에 관한 이야기를 하지 않아야 한다는 부모의 강력한 암묵적 규칙 그리고 또래의 놀림과 비난을 고려할 때 이해가 가능하다. 우울에 대한 가족력이 생물학적으로 그녀의 슬픔과 사회적 고립 성향뿐 아니라 대인관계 기술의 발달을 저해했을 수 있다(사전 성향). 이러한 패턴은 수줍음, 혼자 사는 것, 제한된 대인관계 기술, 사회적 고립이 더 안전하다고 느끼는 것 등을 통해 유지된다(유지 요인).

제리는 자신을 중류층의 아프리카계 미국인이라고 밝혔지만 아프리카계 미국인 공동체와는 별다른 교류를 하고 있지 않다(문화적 정체성). 제리의 문화적응 수준은 그녀의 부모만큼 높고, 특별한 문화적응 스트레스는 없다(문화: 문화적응). 제리는 자신의 우울이 직장에서의 스트레스와 뇌에서의 '화학적 불균형' 때문이라고 믿는다(문화적 설명). 특별히 영향을 끼치는 문화적 요소는 없다. 대신에, 제리의 성격역동은 현재 제리가 겪는 임상적 증상들에는 유의미한 영향을 끼치는 듯 보인다(문화 vs. 성격).

제리에게 도전거리는 더욱 효과적으로 기능하는 것이며 타인과의 교류에서 더 안전감을 갖는 것이다(치료 패턴). 치료 목표로는 우울 증상의 감소, 대인관계 및 친구 사귀기 기술 증진, 직무 복귀, 사회적 네트워크 증진 등이다(치료 목표). 대인 교류에 초점을 둔 치료는 치료의 가장 첫 단계에서부터 치료의 목표로 유지한다(치료 초점). 치료의 기본적 전략은 보다 적응적인 패턴과 기능을 배양하는 동안 제리의 취약점들을 겨냥한다. 약물치료, 지지, 대체(replacement), 기술 훈련 등이 구체적인 치료 전략이 된다(치료 전략). 초기에, 일상적인 루틴 및 해야 할 일들을 달성하기 위한 충분한 에너지를 얻기 위해 약물치료, 지지, 행동 활성화를 통해 우울 증상을 감소시키는 것이 다루어질 것이다. 그다음으로 인지 및 행동 대체 기법이 제리의 거부 민감성과 타인으로부터의 고립에 초점을 맞출 것이다. 그러고 나서 집단치료 장면에서 대인관계 기술 훈련을 통해 주장적 의사소통, 신뢰 형성, 친구 사귀기 기술 등을 획득하게 될 것이다. 제리는 「미국장애인차별법(American for Disabilities Act: ADA)」에 따라 직무 조정이 가능할 것이다. 아마도 승진 및/혹은 연봉 인상과 더불어 기존의 직장 업무로 안전하게 복귀할 수 있을 것이다. 따라서 그러한 조정과 관련하여 제리의 직장 상사 및 인사부 책임자와 협의하여 이 치료 목표를 촉진시킬 수 있을 것이다. 치료는 주치의의 처방을 받아 약물치료(치료 기관의 정신과 의사의 자문하에)와 더불어, 지지적인 인지행동 개입 기법들을 개인치료 회기 형태로 치료 시작 직후부터 제공하는데, 이 개인 회기 동안 이후의 집단치료로 이어질 수 있는 준비를 하게 한다(치료 개입 방법). 치료의 몇 가지 장애물과 도전거리가 예상된다. 제리의 회피적 성격 특성을 고려할 때, 양가감정의 저항이 일어날 가능성이 있다. 그녀는 치료자들과 개인적 문제를 논의하는 데 어려움을 느낄 것이고, 마지막 순간에 회기 약속을 바꾸거나 취소하고, 회기 시간에 늦는 것에 대해 치료자가 자신을 비난할 것이라며 치료자를 '시험'하거나 자극할 수 있을 것이며, 행동으로 옮기는 것을 미루고 감정을 회피할 수도 있으며, 그렇지 않으면 치료자의 신뢰성을 '시험'할 가능성도 있다. 치료자에 대한 신뢰가 일단 획득되면, 제리는 치료자와 치료에 매달릴 가능성이 높고, 그에 따라 치료 장면 외에서 사회적 지지 체계가 갖춰지지 않는 한 종결은 어려울 수 있다. 더욱이 그녀의 회피 패턴은 집단치료 및 지지 집단에로의 진입과 참여 유지를 어렵게 할 가능성도 높다. 때문에 개인 회기들은 수용적이며 비판단적인 집단치료자와 연락을 하도록 하면서 집단 회기에로의 이동을 도와주는 역할을 한다. 이는 제리가 안전하다는 느낌을 증가시키고 집단 장면에서 자기노출을 덜 힘들게 만들어 줄 것이다. 또 다른 고려사항은 전이 실연(transference enactment)이다. 부모 및 또래의 비난과 놀림의 정도를 고려하면, 치료자가 보이는 참을성 없음과 언어적/비언적 비난의 뉘앙스가 조금이라도 지각되면 이러한 전이가 활성화될 것이라고 예상된다. 마지막으로, 자신이 신뢰하는 사람에게 매달리는 경향성 때문에 보다 강한 독립심을 가지고 기능하면서 더 자신감을 느낄 수 있는 능력을 증진시키는 것과 4회기 혹은 5회기 이후 시간을 늘림으로써 종결에 대한 그녀의 양가감정(치료 장애물)을 감소시킬 수 있을 것이다.

### 간략 사례개념화

제리의 사회적 고립의 증가와 우울 증상들은 곧 직무 변경과 승진이 있을 것이라는 소식을 들은 직후의 반응으로 보인다. 일생에 걸쳐 제리는 가능한 한 타인을 피하는 것이 더 안전한 것이라고 여겼고 조건적으로 타인과 교류하였다. 이는 성격 기능 수준 척도(LPFS)상에서 '중등도의 손상'으로 간주되는 경도~중등도의 내적 패턴에 해당된다. 제리의 반응과 패턴은 요구적이며 비판적이고 무심한 부모 및 타인에게 개인적인 이야기나 가족에 관한 이야기를 하지 않아야 한다는 부모의 강력한 암묵적 규칙, 또래의 놀림과 비난 그리고 결함과 사회적 고립 심리도식을 고려할 때 이해가 가능하다. 그 결과로, 제리는 핵심적인 사회 기술이 부족하고 한정된 사회적 네트워크를 형성하게 되었다. 우울에 대한 가족력이 생물학적으로 그녀의 슬픔과 사회적 고립 성향뿐 아니라 대인관계 기술 발달을 저해했을 수 있다. 이러한 패턴은 수줍음, 혼자 사는 것, 제한된 대인관계 기술, 사회적 고립이 더 안전하다고 느끼는 것 등을 통해 유지되며, 그녀에게 적응적인 패턴은 자신이 더 안전하다고 느낄 수 있도록 하는 것과 믿을 만한 사람들과의 교류를 증가시키는 것이다. 치료 초기의 목표는 우울 증상들을 감소시키고 직장으로 복귀하는 것이다. 중장기 목표는 보다 적응적인 패턴일 수 있는 사회적 교류를 증가시키는 것이다.

## 임상 사례-계속

### 키이라의 사례-계속

이 사례가 앞서 제시되었을 때 이런 질문들을 던졌다. 심리 평가를 완성하기 위해 당신에게 필요한 기타 관련 정보는 무엇인가? 당신의 사례개념화, 진단, 개입 계획은 무엇인가? 이 질문들에 대한 나의 대답은 다음과 같다.

**추가적인 평가 정보.** 키이라의 스트레스와 자해에 불을 붙이는 듯한 위험 요인이 몇 가지 있음에도 불구하고, 보호 요인 또한 존재한다. 이 보호 요인들로는 엄마의 전 남자친구인 레이몬드로부터 받는 인정, 재정적 및 정서적 지지와 DBT 치료 과정 동안 받은 일관되고 지지적인 치료 환경이다. 이 두 가지 모두 키이라가 회복되는 데 유의미한 영향을 준 요인들로 보인다. 키이라가 자신의 관계 패턴은 시비를 걸고, 말다툼을 하고, 울고, 비난하는 순환 고리로 묘사한 것이 사례개념화 틀을 수립하는 데 큰 도움이 되었다.

**진단.** 키이라의 DSM-5 진단은 경계성 성격장애, 명시되지 않는 우울장애, 물질관련장애(1년 이상 진단기준 충족하지 않음)에 해당된다. 성격 기능 수준 척도(LPFS; American Psychiatric Association, 2013)상에서 그녀의 손상 수준은 3(고도 손상)으로 평가되는데, 이는 전반적 기능 평가(GAF) 척도상에서 43에 해당된다.

**사례개념화.** 다음은 사례개념화 내용이다. 키이라는 변덕스러운 기분, 불안정한 관계, 삶을 위협하는 행동 증상들을 지니고 있는데, 이러한 증상들은 자신이 피해자가 된다는 느낌이 들거나 질투심이 나거나 버려질 것 같은 예상이 들 때 보이는 반응이었다. 그녀가 겪는 관계 어려움은 비난하고, 말다툼하고, 울고 그리고 더 비난하는 순환 고리와 관련이 있다. 이는 친밀감에 대한 비현실적인 요구를 통해 타인들을 더 멀리 밀어내는 부적응적 패턴을 반영한다. 이는 성격 기능 수준 척도상에서 '고도 손상'에 해당되는 강력한 외재화 패턴이다. 이 패턴의 기원은 스트레스에 대한 과잉민감성, 정서 조절곤란, 요구적이고 비난적이며 정서적으로 무심한 부모, 특히 어머니의 '비승인적인' 반응이다. 그녀는 자신을 무기력하고 취약한 사람으로 간주하였고, 타인은 위험하고 무신경한 사람으로 간주하였다. 스트레스가 증가하는 상황이 되면, 버림받는 느낌을 가질 가능성이 매우 높다. 키이라는 특히 예민해서 그러한 부정적인 정서 상태를 감내하는 것이 매우 어렵다. 또한 키이라는 약물남용, 스트레스 감내, 충동성에 생물학적으로 취약하다. 마음챙김, 정서 조절, 스트레스 감내, 대인관계 기술 등을 포함한 집단 기술 훈련과 개인 회기, 전화 자문을 병행하는 DBT는 키이라의 스트레스 감내 수준을 높이고 자기통제, 정서적 균형, 회복탄력성 수준을 높이는 것을 목표로 한다.

**중재 계획.** 이 사례의 역동은 전반적인 DBT의 실시가 치료적 선택임을 시사하고 있다. 매주 2회의 개인 회기, 전화 자문, 집단 심리교육이 포함된다. 네 가지 구체적인 목표가 수립되었다. 첫째, 자살 및 자해 행동을 감소시키고 안전을 확보한다. 둘째, 키이라의 정서적 및 외상적 경험들을 훈습하고 극복할 수 있는 방법들을 학습한다. 셋째, 일상생활에서 경험하는 문제들을 훈습하고 유급 직업을 유지한다. 넷째, 성취감을 주는 삶을 경험하고 관계를 지속하는 능력을 향상시킨다. 이러한 치료목표는 자기를 해함이 없이 타인과 보다 효과적으로 교류하는 더 적응적인 패턴을 직접적으로 반영한다.

**임상적 성과.** 지난 20여 년 동안의 치료로부터 얻은 성과가 거의 없음에도, 키이라는 DBT의 전 과정과 지속적인 지원에 긍정적인 반응을 보였다. 매주 2회 개인 회기 및 집단 회기의 집중적인 DBT 과정은 키이라의 스트레스, 변덕스러운 기분, 불안정한 관계, 삶을 위협하는 행동들을 중단하는 데 효과적이었다. 1년 후에도 성격장애 증상은 나타나지 않았고, 2년이 지난 후에 키이라는 점점 더 성취감 있는 삶을 살게 되었다.

키이라의 이야기는 실제 사례로, Kiera Van Gelder의 자서전인 『부처와 경계성 성격장애: 회고록(The Buddha and the Borderline: A Memoir)』(Van Gelder, 2010)에 기록된 내용이다. 이 흥미로운 책은 경계성 성격장애의 발달과 DBT 전 과정에 대한 그녀의 직접적인 경험을 담고 있다.

## 에이미의 사례-계속

이 사례가 처음 제시되었을 때 다음과 같은 질문을 던졌다. 심리 평가를 완성하기 위해 당신에게 필요한 기타 관련 정보는 무엇인가? 당신의 사례개념화, 진단, 중재 계획은 무엇인가? 이 질문들에 대한 나의 대답은 다음과 같다.

**추가적인 평가 정보.** 몇 가지 핵심 강점과 보호 요인이 있다. 이 가운데 학대한 어머니가 오랫동안 양육을 하지 못할 때 에이미를 제대로 키워 준 따뜻한 외할머니와 좋은 관계를 맺고 있다는 사실이다. 비록 꽤 힘든 일이기는 했지만, 에이미는 자신의 아버지가 학대하는 남편으로부터 자신을 보호해 줄 것이라는 믿음 속에 남편을 떠날 수 있었다는 것이다. 에이미는 표현을 잘하고, 부지런하며, 완벽주의적 성격을 지녔다. 반면에 에이미는 주장성과 자기 임파워먼트를 위한 기술은 현저하게 부족하다.

**진단.** 에이미의 DSM-5 진단은 의존성 성격장애, 강박성 성격장애 특질, 달리 명시된 우울장애이다. 성격 기능 수준 척도(American Psychiatric Association, 2013)상에서 그녀의 손상 수준은 2(중등도 손상)로 평가되는데, 이는 전반적 기능 평가(GAF) 척도상으로 59점에 해당된다.

**사례개념화.** 다음은 사례개념화 내용이다. 에이미는 우울, 피로감, 불면증, 어머니에 대한 분노, 자녀와 전남편에 대한 걱정을 호소하였고, 이는 타인을 돌봐야 한다는 요구의 증가 및 전남편의 출소 임박에 대한 반응이었다. 그녀의 부적응적 패턴은 자신의 욕구는 무시하면서 타인의 욕구는 완벽주의적으로 그리고 지나치게 성실하게 충족시키는 것과 관련된다. 이는 성격 기능 수준 척도상에서 '중등도 손상'에 해당되는 경도~중등도 내재화 패턴이다. 이 패턴의 기원은 부모가 정서적으로는 관심이 없으면서 자기중심적이고, 매우 비난적이며, 지나치게 요구적인 양육 환경이다. 그뿐만 아니라 주장적 의사소통과 자기돌봄 기술 결손도 포함된다. 또한 스스로를 착하지만 결함이 있는 사람으로 여기고, 자신을 둘러싼 세계는 요구적·비난적·조건적으로 간주하는 부적응적 신념도 포함된다. 치료 초기에는 우울, 피로감, 불면증 증상을 감소시키는 데 초점을 둔다. 중장기 목표는 타인의 욕구를 충족시키는 것과 자신의 욕구를 성실한 방법을 통해 합리적으로 충족시키는 것 간의 균형을 맞추는 것이며, 이는 보다 적응적이고 삶에 활력을 주는 패턴이다.

**중재 계획.** 세 가지 목표가 6회기의 초점으로 구체화되었다. 첫째, 제시된 증상들의 감소이다. 둘째, 임파워먼트의 증진이다. 셋째, 자신을 더 잘 돌보는 것이다. 이러한 치료 목표들은 타인과 자신을 모두 잘 돌보는 보다 적응적인 패턴을 직접적으로 반영한다. 이러한 목표들을 달성하는 과정에서 에이미는 자신의 부적응적 행동을 효과적으로 해체하였다. 몇 가지 중재 전략이 이와 같은 새로운 패턴과 네 가지 치료 목표를 달성하기 위해 매끄럽게 결합되었다.

**임상적 성과.** 6회기로 계획된 치료는 Jon Carlson 박사가 담당하였고, 이 과정은 미국심리학회에서 출간한 '심리치료의 과정(Psychotherapy Over Time)' 시리즈(Carlson, 2006)의 DVD 버전에 담겨 있다. 마지막 회기에서 치료로부터 얻은 점들이 논의되었고, 에이미는 모든 구체적 치료 목표를 달성했다고 말하였다. 치료가 끝나고 7년 후에 실시된 면담에서 에이미는 이와 같은 시간제한이 있는 치료의 효과에 대해 되돌아보았다. 에이미는 치료 성과를 유지했을 뿐 아니라 이러한 치료의 성과를 삶의 다른 영역으로까지 확대시킬 수 있었다고 말하였다(Sperry & Carlson, 2014).

키이라의 사례와 마찬가지로 에이미의 사례 또한 실제 이야기였고, 『상담의 대가가 상담하는 법: 첫 회기부터 마지막 회기, 그 이후에까지 변화를 이어 가기(How Master Therapists Work: Effecting Change from the First to the Last Session and Beyond)』(Sperry & Carlson, 2014)에 자세한 내용이 기록되어 있다. 사례에 대한 추가적인 이력 정보 외에도, 이 책에는 회기 축어록과 각 회기마다의 상담자 논평이 포함되어 있다.

## 사례에 대한 논평

이 두 사례의 성공적인 성과에 대해 차분히 한 발 물러서서 되돌아보는 것이 유용할 것이다.

성격장애 진단을 받고 심리적 치료를 구하는 다른 많은 사람처럼, 키이라와 에이미는 아동기 초기에 상당한 학대와 방임을 경험하였다.

두 사람 또한 괴로운 증상들과 기술 결손을 갖고 있었다. 하지만 두 사람 모두 주목할 만한 보호 요인과 강점들을 지니고 있었다. 이 요인들은 가장 효과적인 치료자들에 의해 인지되었을 뿐 아니라 치료 과정에 대한 치료적 보조물들로 '통합'되었다. 키이라에게 있어 레이몬드의 지지와 인정, 지지적인 동료들은 그녀의 회복에 중요할 뿐 아니라 아마도 필수적인 요인들인 듯하였다. 유사하게, 따뜻한 외할머니의 양육을 받은 경험과 이후 자신의 학대적인 결혼관계를 정리한 것은 에이미의 분명한 강점이었고 보호 요인이었다.

치료적 개입 방법의 초점은 두 사례에서 명백하였다. 사례개념화를 바탕으로 한 개입 방법들은 효과적이었으나, 이전의 치료들은 키이라와 에이미 모두에게 그다지 효과적이지 않았다. 에이미의 경우, 어느 정도의 기술 훈련(주장적 의사소통)과 더불어 언어적 수단을 활용한 치료가 '적합'하였다. 그 이유는 그녀의 인지적 · 정서적 · 행동적 양식, 다시 말해 기질이 나름 잘 조절되었기 때문이다. 하지만 키이라의 경우, 그녀의 인지적 · 정서적 · 행동적 양식은 지나치게 조절되어 20년간의 언어적 치료가 거의 효과를 내지 못하였다. 키이라는 정서 조절, 스트레스 감내, 마음챙김, 대인관계 효율성에 있어 충분한 기술 숙달을 하고 나서야 심리치료로부터 도움을 얻기 시작하였다.

치료자가 높은 수준의 설명력과 예측력을 지닌 사례개념화를 통해 치료에 대한 정보를 갖고, 내담자의 강점과 보호 요인을 인식하고 '통합'할 때, 긍정적인 치료 성과가 나올 가능성이 높다. 물론 치료적 전문성 또한 하나의 요인이다. 모든 치료자가 오직 6회기 안에 에이미와의 치료를 완수할 수 있지는 않겠지만, 대부분의 치료자(수련생을 포함하여)가 20회기 내에 유사한 결과를 낳을 수 있다는 것이 터무니없지만은 않다. 이런 경우, 마치 칼슨 박사(치료자)가 에이미에게 했던 것처럼, 에이미의 부적응적 패턴을 더 적응적인 패턴으로 바꾸는 것에 초점을 둔 사례개념화를 따랐다는 것을 가정한다.

## 맺음말

성격장애로 진단된 사람들과 효과적으로 작업할 수 있는 역량은 오늘날 심리치료자들에게 점점 더 기대되고 있으며, 사례개념화에 대한 역량은 아마도 효과적인 임상적 성과를 가져 오는 가장 중요한 역량이다. 이 장에서는 평가를 치료와 효과적으로 연결시키며 치료 목표와 개입 방법들을 안내하는 통합적인 사례개념화의 가치에 중점을 두고 설명하였다. 높은 수준의 설명력, 맞춤력, 예측력을 지닌 사례개념화는 부적응적 패턴을 보다 적응적인 패턴으로 교체하는 데 초점을 둔다. 오늘 날 임상 실제에서 가장 흔한 성격장애, 즉 회피성, 경계성, 의존성 성격장애에 대한 사례개념화가 제시되었다. 두 실제 사례에 대한 자료를 통해 요점들을 설명하였다.

제3장

# 반사회성 성격장애

반사회성(antisocial) 성격장애를 가진 사람들은 흔히 주장성, 충동성, 자극 추구, 난잡한 성생활, 약물과 알코올 남용 양상을 보이고, 범죄에 연루되기도 한다. 이들은 직장생활을 잘 하지 못하고, 직장을 자주 바꾸며, 군대에서 불명예 제대를 하는 경우도 있다. 또한 부모를 학대하고 배우자로서의 역할에 충실하지 않으며, 친밀한 관계 형성에 어려움이 많고, 징역을 선고받아 감옥살이를 하기도 한다. 반사회성 성격장애는 사이코패스(psychopathy)라고 알려진 정신병질적 성격장애 그리고 소시오패스(sociopathy, 사회병질적 성격장애)와 유사한 부분이 있지만 다르다(Hare, Neumann, & Widiger, 2012).

이 장은 반사회성 성격장애의 평가 및 치료를 위한 이론적 틀을 기술하고 있으며, 진단, 심리평가, 사례개념화, 치료 중재 등을 포함하고 있다. DSM-5의 기술과 원형적 기술(prototypic description), 배경 정보를 먼저 소개하고, 사례개념화 부분에서는 널리 사용되는 다섯 가지 접근법, 즉 정신역동적 · 생물사회적 · 인지행동적 · 대인관계적 · 통합적 개념화에 따라 이 성격장애의 임상적 측면을 살펴보고자 한다. 또한 개인치료, 집단치료, 부부 및 가족 치료, 약물치료, 병행 및 통합 치료 등 여러 가지 치료적 접근법과 치료 양식, 중재 전략도 기술하였다.

## 반사회성 성격장애의 기술

반사회성 성격장애는 반사회성 성격양식 vs. 반사회성 성격장애, 촉발사건, 행동양식, 대인관계 양식, 인지양식, 정서양식, 애착양식 그리고 최적의 진단기준 같은 요인과 특성으로 나누어 설명할 수 있다.

**양식 vs. 장애.** 반사회성 성격을 건강함에서부터 병리라는 연속체적 관점에서 본다면 반사회성 성격양식은 건강함의 끝에, 반사회성 성격장애는 병리의 끝에 해당한다. 〈표 3-1〉에서 반사회성 성격양식과 반사회성 성격장애를 비교하였다.

다음의 두 가지 사례는 반사회성 성격장애(후안 G.)와 반사회성 성격양식(고든 J.)의 차이를 더욱 명확하게 보여 준다.

**〈표 3-1〉 반사회성 성격양식과 반사회성 성격장애의 비교**

| 성격양식 | 성격장애 |
|---|---|
| 프리랜서를 선호하고, 재능, 재주, 재치가 있음 | 안정적인 업무 수행에 어려움이 있음 |
| 법에 저촉되지 않는 선에서 사회적 규범의 영향을 크게 받지 않고 자신만의 가치를 추구하며 살아감 | 적법한 행동을 위한 사회적 규범을 따르지 못하고, 체포될 수 있는 행동을 함 |
| 청소년기에 골칫덩어리, 말썽쟁이었을 수 있음 | 과민하고 공격적인 면이 신체적인 싸움이나 폭행으로 드러남 |
| 안정적으로 재정 관리를 할 수 있음 | 재정관리가 불안정함 |
| 방황하는 경향성이 있기는 하지만 계획을 세울 수 있고 책무에 소홀하지 않음 | 미리 계획을 세우지 못하거나 충동적으로 행동함 |
| 언변이 좋고 친구 사귀기에 능하면서도 상당히 진솔하게 행동함 | 진실하지 않고 거짓말을 하며, 가명을 쓰거나 개인적 이득을 위해 사기를 치기도 함 |
| 용감하고, 신체적으로 강인하며, 거친 경향이 있음; 자신을 이용하려는 자에게 대항함 | 음주 또는 과속 운전을 일삼는 등 자신과 타인의 안전을 고려하지 않음 |
| 각자 스스로를 충분히 책임진다고 생각하기 때문에 타인에 대해 많은 걱정을 하지 않음 | 책임감 있는 부모나 보호자로서의 능력이 부족함 |
| 성욕이 강하고 성적 파트너도 여럿이지만 1명의 배우자와 결혼생활을 유지함 | 1명의 배우자와 장기간 안정적인 결혼생활을 하지 못함 |
| 현재에 집중하고 죄책감을 느끼는 경우가 드묾 | 타인에게 상처를 입히고 학대하며, 타인의 것을 훔치는 행위에 양심의 가책을 느끼지 않고, 정당하다고 느낌 |

반사회성 성격장애, 정신병질적 성격, 사회병질적 성격을 가진 사람들 모두 범죄에 연루될 수 있는 바, 일부 임상가들은 세 개념을 호환하여 사용한다. 하지만 사이코패스(정신병질적 성격)와 소시오패스(사회병질적 성격)의 행동과 원인에 의미 있는 차이가 있다고 보고한 연구에 근거하여 어떤 임상가들은 두 개념의 구분을 선호하기도 한다.

**사례** 반사회성 성격장애

28세의 쿠바 남성인 후안 G는 두통을 호소하며 늦은 저녁, 지역 병원 응급실에 방문하였다. 그는 모호하고 모순적으로 자신의 두통을 설명하였다. 즉, 두통이 최근 사흘 동안 나타났다고 했다가 몇 년 동안 지속되었다고 말을 바꾸었다. 또한 두통 때문에 폭력적으로 행동하게 된다면서 자신이 공군으로 복무하던 중에 두통이 발생하면 의료진들에게 얼마나 난폭하게 굴었는지 이야기하였다. 그는 폭행, 강도, 마약거래 등으로 체포된 경험에 대해 길게 늘어놓았다. 신경학적 및 정신상태 검사 결과, 가벼운 수준으로 흥분이 고조된 것을 제외한 다른 결과는 정상이었다. 그는 다르본(Darvon)이라는 마약만이 자신의 두통을 완화시킬 수 있다고 주장하였다. 그리고 당장 자신을 치료하지 않으면 나쁜 일이 생길 거라며 추가 진단 검사와 추후 진료 예약을 거부하였다.

**사례** 반사회성 성격양식

38세의 고든 J는 급성장 중인 제조회사의 사장이다. 그는 제2차 세계대전 이후 그의 삼촌이 설립한 작은 회사를 인수하여 9년 동안 단독으로 관리감독하면서 생산량을 늘리고, 새로운 생산 라인을 도입하였으며, 마케팅 및 영업 조직을 구성하였다. 회사를 인수하기 전, 그는 3년 동안 근무했던 회사의 부동산을 팔아 백만장자 클럽의 최연소 회원이 되었다. 그가 11세 때 아버지가 끔찍한 스키 사고로 사망했음에도 그의 스쿠버 다이빙과 행글라이딩에 대한 열정은 식을 줄 몰랐다. 그가 삼촌의 회사를 고수익 회사로 전환시키자 그는 지역 내 젊은 지도자 모임(YPO)의 가입 초청을 받았다. 그는 매력적인 성격, 선구적인 관점, 그의 다양한 업적과 관련된 흥미로운 사연 등으로 말미암아 상당히 인기가 많다. 그는 5년 가까이 결혼생활을 하다 이혼하였고, 재혼은 하지 않은 채 2명의 여성과 교제하고 있다.

## 정신병질적 성격장애

사이코패스라고도 불리는 정신병질적 성격장애(Psychopathic Personality Disorder)는 비도덕적 행동, 극단적인 자기중심성, 거만함과 기만, 속임수 그리고 전반적인 공감 부족 등 대인관계 관련 문제를 특징적으로 보인다. 그리고 죄책감과 양심의 가책을 느끼지 않는 것과 같은 정서적 결손도 나타낸다. 『정신역동적 진단 매뉴얼(PDM)』(PDM Task Force, 2006)에서는 이 성격장애의 진단기준으로 정서 자극과 공격성에 대한 높은 역치, 빈번한 타인 조종, 강렬한 분노와 질투, 자신은 전능하여 어떤 것일지라도 이루어 낼 수 있고 통제할 수 있다는 믿음, 타인은 이기적이고 교활하며 부도덕하다는 관점을 제시하였다.

더 나아가 이 성격장애를 가진 사람들은 자신을 둘러싼 모든 것을 통제함으로써 스스로를 보호하려고 한다. 기업체에 이러한 사람들은 흔치 않지만, 만약 있다면 규정의 허술한 점을 교묘하게 이용해 형사고발을 피해 가거나 자신의 목적에 따라 고발조치를 취하기도 한다(Babiak & Hare, 2007).

정신병질적 성격장애는 DSM I에 실린 후 II에서부터는 기재되지 않았으나 DSM-5의 III편 '성격장애에 대한 대안적 DSM-5 모델' 중 반사회성 성격장애 부분에서 '정신병질적 양상 동반(with psychopathic features)'이라는 명시자(specifier)로 다시 등장하였다(American Psychiatric Association, 2013).

## 사회병질적 성격장애

소시오패스로도 알려진 사회병질적 성격장애(Sociopathic Personality Disorder)는 도덕성의 결여, 범법행위, 약화된 도덕적 책임감이 특징인 정신질환이다. 이 성격장애를 가진 사람들은 결과를 충분히 고려하지 않은 채 부적절한 행동을 즉흥적으로 하는 경향이 있다. 또한 긴장하거나 쉽게 동요하며 빠르게 분노를 드러내는 양상을 나타낸다. 이들은 타인에게 거짓말을 하고 상처를 주며 상대를 조종하지만, 자신이 아끼는 일부에게는 대체로 그렇게 행동하지 않는다. 이들 대부분은 타인에게 애착과 충성심을 형성할 수 있다. 이는 이들이 아끼는 누군가에게 상처를 입히게 되었을 때 죄책감과 양심의 가책을 느낄 수 있음을 의미한다. 사회병질적 성격장애를 가진 사람들이 극악무도한 범죄를 저지를 수는 있지만, 그 범죄의 대상이 가족이나 친구인 경우는 드물다. 유전적인 영향이 큰 것으로 보고된 정신병질적 성격과 다르게, 사회병질적 성격은 빈곤, 폭력의 경험, 지나치게 관용적이거나 태만한 양육과 같은 환경적 요인에 많은 영향을 받는다(Stout, 2005). 사회병질적 성격장애는 DSM-II에만 기록되어 있다.

**촉발사건.** 행동양식, 대인관계 양식, 인지양식, 정서양식에서도 언급되겠지만, 반사회성 성격장애의 특징적인 부적응적 반응을 촉발 또는 활성화시키는 상황, 환경, 사건(Othmer & Othmer, 2002)은 '사회적 규준 및 규범'과 관련되어 있다.

**행동양식.** 반사회성 성격장애는 행동상 충동성, 과민성, 공격성을 특징적으로 보인다. 이들은 사회적 의무 수행이나 재정 관리에 무책임한 모습을 보이기 쉽고, 규칙 위반 역시 빈번하게 한다. 반사회성 성격장애를 가진 사람들은 갑작스러운 분노 표출, 사기, 교활함 같은 특성을 나타내는 것으로 잘 알려져 있고, 위험과 흥분을 추구하는 행동 경향성이 두드러진다.

**대인관계 양식.** 반사회성 성격장애의 대인관계 양식을 보면, 적대감 그리고 타인의 욕구와 안전을 개의치 않고 무시하는 양상이 확연하다. 이들은 매우 경쟁적이고, 타인을 믿지 않으며, 종종 가난하다는 이유로 누군가를 불신한다. 이들의 관계는 계산적일 뿐 아니라 '빛 좋은 개살구'처럼 겉만 번지르르하다. 이러한 행동양식은 반사회성 성격장애를 지녔다면 사회적 지위를 막론하여, 즉 범죄자에 국한되지 않고 성공한 사업가, 정치인, 변호사, 의료인과 같은 사람들에게서도 나타난다. 또한 이들의 경우, 지속적인 정서적 교류나 타인에 대한 기여가 거의 없는 피상적인 관계를 유지하려고 하며, 타인의 고통과 괴로움에 냉담한 경향이 있다.

**인지양식.** 반사회성 성격의 인지양식은 충동적이고 인지적으로 경직되어 있으며, 외부 자극이나 상황에 민감한 것으로 설명된다. 이들은 사회적 단서를 예리하게 인식하며 사람들의 반응과 상황을 '읽는' 것에 상당히 능숙하다. 또한 권위, 규칙, 사회적 규범을 업신여기고 자신의 행동을 매우 쉽게 합리화한다. 이들의 충동성, 과민함, 공격성은 논쟁을 유발하고 공격적인 행동까지 일으킨다. 이와 관련해, 반사회성 성격장애를 진단 받은 사람들에게서 유의미한 신경학적 손상이 발견되었다는 연구 결과가 있다. 이에 따르면, 특히 계획을 세우거나 대응방식을 전환하는 것과 같은 실행기능 영역의 손상이 두드러진다(Dolan & Park, 2002).

**정서양식.** 이들의 정서 또는 정동 양식은 얕고 피상적이다. 그리고 따뜻함과 친밀함과 같은 '부드러운' 감정을 나약한 것으로 여겨 피한다. 이들은 죄책감을 느낄 만한 경험을 하더라도 죄책감에 빠지는 경우가 드물고, 지루함, 우울감, 좌절을 견디지 못하며 강렬한 감각을 추구한다. 마지막으로, 자신의 일탈 행위에 대해 죄책감, 수치심, 회한 등을 좀처럼 느끼지 않는다.

**애착양식.** 타인에 대해서는 부정적인 관점을, 자신에 관해서는 혼재된 관점(부정적인 관점과 긍정적인 관점을 왔다 갔다 하는)을 지닌 사람들은 두려움–거부형 애착양식을 보인다. 이 애착양식을 지닌 이들은 스스로를 특별하고 특권이 있는 존재로 여기지만, 잠재적으로 자신을 해할 가능성이 있는 사람일지라도 필요할 수 있음을 염두에 둔다. 따라서 타인을 경계하고 무시하는 한편, 자신의 욕구 충족을 위하여 다른 사람을 이용한다. 두려움–거부형 애착양식은 반사회성 성격장애와 관련 있는 것으로 알려져 있다.

**최적의 진단기준.** 반사회성 성격장애에 대한 모든 진단기준 중 가장 유용한 기준은 '범죄 연루, 공격성, 충동성, 무책임한 행동'이다. 임상가는 이 기준의 유무를 파악해 보다 신속하게 반사회성 성격장애를 진단할 수 있다(Allnutt & Links, 1996).

## DSM-5 기술

반사회성 성격장애를 가진 사람들은 타인의 권리를 끊임없이 무시하고 침해한다. 그리고 법과 사회규범을 존중하지도 준수하지도 않으며, 법적으로 문제가 될 소지가 있는 행동을 자주 한다. 또한 거짓말을 일삼고, 타인을 기만하며, 쾌락과 개인적 이득을 위해 다른 사람을 이용하는 일도 마다하지 않는다. 이들은 충동적이고 미리 계획을 세우지 못하며, 화를 잘 내고 공격적이어서 싸움이나 폭행 문제를 쉽게 일으킬 수 있다. 이들이 자신뿐 아니라 타인의 안전을 무시하는 것은 놀라운 일도 아니다. 직업 활동을 오랫동안 하지 못하고, 재정 관리가 엉망인 것은 이들이 얼마나 무책임한지 보여 준다. 이와 더불어, 타인에게 상처를 입히고, 다른 사람들을 학대하며, 물건을 훔치는 것에 대한 이들의 무관심한 태도로 반사회성 성격장애를 가진 사람들이 양심의 가책을 잘 느끼지 않음을 알 수 있다(American Psychiatric Association, 2013).

'성격장애에 대한 대안적 DSM-5 모델'은 이 성격장애에 관한 또 다른 설명을 제안한다(American Psychiatric Association, 2013). 반사회적인 사람들은 법적 규준, 윤리적 규범을 따르지 않고, 기만, 조종 그리고 위험 감수 양상을 보인다. 또한 충동성과 무책임성뿐 아니라 정체성, 자기주도성, 공감, 친밀감과 관련된 영역에서의 어려움이 두드러지게 나타난다.

## 원형적 기술

원형(prototype)은 특정 장애가 일반적으로 어떤 모습으로 나타나는지 그 본질을 포착하여 짧게 설명한 문장이다. 원형적 기술은 유용하고 편리하기 때문에, 임상에서 행동 기준 목록이나 핵심 신념 목록 대신 사용되는 경우가 많다(Westen, 2012). 다음은 반사회성 성격장애에 대해 일반적으로 알려진 원형적 기술이다. 이들은 어린 시절부터 품행장애 증상을 보였고, 비행 행동을 일삼는 청소년 시기를 거쳐, 이기적이고 타인을 조종하며 무자비한 성인으로 성장하였다. 이들이 타인에게 갖는 일차적 관심은 그들에게서 무엇을 얻을 수 있는가이다. 또한 이들은 타인을 조종하고 속이는 것, 상대에게 거짓말을 하는 것 그리고 그들의 물건을 훔치는 것과 더불어 그들에게 피해를 끼친 것에 관하여 어떠한 후회나 공감도 하지 않는다. 반사회성 성격장애를 가진 사람들은 무모하고 충동적이며 범죄에 연루되기 쉽다. 이 성격장애는 범죄자들 사이에서 흔하고, 폭력을 예측하는 변인이기도 하다. 다행히 중년이 되면서 이 성격장애는 다소 약화되는 양상을 나타낸다.

## 유병률

일반 인구에서 반사회성 성격장애의 유병률은 0.2~3.3%로 추정된다. 그러나 알코올과 물질 사용장애 클리닉의 환자, 교도소 수감 및 기타 범죄와 연루된 남성의 경우, 70% 이상이 반사회성 성격장애의 진단기준을 충족한다(American Psychiatric Association, 2013).

# 반사회성 성격장애의 개념화

## 정신역동적 사례개념화

정신역동적 이론에서는 반사회적 성격과 자기애성 성격 둘 다 웅대한 자기상을 형성한다는 점에서 유사하다고 보지만, 반사회적인 사람의 자기상은 '낯선 자기-대상(stranger self-object)'이라는 공격적인 내사에 기반한다(Meloy, 1988). 이 자기-대상은 부모를 신뢰할 수 없고 자신에게 악의를 품은 낯선 사람으로부터 경험한 것을 반영하며, 당연하게도 이 위협적으로 내재화된 대상은 부모의 방임 또는 학대에서 비롯된다. 이와 더불어, 모성을 느낄 만한 대상의 부재는 기본적 신뢰의 부족, 분리-개별화 과정의 고착을 가져오고, 대상 항상성 형성을 저해한다. 어머니를 낯선 사람 또는 약탈자로 경험한 아이는 어머니에게 정서적 애착을 형성하지 못한 채, 파괴적이고 통제적인 행동을 통해 타인과 연결되려는 가학적인 시도를 하게 될 뿐 아니라 모든 관계와 정서적인 경험으로부터 분리된다.

그 결과, 반사회적인 사람은 타인을 개별화된 존재로 인식하지 않는다. 따라서 이들은 자신의 행동이 타인에게 상처를 입힐 수 있다는 것과 관련된 죄책감, 우울/불안을 느끼는 능력을 발달시킬 수 없으며 진정한 우울을 경험할 수도 없다. Kernberg(1984)는 반사회적인 사람은 잔혹하고 타인을 학대하는 가학적인 초자아가 일부 형성되는 것을 제외하고, 초자아의 발달에 어려움을 겪는다고 보았다. 반사회적이지만 상대적으로 기능이 양호한 사람은 초자아가 기능을 하지 않는 것처럼 보이는 '초자아 결함' 상태이기는 하나 그나마 의식이 일부 발달한 것으로 알려져 있다. 게다가 반사회적인 사람은 자신의 행동을 합리화 또는 도덕적으로 정당화하는 것 그리고 착취적이면서 공격적인 힘의 행사 이외의 가치 체계에 관심을 두지 않는다(Kernberg, 1984; Meloy, 1988).

## 생물사회적 사례개념화

생물학적 요인이 반사회적 성격의 발달에 영향을 미친다는 증거가 늘고 있다. 그

중 신경전달물질 중 하나인 세로토닌 수준이 낮은 경우 공격적이고 충동적인 행동을 하는 경향이 있는 것으로 보고되었다. Meloy(1988)는 반사회적인 사람들에게서 유년기 아동 학대 및 방임을 당한 이력이 종종 발견된다고 주장하였다. 한편, 진정시키거나 달래기 어려운 이들의 까다로운 기질(Thomas & Chess, 1977)로 말미암아 정상적인 애착 형성이 어려워지고, 나아가 아동 학대 혹은 방임이 더 쉽게 발생했을 수 있다. 또한 Millon과 Everly(1985)는 반사회적인 사람의 변연계 자극 역치 수준이 낮다고 하였다(변연계의 민감성이 높아 쉽게 자극을 받음). Meloy(1988)는 반사회적인 사람은 경험을 통해 학습할 수 있는 능력이 없어 자신의 뜻에 따라 과잉활동을 하는 양상을 보이고, 문제의 소지가 있는 행동을 하지 않도록 하는 예기불안을 덜 느낀다고 하였다.

부모의 적대감, 부모 역할 모델링의 부족, 앙심을 품은 행동의 강화와 같은 환경적 요인은 생물학적 소인과 상호작용한다. 부모의 적대감은 아이가 부모를 방해하거나 부모가 아이의 성질이 나쁘다고 인식할 때 그리고 부모 또는 가족 문제의 희생양으로 아이를 이용할 때 나타날 수 있다. 반사회적인 사람들은 성장하면서 부모의 지도를 거의 받지 못했거나 가정 내에서 건강한 권위에 따르는 경험을 하지 못하였다. 모델링을 할 만한 건강한 권위자가 부재하고, 유기 및 거절을 느낀 아동은 자신의 주변 세계에 무감각해지거나 자신에게만 이롭게 꾀를 부리기 쉬워진다. 이러한 경험들로부터 이들은 "목표가 수단을 정당화한다." "서로 물어뜯는 것이 세상의 이치이다." "강하고 교활한 자만이 살아남는다."라는 식의 깨달음을 얻는다. 그리고 이들이 보이는 비행 행동은 당연히 사회적인 반감을 일으키지만 이는 오히려 이들의 자기 확신과 견고한 인생관을 강화시킨다. 결과적으로 이들은 타인을 신뢰하는 법을 배우지 못하고, 다른 사람들로부터 착취당하거나 모욕적인 대우를 받을지 모른다고 예상하여 앙심을 품은 채 공격적으로 행동한다.

이 성격 패턴은 지속적인 지각의 왜곡, 보살핌과 협력을 비하하는 태도 그리고 갈등을 유발하는 적대적이고 앙심을 품은 행동을 통해 굳어지고 유지된다. 또한 다른 사람에게 이용당하고 열등한 취급을 받거나 누군가의 지배를 받을지도 모른다는 이들의 두려움 역시 반사회적 성격 패턴의 고착에 지대한 영향을 미친다(Millon & Everly, 1985).

## 인지행동적 사례개념화

Beck(2015)에 따르면, 반사회성 성격장애를 가진 사람들은 지속적으로 무책임하게 행동한다. 이들은 여러 가지 중요한 핵심 신념과 조건적 신념 그리고 도구적 신념을 지니고 있는데, 이들의 **핵심 신념**은 '타인에게 희생당하지 않도록 자신만을 생각하고 공격적으로 행동해야 한다는 것'이다. 또한 자신에게는 규칙을 지키지 않아도 되는 특권이 있다고 생각하며, 자신의 생각과 감정은 항상 명확할 뿐 아니라 자신은 늘 옳고 타당한 선택을 한다고 믿는다. 게다가 자신의 행동이 옳다고 여기기 때문에 자신이 맞다고 생각하면 그것을 사실로 받아들인다. 이들은 타인을 조종하고 착취하지 않거나 내키지 않음에도 다른 사람에게 들러붙지 않으면 자신이 마땅히 받아야 할 것을 얻지 못할 것이라는 **조건적 신념**을 갖고 있다. 또한 타인이 자신을 통제하기 전에 자신이 먼저 상대를 조종해야 하고, 자신에게는 필요한 것을 가질 자격이 있다는 **도구적 신념**도 있다. 이들이 가지고 있는 자신과 세상에 대한 신념 밑바탕에는 이러한 신념들이 자리하고 있다(Mitchell, Tafrate, & Freeman, 2015).

반사회성 성격장애를 가진 사람들은 스스로를 강하고, 영리하고, 자신 자체로 충분하며, 어떤 것에도 흔들리지 않는 존재로 인식한다. 그리고 타인은 유약하고 취약한 동시에 멍청하고 착취하기 쉽다고 여긴다. 이에 따라 이들은 다른 사람을 드러내놓고 공격하고 타인의 것을 마음대로 빼앗으며 착취하거나, 더욱 더 교묘하게 속이고 사기를 치며 조종하는 두 가지 행동 전략을 사용한다(Beck, 2015). 이뿐만 아니라 자신의 목적과 관련이 없다고 판단되면 누군가의 조언도 무시하기 일쑤이며, 미래의 결과에 대해 전혀 신경 쓰지 않는 듯 현재에만 초점을 맞춘다.

Turkat(1990)는 보다 행동적인 관점에서 반사회성 성격장애에 대해 다음과 같이 3개의 하위 유형을 제안하였다. 구체적으로 ① DSM-5의 진단기준에 명확히 부합하는 '분명한 소시오패스(clear sociopath)', ② 법적 책임을 회피하기 위해 심리적 증상을 꾸며 내는 '영리한 소시오패스(clever sociopath)', ③ DSM-5의 진단기준에 부합하지만 진실로 심리적 고통을 느끼는 '상처받은 소시오패스(hurting sociopath)'가 있다. 이 세 유형 모두 충동 및 분노 조절과 관련하여 중요한 행동상의 문제가 있지만, 상처받은 소시오패스만이 행동치료가 가능한 것으로 간주된다.

## 대인관계적 사례개념화

Benjamin(2003a)은 반사회성 성격장애를 가진 사람들이 전형적으로 가혹하고 태만한 양육 환경에서 성장했고, 그 결과로 타인의 욕구를 무시하거나 무감각하게 받아들이고 타인을 착취하는 것으로 보았다. 종잡을 수 없고 예측하기 어려운 양육 방식은 부모의 통제를 과소평가하고 부모를 비난하게 만든다. 이에 따라 반사회적인 사람은 자신의 자율성을 강력하게 따른다. 더욱이 이러한 형편없는 양육은 반사회적인 사람으로 하여금 약물 남용, 범죄 행동, 태만한 부모 역할 등의 행동을 내재화시킬 수 있다. 잠재적으로 반사회적 성격이 될 사람은 어느 누구도 자신에게 부모의 책무를 다하지 않았기 때문에 부모의 책무를 '떠안을' 가능성이 높다. 이러한 부적절한 양육 환경에서 성장한 반사회적인 사람들은 통제당하고 있는 사람들과 감정적으로 연결되지 않은 채 타인을 통제하는 것 자체를 목적으로 관계를 형성한다. 요컨대, 타인을 통제하려는 부적절하고 조절되지 않는 욕망이 두드러진다. 이들은 무언가로부터 영향을 받지 않으려고 하며, 무시받는 인물의 통제를 거부한다. 이들의 억제되지 않는 공격성은 통제력을 발휘하고 독립성을 유지하기 위해 자주 사용된다. 마지막으로, 반사회성 성격장애를 가진 사람들은 타인을 거의 신경 쓰지 않기 때문에 다소 무관심한 모습을 보이지만 친절하고 사교적인 양상을 나타낼 수도 있다.

## 통합적 사례개념화

통합적 관점은 반사회성 성격의 발달과 유지 요인에 대한 생물심리사회적 설명을 제공한다. 생물학적으로, 반사회적 성격은 '까다로운 아이(difficult child)' 기질을 가진 것으로 설명된다(Thomas & Chess, 1977). 이 기질은 예측할 수 없고, 상황과 동떨어져 있으며, 매우 강력할 뿐 아니라 상당히 가라앉아 있고, 불만족스러워하는 기분 상태를 특징적으로 보인다. Millon(1981)은 이 성미가 까다로운 유아적 패턴이 변연계의 낮은 역치 수준과 중추신경계의 억제중추 감소에서 기인한다고 주장하였다. 그리고 이들의 신체 유형은 내배엽형(비만형) 및 중배엽형(근육형)인 경향이 있다(Millon, 1981).

심리학적 관점에서 보면, 반사회성 성격장애를 가진 사람들은 자신, 타인, 세상에 대해 독특한 관점을 지니고 있다. 이들은 스스로를 '치밀하고, 원하는 것은 무엇이든 가질 수 있는 특권이 있는 인물'로 여긴다. 달리 말해, 자신을 강하고, 경쟁적이고, 활기차고, 강인하다고 생각한다. 한편, 인생과 세상에 대한 관점은 "삶은 정당하지 않고 적대적이며, 규범은 나의 욕구 충족을 방해한다."로 정리된다. 당연하게도 그들이 추구하는 인생의 목표에는 "내 욕구가 가장 우선이므로 나는 규칙을 바꾸거나 파괴할 수 있다. 또한 나는 나를 통제 또는 모욕하려는 자들을 막을 것이다."라는 내용이 포함된다. 행동화(acting out)와 합리화(rationalization)는 반사회성 성격장애

**〈표 3-2〉 반사회성 성격장애의 특징**

| | |
|---|---|
| 촉발사건 | 사회적 규준과 규범 |
| 행동양식 | 자립적인, 교활한, 강압적인<br>위험을 감수하는, 흥분을 추구하는<br>언변이 좋은, 피상적인 |
| 대인관계 양식 | 기만적인<br>짜증스러워하고 공격적인<br>타인을 무시하고 난폭하게 행동하는<br>공감의 부족<br>타인을 불신하는 |
| 인지양식 | 충동적인<br>외향적이고 현실적인 |
| 정서양식 | '온정적인' 감정이 나약함을 내포한다고 생각해 회피<br>죄책감, 양심의 가책, 수치심을 좀처럼 느끼지 않는 |
| 기질 | 영아: 다루기 어려움, 성인: 공격적이고, 충동적인 |
| 애착양식 | 두려움-거부형 |
| 부모의 금지명령 | "목표가 수단을 정당화한다." |
| 자기에 대한 관점 | "나는 치밀하고, 내가 원하는 것은 모두 가질 수 있는 특권이 있다." |
| 세상에 대한 관점 | "삶은 정당하지 않고 적대적이며, 규범은 나의 욕구 충족을 방해한다. 내 욕구가 가장 우선이므로 나는 규칙을 바꾸거나 파괴할 수 있다. 또한 나는 나를 통제 또는 모욕하려는 자들을 막을 것이다." |
| 부적응적 도식 | 불신/학대; 특권의식; 불충분한 자기통제; 결함이 있는; 정서적 박탈; 유기; 사회적 고립 |
| 최적의 진단기준 | 범죄 연루, 공격적이고 충동적이며 무책임한 행동 |

를 가진 사람들이 흔히 사용하는 방어 기제이다.

사회적인 측면에서는 예상 가능한 양육 방식과 환경적 요인으로 반사회성 성격장애를 설명한다. 반사회성 성격장애를 가진 사람들의 부모는 전형적으로 적대적이고 결함이 있는 양육 방식을 보인다. 한편, 부모가 자녀 양육에 최선을 다함에도 부모의 기대 수준이 너무 높아 자녀가 그에 부응할 수 없거나 따르기를 거부했을 수도 있다. 반사회성 성격장애를 가진 사람들의 부모는 '목표가 수단을 정당화한다'는 미명하에 보복 행동을 본보기로 보이고 강화한다. 이들의 가족 구조는 체계적이지 못하고 분리되어 있는 양상이다. 반사회적인 패턴은 다음과 같은 개인적이고 체계적인 요인들에 의해 형성되고 강화되며 영구화된다. 이들은 힘을 추구하고 학대당하거나 모멸의 대상이 되는 것에 대한 두려움이 커 '보다 온정적인' 감정을 부정하며 비협조적인 태도를 나타낸다. 이는 타인을 도발하는 경향과 함께 반사회적 신념과 행동의 강화로 이어진다(Sperry, 2015; Sperry & Mosak, 1996).

앞의 〈표 3-2〉에서 반사회성 성격장애의 특징을 요약하였다.

## 반사회성 성격장애의 평가

정보 출처가 다양하면, 성격장애의 진단과 치료 계획 수립에 유리하다. 임상 면담에서 얻는 환자의 자기보고 외에도 관찰, 부수적 정보, 심리검사 등이 중요한 보조 자료로 이용된다. 이 절에서는 임상가가 해당 성격장애 환자를 처음 만났을 때 관찰할 수 있는 특징 일부와 라포 형성을 위한 내용을 간략하게 다루었다. 여러 가지 객관적 검사(이를테면, MMPI-2, MCMI-IV) 및 투사검사(이를테면, 로르샤흐 검사, TAT)의 특징적인 반응 패턴에 대해서도 기술하였다.

### 면담 시 행동과 라포

반사회성 성격장애를 가진 사람과 면담을 하는 것은 매우 도전적인 작업일 수 있다. 임상가와 반사회성 성격장애를 가진 사람이 놀이를 하듯 가볍게 접촉한다면 의사소통에 큰 문제가 없지만, 임상가가 이들의 조종에 저항할 경우 이들은 금세 분노하고 비판적인 태도를 보인다. 이들에게 자신의 충동성, 무책임 그리고 자신이 한 행동이 불러일으킨 부정적인 결과에 초점을 맞추도록 하는 것은 매우 어려운 일이다. 진솔성과 정직함이 부족한 이들의 특성은 신뢰관계 형성을 제한하지만 그럼에도 불구하고 반사회성 성격장애를 가진 사람들 역시 관심을 원하기 때문에, 임상가는 이들이 자신의 업적을 드러낼 수 있도록 유도함으로써 논의를 이끌어 낼 수 있다(Ackley, Mack, Beyer, & Erdberg, 2011). 임상가가 판단적이거나 비난하는 어조로 말하지 않는다면 이들의 협력을 북돋우고 자신의 행동이 초래한 부정적인 결과를 탐색하도록 할 수 있을 것이다. 이들이 협력하는 것과 질문에 답하는 것을 꺼리거나 불만과 적대적인 태도를 표출한다면 임상가는 무관심한 모습을 보이거나 면담을 중단하는 것이 적절하다. 이 두 가지 전략은 이들의 행동을 빠르게 반전시킬 수 있다. 이들은 자신이 타인을 기만하고 학대한 것에 대해서는 좀처럼 후회하지 않지만 이러한 전략은 이들로 하여금 상황이 자신에게 불리하게 돌아가고 있으며 스스로 자신의 삶을 망치고 있다는 것을 깨달을 수 있게 한다. 임상가는 이들의 행동이 가져온 결과와 실패에 공감함으로써 신뢰관계를 맺고 왜곡이나 거짓 없이 이들의 어려움을 살필 수 있다. 이들이 임상가를 자신의 건설적인 목표를 지지하고 사회적 방식을 따르지 못하는 자신을 이해하는 비처벌적인 협력자로 지각할 때, 비로소 치료적 동맹이 형성된다(Othmer & Othmer, 2002).

## 심리검사 자료

MMPI-2(Minnesota Multiphase Personality Inventory-2), MCMI-IV(Millon Clinical Multiaxial Inventory-IV), 로르샤흐 검사, TAT는 반사회성 성격장애뿐만 아니라 반사회성 성격양식 또는 특질 진단에도 유용하다(Groth-Marnat, 2009).

MMPI-2에서 4-9/9-4(Pd-Ma, 반사회성-경조증) 프로파일은 반사회성 성격장애 관련 대표적인 프로파일이다. 9번 척도는 행동화가 활발하게 나타나는 사람의 특성을, 4번 척도는 정신병질적 특성의 인지적 요소를 보여 준다(Graham, 2012). 반사회성 성격장애 또는 정신병질적 성격에는 두 가지 패턴이 있다(Megargee & Bohn, 1979). 일차 정신병질은 폭력을 쉽게 행사하므로 6번(Pa, 편집증)과 8번(Sc, 조현병) 척도의 상승과 더불어 4번(Pd, 반사회성) 척도의 점수가 높을 수 있다. 4-9/9-4 프로파일은 2-4/4-2(D-Pd, 우울-반사회성) 프로파일과 마찬가지로 이차 정신병질을 보다 더 잘 설명한다(Meyer, 1995).

MCMI-IV의 경우, 5번(자기애) 척도와 6A(반사회성) 척도가 상승할 가능성이 크다(Millon, Millon, Grossman, Boice, & Sinsabaugh, 2015). 또한 반사회적인 사람이 알코올 및 물질 남용 문제를 일으킬 공산이 큰 바, B 척도(알코올사용장애) 및 T 척도(약물사용장애)에서도 역시 높은 점수를 나타낼 수 있다. 반사회적인 사람은 보통 스트레스를 심하게 겪지 않기 때문에 A(범불안장애) 척도, D(기분부전장애) 척도, H(신체화장애) 척도의 점수 상승은 흔하지 않다(Choca & Denburg, 1997).

투사적 기법은 반사회적인 사람의 대상관계와 초자아의 발달수준을 평가하는 데 유용하다. 이들은 임상적 면담 시, 죄책감이나 후회를 가장해 임상가를 속일 가능할 가능성이 높지만 '정답'이 없는 로르샤흐 잉크반점과 같은 모호한 자극 앞에서는 속임수를 사용하기 쉽지 않다(Gabbard, 2000).

로르샤흐 검사에서 반사회적인 사람들은 평균보다 낮은 수의 반응을 하는 경향이 있고, 인지적으로 명확히 다룰 수 있는 카드에 대해서조차 반응하기를 꺼리기도 한다. 컬러 카드에 대한 반응은 다소 지연되는 양상이지만, C(순수 색채 반응) 반응으로 상당히 원시적이고 충동적인 면을 드러낼 수 있다. 이들은 A(동물) 반응과 P(평범) 반응은 많이 하지만, M(인간 운동) 반응과 W(전체) 반응은 적게 한다. 그리고 음영 관련(음영, 확산된 음영-형태 및 형태-확산된 음영) 반응이 없으며, 정교한 형태 반응(F+%)은 거의 하지 않는다(Wagner & Wagner, 1981).

TAT를 통해 이들이 하는 이야기를 살펴보면, 유치하고 미성숙한 면이 엿보인다. 또한 이야기 속 주인공이 부적절한 행동을 할 때에도 그 행동에 따른 결과에 대한 언급은 없다(Bellak, 1997).

## 치료적 접근법 및 개입

### 치료 시 고려사항

이 성격장애는 15세 이후에 타인의 권리를 무시하고 침해한 이력이 있는 개인에게 진단된다. 반사회성 성격장애는 여성에게 잘못 진단되는 경향이 있는 자기애성 성격장애, 편집성 성격장애 및 경계성 성격장애 등 다른 성격장애와 감별진단되어야 한다. 반사회성 성격장애와 관련 있는 가장 흔한 장애는 물질사용장애, 양극성장애, 망상장애 그리고 인위성장애이다.

치료적 측면에서 이들은 보통 치료기관 방문에 관심이 없고, 법원, 고용주 등의 치료 명령 또는 권고에 저항한다. 이는 이들이 개인적인 고통 및 스트레스를 거의 경험하지 않고, 자신의 태도나 행동이 잘못되었다고 생각하지 않기 때문일 것이다. 이들은 가석방 또는 보호관찰의 신청에 도움이 된다고 판단할 때에만 치료에 동의할 소지가 많다(Hare et al., 2012).

반사회성 성격장애를 가진 사람들에게 공감, 양심 그리고 대인관계 기술을 향상시키는 데 중점을 둔 통찰 지향적 개인 심리치료는 별다른 효과가 없는 것으로 알려져 있다. 하지만 특별 주거치료 프로그램은 치료 가능성을 보여 주었다(Harris & Rice, 2006). 반사회성 성격장애를 가진 사람들이 심리치료에 참여할 경우 우울 양상을 나타낼 수 있는데, 이는 분명한 치료적 진전 신호로 해석 가능하다(Sperry, 2015).

## 개인치료

Hatchett(2015)는 반사회성 성격장애의 치료 관련 사항에 대해 심도 있는 문헌 연구를 진행하였다. 그는 심리사회적 개입이 반사회성을 개선하고 재범률을 낮추는 데 어느 정도 도움이 되는 것처럼 보이지만 실질적으로는 그 양상이 모호하고 복잡하다는 결론을 내렸다. 연구를 통해 치료효과에 대한 명확한 기준을 발견하지 못한 바, 그는 반사회성 성격장애 치료를 위한 심리사회적 개입의 임상적 유용성을 뒷받침할 만한 근거가 없다고 결론지었다. 그러나 이러한 결론이 보편적으로 적용되는 것은 아니다. 다음에 반사회성 성격장애를 가진 사람들을 대상으로 한 정신역동적 심리치료, 인지행동적 심리치료, 대인관계적 심리치료에 관한 내용이 제시되어 있다.

### 정신역동적 접근

반사회성 성격장애를 가진 사람을 대상으로 성공적인 정신역동적 심리치료가 진행되었다고 기재된 문헌은 상대적으로 적다. 사실, 정신역동적 심리치료가 반사회적 패턴을 바꿀 수 없다는 비관론이 팽배하다(Valliant & Perry, 1985). 정신역동적 심리치료의 실패에 대한 몇몇의 설명이 있는데, 이에는 임상가의 환자 선택 문제, 치료적 입장 및 개입 방식과 관련된 내용이 포함되어 있다.

Gabbard(1990)는 심리치료 초기 임상가의 임무는 결과가 불확실한 장기 치료 과정에 필요한 시간, 에너지, 비용을 할애할 만한 '가치 있는' 환자를 결정하는 것이라고 본다. Meloy(1988)는 반사회성 성격장애를 가진 사람에 대한 심리치료를 금해야 하는 다섯 가지 조건을 제안하였다. ① 타인에게 폭력적이고 가학적으로 행동한 이력이 있는 경우, ② 폭력적이고 가학적인 행동을 전혀 후회하지 않는 경우, ③ 장기간 정서적 애착을 발달시키지 못한 경우, ④ 치료 과정을 방해할 수 있는 높거나 낮은 지능을 지닌 경우, ⑤ 임상가에게 개인의 안전에 대한 강렬한 역전이 공포가 있는 경우이다. 요컨대, 환자가 순수 정신병질적 특성에 가까울수록 정신역동적 심리치료에 반응할 가능성이 낮다.

반면, 자기애적 특성을 가진 반사회성 성격장애 환자는 심리치료에 보다 순응적일 수 있다. 이들은 전이(transference) 과정에서 의존성을 약간 드러내거나, 이들에게 내재화된 '이상적 대상'은 순수한 정신병질자에 비해 덜 공격적일 수 있다(Meloy, 1988). 주요우울장애를 공병으로 가졌다면 심리치료에 대한 순응도가 높을 것이다(Woody et al., 1985). Turkat(1990)는 진심으로 고통을 느끼는 '상처 입은 사회병질자'는 심리치료를 통해 개선될 여지가 있다고 주장한다. 그러나 심리치료의 성공을 예측하는 가장 중요한 요인은 치료적 동맹을 형성하는 능력이다. Gertsley 등(1989)은 반사회성 성격장애 진단기준을 충족하고 아편 중독 치료를 위해 메타돈 유지 요법[1]을 사용 중인 48명의 남성을 대상으로 한 연구에서 치료적 동맹을 형성하는 능력과 치료적 효과 사이에 중요한 연관성이 있음을 발견하였다.

이와 더불어, 반사회성 성격장애의 치료 권장사항에 대한 성차 연구는 시사하는 바가 크다. 119명의 임상가를 대상으로 반사회성 성격장애와 신체화장애를 가진 남성 또는 여성을 묘사한 사례를 가지고 연구를 진행한 결과, 임상가들이 남성 환자보다 여성 환자에 대해 반사회성 성격장애를 덜 정확히 진단하는 것으로 나타났다. 여성은 남성에 비해 일관성 있게 예후가 더 좋은 것으로 여겨졌고 통찰 중심적 심리치

1) 역자 주: 마약 중독자를 치료하기 위한 유지치료 요법

료를 더 많이 추천받았다. 남성은 보다 예후가 좋지 않았고 집단치료 및 법적 제한 조치를 더 많이 권고받았다(Fernbach, Winstead, & Derlega, 1989).

치료적 입장과 개입 전략 그리고 치료 기술은 치료 결과를 결정짓는 또 다른 중요한 요소이다. 치료자의 중립성을 강조하는 전통적인 정신역동적 입장은 금물이다. Gabbard(2000)는 임상가의 중립적 태도는 반사회성 성격장애 환자의 행동에 대한 암묵적 지지 또는 결탁 행위라고 주장하였다. 대신 임상가에게 적극적인 자세와 더불어 직면하기를 권장하였다. 임상가는 자신의 반사회적 행동을 축소 및 부인하려는 환자의 모습을 반복적으로 직면시키는 것이 필요하다. 더 나아가 직면은 과거 무의식적인 부분의 분석이 아니라 지금-여기에서의 행동에 초점을 맞추어야 한다.

정신역동적 관점에서 임상가의 핵심적인 역할은 환자가 자신의 내부 상태와 행동을 연결할 수 있도록 돕는 것이다. 마지막으로, 치료적 변화에 대한 임상가의 기대는 극도로 현실적이어야 한다. Gabbard(1994)는 반사회적인 환자가 자신의 변화를 바라는 임상가의 바람을 좌절시키는 것을 즐긴다고 경고하였다.

반사회성 성격장애 환자의 치료 과정에서 역전이는 말할 것도 없이 중대한 문제이다. 가장 흔한 두 가지의 역전이는 회의적 태도(disbelief)와 결탁(collusion)[2]이다(Symington, 1980). 회의적 태도는 환자가 '그렇게까지 나쁜 것'은 아니라는 임상가의 합리화와 관련 있다. 그리고 결탁은 가장 문제가 많은 역전이 유형일 것이다. Gabbard는 반사회적인 환자들이 임상가들로 하여금 정직하지 못하고 비윤리적인 행동을 하여 타락하도록 만들기 위해 무슨 짓이든 하기 때문에, 임상가들이 안정적이고, 꾸준하며, 완전히 청렴한 상태로 있어야 한다고 강하게 주장하였다.

앞서 언급한 바와 같이, 반사회성 성격장애를 가진 사람들을 대상으로 한 정신역동적 치료 연구가 몇몇 있다. 그중 한 연구에서 반사회성 성격장애를 가진 사람을 포함해 심각한 성격장애를 가진 27명의 환자를 연구한 결과, 환자들이 상당히 분열된 자기표상(split self-representation)을 갖고 있는 것으로 나타났다. 그리고 이들의 방어 기제인 구획화(compartmentalization)[3]를 유지하는 일종의 해리성 기억상실과 같은 양상을 줄이기 위해 이완 운동과 여러 가지 방식이 통합된 개입을 적용하자 24

2) 역자 주: 무의식적인 공동 행위
3) 역자 주: 자신의 행동이 평소 주장하는 가치와 맞지 않을 때 자신이 주장하던 가치와 행동을 별개로 구분하는 것

명의 환자에게서 저항 감소, 치료 순응도 증가, 일상 기능 개선과 같은 변화가 확인되었다(Glantz & Goisman, 1990).

Meloy와 Yakeley(2010)는 반사회적인 사람들을 대상으로 한 최근의 많은 치료적 접근이 사실상 행동에 초점을 두고 있다고 지적한다. 이에는 반사회적인 사람들의 내적 정신상태의 변화가 아니라, 재발 방지 교육, 사회적 기술 향상 집단치료 등을 통해 외부로 드러나는 행동과 증상을 개선하려는 노력이 포함된다. 이러한 추세에 대한 한 가지 예외가 Bateman과 Fonagy의 정신화 기반 치료이다(McGauley, Yakeley, Williams, & Bateman, 2011). 'Mentalizing'으로 표기되기도 하는 '정신화'는 자신뿐 아니라 타인의 주관적인 인식과 행동, 감정을 해석하는 과정이다. 대부분의 반사회적인 사람은 이 정신화 능력이 부족하고, 특히 타인의 감정을 반영하는 능력의 결함이 크다. 충분히 발달하지 못한 정신화 능력은 내재적인 불안 상태를 견디지 못하는 것과 결합되어 반사회성 성격장애의 전형적인 특징인 공격 행동을 초래한다. Malancharuvil(2012)은 반사회성 성격장애를 가진 사람들의 공감 결여에 대한 정신역동적 가설(psychodynamic formulation)을 제안한다. 공감 능력을 향상시키지 않은 채 정신화 능력을 개발하는 것은 치료의 설정된 목표를 달성하기보다는 반사회적인 사람을 더 효과적인 포식자로 만들 수 있다는 점에 유의할 필요가 있다.

### 인지행동적 접근

Beck, Freeman, Davis와 그들의 동료들(2004)은 반사회성 성격장애를 가진 사람들에 대한 인지치료적 접근 방식과 관련한 논의를 확장하였다. 그들은 반사회성 성격장애를 가진 사람들과 협력적인 치료관계를 맺는 것이 어렵다는 점에 주목하였다. 이 환자들은 치료자를 불신하고, 도움 받는 것을 불편하게 여기며, 치료자의 역전이로 인하여 치료 동기를 충분히 형성하지 못해 치료가 어렵다. 라포를 형성하기 위해서는 치료자가 이들을 통제하지 말아야 하고, 이들과 힘겨루기 하는 것도 피해야 한다. 또한 치료자 자신이 이들의 조종에 취약하다는 것도 받아들여야 한다. 반사회성 성격장애를 가진 사람들은 거짓말을 할 가능성이 높기 때문에 치료자는 이들이 언제든지 거짓말을 할 수 있음을 받아들임으로써 진실의 심판자 역할을 하는 함정에 빠지는 것을 피할 수 있다. 치료가 조기종결되지 않도록 치료자는 점진적으로 신뢰를 구축하고 이들의 강점과 능력을 명시적으로 인정하는 한편, 이들에게 약점을 인정하라고 압력을 가하는 행위를 삼가는 것이 필요하다. 우울, 불안과 같은 개인의 고통이 빠르게 완화되면 치료가 조기종결될 수 있는데, 이러한 경우 Beck과 동료들은 환자들에게 치료의 지속이 최선의 이익임을 일러 주고, 환자들이 방어하거나 최소화하는 남아 있는 문제들을 확인하도록 해야 한다고 제안한다.

Mitchell, Tafrate와 Freeman(2015)은 대중매체에서 반사회적인 사람의 치료를 극적이고 대립이 반복되는 것으로 묘사하는 것과 다르게 보다 협력적인 접근이 필요하다고 지적한다. 치료자와 환자의 대립은 치료를 지속하는 동력을 상실하게 하고, 치료의 조기종결로 이어진다. 반사회적인 특성을 지닌 사람들에게는 따뜻함, 공감, 보상하려는 의지와 같은 치료자의 자질이 특히 중요하다. 동기강화상담(MI)과 같은 접근(Miller & Rollnick, 2013)은 잠재적 결과에 대한 인식을 높이고 변화를 위한 선택을 제공하기 위해 장애의 징후와 증상을 검토하고, 환자가 강점과 가치에 초점을 맞추도록 하여 반사회적인 사람을 치료에 참여시키는 구체적인 방법이다. 반사회성 성격장애를 가진 사람들을 대상으로 적절한 치료적 목표를 선택하는 것은 어려운 일이며, 치료적 목표 탐색을 위해 상당한 시간을 할애해야 한다. 불안이나 우울 등 부정적인 증상을 경험하는 사람들에게 증상 완화는 치료에 참여하는 주된 동기 요인이다. 이러한 사람들은 자신 자체를 고통으로 인식하고, 아무 대처도 하지 않았을 때 그 결과는 자신에게만 해롭다는 것을 알고 있다. 반면, 부정적인 증상을 경험하지 않는 사람들은 자신의 반사회적인 행동을 보상으로 생각하며, 자아동질적(egosyntonic)으로 여길 수 있다. 이 경우, 자신이 아니라 타인이 고통받기 때문에 변화에 대한 동기가 미미하거나 변화에 노골적으로 저항한다. 이들의 반응과 관계없이 다른 사람과 사회 전체에 피해를 주기 때문에 범죄 행위를 줄이는 것이 치료의 가장 중요한 목표가 되어야 한다.

치료 목표가 합의된 후 문제해결 및 행동 전략을 사용하여 특정 문제 상황에 초점을 맞추는 것이 좋다. 충동 조절, 행동화 또는 부적절한 분노 표현이 치료해야 할 문제라면 충동 조절 및 분노 관리 전략이 권장된다. 이들이 충동을 더 잘 통제하고 자신이 한 행동의 결과를 예상할 수 있게 되면, 치료의 초점을 자동적 사고와 기본 도식으로 전환하는 것이 가능하다. 행동 중심에서 인지 중심으로의 전환은 이들이 점진적으로 생각과 감정을 드러내는 것에 덜 취약하게 만들고 더 편안해지도록 한다. 계획된 치료의 종결에 가까워지면, 치료적 초점은 지속적인 반사회적 행동에 대해 자신이 직면해야 하는 사회적 압력으로 옮겨진다. 재발방지 전략은 이들로 하여금 반사회적 사고와 행동을 촉발할 가능성이 있는 사람, 장소, 상황에 민감하게 반응하도록 하는 데 유용하다. 이들이 사회적 기술을 충분히 배웠고 집단치료에 참여할 수 있다면, 사회적 압력에 직면했을 때 효과적으로 대처할 가능성이 높다. Beck과 동료들(2004)은 집단 및 가족 치료가 개인치료에 유용한 보조 수단이 될 수 있다고 본다.

이와 더불어, Freeman 등(1990)은 인지치료가 반사회적인 행동을 감소시킬 뿐 아니라 이들이 친사회적인 생활양식을 가질 수 있도록 돕는 데 효과적이라고 주장한다. 그들은 반사회적인 사람들이 치료를 지속하는 데 필요한 동기를 부여하는 임상적 고통(DSM-IV의 축 I에 해당하는 상태)을 경험하지 않는 한 치료가 조기종결될 수 있다고 경고한다.

Davidson과 동료들(2009)은 반사회성 성격장애를 가진 폭력적인 남성을 대상으로 인지행동치료의 무선 통제 실험을 수행하였다. 연구자들은 지난 6개월 이내에 공격적인 행동을 한 52명의 남성을 일반적 치료(Treatment As Usual: TAU)와 인지행동치료를 결합한 치료를 처치한 집단과 일반적 치료만 단독으로 처치한 집단에 무선배정한 후 경과를 살폈다. 12개월 동안 추적 조사한 결과, 두 집단 간에 유의미한 차이는 없었다. 두 집단에서 모두 공격적 행동의 빈도가 감소한 것으로 보고되었지만, 병적 음주, 사회적 기능, 타인 신뢰와 관련된 부분에서는 인지행동치료가 보다 효과적인 경향성이 있는 것으로 나타났다. 이 연구와 연구 대상자들에 대한 세부사항 및 논의는 Davidosn 등(2010)의 연구를 통해 확인할 수 있다.

**심리도식치료.** 심리도식치료는 인지치료를 더욱 정교화시킨 것으로, 특히 성격장애 및 치료가 까다로운 개인 및 부부 문제를 다루기 위해 Young(1994, 1999)에 의해 개발되었다. 도식치료는 부적응적 도식을 찾아내고 구체적인 전략과 중재를 계획한다. 주요 전략은 네 가지가 있는데, 인지적 · 경험적 · 행동적 전략과 치료적 관계 그 자체이다. 인지적 재구성과 부적응적 도식의 수정은 중요한 인지적 전략으로, 심상 훈련, 공감적 직면, 과제 부여, '제한된 재양육(limited reparenting, 일종의 교정적 정서 체험)'[4] 기법을 병용할 수 있다(Young et al., 1999).

반사회성 성격장애와 연관된 부적응적 도식은 다음과 같다. 불신/학대, 즉 다른

---

4) 역자 주: 내담자가 어린 시절 부모에게서 받지 못한 것을 치료관계의 적절한 한계 내에서 제공하는 것

사람들이 자신을 학대하고, 모욕하고, 속이거나 조종하고, 자신에게 거짓말을 하며 자신을 통해 이득을 취할 것이라는 신념; **특권의식**, 즉 자신은 타인보다 우월하며 정상적인 사회적 관계에 작용하는 규칙이나 규준들을 따를 필요가 없다는 신념; **불충분한 자기통제**, 즉 자기통제와 좌절 수용 능력이 부족하다는 신념; **결함**, 즉 자신의 중요한 부분에 결함이 있다고 믿는 동시에 자신은 나쁘고, 열등하며, 누구도 자신을 원치 않는다는 신념; **정서적 박탈**, 즉 다른 사람들이 정서적 지지를 바라는 자신의 욕구를 충족시켜 주지 않을 것이라는 신념; **유기**, 즉 중요한 타인이 믿을 만하고 안정적인 도움을 제공하지 않거나 못할 것이라는 신념 그리고 **사회적 고립**, 즉 자신이 소외되고, 다른 사람들과 다르거나 어떤 집단에도 속하지 않는다는 신념이다(Bernstein, 2002).

### 대인관계적 접근

Benjamin(2003a)은 반사회성 성격장애를 가진 사람들에 대한 심리치료 중재를 다음과 같은 측면에서 계획하고 평가할 수 있다고 보았다. 즉, 심리치료 중재가 협력관계를 증진시키는가, 부적응적 패턴과 그 뿌리에 대한 학습을 촉진시키는가, 이러한 패턴을 차단하는가, 변화에 대한 의지를 강화시키는가, 새로운 패턴에 대한 학습을 효과적으로 장려하는가 등의 측면이다.

Benjamin은 반사회적인 사람은 개인 심리치료만으로는 잘 반응하지 않는다고 지적한다. 또한 친절하고 세심한 치료자뿐 아니라, 자신이 완전히 상황을 통제하고 있다고 오해하는 사람들도 반사회적인 사람들로부터 '기만'당할 수 있음을 경고함으로써 그들이 지나친 감상에 빠질 수 있음을 상기시킨다. 반대로, Benjamin은 냉혹하고 매정한 반대의 접근은 돌봄을 제공한다고 주장하는 사람들을 믿을 수 없다는 반사회적인 사람의 믿음을 재확인시킬 뿐이라고 언급한다. 이러한 '적대적 자율성' 패턴을 가진 사람은 주변 사람들과 호의적으로 교류하는 것을 거부한다. 치료자의 도전은 이 장벽을 뚫고 몹시 소외된 내담자와의 유대를 발전시키는 것이다. 개인 심리치료는 효과적이지 않을 수 있지만 환경치료(milieu therapy)와 결합하여 적용한다면 긍정적인 결과를 기대할 수 있다. 치료에서 협력적 관계 형성의 목표는 유대감과 일정 수준의 상호의존성을 확립하는 것이다. 개인 심리치료에서는 내담자에게 협력을 강제할 수 없고, 반사회적인 사람은 협력하는 일이 드물기 때문에

Benjamin은 치료 초기에는 이들의 적대감을 받아들이고, 점진적으로 협력관계를 향해 나아가는 것을 권한다.

협력을 이끌어 내기 위해 Benjamin이 제안하는 방법은 스포츠 영웅을 역할 모델로 활용하는 것이다. 반사회적인 사람, 특히 품행장애를 가진 청소년들은 역할 모델을 내재화함으로써 운동선수의 따뜻함 그리고 자애와 관련된 이야기에 반응할 수 있다. 따뜻한 태도 형성을 위한 또 다른 전략은 교도소 수감자에게 새끼 고양이를 키우게 하거나, 아이들에게 농구를 가르치도록 하는 등 돌봄의 역할을 제공하는 것이다. 물론 이 과정은 관리감독하에 진행되어야 한다. 야생 생존 훈련도 고려할 수 있는 방법이다. 이 방법을 사용할 경우, 돌봄과 유대감이 촉진될 수 있다. 세심하게 진행되는 집단치료는 유대감과 통제를 경험하는 기회일 수 있으며, 가족치료 역시 긍정적인 효과를 이끌어 낼 수 있으나 가족의 결탁이 문제 행동을 유지시킬 수 있어 주의가 필요하다.

유대감과 상호의존성이 나타나기 시작하면 협력의 전제조건이 충족된 것이다. 그다음에는 반사회적인 사람들로 하여금 자신의 착취적인 생활 방식 및 패턴의 자기파괴적인 특징들을 인식하고 이해하도록 돕는다. Benjamin은 이러한 사람들이 자기돌봄, 만족지연 및 타인에 대한 공감과 같은 자기관리 및 사회 기술을 발달시킬 수 있다고 믿는다. 다만, 불행히도 Benjamin은 반사회적인 사람들의 변화를 촉진하기 위한 논의와 제안은 거의 하지 않았다.

## 집단치료

반사회성 성격장애를 가진 사람들에 대한 집단치료는 반사사회적인 사람에게 덜 직접적인 방식으로 타인의 경험과 연결될 수 있도록 한다는 점에서 개인치료보다 더 효과적이라고 간주된다. 또한 반사회적인 사람들이 타인의 눈을 통해 자신의 행동을 볼 수 있도록 한다. 구조화된 집단치료는 반사회성 성격장애를 가진 사람들에게 매우 효과적일 것이다. 집단 구성원이 이질적인 것과 함께 개방적이고, 탐색적이며, 비지시적인 집단(Yalom, 1985)은 반사회적인 사람에 의해 쉽게 문제가 발생하므로, 이러한 집단은 반사회적인 환자에게 권장되지 않는다(Liebowitz et al., 1986).

반사회성 성격장애 환자들에게는 심리교육, 심리치료 그리고 지지 집단 등 세 가지 유형의 집단치료가 실시되어 왔다. 심리교육적 집단은 임상가가 교육을 제공하면 집단 구성원들이 교육을 받는 것이다. 환자의 참여 기준, 내용, 의제는 모두 구조화되어 있고, 집단은 참여 기준을 충족하고 임상가가 선택한 반사회적인 사람들로 구성된다. 심리교육은 매주 90분 동안 제한된 시간 안에서 진행된다. 반사회적인 환자들의 대인관계 및 다른 문제의 복잡성으로 인해 이들을 대상으로 한 심리교육 집단치료는 효용성이 크지 않다.

심리치료 집단은 심리교육 집단보다 다소 덜 조직화되어 있지만, 모든 환자에게 관련성이 높아 서로 화합할 수 있는 주제를 사용한다. 집단 구성원은 치료 내용과 과정을 모두 담당하는 임상가가 결정한다. 이 집단은 장기간에 걸쳐 매주 90분씩 만나며, 참여자의 수가 9~10명으로 제한된다. 참여자가 10명일 경우, 상당히 감당하기 힘들 수 있기 때문에 2명의 치료자가 참여하는 것이 권장된다.

치료자가 1명이면 집단 구성원들에게 공격받거나 의견이 묵살될 수 있고, 쉽게 고립의 표적이 될 수 있으므로, 2명의 치료자는 집단의 리더를 향해 행동화할 수 있는 집단의 잠재력을 감소시키는 역할을 한다. 2명의 리더(치료자)는 서로 다른 성격과 치료 스타일을 가지고 있어 환자들에게 건설적인 동일시를 할 수 있는 더 많은 기회를 제공한다. 게다가 '좋은 사람-나쁜 사람 전략(good guy-bad guy routine)'[5]을 사용할 수 있고, 특정 문제나 환자를 다루는 데 어려움이 있는 리더가 상대 리더에게 도움을 청하는 '측면 패스'도 가능하다(Walker, 1992).

반사회성 성격장애를 가진 사람들을 위한 지지 집단은 집중적인 입원치료 또는 외래 집단 심리치료를 받은 사람들에게 유용하다. 이들은 임상가가 이끄는 자조 모델 기반 프로그램에 참여한다. 누구나 참여할 수 있는 형태로 진행되는 지지 집단의 주요 초점은 재발 방지와 또래 지지의 개발이다.

Walker(1992)는 서로 다른 이 세 가지 유형의 집단을 설정하는 데 도움이 되는 몇 가지 유용한 지침을 제시하였다. 또한 반사회적인 사람들을 대상으로 실시되는 집단치료를 위한 일련의 규칙과 특정 절차도 설명하였다.

Meloy와 Yakeley(2010)는 반사회성 성격장애를 위한 집단치료 과정을 정신역동적 관점에서 설명한다. 그들은 치료 집단이 반사회적인 사람의 투사를 담아 줄 뿐

5) 역자 주: 리더 한 사람이 수용적인 역할을 하면 다른 리더는 내담자에게 도전이 되는 역할을 함

아니라, 개인을 비춰 주는 보조자아의 집합체 역할도 한다는 점에 주목한다. 이는 점진적으로 환자의 자아 기능을 더 건강하게 만든다.

**치료적 공동체.** 치료적 공동체(Therapeutic Community: TC)는 변화의 매개체인 입원 또는 거주 치료 환경 내에서 집단치료가 확장된 것이다. 최근 연구에 따르면, 치료 프로그램을 이수한 반사회성 성격장애를 가진 약물 중독자들에게 지역사회에서 사후 관리를 지속한다면 공동체 치료를 통해 상당한 효과를 얻을 수 있다. 치료를 끝마치는 것은 약물의 재사용과 퇴원 후 재범을 줄이는 데 가장 중요한 요소인 것으로 밝혀졌다(Messina, Wish, Hoffman, & Nemes, 2002).

## 부부 및 가족 치료

주로 비행 청소년을 대상으로 반사회적인 환자의 가족역동과 치료에 대해 다룬 연구들이 상당수 있다(Glueck & Glueck, 1950; Minuchin et al., 1967). 일부 연구에서는 단기 가족치료가 비행 청소년에게도 효과적이라고 보고하였다(Alexander & Parsons, 1973; Parsons & Alexander, 1973). Harbir(1981)는 반사회적인 환자의 경우 가족치료에 참여하려는 동기가 거의 없지만, 임상가가 환자의 부모 또는 배우자를 치료 과정에 참여시킬 수 있다면 치료적 변화의 가능성이 더 있다고 보았다. 반사회적인 환자는 힘들고 불안을 유발하는 문제에 직면했을 때 황급하게 외래치료를 그만두는 경향이 있어 임상가가 치료의 지렛대 효과를 극대화하는 것이 매우 중요하다. 구체적으로, 이는 안정적인 치료 동맹을 맺은 다음 법원의 결정의 일부로서, 혹은 거주치료의 보조적인 방법으로서, 대체로 병원치료를 시작할 때부터 가족을 참여시키는 것을 의미한다.

주요 치료 목표는 가족 구성원, 혹은 배우자가 환자에 대해 한계를 설정할 수 있도록 돕는 것이다. 일반적으로 환자의 가족 구성원들과 배우자는 환자가 보이는 반사회적 행동의 의미를 최소화하거나 무시하며, 일관성 없이 행동한다. 가족 구성원이나 배우자가 지속적으로 한계를 설정하고 실행하면 환자의 병리적 행동이 감소하고, 우울증처럼 치료가 가능한 증상이 나타나기도 한다. 이러한 양상은 환자가 변화하기 시작했고 파괴적인 행동을 멈추는 것에 보다 동기 부여가 되었음을 암시한다. 가족치료가 진행됨에 따라 파괴적인 의사소통 방식이 체계적으로 변화될 수 있다(Parsons & Alexander, 1973).

Nichols(1996)는 반사회성 성격장애 및 연극성 성격장애를 가진 사람들의 부부관계 패턴과 증상을 긴밀한 대인관계적 측면에서 설명하고, 이러한 커플을 치료적 맥락에서 다루기 위한 치료 계획 프로토콜 및 전략을 제안하였다.

## 약물치료

현재까지 향정신성(psychotropics) 약물 중에서 특별히 반사회성 성격장애 환자들의 치료를 위해 명시된 약물은 없다(Silk & Feurino, 2012). 그렇지만 이 성격장애를 가진 사람들이 SSRIs(선택적 세로토닌 재흡수 억제제)에 반응한다는 연구 결과가 있다(Silk & Feurino, 2012). 이러한 이유로 SSRIs는 특정 문제, 특히 불안을 치료하는 데 사용된다. 일반적으로 약물치료는 심리치료와 기술 훈련을 보조하는 방법으로 시도된다. 문제가 되는 증상은 대부분의 심리적 개입보다 약물에 더 빨리 반응하기 때문에, 약물치료는 대체로 치료가 시작되는 시점에 병행된다(Sperry, 1995b). 불행하게도 다른 증상에 대한 SSRIs의 사용 또는 SSRIs 이외의 약물치료에 대한 지침을 제공하는 연구는 거의 없다(Silk & Feurino, 2012).

## 병행/통합적 치료 접근

반사회성 성격장애의 치료 가능성에 대한 비관론이 광범위하게 퍼져 있기는 하지만 치료 시 필요한 부분들과 상황에 맞추어 치료 기법들이 결합 및 통합된다면 낙관적인 기대를 해 볼 수 있다. 일단 시간 자체가 가장 효과적인 치료 방법이라는 명백한 증거가 있다. 달리 말해, 반사회적 행동의 강도는 연령이 증가할수록 약해지는 경향이 있다(Regier et al., 1988). 이는 반사회적 행동이 불러일으킨 개인적, 사회적, 법적 그리고 재정적 문제가 누적된 결과라고 알려져 있다. 그다음 가장 효과적인 방식은 전문화된 치료, 치료적 공동체 또는 한계와 구조가 명확한 야생 훈련 프로그램, 동료와의 집단 작업 및 구조화된 작업 프로그램이다(Woody et al., 1985). 이 방식들을 사용했을 때 외래 환자에게서 어느 정도 충분한 치료적 반응이 나타난다면 반사회적인 환자의 치료 결과를 조심스럽게 낙관할 수 있다.

경계성 성격장애와 마찬가지로 대부분의 전문가는 약물치료가 반사회성 성격장애의 유일한 치료법이 되어서는 안 된다는 데 동의한다(Gunderson, 1986). Kellner(1986)는 심리치료를 먼저 시작하고, 그 후에 충동성, 공격성, 폭발성 및 폭력과 같은 특정 표적 증상에 대해 약물치료를 시도할 것을 제안한다. 많은 경우, 환자의 비자발성 혹은 꾸준함 부족으로 인해 치료가 오래 걸릴 것이다. 치료적 작업 없이 긴 간격을 두고 약물 복용 모니터링만을 위한 몇 번의 회기로 치료적 개입이 이루어질 수도 있다. 어떤 경우이든 임상가는 확고한 한계를 유지하면서 치료적 관계를 확립하기 위해 노력해야 한다. 개인이든, 집단이든 심리교육은 필요하다. Kellner(1986)는 약물치료뿐 아니라 자기통제와 만족지연의 습득을 목표로 하는 개인치료, 집단치료, 집단치료, 행동치료, 심리교육 등 지속적인 심리치료가 효과적임을 많은 자료가 뒷받침한다고 하였다. Kellner는 이러한 치료적 개입들이 매우 복잡하기는 하지만, 반사회적인 환자들의 삶과 적응에 의미 있는 차이를 만들 수 있다고 믿는다.

통합적 치료에 관한 많은 연구는 반사회성 성격장애와 물질사용장애의 동반 치료에 초점을 맞추고 있다. Ogloff, Talevski, Lemphers, Wood 그리고 Simmons(2015)는 호주의 한 법의학 정신건강서비스 시설[6]에서 생활하는 130명의 남성을 대상으로 정신질환, 물질사용장애, 반사회성 성격장애 그리고 범죄 행위 사이의 관계를 분석하였다. 연구자들은 대상자 중 대다수가 여러 장애의 진단기준을 충족한 것을 발견하고, 통합적인 치료 접근의 필요성을 강조하였다. Havens와 동료들(2007)은 반사회성 성격장애 진단 여부와 관계없이 주사로 약물을 주입하는 사람의 물질 남용 치료를 위한 사례 관리를 조사하였다. 그 결과, 반사회성 성격장애를 진단받은 주사 약물 사용자가 사례 관리자와 시간을 보낸 후 물질 남용 치료를 시작할 가능성이 3.51배 더 높은 것으로 나타났다. Messina, Farabee 그리고 Rawson(2003)은 코카인에 의존하는 반사회성 성격장애에 대한 네 가지 유형의 치료효과를 연구하였다. 이 네 가지 유형에는 인지행동치료(CBT), 유관 관리(Contingency Management: CM),[7] 인지행동치료와 유관 관리의 결합, 메타돈 유지 요법(methadone maintenance)이 포함

6) 역자 주: 정신질환과 범죄 전과가 있거나 범죄 가담 위험성이 있는 사람들을 대상으로 평가 및 치료를 제공하는 시설

7) 역자 주: 적응적 행동은 보상으로 강화, 부적응적 행동은 보상을 주지 않음으로써 소거시키는 것

된다. 이 연구를 통해, 반사회성 성격장애를 진단받은 환자들이 진단받지 않은 환자들보다 유관 관리 조건에서 치료 중 코카인 사용을 자제할 가능성이 높다는 것이 밝혀졌다.

제4장

# 회피성 성격장애

회피적인(avoidant) 성격을 가진 사람들은 낮은 자존감으로 인해 수줍음이 많고, 외롭고, 과민한 경향이 있다. 이들은 대인관계에 절박하지만 사회적 불승인과 거부감에 대한 두려움이 높아 타인과의 개인적 접촉을 꺼린다(Sanislow, da Cruz, Gianoli, & Reagan, 2012). 이들에 대한 치료는 다양하면서도 독특한 치료적 도전거리를 수반하지만, 매우 효과적이고 성공적일 수 있다.

이 장은 회피성 성격장애의 평가 및 치료를 위한 이론적 틀을 기술하고 있으며, 진단, 심리평가, 사례개념화, 치료 중재 등을 포함하고 있다. DSM-5의 기술과 원형적 기술, 배경 정보를 먼저 소개하고, 사례개념화 부분에서는 널리 사용되는 다섯 가지 접근법, 즉 정신역동적 · 생물사회적 · 인지행동적 · 대인관계적 · 통합적 개념화에 따라 이 성격장애의 임상적 측면을 살펴보고자 한다. 또한 개인치료, 집단치료, 부부 및 가족 치료, 약물치료, 병행 및 통합 치료 등 여러 가지 치료적 접근법과 치료양식, 중재 전략도 기술하였다.

## 회피성 성격장애의 기술

회피성 성격장애는 회피성 성격양식 vs. 회피성 성격장애, 촉발사건, 행동양식, 대인관계 양식, 인지양식, 정서양식, 애착양식, 최적의 진단기준 같은 요인과 특성으로 나누어 설명할 수 있다.

**양식 vs. 장애.** 회피성 성격을 건강함에서부터 병리라는 연속체적 관점에서 본다면 회피성 성격양식은 건강함의 끝에, 회피성 성격장애는 병리의 끝에 해당한다. 〈표 4-1〉에서 회피성 성격양식과 회피성 성격장애를 비교하였다.

다음의 두 가지 사례는 회피성 성격장애(Ms. A)와 회피성 성격양식(DR. Q)의 차이를 더욱 명확하게 보여 준다.

**〈표 4-1〉 회피성 성격양식과 회피성 성격장애의 비교**

| 성격양식 | 성격장애 |
|---|---|
| 규칙적이고 반복적인 것, 습관적인 것을 편하게 생각함. 미지의 것들보다는 확실한 것을 선호함 | 일상적이지만 규칙성을 벗어날 때 발생할 수 있는 신체적 위험 또는 잠재된 위험을 과장되게 생각함 |
| 가족 또는 소수의 친한 친구들과 긴밀한 관계를 유지함. 가정적인 경향이 있음 | 직계가족 이외에 친한 친구나 신뢰할 만한 친구가 없거나 단 1명뿐이며, 사람들과의 상당한 접촉이 요구되는 활동을 피함 |
| 예민하고 다른 사람들이 자신을 어떻게 생각할지 걱정함 | 상대방이 나를 좋아하는 것이 확실하지 않으면 다른 사람과 엮이지 않으려 함. 쉽게 상처받고 걱정함 |
| 타인과의 관계에 매우 신중함 | 다른 사람들 앞에서 얼굴을 붉히거나 혹은 울거나 불안한 기색을 보여 당황할 것에 대한 두려움이 있음 |
| 다른 사람들 앞에서 절제되고 자제하는 태도를 유지함 | 부적절하고 바보 같은 말을 하거나, 질문에 답하지 못할까 봐 사회적 상황에서 말을 하지 않음 |
| 호기심이 있으며, 취미와 관련된 활동에 집중할 수 있음. 하지만 몇몇은 역공포 대처 행동을 하기도 함 | 성취도가 낮은 경향이 있고, 직업 혹은 과제 그리고 취미에 집중하기 어려워함 |

**사례 회피성 성격장애**

A는 대학상담센터에 연락해 '집중력 장애'에 대한 도움을 받은 27세 여학생이다. A는 2년 동안 같이 지내던 룸메이트가 남자친구와 살기 위해 이사하면서 문제가 시작됐다고 말하였다. A는 이 일로 인해 자신이 '버림받고 상처받았다'고 표현하였다. A는 가까운 친구가 없으며, 수줍음이 많고, 고등학교 이후로 데이트를 딱 한 번 했다고 말하였다. 신입생 때 한 달 사귀고 다시 연락하지 않는 남자에게 거절당했다는 이유로 데이트를 신청하는 남성들을 피하였다. 검사 중에도 A는 상담사와 눈 맞춤이 잘 되지 않았으며, 매우 수줍고, 자의식이 강해 보였다.

**사례 회피성 성격양식**

Q는 31세의 안과 의사로 최근 대형 HMO[1] 병원과 클리닉에 고용되었다. 그는 최근에 레지던트 과정을 마쳤으며 신입에다 잘 생기고, 미혼이라 여성 스태프들의 눈에 띄었다. 그의 전공은 레이저 수술인데 숙련된 수술 솜씨 덕분에 환자들로부터 존경을 받았다. 공손하긴 했지만, 그는 다소 감정적으로 차갑고 수줍음이 많았다. Q는 직원 회식에 거의 참석하지 않았으며, 참석하더라도 항상 그랬던 것처럼 그의 호출기가 울리면 회식 자리에서 나가 돌아오지 않았다. 그의 사회생활은 수수께끼처럼 보였고, 1명을 제외하고는 남자 동료들과 퇴근 후에 거의 어울리지 않았다. Dr. S는 타 도시에서 열린 남북 전쟁 관련 전시회에서 피터를 만났고 놀랍게도 피터의 오랜 취미가 남북 전쟁 서적 및 기념품 수집임을 알게 되었다. 얼마 후, 둘은 매우 좋은 친구가 되었고, 상당한 시간을 같이 보냈다. Q도 집이 있지만, Q는 그의 자유 시간 대부분을 부모님과 함께 보냈다. Dr. S는 곧 Q의 집 단골손님이 되었고 병원에서와 비교해 볼 때 Q가 이 작은 공간에서 얼마나 따뜻하고, 친절하고, 편안한 사람인지 알게 되어 놀랐다.

**촉발사건.** 행동양식, 대인관계 양식, 인지양식, 정서양식에서도 언급되겠지만, 회피성 성격장애의 특징적인 부적응적 반응(Othmer & Othmer, 2002)을 촉발 또는 활성화시키는 상황, 환경, 사건은 '친밀한 대인관계 및/또는 사회 및 공공 석상 참석에 대한 요구'이다.

**행동양식.** 만성적인 긴장과 자의식이 특징이다. 그들의 행동과 말투는 통제되어 있고, 불안하고 어색해 보인다. 또한 자기비판적이고 그들 스스로를 평가 절하하

1) 역자 주: Health Maintenance Organization의 약자로 건강관리의료단체를 가리킴

는 경향이 있다.

**대인관계 양식.** 대인관계에서 그들은 거절에 민감하다. 타인의 수용을 바라면서도 타인과 거리를 두고 자신을 '개방'하기 전에 무조건적인 승인을 요구한다. 그들은 누가 자신을 좋아한다고 믿을 수 있는지 결정하기 위해 조심스럽게 다른 사람들을 '시험'한다.

**인지양식.** 이들의 인지양식은 과잉경계가 특징적이다. 이들은 잠재적인 위협이나 수용의 단서를 찾기 위해 환경을 스캔한다. 그들의 생각은 종종 그들의 과민함에 의해 산만해진다. 놀랄 것도 없이, 그들은 자신의 업적에 대한 평가 절하와 자신의 단점을 지나치게 강조하기 때문에 자존감이 낮다.

**정서양식.** 이들의 감정 또는 정서양식은 수줍고 불안함으로 특징지을 수 있다. 이들은 타인의 무조건적인 승인을 거의 얻을 수 없기 때문에 일상적으로 슬픔, 외로움 그리고 긴장감을 경험한다. 고통이 증가할 때, 그들은 공허함과 비인격화의 감정을 묘사할 것이다.

**애착양식.** 복합적인 집착과 두려운 애착양식을 가진 사람들은 자기 관점이 부정적이며, 다른 관점은 긍정적인 것과 부정적인 것 사이를 왔다 갔다 하는 특징을 나타낸다. 그들의 회피는 거절과 버림받을 것을 두려워하는 동시에 다른 사람들과 연결되고 받아들여지고자 하는 욕구에 기초한다. 집착-공포형 애착양식은 회피성 성격장애를 가진 사람들에서 흔하다(Lyddon & Sherry, 2001).

**최적의 진단기준.** 회피성 성격장애에 대한 모든 진단기준 중 가장 유용한 기준은 '유의미한 대인 접촉, 비판 및 반대 혹은 거부에 대한 두려움이 포함된 직업 관련 활동 회피'이다. 임상가는 이 기준의 유무를 파악해 보다 신속하게 회피성 성격장애를 진단할 수 있다(Allnutt & Links, 1996).

## DSM-5 기술

DSM-5는 이 성격장애에 대한 특정 행동을 강조한다. 이 진단기준을 충족하는 개인은 사회적으로 억제되고, 부적절하다고 느끼며, 타인의 부정적인 평가에 지나치게 민감하게 반응하는 패턴이 끊임없이 나타나는 것이 특징이다. 이는 전형적으로 그들이 스스로를 사회적으로 서툴거나, 매력적이지 않거나, 열등하다고 보기 때문이다. 이들은 비판받고 거절당할까 봐 긴밀한 대인관계가 필요한 업무 활동을 꾸준히 피한다. 그들은 자신이 받아들여질 것이 확실시되지 않는 한 다른 사람들과 엮이지 않는다. 수치심과 조롱을 걱정하며 불편함을 느끼고 친밀한 관계를 꺼린다. 마찬가지로, 그들은 새로운 대인관계 상황에서 부적절함과 억제감을 경험한다. 놀랄 것도 없이, 그들은 개인적인 위험을 감수하거나 당황스러울 수 있는 활동에 참여하는 것을 거부한다(American Psychiatric Association, 2013).

## 원형적 기술

원형(prototype)은 특정 장애가 일반적으로 어떤 모습으로 나타나는지 그 본질을 포착하여 짧게 설명한 문장이다. 원형적 기술은 유용하고 편리하기 때문에, 임상에서 행동 기준 목록이나 핵심 신념 목록 대신 사용되는 경우가 많다(Westen, 2012). 회피성 성격장애에 대한 일반적인 원형적 기술은 다음과 같다. 이들은 두려워하며 대인관계를 어색해하고, 비판과 거절에 극도로 민감하다. 새로운 사람을 만난다는 생각만으로도 굴욕감이나 당황스러움을 느낀다. 따라서 그들은 개인적 안전과 안정을 위협할 수 있는 새로운 일이나 사회적 관계를 피한다. 그럼에도 불구하고, 그들은 그들이 신뢰하게 된 다른 사람들과의 연결을 갈망한다. 따라서 이들에게도 함께 휴식을 취하고 안전하다고 느낄 수 있는 친구나 친척이 있을 수 있다(Frances, 2013).

## 유병률

일반 인구에서 회피성 성격장애의 유병률은 2.4%로 추정된다(American Psychiatric Association, 2013). 임상 장면에서는 5.1~55.4%로 추정되며, 이는 세 가지 역학 연구에서 가장 빈번하게 발생하는 성격장애이다(Torgersen, 2012).

〈표 4-2〉에서 회피성 성격장애의 특징을 요약하였다.

〈표 4-2〉 회피성 성격장애의 특징

| | |
|---|---|
| 촉발사건 | 친밀한 대인관계 혹은 사회적/공공 석상 참석에 대한 요구 |
| 행동양식 | 만성적인 긴장감과 자의식<br>냉담함, 조심스러움, 활기 없음<br>자기비판적이고 그들의 업적을 평가 절하함 |
| 대인관계 양식 | 거절에 대한 두려움으로 대인 접촉을 피함<br>타인과 관계 맺는 것을 조심함<br>웃음거리가 될까 봐 친밀감을 억제함<br>사회적 비판이나 거절에 사로잡혀 있음<br>새로운 대인관계 상황을 억제함<br>사회적 위험을 감수하는 것을 꺼림 |
| 인지양식 | 과잉경계<br>그들의 과민성에 의해 사고가 쉽게 분산됨 |
| 정서양식 | 수줍고 걱정스러움<br>공허함과 비인격화된 감정 |
| 기질 | 과민함 |
| 애착양식 | 두려움과 집착 |
| 부모의 금지명령 | "우리는 널 받아들이지 않을 것이며, 아마 다른 누구도 받아들이지 않을 것이다." |
| 자기에 대한 관점 | "나는 부적절하고 거절이 두려워요." |
| 세상에 대한 관점 | "인생은 불공평하고, 사람들은 나를 거부하고 비판하지만, 나는 누군가가 나를 좋아해 주길 원한다. 그러므로 경계를 늦추지 말고, 안심시켜 줄 것을 요구하며, 만약 다른 모든 방법이 실패하면, 삶이 어떻게 될 수 있을지에 대해 환상을 가지며 백일몽을 꾸라." |
| 부적응적 도식 | 결점, 사회적 고립, 인정 추구, 자기희생 |
| 최적의 진단기준 | 중요한 대인 접촉, 비판 및 반대 혹은 거부에 대한 두려움이 포함된 직업 관련 활동 회피 |

## 회피성 성격장애의 개념화

### 정신역동적 사례개념화

정신역동적 이론에서 수줍음, 수치심, 회피 행동은 당황, 굴욕, 거절, 실패에 대한 방어 기제로 개념화된다(Gabbard, 1990). 자신이 타인에게 노출되는 것에 대한 수치심과 두려움은 서로 연관되어 있다. 회피적인 성격을 가진 사람들은 스스로를 나약하고 타인과 경쟁할 수 없으며, 신체적 또는 정신적으로 결함이 있다고 여겨 혐오스러워하거나, 신체 기능을 통제할 수 없다고 부끄러움을 느끼는 경향이 있다(Wurmser, 1981). 수치심은 어린 시절 여러 가지 부정적 발달 경험으로부터 발전한다. 이러한 발달 경험은 스트레스 상황을 피하려는 기질적 성향과 함께 환자에게 매우 중요한 누군가에게 노출되었을 때 다시 활성화되는 경향이 있다(Gabbard, 1994). 정신역동 이론가들은 회피적인 성격을 가진 사람들의 행동은 그들이 자신의 이상적 자아상에 부응하지 못하며 산다는 수치심에 의해 동기 부여되는 것으로 개념화한다(Eskedal & Demetri, 2006). 이렇게 빈약한 자아상은 회피적인 성격을 가진 사람들을 보호하기 위한 수많은 행동을 초래하는데, 여기에는 타인의 중립적이고 긍정적인 반응을 부정적인 것으로 오해하고, 그들의 지각된 부적절함이 드러날 수 있는 상황을 피하기 위해 사회적 경험을 제한하는 것이 포함된다.

## 생물사회적 사례개념화

Millon(1981), Millon과 Everly(1985), Millon과 Davis(1996, 2000)는 이 성격장애의 병인과 발달이 생물학적 환경 요인의 상호작용적 감정의 집합을 나타낸다고 믿는다. 그들은 회피성 성격장애를 특징짓는 경계심은 자율 각성 역치가 낮아진 교감신경계의 기능적 우위를 반영한다고 가정한다. 이렇게 되면 관련 없는 자극이 논리적 연관성을 방해하고 정상적인 인지 과정과의 유의미한 접촉을 가능하게 하는 사고와 기억 과정의 통제와 방향을 약화시킨다. Kagan, Resnick과 Snidman(1988)이 인용한 연구에 따르면, 수줍음(shyness) 특질은 유전적-체질적 요인에서 기원하며, 소심함과 회피라는 완전히 진행된 패턴으로 발전하기 위해서는 특정한 환경적 경험이 필요하다.

부모와 또래 집단의 거부는 두 가지 결정적이고 보편적인 환경적 영향이다. 특히 부모의 거부는 강렬한 영향을 끼치는 것으로 보인다. 또래 집단의 거부가 부모의 거부를 강화하게 되면 아이의 자존감과 자신감이 심각하게 저하되는 경향이 있으며, 이는 자기비판적 태도로 나타난다. 이들은 사회적 환경을 제한함으로써 사회적 능력을 개발시키는 데 실패하고, 결과적으로 그들의 사회적 행동이 다른 사람들의 비난을 불러일으키는 경향이 있다. 그들의 과민성과 과경계성으로 인해 타인이 의도하지 않은 사소한 거절을 매우 중요한 거절의 뜻으로 해석하기도 한다. 결국, 그들은 지나친 자기감찰로 인해 스스로 고통스러운 상태에 빠지게 된다. 놀랄 것도 없이, 그들은 자신이 다른 사람들에게 받아들여질 자격이 없다고 결론을 내린다.

## 인지행동적 사례개념화

Beck(2015)에 따르면 회피적인 성격을 가진 사람들은 관계를 시작하는 것을 두려워할 뿐만 아니라 자신이 거절당할 것이라는 압도적인 믿음으로 인해 다른 사람들이 자신과 관계를 맺으려는 시도에 반응하는 것도 두려워한다. 그들은 이러한 거부를 견디기 힘들어 사회적 회피를 하기 시작하며, 더 나아가 그들은 불편함을 느낄 수 있는 것들에 대해 생각하지 않음으로써 인지적·정서적 회피를 한다. 또한 불편함에 대한 내성이 낮기 때문에, 그들은 부정적인 인식을 하는 것으로부터 자신을 더 멀어지도록 만들고, 이러한 회피의 근간에는 부적응적 심리도식 또는 오랫동안 지속되어 온 자신과 타인에 대한 역기능적 신념이 있다. 그들은 스스로를 대인관계적으로 서툴고, 학업적으로나 직업적으로나 무능하다고 생각하는 경향이 있으며, 전형적으로 다른 사람들이 자신에게 비판적이고, 모욕감을 주며, 관심이 없다고 본다. 자신에 대한 도식에는 다름, 부적절함, 결함, 비호감 등의 주제가 포함되어 있으며, 타인에 대한 도식은 무관심과 거부의 주제를 포함한다.

이들은 거절을 오로지 자신의 개인적 결함 때문이라고 예측하고 해석할 가능성이 높고, 이러한 거절에 대한 예측은 불쾌감을 유발한다. 궁극적으로, 회피적인 사람들은 자신을 긍정적으로 판단할 수 있는 내적 기준을 가지고 있지 않으며, 따라서 그들은 자신의 지각에 전적으로 의존해야만 한다. 그들은 중립적이거나 긍정적인 반응을 부정적인 것으로 잘못 해석하는 경향이 있으며, 이는 거부 민감성과 사회적·정서적·인지적 회피를 더욱 악화시킨다. 요컨대, 그들은 다른 사람들과 교류할 수 있는 해결책을 피하도록 이끄는 부정적인 도식을 가지고 있다는 것이다. 그들은 또한 불편한 감정을 유발할 수 있는 일을 피하고, 불쾌감을 일으키는 문제에 대해 생각하는 것을 피한다. 불편함에 대한 내성이 낮기 때문에, 그들은 슬프거나 불안해지기 시작할 때 주의를 분산시키고, 변명하며, 합리화를 활용한다(Padesky & Beck, 2015).

Turkat(1990)는 이 성격장애가 주로 불안에 기반하며, 평가, 거부 및(또는) 굴욕에 대한 소심함과 불안을 특징으로 한다고 설명한다. 그는 이 장애가 행동적 개입, 특히 거부, 비난 및/또는 평가에 기반한 위계를 둔감화하는 불안 관리 개입에 매우 반응적일 수 있다고 지적하였다.

## 대인관계적 사례개념화

Benjamin(2003a)에 따르면, 회피성 성격장애를 진단받은 사람들은 발달 과정에서 적절한 양육과 사회적 유대감을 경험했던 것으로 보인다. 결과적으로 그들은 사회적 접촉과 양육을 지속적으로 바랐으나, 불행하게도 이들은 인상적인 사회적 이미지를 만드는 것과 관련하여 부모의 끊임없는 통제를 받게 된다. 눈에 띄는 결점은 특히 가족에게 큰 당혹감과 굴욕감을 안겨 주는 원인이 된다. 그들은 존경심을 가지라는 훈계뿐만 아니라 실패, 개인적 불완전성 또는 결점에 대한 모욕적인 조롱을 경험한다. 성인이 된 이후에 회피성 성격을 가진 사람은 당혹감이나 굴욕감을 주는 상황을 피하면서 적합하게 수행하고 적절한 인상을 관리하는 쪽으로 사회화된다. 전형적으로 이러한 굴욕은 배제, 추방, 또는 거절과 관련이 있다. 결과적으로 그들은 거절을 예상하여 스스로 사회적으로 고립시킨다. 그들은 유대감을 잘 갖기 때문에, 거절이나 낙담의 위험이 거의 없거나 전혀 없다고 확신이 드는 관계와 사회적 접촉을 갈망한다.

게다가 비록 그들이 가족들로부터 거부와 조롱을 경험했지만, 그들은 가족이 그들의 든든한 버팀목이라는 믿음을 내재화시킨다. 따라서 그들은 가족에 대한 충성심이 강하며, 동시에 외부인에 대한 두려움도 강하다. 요컨대, 회피성 성격을 가진 사람들은 굴욕과 거절에 대한 강렬한 두려움을 나타낸다. 이를 피하기 위해 그들은 사회적으로 철수되고, 자신을 억제하며 지내면서도 타인으로부터 사랑과 수용을 바란다. 그들은 매우 엄격한 안전 테스트를 통과한 소수의 선택된 사람들과 매우 친밀한 관계를 맺을 수 있다. 드물기는 하지만, 그들은 통제력을 잃고 격렬한 분노를 드러내기도 한다.

## 통합적 사례개념화

통합적 관점은 회피성 성격이 어떻게 발달하고 어떻게 유지되는지에 대해 생물심리사회적으로 설명한다. 생물학적으로 이들은 보통 유아기에 과민하고 겁이 많으며, '천천히 따뜻해지는' 이른바 더딘 기질을 보였을 가능성이 높다(Thomas & Chess, 1977). 또한 이러한 성격 패턴을 가진 사람들은 어렸을 때 성장 과정에서 다양한 불규칙성을 경험했을 가능성이 크며, 불규칙성과 과민성은 자율 신경계의 낮은 역치 때문으로 간주된다(Millon & Everly, 1985).

심리학적으로, 회피성 성격을 가진 사람들은 전형적으로 그들 자신을 "나는 부적절하고, 거절당하는 것을 두려워한다."라고 생각한다. 그들은 세상을 "인생은 불공평하고, 사람들은 나를 거부하고 비판하지만, 나는 누군가가 나를 좋아해 주기를 원한다."라는 변형된 주제로 바라본다. 따라서 그들은 다음과 같은 결론을 내릴 가능성이 높다. "그러므로 경계를 늦추지 말고, 안심시켜 줄 것을 요구하며, 만약 다른 모든 방법이 실패하면, 삶이 어떻게 될 수 있을지에 대해 환상하고 백일몽을 꾸라." 회피성 성격의 흔한 방어 기제는 환상(fantasy)이다. 그러므로 회피성 성격을 가진 사람이 로맨스 소설과 드라마의 주요 소비자라는 것은 놀라운 일이 아니다.

사회적인 측면에서는 예상 가능한 양육 패턴과 환경적 요인으로 회피성 성격장애를 설명한다. 회피성 성격을 가진 사람들은 부모로부터 거부 및(또는) 조롱을 경험했을 가능성이 높다. 회피성 성격장애에서 확인되는 부모의 명령은 "우리는 너를 받아들이지 않을 것이며, 아마도 다른 이들도 그럴 것이다."이다. 그들의 부모는 높은 기준을 가졌을 것이며, 그들은 자신이 부모의 기준을 충족하지 못하거나 충족시키지 못해서 받아들여지지 않을 것이라고 걱정했을 것이다.

이들의 회피 패턴은 다음과 같은 개인 및 체계적 요인에 의해 강화된다. 스스로를 부적절하게 인식하는 것과 거부에 대한 두려움은 과경계(hypervigilance)로 이어져 사회적 경험을 제한하게 된다. 이러한 경험은 파국적 사고와 함께 과경계와 과민성을 증가시키고, 자기연민, 불안과 우울을 유발하여 회피적 신념과 행동양식을 더욱 확고하게 만든다(Sperry, 2015).

## 회피성 성격장애의 평가

정보 출처가 다양하면, 성격장애의 진단과 치료 계획 수립에 유리하다. 임상 면담에서 얻는 환자의 자기보고 외에도 관찰, 부수적 정보, 심리검사 등이 중요한 보조 자료로 이용된다. 이 절에서는 임상가가 해당 성격장애 환자를 처음 만났을 때 관찰할 수 있는 특징 일부와 라포 형성을 위한 내용을 간략하게 다루었다. 여러 가지 객관적 검사(이를테면, MMPI-2, MCMI-IV) 및 투사검사(이를테면, 로르샤흐 검사, TAT)의 특징적인 반응 패턴에 대해서도 기술하였다.

### 면담 시 행동과 라포

최초 면담에서 회피성 성격장애 환자들은 단음절로 대답하고, 우회적이며, 경계심을 강하게 드러내는 경향이 있다. 그들 중 몇몇은 치료자를 못 미더워하거나 상당히 불안해 보일 수도 있지만, 모두 거부와 비판에 민감하다. 면담을 꺼리는 경계심은 공감과 안심시키기(reassurance)로 접근해야 한다. 임상가는 비판하는 것처럼 해석될 가능성이 있는 직면을 피해야 하며, 과거의 고통과 예상되는 두려움을 공유하도록 격려하는 공감적 반응을 하는 것이 좋다. 그들은 임상가가 자신의 과민성을 이해하고 그들을 보호해 줄 것이라고 느낄 때 치료자를 신뢰하고 치료에 협조하게 된다. 안전하다고 느끼고 자신이 수용되었다고 생각되면, 면담의 성격이 극적으로 바뀔 수 있다. 라포가 형성되고, 자신이 당황스럽고 비판을 받는 것과 타인에게 오해를 받는 것에 대한 두려움을 표현할 수 있게 되었을 때 비로소 안도감을 느낀다. 그들은 당황하는 것에 대한 두려움을 느끼는 자신이 바보 같고 어리석다고 느낄 수도 있다. 만약 임상가가 공감적인 반응을 하지 않으면, 자신이 조롱받는다고 느껴 다시 철수할 가능성이 높다(Othmer & Othmer, 2002).

### 심리검사 자료

MMPI-2, MCMI-IV, 로르샤흐 검사, TAT는 회피성 성격장애뿐만 아니라 회피성 성격양식 또는 특질을 진단하는 데에도 유용하다(Groth-Marnat, 2009).

MMPI-2에서는 2-7/7-2(D-Pt, 우울증-강박증) 프로파일이 일반적이다. 이 프로파일은 가정된 거절에 대한 우울뿐만 아니라 타인과의 관계에 대한 불안과 자기의심을 반영한다(Graham, 2012). 사회적 위축이 동반되는 경우 0번(Si, 사회적 내향성) 척도의 점수가 상승하고, 9번(Ma, 경조증) 척도의 점수가 낮을 가능성이 있다. 사회적 위축과 자기거부가 기능 저하로 이어지게 되면, 8번(Sc, 조현병) 척도의 상승이 나타날 수 있다(Meyer, 1995).

MCMI-IV의 경우, 2B(회피성) 척도가 85 이상으로 상승하고 4(연극성)와 7(강박성)에서 낮은 점수를 받을 수 있다. 8B(피학성) 척도가 중등도로 상승하고, C(경계선) 척도의 상승도 나타날 수 있다(Millon et al., 2015). S(조현형)가 높을수록 방어 기제의 상실이 발생할 가능성이 높다(Choca & Denburg, 1997).

로르샤흐 검사에서는 제한적이거나 상대적으로 활동적이지 않은 M(인간 운동) 반응이 나타날 수 있다. 많은 수의 P(평범) 반응이 발생하며, C(순수 색채) 반응에는 종종 사슴이나 토끼와 같은 수동적인 동물들(때로는 불구가 되거나 죽임당한)이 포함되거나, M 반응에는 수동적인 상호작용이 수반된다(Meyer, 1995).

## 치료적 접근법 및 개입

### 치료 시 고려사항

기본적으로, 회피성 성격장애 환자를 치료하는 목표는 다른 사람의 피드백을 수용하고 다른 사람을 더 선택적으로 신뢰하는 능력을 키우는 것이다. 즉, 다른 사람들이 자신을 비판하거나, 거부하거나, 굴욕감을 주려고 의도한다고 자동적으로 가정하거나, 반사적으로 다른 사람들에 대한 신뢰를 '시험'하는 대신, 타인들에 대한 평가된 위험을 감수할 수 있게 된다는 것을 의미한다. 이것은 그들의 필요와 욕구를 주장적으로 전달하는 것을 의미할 수도 있고, 이전에 그들을 지지했던 다른 사람들로부터 피드백을 요청하는 위험을 감수하는 것을 의미할 수도 있다.

회피성 성격을 가진 사람들은 이미 소수의 선택된 사람들 또는 친척들과 관계를 맺는 방법을 알고 있다. 임상가가 단순히 그들 중 하나가 된다면, 회피성 성격을 가진 사람들이 가진 기본적인 회피 패턴은 변하지 않을 것이다. 이들이 자신의 패턴이 타인에게 미치는 영향을 인식하고, 새로운 관계에서 위험을 감수하는 법을 배울 때 비로소 그들이 변화할 수 있다.

개인치료는 회피성 성격을 가진 사람들의 회피 패턴을 인식하고 분석하는 데 도움이 되며, 커플치료와 집단치료는 임상가와 개인 모두가 이러한 패턴의 영향을 관찰할 수 있고 개인이 새로운 행동을 감수할 수 있게 한다. 기혼이거나 장기간 연애를 하는 경우 삼각 패턴(triangular pattern)이 나타나는 경우가 많다. 예를 들어, 회피성 성격을 가진 사람은 여행을 자주 다니고 회피적인 자신에게 감정적 요구를 거의 하지 않는 배우자와 결혼하여 배우자가 몰래 외도를 할 수 있는 기회를 제공하기도 한다. 이 삼각 패턴은 어느 정도의 친밀감을 제공할 뿐만 아니라 공개적인 굴욕으로부터 보호하는 동시에 대인관계에서의 심리적 거리도 보장한다(Sperry & Sperry, 2016).

## 개인치료

### 정신역동적 심리치료

정신역동적 심리치료의 표현적 측면과 지지적 측면 모두 회피성 성격장애 환자의 치료에 가장 효과적일 수 있다(Gabbard, 1994). 지지적 측면은 두려운 대인관계 상황에 자신이 노출되는 것과 관련된 굴욕, 당혹감, 거절 등의 고통에 대한 공감적인 이해를 포함한다. 또한 두려운 상황에 대한 노출과 같은 임상가의 처방도 포함된다. 확실한 격려가 이 처방에 동반되어야 하는 것은 두말할 필요가 없다. 그들의 환상과 불안은 철수라는 방어적 자세에서보다는 실제 노출된 상황에서 더 활성화될 것이다. 이러한 사실을 설명해 주는 것은 회피성 성격장애 환자들이 두려운 상황을 찾아내도록 격려하게 될 것이다.

치료의 표현적 측면은 과거의 발달 경험과 관련된 수치심의 근본적인 원인을 탐색하는 데 초점을 맞춘다. 환자가 두려운 상황에 맞서는 위험을 감수하는 만큼 치료의 표현적 측면은 크게 강화된다. 회피성 성격을 가진 사람들이 그들이 두려워하는 사람이 누구인가에 대해 다소 불확실할 수 있다는 점에서 초기 탐색적 노력은 좌절감을 줄 수 있다. 이들은 구체적인 환상보다는 '거절' '수줍음'과 같은 모호하고 포괄적인 설명을 제공하는 경향이 있다. 따라서 임상가는 전이의 맥락 안에서 구체적인 환상을 탐구하는 것이 좋다.

이들은 생각과 감정을 공개적으로 공유해야 하는 치료적 요구에 대해 상당한 불안감을 느끼는 경향이 있다. 따라서 그들이 언어화된 무언가에 대해 비언어적 반응(이를테면, 홍조)을 보일 때, 임상가는 그들에게 자신이 느끼는 당혹감을 나누도록 그리고 임상가가 그 비언어적 반응에 대해 어떤 생각과 감정을 가졌을지 상상해 보도록 요청할 수 있다. 특정 상황의 세부사항을 좇아감으로써 이러한 환자들은 수치심과 관련 있는 것들에 대해 더 나은 자각을 이루어 나갈 수 있다(Gabbard, 1994).

해석적 기법은 일차적인 개입 또는 행동적·대인관계적 접근에 대한 보조 수단으로 유용하게 사용될 수 있다. 기본적인 전략은 그들의 두려움이나 충동이 통제할 수 없고, 자신과 타인에게 해가 될 것이라는 무의식적인 환상을 해석하는 것을 포함한다. 놀랄 것도 없이, 그들의 회피 행동은 무의식적인 소망이나 충동에 대한 거부를 유지한다(Mackinnon & Michels, 1971). 그뿐만 아니라 이들은 가혹한 초자아를 갖는 경향이 있으며, 결과적으로 자신에 대한 비현실적인 기대를 다른 사람들에게 투사한다. 그렇게 함으로써 이들은 다른 사람들과의 관계를 회피하면서 발생하게 되는 비난과 당혹감을 피한다. 완전한 해석을 통해 무의식적인 충동과 공포를 파악하고, 어린 시절의 경험, 외부 관계, 전이에서 발생하는 회피적 방어 패턴을 추적할 수 있다(Fenichel, 1945).

다른 성격장애에 비해 이 장애에 대한 장기적인 정신역동적 치료의 효과에 대한 공식적 연구는 상대적으로 적다. Svartberg, Stiles와 Seltzer(2004)는 C군 성격장애 기준을 충족한 50명의 참가자에게 인지치료 혹은 정신역동치료를 40회기에 걸쳐 무작위로 실시하는 실험을 수행하였다. 참가자 중 31명은 회피성 성격장애 진단에 부합하였다. 결과는 두 가지 치료의 형태가 유의미한 긍정적인 변화를 이끌었음을 나타냈다. 그러나 정신역동적 치료 집단만이 치료의 마지막에 증상의 고통이 유의미하게 감소하였다. Porcerelli, Dauphin, Ablon, Leitman과 Bambery(2007) 등은 일주일에 4회의 정신분석을 받은 50세 남성 컴퓨터 기술자를 대상으로 5년간 사례연구를 실시하였다. 2년 이후의 회기에서는 인지행동 및 대인관계 치료의 요소가 포함되었다. 결과는 장기간의 정신분석이 임상적으로 증상의 심각도와 병리적 관계를 유의미하게 감소시켰으며, 1년 후 추적 관찰에서도 그 효과가 유지되는 것으로 나타났다.

### 인지행동치료적 접근

Beck과 그의 동료들(2015)은 회피성 성격장애 환자와 인지치료 접근 방식에 대한 심층적인 논의를 제시한다. 회피성 성격을 가진 사람들은 기본적인 회피 전략과 지각된 비판에 대한 과민성으로 인해 치료에 참여하기 어려운 경우가 많다. 치료자는 신뢰를 구축하기 위해 성실하고 신중하게 행동해야 한다. 신뢰 테스트는 치료 초기 단계에서 일반적으로 나타나며, 상담을 취소하거나 정기적인 상담 일정을 잡는 데 어려움을 겪는 패턴을 포함할 수 있다. 치료자는 너무 성급하게 자동적 사고에 도전하지 않는 것이 중요하다. 이러한 도전은 개인적인 비판으로 간주될 수 있기 때문이다. 이들이 치료에 확실하게 동참한 후에야 치료자는 인지적 상호작용을 통해 사회적 상황에서 그들의 기대치를 검증해 볼 수 있다. 치료자가 직면보다는 협업을 활용하고 직접적인 논쟁보다는 안내된 발견을 활용하는 만큼, 환자들이 치료를 건설적인 것으로 생각하게 되고, 치료를 지속할 가능성이 높다.

이들은 높은 수준의 대인관계 불안을 경험하는 경우가 많기 때문에 치료 초기에 불안 관리 중재를 하는 것이 유용하다. 또한 이들은 불쾌한 감정을 피하려고 노력할 뿐만 아니라 불쾌한 감정을 유발하는 문제에 대해 생각하지 않으려고 하기 때문에 둔감화 방법과 재구성(reframing)으로 정서적 내성을 증가시키는 것이 좋다. 게다가 이들은 사회적 상호작용의 기본적인 것들을 배우지 못했을 수 있어서 구조화된 사회적 기술 훈련을 함께 실시할 필요가 있다.

치료 후반부에 이들이 단기치료 목표 중 일부를 달성하고 치료자에 대한 충분한 신뢰를 가졌을 때, 자동적 사고에 도전하고 부적응적 도식을 재구성하는 시도를 하는 것이 적절하다. 친밀한 관계와 친밀감을 발전시키는 것에 관한 위험 문제가 핵심이며, 전형적으로 반대와 거부가 파국적이라는 생각에서 벗어나야 한다. 이들이 충분한 자기효능감을 개발하고 다양한 관계에서 어느 정도 성공을 경험했을 때, 친밀한 관계에서의 반대와 거부가 파국적이지 않다는 것을 받아들이게 된다. 이 성격장애에 집단치료를 추가하면 사회적으로 긍정적이고 수용적인 환경에서 새로운 태도를 배우고 새로운 기술을 연습할 수 있다. Padesky와 Beck(2015)은 세 가지 주요 치료 목표를 제안한다. 즉, 환자가 이러한 패턴이 자신의 문제에 어떤 영향을 주는지 인지할 수 있도록 돕기 위해 회기 중간과 회기 사이에 정서적 회피를 개입 대상으로 설정하는 것, 자기표현, 주장, 갈등, 협상과 같은 자기성찰 및 대인관계 기술을 구축하는 것 그리고 관계에서 친밀함과 자기주장 모두를 가능하게 하는 대안적 인식을 개발하는 것이다.

요약하자면, 이 성격장애에 대한 인지치료적 접근 방식은 회피성 성격을 가진 사람을 치료에 참여시키는 것이 중요하다는 것을 인식하고, 신뢰를 쌓기 위해 몇 가지 노력을 기울이며, 사회적 불안감과 인지적·감정적 회피를 줄이는 것이다. 그런 다음 인지적 분석과 자동적 사고 및 도식에 대한 논박으로 전환하기 전에 행동적 방법으로 사회적 기술 부족을 교정하고 사회적으로 능동적인 행동을 시도할 수 있는 안전한 환경을 제공한다.

행동적 관점에서 회피 패턴의 관리는 비교적 간단하다(Turkat, 1990). 불안 관리 절차, 역할극을 통한 자기주장과 사회적 기술 훈련, 직접적인 지시와 모델링이 자신감 있는 사회적 행동을 개발하는 데 효과적이다. 하지만 점진적 노출이 회피적 행동과 불안에 대한 과민성을 없애기 위한 가장 효과적인 행동 개입 전략이다(Greist & Jefferson, 1992).

역설적 의도(paradoxical intention)는 특히 거부적인 회피성 성격장애 환자들에게 유용할 수 있다. 이 전략을 쓰면, 환자는 예측 가능하며 환자의 통제하에 있는 방식으로 거절할 방법을 찾는다. 예를 들어, 데이트에 대한 두려움을 가진 독신 남성이 다음 주에 2명의 여성에 의해 데이트 신청을 반드시 거절당하는 실험에 동의하는 것이다. 만약 데이트를 신청받은 여성 중 1명이 그의 제안을 받아들이면, 그는 자신을 거절한 다른 여성에게 데이트 신청을 하는 조건으로 그녀와 데이트할 수 있다. 다시 말해, 거절당하는 것이 치료 목표가 되는 것이다. 이러한 개입은 거부에 대한 민감성을 감소시킨다. 이러한 역설적인 개입의 사용은 제안되거나 처방된 것과 반대되는 행동을 함으로써 임상가에게 저항하고자 하는 환자의 욕구를 두드러지게 함으로써 의도적으로 회피하는 환자에게 효과적이다(Haley, 1978; Weeks & L'Abate, 1982).

Brown과 그의 동료들(1995)은 회피성 성격장애와 사회공포증이 동반이환된 환자의 치료와 관련하여 일반화된 사회공포증과 일반화되지 않은 사회공포증을 가진 환자들이 인지행동치료를 받은 경우 모두 증상이 호전되었지만, 일반화되지 않은 사회공포증을 가진 경우 치료 후에도 손상된 상태를 더 유지한다는 것을 발견하였다. 흥미롭게도 회피성 성격장애의 유무는 치료 결과를 예측하지 못한 것으로 나타났다. 하지만 치료 전에 진단기준을 충족했던 몇몇 사람은 치료 후에는 진단기준에 부합하지 않았다. 비슷하게, Osterbaan, van Balkom, Spinhoven, de Meij와 van Dyck(2002)는 사회공포증과 회피성 성격장애를 함께 가지고 있는 경우 동반이환 환자들과 비교해 볼 때 치료에 대한 반응이 나빴고, 단기적으로 더 손상된 상태를 유지한다는 것을 발견하였다. 그럼에도 불구하고 15개월 후에는 동반이환 회피성 성격장애를 가진 환자들은 장기적으로 유사한 호전을 보였다.

**심리도식치료.** 심리도식치료는 인지치료를 더욱 정교화시킨 것으로, 특히 성격장애 및 치료가 어려운 개인 및 부부 문제를 다루기 위해 Young(Young et al., 2003)에 의해 개발되었다. 도식치료는 부적응적 도식을 찾아내고 구체적인 전략과 중재를 계획한다. 주요 전략은 네 가지가 있는데, 인지적 · 경험적 · 행동적 전략과 치료적 관계 그 자체이다. 인지적 재구성과 부적응적 도식의 수정은 중요한 인지적 전략으로, 심상 훈련, 공감적 직면, 과제 부여, '제한된 재양육' 기법을 병용할 수 있다(Young et al., 2003).

전형적으로 회피성 성격장애와 관련된 부적응적 도식에는 **결함**, 즉 자신의 중요한 부분에 결함이 있다고 믿는 동시에 자신은 나쁘고, 열등하며, 누구도 자신을 원치 않는다는 신념; **사회적 고립**, 즉 자신이 소외되고, 다른 사람들과 다르거나 어떤 집단에도 속하지 않는다는 신념; **자기희생**, 즉 자기 자신의 만족을 희생해서라도 타인의 욕구를 충족시켜 주어야 한다는 신념 그리고 **승인 추구**, 즉 진정한 자기감의 발달을 포기하고서라도 소속되고 수용받을 수 있는 곳이나 사람을 계속 찾아야 한다는 신념이 있다(Bernstein, 2002).

### 대인관계적 접근

Benjamin(2003a)은 회피성 성격장애를 가진 사람들에 대한 치료적 개입은 협력적 관계를 강화하고, 부적응적 패턴과 그 기원에 대한 이해를 촉진시키며, 이 패턴을 차단하고, 변화에 대한 의지를 강화하는 동시에 새로운 패턴을 효과적으로 장려하는지를 고려하여 계획 및 평가되어야 한다고 하였다.

다행히도, 회피성 성격을 가진 사람들은 이미 선택된 소수의 개인들과 관계를 맺는 방법을 알고 있기 때문에 지지적인 치료자는 그들에게 쉽게 안전한 안식처를 제공할 수 있다. 이들은 정확한 공감과 따뜻한 지원에 호의적으로 반응하며, 점진적으로 그들은 친밀감과 부적절감, 죄책감 또는 수치심을 공유하면서, 자기수용을 증가시키기 시작한다. 그때서야 그들은 부적응적 패턴을 현실적으로 탐색할 수 있다. 그들은 비판에 민감하기 때문에 섣부른 대립은 피하는 것이 좋다.

보편적인 재구성적(reconstructive) 변화는 회피성 성격을 가진 사람들이 변화를 결정하는 데 도움이 되는 방식으로 그들의 부적응적 패턴의 영향을 이해하고 인식하는 경우에만 발생할 것이다. Benjamin은 오랫동안 결혼관계를 유지한 회피성 성격을 가진 사람들을 위해 부부치료를 권유한다. 전형적으로 이러한 관계는 회피성 성격을 가진 파트너의 대인관계 거리 및 안전을 보장하는 친밀감을 특징으로 한다. 관계의 변두리에 숨어 지내는 이러한 패턴은 회피적인 가족 구성원이 고립되고 안전하게 남아 있어야 한다는 가족 명령에 대한 무의식적 충성에 뿌리를 두고 있다. 부부치료에서 임상가는 회피성 성격을 가진 사람들의 철수를 정당화했던 이전의 시도들, 즉 배우자들이 서로 모욕하거나 휘두르려는 시도를 막을 것이다. 회피성 성격을 가진 사람들에게 가장 어려운 치료 과제는 부적응 패턴의 이점을 버리고 새로운 패턴을 개발할 위험을 감수하기로 결정하는 것이다. 학대하는 부모나 형제자매에 대한 그들의 굴욕과 충성에 대한 통찰력만으로는 불충분하다. 하지만 Benjamin은 유능하고 보호적인 교육적 맥락에서 꾸준히 자기확신을 갖도록 하는 것은 이러한 변화를 촉진한다고 믿는다.

Fiore, Dimaggio, Nicolo, Giuseppe, Semerari와 Carcione(2008)는 강박성 성격장애와 회피성 성격장애를 가진 48세의 남성 컴퓨터 관리자를 치료하기 위해 메타인지 대인관계 치료법을 사용한 사례연구를 보고하였다. 그는 완벽주의를 조절하고 회피 행동을 줄이며 억압된 욕망을 인정하는 목표를 달성하기 위한 개인치료와 집단치료를 모두 완료하였다. 1년간의 치료 후, 이 환자는 더 이상 어떠한 성격장애의 진단기준에 해당되지 않았다. Gilbert와 Gordon(2012)도 24세 여성 대학원생이 회피성 성격장애와 우울증으로 대인관계치료를 받은 사례를 보고하였다. 2년에 걸쳐 매월 2회의 IPT 및 기술 훈련(총 44회기)을 실시한 후, 이 환자는 자신감이 향상되었으며, 신체적 불만, 걱정, 불안 그리고 우울이 감소하였다.

## 집단치료

회피성 성격장애 환자들은 전형적으로 자신들이 기타 다른 새롭고 사회적으로 어려운 상황을 두려워하는 것과 같은 방식으로 집단치료를 두려워한다. 이러한 이유로 집단치료는 자기노출을 하도록 설득할 수 있고 역할 유도가 가능한 환자들에게 특히 효과적일 수 있다(Yalom, 1975). 공감적 집단치료는 사회적 불안을 극복하고 대인 신뢰와 친밀감을 발전시켜 이들을 도울 수 있다. 집단치료는 회피성 성격을 가진 이들에게 소속감과 자신을 원한다는 감정을 느낄 수 있는 기회를 제공하는데, 이것은 이전에 자신에 대해 가지고 있던 부정적인 믿음에 대한 도전이 된다. 다른 집단 구성원들은 회피성 성격을 가진 사람들의 자아상을 상쇄하는 집단 내 행동에 대해 긍정적인 피드백을 제공할 수 있으며, 치료자는 개인치료에서 이러한 피드백을 강화할 수 있다(Fiore et al., 2008). Benjamin(2003a)은 치료자가 다른 구성원들이 보이는 부정적이거나 학대적인 행동('깎아내리는')을 차단하는 안전한 집단치료가 자기수용과 사회적 기술 발달 영역에서 엄청난 이점을 줄 수 있다고 주장한다.

인지치료와 사회 기술 훈련의 조합이 효과적인 것으로 보인다. Alden(1989)은 집단치료에 인지치료의 측면을 포함하였다. 즉, ① 근본적인 두려움을 식별하고, ② 두려움과 관련된 불안에 대한 인식을 높이고, ③ 두려움과 관련된 사고에서 행동적 이행으로 주의의 초점이 옮겨지게 하였다. 교육적 정보, 모델링, 역할극 연습과 같은 기본적 기법들이 회기에 통합되었다. Stravynski, Grey와 Elie(1987)는 사회 기술 훈련을 중심으로 한 보다 단기적인 집단치료가 대인관계에 대한 불안감을 악화시키는 사회 기술 결핍을 개선하는 데 매우 효과적일 수 있다는 것을 발견하였다.

회피성 유형의 사람은 자신이 노출되거나 조롱당하는 것이 두려워 중요한 대인 접촉을 수반하는 활동을 피하는 경향이 있다. 따라서 집단 환경에 적응하고 치료에 적극적으로 참여하기 시작하는 데 시간이 더 오래 걸린다. 집단 내에서 회피성 성격장애 환자의 노출과 참여를 촉진하는 집단 치료자의 역할은 매우 중요하다(Cramer Azima, 1983). Rennenberg와 그의 동료들(1990)은 이 성격장애를 가진 내담자들이 매우 불안하고 회피적이어서 사회 기술 훈련과 행동 시연으로 바로 진행하는 것이 비생산적이라는 것을 발견하였다. Stravynski, Grey와 Elie(1987)는 점진적 이완 훈련과 체계적인 둔감화로 시작할 것을 제안한다. 행동 역전(behavioral reversal)은 노출을 위해 집단에서 사용되었으며, 그 자체로 사회공포증에 대한 효과적인 치료법이다(Stravynski, Marks, & Yule, 1982). Turner는 행동 시연 중에도 의사소통과 사회성 훈련을 이용하였다.

구조화된 활동은 회피성 성격을 가진 사람들이 그들이 생각하고 행동하는 방법을 정리하도록 도울 것이고, 그래서 치료에 더 효율적일 수 있다. Alden(1989)은 치료 회기에서 일상생활까지 일반화할 수 있도록 하기 위해 환자가 회기 사이에 달성할 특정 목표를 설정하였다. 환자들은 더 쉬운 상황에서 시작하여 더 어려운 상황까지 진행하면서 시도해야 할 몇 가지 사회적 과제를 선택하였다. 집단치료 장면에서 Alden은 대인관계 기술 훈련도 도입하였다. 우정 형성의 과정이 제시되었고, 내담자들은 이러한 기술을 그들이 한 주간 수행해야 할 사회적 과제에 포함하도록 하였다. 치료자들은 다른 사람들과 관계를 맺기 쉽게 하는 4세트의 행동 기술을 설명하고 모델링했으며, 집단 구성원들은 이를 연습하였다. 이 행동 기술 세트에는 경청/주의 기술, 공감적 민감성, 적절한 자기개방, 존중을 담은 자기주장이 포함된다.

Rennenberg와 그의 동료들(1990)은 집단 개입을 통한 치료 효과가 1년 동안 유지된다는 것을 발견하였다. 그러나 대부분의 환자는 집단치료를 마친 후에도 개인치료를 계속하였다. 지속적인 치료가 집단치료 프로그램 동안 얻어진 이득을 강화하고 유지하는 역할을 했을 가능성이 꽤 높다. 임상적으로 중요한 변화는 환자 자신이나 치료자에 의해 보고되었다. 치료를 받은 사람들은 사회적 과묵함, 직장 및 사회 상황에서 사회적 불안으로 인한 불편감, 사회불안 증상이 감소하고, 사회 활동에 대한 만족도가 높아지는 것으로 보고되었다(Alden, 1989). Wilberg, Karterud, Urnes, Pedersen과 Friis(1999)는 회피성 성격장애를 가진 환자들에 대한 인지행동치료 집단 효과를 측정하였다. 그들은 집단치료에 참여하지 않은 사람들에 비해 유의미한 호전을 발견하였다. Harper(2004)는 10주간의 행동 집단 프로그램을 마친 회피성 성격장애 환자들이 대조군보다 많은 부분에서 더 큰 향상을 보였다는 것을 발견하였다.

## 부부 및 가족 치료

회피성 성격을 가진 사람들은 현재의 역기능적 패턴이 어떻게 발달했는지 인식할 필요가 있지만, 인생에서 중요한 사람들과의 현재 대인관계 경험에 초점을 맞출 필요가 있다. 회피성 성격장애 환자는 일반적으로 임상가에게 대인관계 경험에 대해 모호한 설명을 하기 때문에, 다른 사람들이 정보의 중요한 격차를 메우는 데 도움이 될 수 있다. 굳게 닫힌 가족 범위 밖에서 대인관계 탐색을 위한 여지를 더 많이 허용하는 가족 구조를 구축하기 위해 부부 및 가족 치료가 사용될 수 있다(Gurman & Kniskern, 1991). Benjamin(2003a)은 결혼관계나 장기간의 관계에서 회피성 성격을 가진 사람들에 대한 커플치료를 옹호하는데, 이들은 전형적으로 회피하는 상대방에게 대인관계 거리와 안전을 보장하는 친밀감을 특징으로 보인다. 그녀는 또한 회피성 성격장애를 가진 사람들은 원가족에서 경험한 굴욕감이나 학대에 대해 논의하는 것을 배신이라고 느끼며, 이는 가족들의 치료 참여에 장애물이 될 수 있다. 만약 그들이 참여하기로 동의한다면, 가족 구성원들은 치료자, 치료 또는 변화에 대한 개인의 욕구를 조롱함으로써 상황을 더 악화시킬 수 있다.

## 약물치료

현재까지 향정신성 약물 중에서 회피성 성격장애 환자들의 치료로 명시된 약물은 없다(Silk & Feurino, 2012). 그럼에도 불구하고 우울증, 불안 또는 수면 문제 등이 성격장애와 연관 있는 특정 문제 증상을 목표로 약물치료가 진행된다. 일반적으로 이러한 약물치료는 심리치료와 기술 훈련을 보조하는 역할로서 시도된다. 앞서 기술한 특정 증상은 대부분의 심리적 개입보다 약물에 더 빨리 반응하기 때문에 약물치료는 대체로 치료 시작 시점에 이루어진다. 불행하게도, 이러한 약물의 사용에 대한 지침을 제공하는 연구 결과는 거의 없다. 그러나 이 성격장애는 사회불안장애와 공존하기 때문에, 이 성격장애는 선택적 세로토닌 재흡수 억제제(Selective Serotonin Reuptake Inhibitors: SSRIs)와 같은 불안 완화 효과가 있는 약물에 잘 반응할 수 있을 것으로 추정된다. 회피성 성격장애를 가진 사람이 SSRI 약물인 세트랄린(약물명 졸로프트) 저용량에 반응한다는 실험 증거가 있다(Silk & Feurino, 2012).

## 병행 및 통합 치료 접근

임상 경험에 따르면 회피성 성격장애를 가진 많은 사람이 전적으로 역동적 치료에 필요한 만큼 임상가와의 관계에 집중할 수 없는 경우가 많다. Millon과 Davis(2000)는 이 성격장애의 특징은 개방적이고 신뢰할 수 있는 관계와 같은 심리치료를 성공적으로 만드는 특징과 정확하게 반대되기 때문에 회피성 성격장애에 대한 예후가 좋지 않다고 주장한다. 마찬가지로, 많은 사람이 대인관계치료의 맥락에서 인지행동 개입을 완전히 활용하는 데 어려움을 겪는다. 따라서 통합치료 전략이 필요할 수 있다. Alden(1992)은 인지적 접근과 정신역동적 대인관계 접근의 통합을 설명한다. 물론 인지는 Beck, Freeman과 그의 동료들(1990)에 기초하고, 정신역동적 대인관계는 Strupp과 Binder(1984)가 개발한 시간제한적 정신역동치료(Time-Limited Dynamic Psychotherapy)에 기초한다.

회피성 성격을 특징짓는 인지-대인관계 패턴은 타인과 다르거나 생물학적으로 결함이 있다는 역기능적인 신념이며, 이러한 결함과 감정이 다른 이들에게 보이기 때문에 타인이 혐오, 불만, 무시로 자신을 대할 것이라는 신념이다. 이들은 임상가가 자신에게 방향을 제시하도록 임상가의 눈치를 봄으로써 그리고 임상가가 탐탁지 않게 여길까 봐 두려워하는 감정과 반응을 과소평가하거나 억제함으로써 스스로를 보호하는 경향이 있다. 따라서 임상가의 주요 업무는 환자와 협력하여 인지-대인관계 양식을 수정하는 것이다. Alden(1992)은 통합 접근법의 4단계를 설명한다. 첫 번째 단계는 치료 과정의 문제를 인식하는 것이다. 임상가는 이 환자들이 임상적으로 관련된 정보를 숨기거나 과소평가하는 경향이 있다는 것을 빨리 인식해야 한다. 임상가는 이러한 환자들이 직접적인 질문에 "잘 모르겠다." 또는 "모르겠다."로 응답할 것을 예상해야 한다. 이러한 회피적인 반응은 사고 과정을 특징짓고 이러한 환자들이 사회적 만남에서의 세부적인 내용을 부호화하는 것을 막는다.

불행하게도, 임상가들은 '저항'을 해석하거나, 모호한 전반적인 대인관계 신념과 행동을 치료 목표로 초점을 맞추기가 쉽다. 어느 경우든 임상가와 환자 모두 낙담하게 되고 치료 성과는 제한된다. 게다가 임상가는 회피성 성격장애 환자의 전염적 '무망감'과 우울증을 인식해야 하며, 이는 주로 환자들이 긍정적인 정보를 처리할 능력이 없고, 주의력이 부족하며, 확고하게 확립된 부정적인 믿음과 도식을 가지고 있기 때문이다.

두 번째 단계는 인지적 대인관계 패턴에 대한 인식을 높이는 것이다. 환자들은 자기 모니터링과 일기 작성을 통해 회기 밖에서 자신의 대인관계를 관찰할 필요가 있다. Alden은 대인관계 패턴의 네 가지 요소에 주목했는데, 그들의 믿음과 상대방에 대한 기대, 이러한 믿음에서 발생하는 행동, 그들에 대한 다른 사람들의 반응 그리고 그 경험에서 도출한 결론이 그것이다. 이러한 자기 관찰과 분석 과정이 진행되면서 이들은 대인관계 문제에 대한 상호 이해가 불완전해서 흔한 패턴이 등장한다는 것을 깨닫게 된다. 임상가의 역할은 자기보호 행동으로 이어지는 자기인식의 기초가 되는 신념에 환자가 주의를 기울일 수 있도록 하는 것이다.

세 번째 단계는 대안 전략에 초점을 맞춘다. 환자가 이러한 인지-대인관계 패턴과 양식을 인식하고 이해함에 따라 임상가는 이들이 지닌 자신에 대한 오래된 관점과 새로운 관점이 충돌하지만, 이러한 갈등이 조정될 수 있음을 인식함으로써 새로운 행동을 시도하려는 동기를 높일 수 있다. 환자들이 현재의 신념을 이전의 대인관계 경험과 통합할 수 있도록 돕는 것은 그들의 사회적 두려움과 기대가 그들의 기질과 양육에서 일부 기인했다는 것을 이해하는 데 도움이 된다. 환자가 자신이 지닌 인지-대인관계 패턴을 계속 파악하고 이해함에 따라 자신 스스로 또는 임상가의 권유를 통해 새로운 전략을 시도하기 시작한다.

네 번째 단계는 행동 실험과 인지 평가를 포함한다. 이러한 치료 전략은 Beck, Freeman과 그의 동료들(1990)에 의해 자세히 논의되었으니, 이를 참조하기 바란다. 우정 형성과 적극적인 의사소통은 회피성 성격장애 환자가 향상시켜야 하는 두 가지 기본적인 대인관계 기술이다. 이러한 점에서 역할극과 지시된 과제가 특히 유용하다. 게다가 Zimbardo(1977)의 사회 기술 훈련은 회피성 성격장애 환자들을 치료하는 데 매우 유용한 것으로 보고되었다. 환자들은 자기주장적인 의사소통 기술을 발달시키기 위한 훈련을 통해 조심스럽게 안내받는다. 사실 이 책 전체는 회피성 성격을 치료하는 데 매우 귀중한 참고 자료이다.

## 병행/통합적 치료 접근

이 책의 기본 전제는 심리치료와 같은 단일 치료 방식이 기능 수준이 좋은 성격장애 환자들에게는 효과적일 수 있지만, 중간 정도 수준으로 기능하는 환자들에게는 덜 효과적일 수 있고, 더 심각한 기능장애를 가진 환자에게는 대체로 비효과적일 수 있다는 것이다. 기능 수준이 낮은 환자들은 병행치료가 더 효과적이다. 병행적 접근에는 약물 및(또는) 지지 집단과 같은 집단치료와 함께 통합적(integrative) 심리치료 개입이 포함된다. 집단치료 부분에서 언급했듯이 회피성 성격장애 환자는 어떠한 종류의 집단에서도 상당한 어려움을 경험한다. 기능 수준이 낮은 환자는 개인 및 집단 치료에 동시에 참여하는 것이 이상적이다. 이것이 불가능한 경우 시간제한이 있는 기술 중심 집단교육 프로그램이나 지지 집단도 효과적일 수 있다. 그들의 회피와 사회적 억제 패턴으로 인해 치료 집단에 참여하고 유지하는 것이 고통스럽다는 것을 인지하고, 개별 회기는 환자를 집단치료로 전환시키는 데 초점을 맞춰야 한다.

약물치료는 치료 초기에 필수적인 경우가 많으며, 집단치료로 전환되는 동안 고통과 자기보호 행동을 줄이는 데 특히 유용할 수 있다.

성격장애와 물질사용장애 공병은 매우 흔하며, 일부에서는 다가 중독(polyvalent addiction)으로 치료받고 있는 환자의 90%가 성격장애가 있다고 추정한다(Rentrop, Zilker, Lederle, Birkhofer, & Horz, 2014). Dimaggio와 그의 동료들(2015)은 회피성 성격장애와 물질사용장애(헤로인)를 동반한 43세 남성 음악가에 대한 사례 연구를 실시하였다. 치료는 다음과 같은 단계, 즉 헤로인 금욕 증상을 관리하기 위한 약물치료, 치료적 유대감 형성, 감정 및 유발 요인에 대한 인식 촉진, 부적응적 대인관계 도식 탐색, 대인관계 사건과 물질 사용 사이의 연관성 이해, 부적응적 도식으로부터 거리 두기, 물질 사용에 의존하는 대신 적응적 대처 기술 사용 단계에 따라 진행되었다.

사회적 · 정서적 · 인지적 회피로 인해 회피성 성격장애를 갖게 된 사람들을 치료하는 것에 대한 어려움을 극복하기 위한 몇 가지 새로운 치료법이 개발되었다. Eikenaes, Gude와 Hoffart(2006)는 전통적인 입원 치료와 야생 프로그램을 통합한 준실험 연구에서 긍정적인 결과를 보고하였다.

제5장

# 경계성 성격장애

경계성(borderline) 성격장애를 가진 사람들은 자기감(sense of self)이 부족하고, 그 결과 버려질 것에 대한 두려움과 공허감을 경험한다. 또한 그들은 강렬하지만 불안정한 관계, 정서적 불안정, 폭발적인 분노 및 폭력, 충동성을 경험할 가능성이 높다. 자살 위협과 자해 행동 또한 흔하다.

모든 성격장애 중에서 경계성 성격장애는 치료자들에게 가장 고민을 주는 장애이다. 특히 많은 치료자는 이 성격장애가 치료 불가능하다고 믿는데, 이런 믿음은 연구들을 통해 오히려 그 반대라는 것이 보고됨에도 변하지 않는다. 실제로 그 어떤 다른 성격장애들보다 이 성격장애에 대해 더 많은 연구가 출판되어 왔고, 이 성격장애가 상당히 치료 가능하다는 것을 점점 더 시사하고 있다. 예를 들어, Zanarini와 동료들(Zanarini et al., 2010)은 거의 300명을 10여 년 동안 전향적으로 추적 조사하였다. 그리고 이들의 절반은 완전 회복이 되었음을 발견하였다. 이 의미는 이들이 더 이상 이 성격장애의 진단기준을 충족하지 않을 뿐 아니라, 나름의 사회적 · 직업적 기능을 하고 있었다는 것이다. 이 중요한 전향적 연구가 주는 좋은 소식은 이 성격장애를 갖는 사람들에 대한 치료가 상당히 성공적일 수 있다는 것이다.

이 장은 경계성 성격장애의 평가 및 치료를 위한 이론적 틀을 기술하고 있으며, 진단, 심리평가, 사례개념화, 치료 중재 등을 포함하고 있다. DSM-5의 기술과 원형적 기술, 즉 배경 정보를 먼저 소개하고, 사례개념화 부분에서는 널리 사용되는 다섯 가지 접근법, 즉 정신역동적 · 생물사회적 · 인지행동적 · 대인관계적 · 통합적 개념화에 따라 이 성격장애의 임상적 측면을 살펴보고자 한다. 또한 개인치료, 집단치료, 부부 및 가족 치료, 약물치료, 병행 및 통합 치료 등 여러 가지 치료적 접근법과 치료양식, 중재 전략도 기술하였다.

## 경계성 성격장애의 기술

경계성 성격장애는 경계성 성격양식 vs. 경계성 성격장애, 촉발사건, 행동양식, 대인관계 양식, 인지양식, 정서양식, 애착양식 그리고 최적의 진단기준 같은 요인과 특성으로 나누어 설명할 수 있다.

**양식 vs. 장애.** 경계성 성격을 건강함에서부터 병리라는 연속체적 관점에서 본다면 경계성 성격양식은 건강함의 끝에, 경계성 성격장애는 병리의 끝에 해당한다. 〈표 5-1〉에서 경계성 성격양식과 경계성 성격장애를 비교하였다.

다음의 두 가지 사례는 경계성 성격장애(Mr. J)와 경계성 성격양식(Ms. B)의 차이를 더욱 명확하게 보여 준다.

**〈표 5-1〉 경계성 성격양식과 경계성 성격장애의 비교**

| 성격양식 | 성격장애 |
|---|---|
| 다른 사람에 대한 부정적 · 긍정적 지각이 양극화되기보다는 통합되어 안정된 대인관계를 유지함 | 저평가화와 과잉이상화 사이를 교차하는 특징을 지닌 강렬하지만 불안정스러운 관계 패턴 |
| 문화적으로 용인되는 탐닉의 정상 범주에 속하는 낮은 충동성을 지님. 자신과 타인에게 큰 피해를 야기하지 않음 | 소비, 성행동, 물질 남용, 좀도둑질, 난폭 운전, 폭식 등과 같이 자신에게 해로운 충동적 행동 |
| 부정적인 정서를 참을 만한 수준으로 유지할 수 있는 정서적 안정성 | 기저선 정서로부터 우울, 짜증 혹은 불안으로 변화하는 정서적 불안정. 주로 몇 시간 동안 지속되며, 며칠 이상 지속되는 경우는 드묾 |
| 분노가 발생하는 맥락에 적절한 방식으로 분노를 관리하고 사그라뜨릴 수 있는 능력 | 부적절하고 강렬한 분노 혹은 분노 통제 부족. 예를 들어, 성질을 자주 부리거나, 끊임없이 화를 내거나, 신체적인 다툼이 반복됨 |

| | |
|---|---|
| 자신, 신체, 세상의 어떤 장소에 유대감을 가짐 | 지속적인 권태감 혹은 공허감을 가짐 |
| 지나치게 비융통적이거나 지나치게 순응적이지도 않게 시간이 지나도 일관된 정확한 자기감을 지님 | 적어도 다음 중 두 가지에 대한 불확실성을 지닌 채 지속적이며 현저한 정체성 혼란 경험: 자기상, 성적 지향성, 장기 목표 혹은 진로 선택, 원하는 친구 유형, 선호 가치 |
| 상실 경험을 감내할 수 있고 관리할 수 있는 능력이 있음. 버림받음/상실을 현실적으로 평가할 수 있는 능력 | 상상의, 혹은 실제 버림받은 경험을 회피하고자 필사적인 노력을 함 |
| 자살 행동, 자살 표시(gesture)와 위협(자살 사고 제외), 자해 행동의 부재 | 반복적인 자살 표시, 행동, 위협 혹은 자해 행동 |
| 스트레스 상황을 관리하고 인지적 · 신체적으로 현재에 집중할 수 있는 능력 | 스트레스와 관련된 단기의 편집 사고 혹은 고도의 해리 증상 |

**사례 경계성 성격장애**

Mr. J는 31살의 남성 실직자로, 이틀 동안 지속된 자살 시도 이후 지역 상담소의 상담자를 통해 병원 응급실로 의뢰되었다. J는 고등학교 2학년 때까지는 기능상 별다른 문제가 없었으나, 3학년 때 초월 명상(Transcendental Meditation)에 몰입하게 되었다. 그는 대학 첫 학기에 심각한 집중의 어려움을 경험하였고, 영적 지도자를 찾는 데 대부분의 에너지를 다 쏟는 듯 보였다. 때때로 엄청난 불안과 공허함이 그를 휩쓸었고, 손목을 긋고 피를 흘리고 나면 그러한 감정들이 갑자기 사라지는 듯하였다. 현 상담자로부터 18개월 동안 상담을 받았고, 상담 초기에는 상담자의 공감과 직관에 상당히 매료되었지만, 점점 더 적대적이며 까다롭게 변하였다. 최근에는 일주일에 두 번 실시되는 상담이 J의 삶의 중심인 듯 보였다. J의 가장 최근의 자살 사고는 상담자가 다른 지역으로 이사를 간다는 말을 들은 이후였다.

**사례 경계성 성격양식**

Ms. B는 대학원에서 동양 문학을 전공한 29세의 여성이다. 그녀는 대학에서 경영학 전공으로 우수하게 졸업했고, 졸업 즉시 MBA에 진학할 계획을 가지고 있었다. 여름 방학을 이용하여 일본과 중국을 여행한 것이 그녀의 삶을 완전히 뒤바꾸었다. B는 동양과 사랑에 빠지게 되었다. 사람들, 음식, 문화, 분위기 모든 것을 사랑했지만, 특히 도쿄 대학교에서 그녀가 만난 문학 교수를 사랑하였다. 그를 첫눈에 보자마자 미치도록 사랑하게 되었고, 미국으로 되돌아오기 전 2주 동안 그의 시, 이야기, 삶에 흠뻑 빠져들었다. 그 교수는 유부남이었고 그의 아내는 혼자 휴가를 보내고 있었다. B는 그가 헤어지자고 했지만 미국으로 다시 돌아가야 하는지 고민이 되었다. 그녀는 그가 아내를 떠나지 않을 것이라는 사실에 마음이 무너졌다. 그럼에도 불구하고 학교로 다시 돌아와서 강렬한 열정을 갖고 동양 문학을 공부하였다. 그녀는 교환 교수로서 도쿄로 돌아가 자신의 소중한 사랑과 함께 일하고, 결국에는 그와 함께 사는 환상을 갖고 있었다. 비록 성적은 잘 나왔지만, 때때로 그 여름에 자신이 경험한 분노와 상처가 올라오곤 하였다. 대학원 첫 학기 중간고사 즈음 B는 잘생긴 대학원생을 만났는데, 그는 동양 남성이었고 그녀는 그를 보자마자 사랑에 빠졌다.

**촉발사건.** 행동양식, 대인관계 양식, 인지양식, 정서양식에서도 언급되겠지만, 경계성 성격장애의 특징적인 부적응적 반응(Othmer & Othmer, 2002)을 촉발 또는 활성화시키는 상황, 환경, 사건은 '상상 혹은 실제 버림받았던 경험을 회피하고자 하는 필사적인 노력'이다.

**행동양식.** 경계성 성격장애를 가진 사람들은 자기파괴적인 행동, 즉 자살 행동, 자해, 혹은 싸움, 시비 등의 특징을 보인다. 이들의 사회적 · 직업적 성취는 이들이 가지고 있는 지적 능력과 검증된 기타 능력에 종종 미치지 못한다. 다른 모든 성격장애 중에서 이들은 일주기 리듬(circadian rhythms), 특히 수면-각성주기의 불규칙성을 더 보일 가능성이 더 높다. 따라서 흔히 만성적 불면증을 호소하기도 한다.

**대인관계 양식.** 대인관계에서 경계성 성격장애를 가진 사람들은 불안정성을 특징적으로 드러낸다. 다시 말하면, 다른 사람들을 이상화하고 그에게 매달리다가 얼마 지나지 않아 바로 그 사람을 폄하하고 적대적으로 대한다. 이들은 절묘하게 거부에 민감하고, 조금의 스트레스에도 유기 우울(abandonment depression)을 경험한다. Millon과 Davis(1996)는 분리불안을 이 성격장애의 주된 동기 요인으로 간주한다. 대인관계는 다소 빠르고 강렬하게 진행되지만, 이들의 사회적 적응력은 다소 피상적이다. 이들은 혼자 있는 것을 유별나게 견디지 못하고 무분별하게 이성관계를 맺거나, 친지나 최근에 알게 된 사람들에게 밤늦게 전화를 건다든가, 애매모호한 신체적 · 정신적 문제들을 호소하면서 늦은 밤에 병원 응급실을 찾거나 하면서 다른 사람들과 함께 있기 위해 온 힘을 기울인다.

**인지양식.** 이들의 인지양식은 '유연하지 못하고 충동적이다.'라고 기술될 수 있다(Millon, 1981). 이들은 타인을 있는 그대로의 실제 사람으로 지각하는 것이 아니라 타인에 대한 과장되고 이상화된 지각을 하는, 달리 말하면 '모두 좋은' 혹은 '모두 나쁜' 사람으로서 의인화(personification)하는 경직된 추상성(rigid abstraction)을 가지고 있다. 이들은 과거 경험을 통한 유추로 판단하기 때문에, 논리적으로 사고하고 과거 경험과 관계를 통해 학습하는 데 어려움이 있다. 이들은 주로 외부 귀인을 하고 있어 일이 잘못되는 경우 대개 타인을 비난한다. 자신의 무능력에 대한 책임을 수용함으로써 이들은 스스로 상황을 변화시키기에 더욱 무력하다고 느낀다. 그로 인해 이들의 감정은 희망과 절망 사이를 오가는데, 외적 상황이 자신들의 통제 밖에 있다고 믿기 때문이다(Shulman, 1982). 이들의 인지양식은 또한 충동성으로 특징지어질 수 있으며, 타인에 대한 이상화와 폄하 사이를 오갈 때 이들의 사고도 극과 극을 오고 간다. "난 사람들을 좋아해, 아니야, 싫어해." "목표를 갖는 건 좋은 거야, 아니야, 그렇지 않아." "정신을 차리고 생활해야 해, 아니야 난 못해, 가망이 없어." 이들의 경직성과 충동성은 정체성 형성 과정도 곤란하게 만든다. 자기상, 성 정체성, 목표, 가치, 진로 선택에 관한 불확실성은 이 같은 충동적이며 경직된 태도를 반영한다. Gerald Adler(1985)는 경계성 성격장애를 가진 사람들이 미발달된 환기 기억(evocative memory)[1]을 지니고 있어서 힘든 시기에 자신들을 바로 세우고 위로할 수 있는 이미지나 감정들을 회상하는 데 어려움을 겪는다고 설명하였다. 이들의 비유연성과 충동성은 '분열(splitting)'에 대한 경향성으로 관찰될 수 있는데, 분열은 대조되는 특성을 통합하지 못하는 것이다. 이들은 타인을 전부 좋거나 전부 나쁘다고 간주하고 '투사적 동일시(projective identification)'를 활용하는데, 이는 자신의 부정적이거나 위험한 감정의 원인을 다른 사람으로 돌리는 것이다. 나아가 이 인지양식은 좌절을 견디지 못하는 특징이 포함된다. 마지막으로, 이들이 큰 스트레스에 처하게 될 때 단기 정신증(micropsychosis)[2] 삽화가 관찰될 수 있다. 이는 비구조화된 상황들에 대한 반응에서 특히 관찰되는 정리되지 못하고 낯선 사고 과정들인데, 현실감 소실(derealization), 비인격화(depersonalization), 격렬한 분노 반응, 약물에 대한 비정상적 반응, 강렬하지만 짧은 편집 삽화 등의 형태를 띨 수 있다. 집중의 어려움과 이후 관련된 상황들을 기억하기 어려워하기 때문에 경계성 성격장애를 가진 사람

1) 역자 주: 외부의 자극이나 단서 없이도 자신 스스로의 의지로 떠올릴 수 있는 기억
2) 역자 주: 스트레스 상황에서 아주 잠깐의 기간(수분에서 수 시간) 동안 나타나는 정신증 삽화. 일반적인 정신증 삽화에 비해 지속 기간은 훨씬 짧으나 증상의 강도는 동일할 수 있음

들은 정보를 처리하는 능력이 감소한다.

**정서양식.** 이들의 감정 또는 정서 양식은 정상적인 혹은 일상적인 기분에서 불쾌한 기분으로 현저한 기분 변화가 특징적이다. 또한 부적절하고 격렬한 화와 분노를 쉽게 보인다. 다른 극단에 있는 감정으로는 텅 빈 느낌, 즉 깊은 '공허함' 혹은 따분함이다.

**애착양식.** 자신과 타인에 대한 관점의 변화가 급격한 사람들은 혼란형 애착양식을 보인다. "혼란형 애착은 양육자가 공포에 질려 보이거나 아이에게 공포를 주는 반복된 경험으로부터 발달된다."(Siegel, 1999, p. 117) 이 양식은 외상후 스트레스 장애를 유발할 가능성을 증가시키는 해리 증상과 관련된다. 경계성 성격장애는 혼란형 애착양식과 다양한 불안정 애착양식 사이를 오가는 불안정한 성격 구조의 특징을 지닌다(Lyddon & Sherry, 2001).

**최적의 진단기준.** 경계성 성격장애에 대한 모든 진단기준 중 가장 유용한 기준은 '실제의 혹은 상상의 버림받음을 회피하기 위한 필사적인 노력'이다. 임상가는 이 기준의 유무를 파악해 보다 신속하게 경계성 성격장애를 진단할 수 있다(Allnutt & Links, 1996).

**아동 학대 및 병인.** 초기 학대 및 방임 경험이 성격장애, 특히 경계성 성격장애를 가진 성인에게서 흔히 보고된다는 연구 증거들이 증가하고 있다(Van der Kolk, Perry, & Herman, 1989; Zanarini et al., 2010). Bernstein(2002)은 경계성 성격장애로 진단된 성인들에게서 아동기 심각한 정서적 학대 경험이 관찰된다고 지적하였다. 성인기 때 자살 시도를 할 확률이 성적 학대를 받지 않은 사람들에 비해 10배가 높다는 점에서 이 성격장애를 가진 사람들에서 보고되는 성적 학대 경험에 대한 정보의 양은 충격적이다(Soloff, Lynch, & Kelly, 2002).

많은 상담자는 이 성격장애가 아동기 학대로 인해 발생한다고 추정하게 되었다. 여러 연구 결과도 이러한 추정을 대체로 지지하고 있다. 그럼에도 불구하고, 학대가 모든 경계성 성격장애 사례의 일차적 원인이라고 주장하지는 않는다. 경계성 성격장애를 가진 사람들에게서 그와 같은 트라우마가 얼마나 발생했는가에 대한 최근의 메타분석 연구(Fossatti, Madeddu, & Maffei, 1999)에 따르면, 경계성 성격장애로 진단된 사람들에게서 학대 유병률은 60~80% 범위에 있다. 이 말은 20~40%의 사람들이 그러한 학대 이력을 보고하지 않음을 의미하기도 한다. 짐작하건대, 그러한 사람들은 이른바 '고기능' 경계성 성격장애일 가능성이 높다. 달리 말하면, 성격장애의 발달에 있어 트라우마가 미치는 경로가 있는 반면, 마찬가지로 비트라우마의 경로도 존재한다는 것이다. 치료와 관련된 중요한 시사점은 트라우마를 경험하지는 않았지만 아동기 때 정서적 욕구를 충족시키기 위한 과정에서 상처를 받은 그러한 내담자들은 DBT와 같은 보다 초점화된 접근들보다 더 개괄적인 치료 개입 방법들에 더 잘 반응할 것이라는 점이다. 다른 치료 개입 방법들로는 탐색적이고, 노출적이며, 감정을 정화시키는 개입들이 포함될 수 있다. 이 방법들은 트라우마 경험이 있는 내담자들에게 보다 덜 퇴행적이고 증상이 악화될 가능성이 적은 방법이다(Graybar & Boutilier, 2002).

## DSM-5 기술

성격장애를 가진 사람들은 불안정한 관계, 정서적 반응, 정체성, 충동성과 같은 지속적인 패턴의 특징을 지닌다. 이들은 실제적 혹은 상상의 버림받음을 피하기 위해 필사적인 노력을 기울인다. 이들의 대인관계는 격렬하며, 불안정하고, 이상화와 폄하의 극단을 오고 간다. 이들은 만성적인 정체성 문제 및 불안정한 자기감을 지니고 있다. 이들의 충동성은 난폭 운전 혹은 마약 복용, 폭식, 위험성이 큰 성행동과 같은 자기파괴적인 행동들을 낳는다. 이들은 반복적인 자살 위협, 자살 행동, 행동화, 자해 행동 등을 보인다. 또한 사후반응적 기분, 만성적인 공허감, 정서적 폭발, 분노 통제곤란 등을 현저하게 보일 수 있다. 더불어 이들은 지속 기간이 짧은 스트레스 관련 편집 사고 혹은 심각한 해리 삽화를 경험할 수도 있다(American Psychiatric Association, 2013).

'성격장애에 대한 대안적 DSM-5 모델'은 이 성격장애의 또 다른 내용을 기술하고 있다(American Psychiatric Association, 2013). 불안정한 자기상, 목표 추구, 대인관계, 충동성이 수반된 정서, 적개심, 위험 감수 등을 특징으로 한다. 적대감, 위험 감수, 충동성, 우울, 분리 불안정뿐만 아니라 정체성, 자기주도, 공감, 친밀성에서의 곤란 특징을 보인다.

### 원형적 기술

이들은 대인관계를 시작할 때 큰 희망을 품지만 예상대로 갈등과 실망에 찬 관계로 퇴화되는 강렬하고 좌절스러운 대인관계를 맺는다. 이들이 버려지는 것에 공포심을 갖기 때문에 비현실적인 요구, 무자비한 분노, 버림받는 것에 대한 자기충족적 기대 등을 가지고 다른 사람들을 밀어 낸다. 실제적 혹은 상상의 상실을 경험하면 자살 시도 혹은 자해 행동을 할 수 있다. 결과적으로 파괴적 관계가 반복되고 자기감은 취약한 상태가 된다. 이들은 충동적으로 성적 · 공격적 행동을 하게 될 수도 있다. 이들의 자살률은 높다. 하지만 이를 극복하는 사람들은 중년기에 균형감과 평온을 찾을 수 있다(Frances, 2013).

### 유병률

일반 인구에서 경계성 성격장애의 유병률은 1.6~5.9%로 추정된다. 일차 진료환경에서는 6%이지만, 외래 환경에서는 10%, 입원 환경에서는 20%로 보고된다(American Psychiatric Association, 2013).

## 경계성 성격장애의 개념화

### 정신역동적 사례개념화

Kernberg(1975)는 Mahler의 분리-개별화 발달이론의 재접근(rapprochement) 하위단계를 경계성 병리 현상의 고착 지점으로 삼았다. 이 단계에서 아동들은 대상 항상성(object constancy)이 결핍되고, 그 결과 자신 혹은 엄마의 좋고 나쁜 면들을 통합할 수 없게 된다. 엄마가 신체적으로 부재하는 동안 자신을 유지시킬 수 있는 전체적이며 위로가 되는 내재화된 엄마의 모습이 아직 없기 때문에 자신을 엄마와 분리시킬 수 없다. Kernberg는 이 재접근 시기 동안 엄마가 정서적으로 접근 가능하지 않는 원인으로 아동의 선천적인 과잉공격성 혹은 엄마의 양육 문제, 아니면 이 두 가지 모두를 지적하였다.

Masterson(1976), Masterson과 Klein(1989)은 재접근 하위단계를 언급하면서 아이의 공격성보다 엄마의 행동을 강조하였다. 엄마가 경계성 성격을 지니고 있을 때 아이가 성장하여 독립적인 사람이 되어 가는 것에 대해 깊은 갈등을 경험한다. 따라서 이러한 아이는 자신이 성장하면 뭔가 끔찍한 일이 자신 혹은 엄마에게 일어날 것이며, 엄마에게 의존하는 채로 남아 있는 것이 엄마와의 유대를 유지하는 유일한 길이라는 메시지를 받는다. 분리와 개별화가 예상이 되면 경계성 성격장애를 가진 사람들에게 '유기 우울'이 유발된다. 이 재접근 하위단계에서 보상적인 대상 부분과 위축되는 대상 부분 간의 통합이 이루어지지 않는 것은 경계성 성격장애의 특징적인 증상을 설명해 준다.

Adler(1985)는 경계성 성격의 병리적인 면이 Kohut(1971, 1977)와 Fraiberg(1969)의 영향을 받았으며, Kernberg의 갈등 모델보다는 결핍 모델에 기초를 두고 있다고 생각하였다. 엄마의 행동 및 가용성에서의 비일관성은 경계성 성격장애를 가진 사람으로 하여금 내재화된 '안아 주기' 대상을 발달시키지 못하게 한다. 이는 공허감, 우울 경향, 언어적 분노를 설명해 준다. 더욱이 경계성 성격장애를 가진 사람은 스트레스가 심한 상황에서 자연스럽게 양육자의 내적 이미지들을 불러오는 데 어려움을 겪는다. 이와 같은 환기 기억의 인지적 결손은 8~18개월 사이의 발달 연령으로 퇴행함을 암시한다. 이러한 부적절한 자원은 경계성 성격장애를 가진 사람들로 하여금 자기의 파편화 현상 가능성을 증가시키고, 그 결과 '소멸 공포(annihilation panic)'라고 불리는 깊은 공허감을 경험하게 된다.

**정신화 접근.** Bateman과 Fonagy(2007)의 경계성 성격장애에 대한 정신화(mentalization) 접근은 대상관계이론과 애착이론에 뿌리를 두고 있다. 때때로 '정신화'라고 언급되는 과정은 타인의 인지, 행동, 정서를 해석하는 것뿐만 아니라 자신의 주관적인 인지, 행동, 정서를 해석하는 과정이다. 정신화 능력은 4세까지 아동발달의 한 기능으로 나타나는 것으로 여겨진다. 성숙으로 인한 자동적 결과라기보다 이 능력은 개인의 초기 대상관계의 질에 달려 있다. 일차 양육자, 대개는 엄마와의 상호작용이 개인이 자신의 정신적 상태 및 대인관계 상호작용을 이해하기 위한 토대로 작동한다. 이 능력을 온전히 발달시키기 위해서, 유아에게는 자신의 경험을 거울처럼 보기 위한 안정되고, 애정 어리고, 안전하고, 주의 깊은 성인이 반드시 옆에 있어야 한다. Bateman과 Fonagy는 경계성 성격장애를 가진 사람들은 아동기 초기 혹은 후기에 경험한 심리적 트라우마 때문에 정신적 상태를 해석하고, 자신의 대인관계를 정확하게 이해하는 능력에 결손이 있다. 방임, 학대, 비일관적인 정서적 반영 모두 불안정/과민성 애착과 자기조절 곤란을 가져 온다.

**전이 초점 심리치료 접근.** Clarkin, Yeomans와 Kernberg(2015)는 경계성 성격장애에 대한 유사한 병인학(etiology)을 자신들의 접근인 전이 초점 심리치료에 반영하였다. 대상관계이론에 뿌리를 두고, Clarkin 등은 BPD의 특정 증상들은 정체성 통합 결손 및 개인의 경험과 자신 및 타인에 대한 이해 간 불일치로 인한 결과라는 이론을 제시하였다. 이와 같이 통합되지 못한 심리 상태는 정체성 분산(identity diffusion)이라고 불린다. 경계성 성격장애를 가진 사람들은 해리, 분열과 같이 현실을 왜곡시키는 방어적 전략에 의존한다. 이러한 인지적 왜곡의 결과, 부정적 혹은 공격적 정서들이 자기 내에서 비롯하는 것이 아니라 자기의 외부에서 비롯하는 것으로 간주되어 무기력감, 분노, 불안정감을 유발한다. 전이 초점 심리치료는 심리적 구조를 양육자와의 초기 상호작용의 발달 과정에서 내재화되는 산물로 개념화한다. BPD의 경우 이러한 과정은 양육자와의 외상적 · 비일관적인 관계에 의해 방해를 받는다. 통합적 자기가 부재하게 됨에 따라 만성적 스트레스와 공허감을 갖게 되고, 이러한 스트레스와 감정은 경계성 성격장애를 가진 사람들로 하여금 자신들의 불편감을 해소하는 시도의 일환으로 충동적인 행동을 하게 만든다.

## 생물사회적 사례개념화

Millon과 Davis(1996)는 명확하고 일치된 정체감의 부족이 경계성 성격장애 병리의 핵심 원인이라고 보았다. 이들은 정체성 혼란 혹은 분산이 일관된 정체감을 손상시키기 위해 융합된 생물심리사회적 요인의 결과라고 믿는다. 이 같은 핵심 결손으로 말미암아, 조직화된 행동 부족, 과잉조절된 정서, 충동 통제 부족, 일관된 노력의 부족이라는 결과가 발생한다. 따라서 경계성 성격장애를 가진 사람들은 타인의 보호와 확신에 의지하게 되고, 이러한 지지의 상실 혹은 분리에 지나치게 민감해진다. 이러한 연구를 바탕으로 Millon(1981), Millon과 Everly(1985) 등은 경계성 성격장애 증상이 "본질적으로 더욱 심각하고, 의존성, 연극성, 수동-공격 성격장애의 퇴행된

변종이다."라고 주장하였다. 이들은 이 성격장애의 세 가지 유형을 다음과 같이 제시하였다.

**경계성-의존형** 성격장애를 가진 사람들은 수동적인 유아적 패턴을 보이며, 낮은 에너지 수준의 가족력을 지닐 가능성이 있다. 이러한 패턴은 부모의 온정 및 과잉보호를 불러일으키고, 그 결과 이들은 1명의 양육자에게 강한 애착과 의존을 형성하게 되는데, 이는 궁극적으로 사회적 독립과 자기효능감에 필수적인 기술들을 학습할 기회를 제한시키게 된다. 이렇게 되면 앞으로 자신이 의지하게 되는 사람들이 자신을 거부하게 하는 장을 마련해 주는 셈이 된다.

경계성-수동공격성 성격장애를 가진 사람들은 '까다로운 아동'의 기질을 나타낸다(Thomas & Chess, 1977). 짜증이 많고 쉽게 달래지지 않는 '유아'인 이들은 때로는 돌봄을 주고 다른 때에는 성가셔하거나 좌절시키는, 심지어는 철수하는 양육자로부터 비일관된 반응을 받을 가능성이 있다. 이들은 결손 가정의 산물이었을 수 있는데, 변덕스럽고, 갈팡질팡하며, 수동-공격적인 행동을 보인 한 부모를 모델링하여, 결국 성인이 되었을 때 그 행동을 그대로 보일 가능성이 있다.

## 인지행동적 사례개념화

흔히 사용되는 인지치료, 심리도식치료, 변증법적 행동치료, 이 세 가지 인지행동 사례개념화에 대해 기술하고자 한다.

**인지치료.** Beck(2015; Beck et al., 1990)에 따르면 이 성격장애를 가진 사람들에게는 "난 힘이 없고 취약해." "난 선천적으로 부적격자야." "세계는 위험하고 사악해."(Arntz, 2015; Pretzer, 1988)와 같은 세 가지 기본적 가정이 관찰된다. 이 같은 본질적인 신념 때문에 이들은 적대적인 세상에서 무기력하며, 안정을 주는 무언가가 없다면 이들은 자율성과 의존 중 어느 하나에 기대기보다 이 둘 사이를 왔다 갔다 할 것이다. 더욱이 경계성 성격장애를 가진 사람들은 '이분법적 사고', 즉 자신들의 경험을 상호배타적인 범주, 다시 말해 모든 것이 좋거나 모든 것이 나쁘거나, 성공 아니면 실패, 신뢰할 만하거나 아니면 거짓투성이 등으로 구분하는 경향이 있다. 이분법적 사고와 기본 가정들이 혼합되면 행동화, 자기파괴적 행동을 포함한 경계성 정서 및 행동의 바탕이 된다.

**심리도식치료.** Young(1990; Young et al., 2003)은 이 성격장애에 대해 심리도식에 초점을 둔 사례개념화를 제시한다. 기본 전제는 '초기 부적응적 도식'이 아동기 동안 발달되고, 그 결과 이러한 심리도식을 강화하는 부적응적 행동 패턴이 나타난다는 것이다. 이러한 심리도식들에는 유기/상실 도식인 "난 영원히 혼자일 거야. 나에 대해 알게 된다면 그 누구도 날 사랑하지 않거나 내 곁에 가까이 오고 싶어 하지 않을 거야."와 정서적 박탈 도식인 "그 누구도 내 욕구를 충족시키는 데 도움을 주지 않을 거야. 그 누구도 내 편을 들어주거나 날 챙겨주지 않아." 등이 있다.

**변증법적 행동치료.** Linehan(1987, 2015)은 이 성격장애에 대한 행동적 사례개념화를 기술하였다. 기본적 전제는 부적절한 정서 조절과 비승인적 환경이 개인으로 하여금 이 성격장애에 취약하게 만든다는 것이다. 더욱이 "사적인 경험에 대한 의사소통은 변덕스럽고, 부적절하고, 극단적인 반응으로 응대되는 비승인적 환경이 존재한다. 달리 말하면, 사적 경험을 표현하는 것은 승인되지 못한다. 대신에 종종 처벌받거나 하찮은 취급을 받게 된다"(Linehan, 1993, p. 49). Linehan(1993)은 까다로운 아이와 비승인적 환경이라는 부적합한 연합이 이 성격장애의 발달을 부추긴다고 주장한다. 경계성 패턴은 생리적인 기반을 지니고 이들의 정서적 경험을 무시하는 유의미한 타인들에 의한 경험으로 강화되는 것으로 여겨진다. 차후에는 이들이 정서 조절 기술을 전혀 혹은 거의 발달시키지 못한다. 짧게 말하면, 강렬한 정서적 반응, 부적절한 정서 조절 기술, 비승인적 환경의 조합이 개인으로 하여금 위기에 취약하게 만들고 이들은 이러한 위기에 효과적으로 대처하지 못한다.

## 대인관계적 사례개념화

**사회적 행동에 대한 구조적 분석 접근.** Benjamin(2003a)의 사례개념화 접근인 사회적 행동에 대한 구조적 분석(Structural Analysis of Social Behavior)은 경계성 성격장애를 가진 사람들이 전형적으로 무질서하고 연속극 같은 생활양식을 특징으로 하는 가족에서 성장한다는 것을 가정한다. 이러한 딜레마가 없다면, 삶은 허무하고 지루하고 공허하게 경험된다. 이러한 혼란스러운 연속극 같은 삶이 일반 사람들의 눈에는 뻔해 보이고 딴 세상 같아 보이는데, 미래에 성격장애로 발달될 사람이 주인공 역할을 하고, 결과적으로 충동성, 불안정한 기분, 항상성이 결여된 예측하기 힘든 삶으로 이어진다. 이러한 사람들의 발달사에는 외상적인 유기 경험, 신체적 혹은 성적 학대로 점철되는 전형적인 고립 등이 관찰된다. 이와 같은 학대로 인한 고립은 언젠가 성격장애를 갖게 될 사람이 나쁜 사람이라는 인식과 곧바로 연결되어 있다. 이러한 학대 경험은 그 개인으로 하여금 이상화에서 폄하로 바뀌는 '가르침을 준다'. 더불어 성적 학대 경험이 고통스러운 만큼 이들은 자해의 밑거름을 마련해 주고, 자해 삽화 동안 즐거움은 고통과 혼동된다. 가족 규범은 가족에 대한 의존과 연민의 고통은 좋은 것이고 자율성은 나쁜 것이라고 그들에게 주입되고, 독립, 역량, 행복을 향한 움직임은 자기 태업으로 가로막히게 된다. 더욱이 경계성 성격장애를 가진 젊은 사람들은 자신의 가족으로부터 비참함, 질환, 쇠약 등이 타인의 사랑과 관심을 이끌어 낸다는 것을 배운다. 성인이 되어서는, 양육자 및 사랑하는 사람들이 사실은 불행을 사랑한다고 믿게 된다. 요약하면, 유기에 대한 병적인 공포를 지니며, 특히 사랑하는 사람 혹은 양육자로부터 보호적 양육을 소망한다. 처음에는 양육자에 대한 친근한 의존을 하다가 양육자 혹은 사랑하는 사람이 충분하다고 여겨지지 않으면 적대적인 통제로 바뀌게 된다. 경계성 성격장애를 가진 사람들은 유의미한 타인들이 의존과 결핍을 은밀히 좋아한다고 믿기 때문에 성공 혹은 행복의 기미가 조금이라도 느껴지면 악의적인 내사를 통해 스스로를 공격한다. 이 모델에 기반을 둔 치료는 대인관계 재건 치료(Interpersonal Reconstructive Therapy)라고 불린다(Benjamin, 2003b, 2007).

**대인관계 심리치료 접근.** 이 성격장애와 관련된 대인관계 사례개념화는 대인관계치료(Interpersonal Psychotherapy)를 적용한 것인데, 원래는 만성 우울 혹은 DSM-5에서는 지속성 우울장애(Persistent Depressive Disorder)라고 불리는 기분부전장애(Dysthymic Disorder) 치료를 위해 개발되었다(Weissman, Markowitz, & Klerman, 2000, 2007). 이 접근에서는 경계성 성격장애가 만성 우울과 유사하지만 간헐적이고 비효과적인 분노 및 충동성의 폭발로 강조되는 방식만 변형된(mode-inflected) 상태로서 특징화된다(Markowitz, Bleiberg, Pessin, & Skodol, 2007).

## 통합적 사례개념화

통합적 사례개념화는 경계성 성격이 어떻게 발달되었고 어떻게 유지되었는지에 대한 생물심리사회적 설명을 담고 있다. 생물학적으로 경계성 성격장애를 가진 사람들은 세 가지 주요 하위 유형을 통해 이해될 수 있다. 그 세 가지 하위 유형은 경계성-의존형, 경계성-연극형, 경계성-수동공격형이다. 경계성-의존형(borderline-dependent type)의 기질 양식은 수동적인 유아적 패턴의 양식이다(Millon, 1981). Millon은 자율신경계의 낮은 반응성에 부모의 과잉보호 양육 방식이 더해져 대인관계 기술 발달을 제한시키고 타인에게 매달리는 관계양식을 형성시킨다는 가설을 세웠다. 반면에 경계성-연극형(borderline-histrionic type)은 과잉반응적인 유아적 패턴을 더 지닐 가능성이 높다. 따라서 자율신경계의 높은 반응성, 수행에 대한 부모의 높은 자극 및 기대로 인해 이 경계성-연극형 패턴이 생길 가능성이 높다. 마지막으로, 경계성-수동공격형(borderline-passive aggressive type)은 Thomas와 Chess(1977)에 의해 언급된 '까다로운 아이'가 될 가능성이 높다. 이 패턴에 부모의 비일관성이 더해지면 경계성-수동공격형 성격이 갖는 정서적 흥분성을 나타낸다.

심리학적으로 경계성 성격장애를 가진 사람들은 자신, 타인, 세계 그리고 삶의 목적을 다음과 같은 주제로 바라보는 경향이 있다. 이들은 자신을 "난 내가 누구인지, 어디로 가는 것인지 모르겠어."라는 큰 주제의 여러 변형된 주제를 통해 자신을 바라본다. 간단히 말하면, 이들의 정체성 문제에는 성별, 직업, 헌신 대상, 가치 영역들이 포함되며, 이들의 자아존중감은 자신의 자아정체성에 대한 개별적인 생각 혹은 감정에 따라 크게 달라진다. 경계성 성격장애를 가진 사람들이 세계에 대해 갖는 관점은 "사람들은 훌륭해, 아니 그렇지 않아." "목표를 갖는 것은 좋아, 아니, 그렇지 않아." "내 맘대로 삶이 되어 가지 않으면 참을 수 없어."라는 주제의 변형인 경향이 있다. 그러므로 이들은 다음과 같은 결론을 내릴 가능성이 있다. "그래서 모든 가능성을 열어 두어야 해. 어떤 한 가지에만 온 힘을 쏟아 부어서는 안 돼. 공격을 받을 때에는 역할을 바꾸고 생각과 감정을 바꾸면 돼." 경계성 성격장애를 가진 사람들이 활용하는 여섯 가지 방어 전략은 부인, 분열, 원초적 이상화, 투사적 동일시, 전지전능, 폄하이다(Shulman, 1982).

사회적으로 부모 역할의 예측 가능한 패턴과 환경적 요인들은 경계성 성격장애에서 관찰될 수 있다. 부모 역할 양식은 하위 유형에 따라 다르다. 예를 들어, 의존형에서는 과잉보호가 부모 역할의 주요 특징인 반면, 연극형에서는 요구적인 부모 역할이 보다 분명히 드러나며, 수동-공격형에서는 비일관적인 부모 역할 양식이 더 뚜렷이 관찰된다. 하지만 경계성 성격장애는 덜 심각한 의존성 성격장애, 연극성 성격장애, 수동-공격형 성격장애의 하위 증후군이면서 좀 더 악화된 상태이기 때문에, 이 성격장애들의 경계성 하위 유형들에 있어서 원가족은 보다 더 역기능적일 가능성이 있고, 아동이 다양한 자기패배적 대처 전략들을 학습하게 될 가능성을 증가시킨다. 부모의 암묵적 규칙은 "네가 성장해서 내 곁을 떠나면 내게[부모에게] 나쁜 일들이 생기게 될 거야."일 가능성이 높다.

이 경계성 패턴은 다음과 같은 사람들과 체계 요인들에 의해 확정되고, 강화되고, 유지된다. 정체성 분산, 충동적 요동, 자기패배적 대처 전략들은 공격적인 행동화로 이끌고, 이는 다시 더욱 악화된 혼란을 가져오게 되며, 나아가 비인격화, 불쾌감의 증가, 안도감을 느끼기 위한 자해 경험으로 이어진다. 이는 자신과 세계에 대한 신념을 더욱 재확인할 뿐만 아니라 행동과 대인관계 패턴을 재강화하게 된다(Sperry, 2015).

〈표 5-2〉에서 경계성 성격장애의 특징을 요약하였다.

**〈표 5-2〉 경계성 성격장애의 특징**

| | |
|---|---|
| 촉발사건 | 개인적 목표를 충족하거나 가까운 관계를 유지할 것이라는 기대 |
| 행동양식 | 충동성<br>행동화<br>무기력, 허무한 '공허' |
| 대인관계 양식 | 유기 공포<br>불안정적인, 강렬한 관계<br>이상화와 폄하의 극단을 오고 감 |
| 인지양식 | 비융통적이며 경직된 사고<br>경험으로부터 배우지 못함<br>외부적인 통제 불능 |
| 정서양식 | 정서적으로 반사적이며 조절이 안 됨<br>부적절하며 강렬한 분노<br>극단적인 정서 및 기분 불안정 |
| 기질 | 혼란형 |
| 애착양식 | 의존형: 수동적인 유아적 패턴-자율신경계의 낮은 반응성<br>연극형: 과잉반응적 유아적 패턴-자동 반응성 수준이 높음<br>수동-공격형: '까다로운' 유아적 패턴-정서 홍분성 |

| | |
|---|---|
| 부모의 금지명령 | "네가 성장해서 내 곁을 떠나면 내게[부모에게] 나쁜 일들이 생기게 될 거야."<br>과잉보호 혹은 요구적 혹은 비일관적인 부모 역할 |
| 자기에 대한 관점 | "난 내가 누구인지, 어디로 가는 것인지 모르겠어."<br>성별, 직업, 헌신 대상, 가치 영역을 포함한 정체성 문제<br>현재 감정에 따라 자아존중감이 크게 흔들림 |
| 세상에 대한 관점 | "사람들은 훌륭해, 아니 그렇지 않아. 목표를 갖는 것은 좋아, 아니, 그렇지 않아. 내 맘대로 삶이 되어 가지 않으면 참을 수 없어. 어떤 한 가지에만 온 힘을 쏟아 부어서는 안 돼." |
| 부적응적 도식 | 유기, 결함, 학대/불신, 정서적 박탈, 사회적 고립, 불충분한 자기통제 |
| 최적의 진단기준 | 실제의 혹은 상상의 유기를 회피하기 위해 치열한 노력을 기울임 |

## 경계성 성격장애의 평가

정보 출처가 다양하면, 성격장애의 진단과 치료 계획 수립에 유리하다. 임상 면담에서 얻는 환자의 자기보고 외에도 관찰, 부수적 정보, 심리검사 등이 중요한 보조자료로 이용된다. 이 절에서는 임상가가 해당 성격장애 환자를 처음 만났을 때 관찰할 수 있는 특징 일부와 라포 형성을 위한 내용을 간략하게 다루었다. 여러 가지 객관적 검사(이를테면, MMPI-2, MCMI-IV) 및 투사검사(이를테면, 로르샤흐 검사, TAT)의 특징적인 반응 패턴에 대해서도 기술하였다.

### 면담 시 행동과 라포

경계성 성격장애를 가진 사람들과의 면담은 그들의 불안정성과 양가성 때문에 임상가들에게 어려움을 가져다준다. 불안정 혹은 가변성은 이들의 기분, 목표, 임상가와의 라포에서 관찰된다. 라포와 관련한 불안정성은 공감을 통해 그 불안정에 초점을 맞추면서 대처될 수 있다. 그와 관련된 논의를 주도하고, 그 논의의 방향을 잃어버리지 않으며 샛길로 빠지거나 정서적 폭발이 있을 때 잘 제지함으로써 가능하다. 개방형 질문을 던지는 것은 제한된 답변을 좇는 폐쇄형 질문보다 더 선호된다(Ackley et al., 2011). 또한 불안정성은 탐색될 필요가 있는 병리적인 한 부분으로서 분리해서 처리된다. 불안정성이 라포에 영향을 주므로 임상가는 반드시 불안정성의 존재와 효과를 끊임없이 인식해야만 한다. 이러한 환자들이 덜 방어적이고 자기 노출에 대해 더 자발적이 되면 라포도 더 깊어진다.

양가성을 다루기 위해서는 이들이 지닌 모순들을 직면시키는 것이 필수적이며, 동시에 이들의 양가적 감정들을 표현하고 이해하는 것이 필수적이다. 치료적 직면은 이들의 분열과 투사적 동일시를 드러내 주며 과잉이상화 혹은 폄하를 조절해 준다. 치료적 직면은 경계성 성격장애를 가진 사람들로 하여금 자신들의 양가성이 지각된 양육자의 지지와 이해 부족이 원인이었음을 깨닫도록 도움을 주는데, 이를 통해 자신의 안녕감에 엄청난 영향을 갖게 된다(Othmer & Othmer, 2002).

## 심리검사 자료

MMPI-2, MCMI-IV, 로르샤흐 검사, TAT는 의존성 성격장애뿐만 아니라 의존성 성격양식 또는 특질 진단에도 유용하다(Groth-Marnat, 2009)

MMPI-2에서, 2번(D, 우울증) 척도, 4번(Pd, 반사회성) 척도, 8번(Sc, 조현병) 척도의 상승은 흔하다(Graham, 2012). 0번(Si, 사회적 내향성) 척도와 K(교정) 척도에서 높은 점수를 보이고, F(비전형) 척도의 점수는 전형적으로 낮다. 만약 정서 조절, 특히 분노가 현저하다면, 6번(Pa, 편집증) 척도에서 점수가 높을 것이다. 비록 드물기는 하지만, 2-6/6-2(D-Pa, 우울증-편집증) 프로파일은 경계성 병리와 관련이 있다(Meyer, 1995).

MCMI-IV상에서, C(경계선) 척도가 가장 높고 8A(부정성) 척도가 동시 상승할 가능성이 있다(Millon et al., 2015). A(범불안장애) 척도, H(신체증상장애) 척도, N(제I형 양극성장애) 척도, D(기분부전장애) 척도와 같은 임상 척도들의 상승이 예상된다(Choca & Denburg, 1997).

로르샤흐 검사에서는 비논리적이며 작화적 반응의 조합(이를테면, 10번 카드에 "말 머리가 하나 있는데, 그 말 머리의 귀에서 두 마리의 바다 해마가 빠져나오려고 한다.")이 흔히 나타난다(Singer & Larsen, 1981; Swiercinsky, 1985). 이러한 반응들은 10번, 9번과 2번 카드에서 나타날 가능성이 높다.

TAT에서는 '원초적 분열'이 완전 나쁜 인물들, 한 면의 성격만 수용되거나 묘사되는 인물들에서 관찰되고, 좋고 나쁜 특징들이 부조화되게 병치될 때 관찰될 수 있다. 분리불안 주제, 정서의 극단적 묘사, 만족지연보다는 행동화하는 주제들이 드물지 않게 나타난다(Bellak, 1997).

## 치료적 접근법 및 개입

### 치료 시 고려사항

경계성 성격장애의 감별진단에는 다른 축 II의 성격장애들, 수동-공격, 연극성, 의존성, 조현형 성격장애들이 포함된다. 성격장애와 관련 있는 가장 흔한 축 I 증후군은 범불안장애, 공황장애, 기분부전장애 등이다. 덧붙여, 기타 증후군들로는 단기 반응성 정신증(Brief Reactive Psychoses), 조현정동장애(Schizoaffective Disorder), 건강염려증(Hypochondriasis), 해리장애(Dissociative Disorders), 특히 심인성 둔주(Psychogenic Fugue) 등이 있다.

경계성 성격장애는 공공 기관이나 개인 임상 현장 모두에서 가장 흔히 관찰되는 축 II의 양상일 수 있으며, 치료하기 가장 까다롭고 좌절스러운 상태 중 하나일 수 있다. 임상적 경험으로 말하자면, 전반적인 기능 수준과 치료 접근, 양식, 전략 등에 관해 의사결정을 할 수 있는 치료 준비도를 평가하는 것이 중요하다. 경계성 성격장애는 모든 성격장애 중 가장 많은 연구가 실시된 영역이다. 현재까지 몇몇 무선 통제 처치 집단을 통한 연구들이 보고되었다. 7개의 DBT 처치 연구에 대한 평가 결과, DBT는 미국심리학회 12분과가 정한 임상적으로 지지된 치료 기준에 따라 확증된 치료(well-established treatment) 기준을 충족하였다는 결론을 내렸다(Lynch, Trost, Salsman, & Linehan, 2007).

### 개인치료

많은 사람은 개인치료가 경계성 성격장애 치료의 초석이라고 간주한다. 비록 다양한 개인 심리치료 접근의 적절성 혹은 효과성에 대해 불일치하는 의견들이 다수 존재하지만, 몇 가지 일반 원리에 대해서는 합의가 이루어져 있다. Waldinger(1986)

는 경계성 성격장애를 치료함에 있어 다섯 가지 합의점을 기술하였다. 첫째, 치료자는 회기 동안 내담자의 행동을 파악하고, 직면하고, 주도하는 데 있어 반드시 능동적이어야 한다. 둘째, 제한 조건들, 회기 정하기, 치료비 지급 조건, 내담자와 치료자 역할에 대한 기대 등을 정하고 유지하는 것과 관련하여 안정된 치료 환경이 반드시 제공되어야 한다. 셋째, 내담자의 행동과 감정 간 관련성이 반드시 수립될 필요가 있다. 넷째, 자기파괴적 행동은 반드시 만족감을 주지 않아야 한다. 마지막 다섯째, 역전이 감정에 주의를 기울여야 한다.

특정 심리치료 접근이 활용된다고 하더라도 문헌들을 살펴보면, 경계성 성격장애를 가진 내담자를 치료하는 것은 까다롭고, 역전이 문제가 흔히 발생하며, 치료 성과는 일관적이지 않다는 것을 알 수 있다(Gunderson, 1989). 몇몇 경계성 내담자는 부정적인 치료 반응을 경험하고, 어떤 사람들은 개인 심리치료의 유감스러운 효과를 경험하기도 한다. 어떤 경우에는 이러한 내담자들에게 개인 심리치료를 받게 해서는 안 될 때도 있다. Frances 등(1984)은 '무치료(no treatment)' 옵션을 제공하고 어떻게 활용할 것인지 구체적인 기준을 제시하였다. 그럼에도 불구하고 치료가 제시될 때는 치료에 대한 내담자의 필요와 기대에 주의를 기울이고 그에 맞는 치료를 제공하는 것이 치료 성과를 극대화하는 데 필수적이다.

이 절에서는 다양한 정신역동적 · 인지행동적 · 대인관계적 접근에 대해 설명하고자 한다.

### 정신역동적 접근

여기에는 경계성 성격장애에 대한 다양한 정신역동 접근, 즉 정신분석적 심리치료, 지지적 심리치료, 단기 정신역동 심리치료를 간단하게 정리하여 제시하였다.

**정신분석적 심리치료.** 경계성 성격장애 내담자들의 치료에 대해서는 초기 해석과 부정적 전이를 다루는 데 있어서의 역할을 바탕으로 기본적으로는 두 가지 정신분석적 견해가 존재한다. 한 가지 관점은 치료의 초기 단계에서 직면이 반드시 이루어져야 하고 원초적인 전이를 지금-여기 상황에서 해석해 줘야 한다는 것이다. 다른 관점은 공격적인 주제에 대한 초기 해석이 비효과적이고 치료에 방해가 될 가능성이 있다는 것이다. Kernberg(1984)와 Masterson(1976)은 다른 사람들과 마찬가지로 첫 번째 관점을 지지하였고, Chessick(1982), Buie와 Adler(1982) 그리고 다른 사람들은 두 번째 견해를 옹호하였다. 그럼에도 불구하고 두 견해 모두 성격의 재건이 치료 목표이며, 일주일에 3회 이상의 회기를 최소 4년 이상 실시하는 것이 필수적이라는 점에 동의한다.

Masterson(1976), Masterson과 Klein(1989)은 성격장애 내담자들과의 심리치료 과정을 우아하게 묘사하였다. 지지적 심리치료는 재건적 심리치료와는 감별된다. 재건적 심리치료(Reconstructive Psychotherapy)의 목표는 원래의 분리-개별화 단계와 관련 있는 유기 우울, 즉 우울감, 분노와 격분, 두려움, 죄책감, 수동성 및 무기력, 허무감, 최근의 분리와 상실 경험에 이어진 공허감을 훈습(work through)하는 것이다. 이를 통해 자아 자율성을 얻고, 분리된 대상관계를 완전체의 대상관계로 바꿀 수 있도록 하고, 분리된 자아를 온전한 자아로 바꾸게 된다. 심리치료의 3단계를 Masterson이 기술하였는데, 임상가가 내담자의 개별화의 시작에 맞춰 지지하는 의사소통을 활용하는 직면이 주요 기법이 되는 시험 단계와 훈습 단계 그리고 분리 단계이다.

이러한 치료의 기대된 성과는 충동적 행동과 스트레스원에 대한 기타 퇴행적 반응들의 감소뿐만 아니라 대인관계에서의 안정성의 향상이다. 이와 같은 성격 재건을 통해 내담자는 정상적으로 혹은 신경증적인 수준에서 기능하게 된다(Gunderson, 1989).

**정신화 기반 치료.** Bateman과 Fonagy(2007, 2010)의 작업에 기반을 둔 정신화 기반 치료(MBT)는 경계성 성격장애 내담자들로 하여금 정확하게 파악하고 반응할 수 있는 능력 계발을 목표로 하고 있다. 내담자로 하여금 안정된 자기감과 적절한 각성 수준을 유지할 수 있도록 조력하는 것을 포함하고 있다. 이 치료의 원 개발자들은 MBT가 고유한 치료 모델은 아니며, 오히려 특정 목표를 달성하기 위한 치료적 자세(stance)라고 주장하였다. 이처럼 MBT는 다른 치료법들에서도 찾아볼 수 있는 다양한 많은 기법을 사용하고 있다.

정신화 기반 치료의 두 가지 중요한 측면은 치료적 자세와 내담자와 치료자 간의 전이를 정신화하는 것이다. 치료적 자세는 여러 요인을 포함하고 있는데, '알지 못함'으로부터 비롯된 치료자의 겸손, 치료자와 내담자 간 관점의 차이를 이해하는 인내심, 서로 다른 관점을 승인하고 수용하는 것, 질문을 던짐으로써 내담자의 경험을 적극적으로 이해하고자 하는 것, 내담자로부터 해명을 얻으려 하지 않는 것, 어떤 것이 명료하지 않을 때 명료화하는 것 등이다.

이 치료 방법에서 변화의 일차적 도구는 치료자와 내담자 간의 관계이다. Bateman과 Fonagy는 다른 정신역동적 치료 접근들에서처럼 내담자의 통찰을 증진시키는 전이 해석에 초점을 두지 않는다. 그들은 해석이 갖는 이점을 활용할 수 있는 능력은 경계성 내담자들이 전형적으로 소유하고 있지 않은 정신화 능력 수준을 필수로 요구한다고 주장한다. 오히려 MBT는 내담자로 하여금 다른 사람의 마음에 주의를 기울이고 그들이 어떤 지각을 하는지 검토하도록 격려하는 전이관계를 사용한다. 전이를 정신화하는 것은 여섯 단계를 통해 가능하다. 즉, 치료자에 대한 내담자의 전이를 타당화하기, 전이를 유발한 사건들을 탐색하기, 치료자 측의 실연(enactment)을 수용하기, 내담자와 협력하여 해석하기, 대안적 관점을 제공하기, 전 과정에 대한 내담자의 반응을 모니터링하기이다. 외래 정신화 기반 치료와 구조화된 임상적 관리를 비교하는 무선 통제 연구에서 MBT 집단에 참여하고 있는 경계성 내담자들의 자살 시도 및 입원 횟수가 급속히 감소함이 보고되었다(Bateman & Fonagy, 2009).

**전이 초점 심리치료.** Clarkin, Cain과 Livesley(2015)는 경계성 내담자들의 행동 통제 향상, 자기성찰 증진, 정서 조절 기술 배양 목표를 위해 전이 초점 심리치료(TFP)를 개발하였다. 이는 MBT에서처럼 치료자와 내담자 간의 관계를 통해 달성된다. 전이 초점 심리치료는 경계성 성격장애 치료에 대한 매우 구조화되고, 매뉴얼화된 증거 기반 접근이다. 치료 회기는 45분이며 일주일에 2회 실시된다. 치료의 첫해 동안에는 일차적 목표가 유사 자살적 행동 및 기타 다른 형태의 자기파괴적 행동화를 통제하는 것이다. TFP의 궁극적 목표는 정체성 통합이다.

내담자의 내적 세계를 지금-여기에서의 전이 관계 속에서 탐색하는 것과 더불어 계약하기와 제한사항 정하기 등과 같은 기법들을 사용한다. 치료 계약은 치료의 구조가 되어 내담자의 패턴들이 드러나는 안전한 맥락을 제공하며, 치료자에게 계약으로부터 벗어나는 행동들의 의미를 탐색하는 하나의 방식이 될 수 있다. 전이 초점 심리치료에서 해석은 통합이 이루어지게 하는 유일한 수단으로 간주된다.

**지지적 심리치료.** 역동적 관점에서 보면, 지지적 심리치료(Supportive Psychotherapy)는 정신분석적 심리치료 혹은 정신분석보다는 덜 강도 높고 덜 퇴행적이다. 경계성 성격장애를 가진 사람들에 대한 지지적 치료의 목표는 일상생활으로의 적응을 향상시키는 것이며, 대인관계 스트레스원에 대한 자기파괴적 반응을 감소시키는 것이다(Kernberg, 1984).

지지적 치료의 기본 기법은 비분석적 수단들을 통해 내담자로 하여금 통제감을 획득하도록 조력하기 위한 목적으로 내담자의 원초적 방어 기제들을 지금-여기에서 탐색하기와 자신의 방어 기제들이 작동되는 혼란스러운 정서를 더욱 자각할 수 있도록 내담자를 조력함으로써 현실에 더 잘 적응할 수 있도록 하는 것이다. 드러난 전이와 억세된 전이들(무의식적이거나 억압된 전이라기보다)을 탐색하고, 내담자가 직면한 대인관계 문제들을 분류하는 데 이 전이들을 활용한다(Kernberg, 1984).

이와 같은 지지적 심리치료는 외래 임상 장면에 있는 중등도 기능 이하의 경계성 성격장애를 가진 사람들에게 흔히 활용된다. 전형적으로 매주 회기가 진행되며, 몇 년 동안 지속될 수 있다. Menniger 성과 연구(Menniger Outcome Study) 결과에 따르면, 지지적 치료는 재건적 정신역동치료로만 가능하다고 기대되었던 성격의 기본적인 변화를 가져올 수 있다(Wallerstein, 1986). 그래서 Kernberg의 지지적 심리치료는 '마지막 수단의 치료'라는 특징에도 불구하고, 지지적 심리치료는 강력한 중재 방법이다.

Klein(1989a)은 기능 수준이 낮은 경계성 성격장애를 가진 사람들을 위한 두 가지 유형의 지지적 치료에 대해 묘사하고 있다. 첫째, 직면적 심리치료(confrontive psychotherapy) 과정은 자아-이질적(ego-dystonic)이 될 때까지 부적응적 행동들을 유지하게 만드는 저항을 직면시키는 것이다. 치료 동맹은 전이가 행동화되지 않게 하는 역할을 한다. 또한 기저에 있는 정서들을 다루는 적응적 양식, 예를 들면 기존의 자기파괴적 행동과 방어 기제들을 대체하는 새로운 패턴들을 실행에 옮기는 것이 치료에 포함된다. 재건적 심리치료와는 달리, 이 접근은 내담자로 하여금 유기 우울을 훈습할 수 있도록 촉진하지 않는다. 이 치료의 목표는 대인관계에 어느 정도의 일관성을 성취할 수 있는 내담자의 작업 능력을 증진시키는 것에만 제한을 둔다.

또한 Klein(1989a)은 기능 수준이 매우 낮은 경계성 내담자들과의 '상담'에 대해 기술하였다. 이는 반복된 초기 학대, 방임 혹은 분리 트라우마 경험 이력, 혹은 반복된 심각한 퇴행 삽화, 혹은 반복적인 자살 혹은 타살 위협 행동 이력을 지닌 내담자들을 위한 치료이다. 이 치료의 목표는 적응적으로 기능할 수 있는 내담자의 능력을 지속적으로 방해하는 분노, 불안, 우울 정서를 감소시키는 것이다. 상담자는 내담자에게는 보조자아가 되며, 현실 검증, 격려, 지시, 문제해결, 약물치료 등과 같은 기법을 조합하여 활용한다.

**단기 정신역동치료.** 이전에는 경계성 내담자들에게 단기 정신역동치료(Short-Term Dynamic Psychotherapy)가 적합하지 않다는 의견이 있었으나, 현재는 단기 및 시간제한적인 접근들이 특정 내담자들에게는 어떤 면에서 유용성이 있는 것으로 알려져 있다. 10~20회기 정도의 치료로, 이 치료는 특정한 관계 문제 혹은 상황적 문제들에 초점을 맞출 수 있다. 그리고 매우 구체적인 초점을 맞추기 때문에 퇴행적 전이가 발달될 가능성도 적다. 이 접근은 감정에 휩싸이거나, 압도당하거나, 혹은 지나치게 의존적인 문제를 지닌 경계성 내담자들에게 적합할 수 있다. 또한 퇴행적 치료를 조기 종료했던 경험을 지닌 사람들에게도 유용할 수 있다. 나아가 장기치료로의 이동을 위한 도약판의 역할을 할 수 있다.

Klein(1989b)은 경계성 내담자들을 위한 단기치료 프로토콜을 기술하였다. 목표들로는 봉쇄하기(containment), 즉 내담자가 행동화할 가능성을 인식하고, 통제하고, 봉쇄하는 것과 자신의 방어들을 감추는 정서들을 행동화하기보다는 언어로 표현될 수 있고, 표현되어야만 한다는 것을 학습하는 것(learning) 그리고 이러한 정서들과 관련된 자신들의 에너지를 적응적이며 승화된 행동과 표현들로 방향을 바꾸는 조정하기(adaptation)이다. 이 단기 접근은 비록 명료화, 해석, 의사소통 일치시키기(communicative matching) 등이 때때로 활용되기는 하나, 회기 수가 제한적이며 직면이 핵심적으로 사용되는 기법이라는 점을 제외하고는 Masterson 모델을 따르고 있다. 회기는 1년 이내에 매주 1~2회만 진행하며, 일상의 적응 문제와 건강한 방어들이 치료의 초점이 된다.

**정신역동적 중재를 지지하는 연구.** 경계성 성격장애에 대한 역동적 치료의 임상적 가치 및 활용성을 지지하는 몇몇 경험적 연구가 있다. 한 연구에서는 자기심리학(self-psychology)에 기초를 둔 접근으로 2년 동안 치료를 받은 사람들에게 치료 효과가 나타났다(Meares, Stevenson, & Comerford, 1999; Stevenson & Meares, 1992). 사후 검증에 대기 집단을 통제 집단 삼아 비교한 자연적 연구(naturalistic study)였기 때문에 이 결과가 이 역동적 접근으로 인한 것인지 단정 짓기는 힘들 수 있다.

또한 입원과 외래 치료를 병행하는 환자들에 대한 정신분석 지향 접근 치료가 무선 통제로 진행된 적이 있었다(Bateman & Fonagy, 1999, 2001). 치료는 심층적이면서도 포괄적으로 진행되었다. 조정 관리(mediation management)를 포함하여, 매주 정신분석적 치료가 실시되었고, 매주 2회의 집단치료가 진행되었으며, 매주 1회의 심리극과 표현적 치료 그리고 매주 1회의 공동체 만남이 진행되었다. 긍정적인 치료 성과가 부분 입원 프로그램 자체적인 특수한 구조 및 환경 때문이었는지, 혹은 프로그램에 참여하는 치료자들이 활용하는 정신역동적 접근 때문이었는지는 분명하지 않다.

'전이 초점 심리치료'라고 불리는 경계성 성격상애를 치료하기 위해 특별히 고안된 구조화되고 매뉴얼화된 접근은 전도유망하다. 이 접근은 현재의 내담자–치료자 관계에서 정서가 실린 주제들에 초점을 둔다. 자기파괴적 행동 및 자살 행동의 확산 방지, 치료를 방해하는 다양한 방식, 유의미한 대상관계 패턴의 확인 및 파악 등이 치료 개입 기법에 포함된다. 무통제 치료 연구 결과 입원 횟수, 외래 치료 횟수가 현저히 감소하였고, 치료 탈락률도 매우 낮았다(Clarkin, Foelsch, Levy, Hull, Delaney, & Kenrberg, 2001).

## 인지행동적 접근

**인지치료.** Beck 등(1990)에 의하면, 인지치료는 경계성 성격장애를 가진 사람을 대상으로 한 치료에 있어 기타 다른 접근법들에 비해 유의미한 이점을 가지고 있다. 기본적으로, 인지치료는 전형적으로 5~7년 정도를 요구하는 정신분석 지향 기타 치료법들(Masterson, 1981)과 비교하여 18~30개월 안에 종결이 가능하다(Freeman et al., 1990).

협력적 작업관계를 수립하는 것이 치료 과정에서 가장 도전거리가 되는 첫 단계이다. 이러한 내담자들에게는 신뢰와 친밀감이 중요 의제이기 때문에, 안내된 발견에 기반을 둔 협력적이고 전략적인 접근이 추천된다. 치료자를 신뢰하는 것, 명료하고, 적극적이며, 진실되게 의사소통을 하는 것, 합의한 내용을 지키는 것, 일관되고 신뢰로운 방식으로 행동하는 것에 대한 내담자의 어려움을 분명히 인식하고 수용하는 것은 내담자에게 신뢰가 어떤 증거에 바탕을 두어야 하는지를 알게 해 준다. 나아가 치료 계약을 구체화하는 것을 포함한 한계 설정이 추천된다. 초기에는 구체적인 행동적 목표들에 초점을 맞추는 것이 경계성 성격장애를 가진 사람이 지닌 친밀감과 신뢰에 대한 어려움의 영향을 감소시키는 데 유용하다. 이러한 내담자들에게는 대체로 내적 성찰이 거의 요구되지 않는 문제들을 작업하는 것과 감정 혹은 사고보다는 행동에 초점을 두는 것이 덜 위협적이다. 인지치료의 주요 초점이 부적응적 심리도식을 변화시키는 것이라는 사실은 새삼스러울 것도 없다. 경계성 성격장애를 가진 사람들은 이 세상이 위험한 곳이며, 자신들은 무기력하며, 타인들이 자신을 필연적으로 거부하고 유기하게끔 자신들은 선천적으로 결함을 지닌 사람들이라고 믿는다. 이러한 믿음들은 과거 경험에 반하는 신나고 좋은 기대들을 확인하고, 그 기대들을 검증하도록 행동적인 경험들을 늘리며, 새로운 역량과 대처 기술들을 개발함으로써 점차 도전받게 된다. 이러한 내담자들은 회기 내 그리고 회기와 회기 사이 동안 이분법적 사고에 도전하는 법을 배워야만 하는데, 이분법적 사고가 감소되면 종종 변덕스러운 기분과 충동성도 감소하기 때문이다. 자기지시 훈련(self-intructional training)과 같은 행동적 중재(Meichenbaum, 1977)는 나아가 자기파괴적이며 충동적인 행동들을 감소시키는 데 유용할 수 있다.

치료에 따르지 않는 것은 경계성 성격장애를 가진 사람들이 지닌 드문 문제가 아닌데, 그 이유는 변화에 대한 두려움이다. 세계는 위험하다고 이들이 가정하기 때문에, 모호성에 대한 인내심이 낮고, 치료 과정을 통해 성장하는 것을 포함한 어떤 변화든지 위협적으로 지각한다. 변화를 털어놓고 다루는 것, 득과 실을 검토해 보는 것, 작은 단계들로 변화를 계획하는 것, 너무 조급하게 변화를 강요하지 않는 것 등을 추천한다. 치료 종결에 대한 두려움은 유기 및 거부에 관한 이슈를 불러일으키므로 반드시 조심스럽게 논의되어야만 한다. 요약해 보면, 경계성 성격장애를 가진 사람들에 대한 인지치료는 유기, 결함, 무능력, 불신 등과 같은 기본적인 심리도식이 수정되고 변화될 수 있는 장을 만들면서, 협력적인 신뢰의 작업관계를 발달시키고, 그 이후 기분, 충동, 행동에 대한 조절을 인지행동적 방법들을 통해 초점을 둔다.

Turkat(1990)는 경계성 성격장애를 가진 사람들이 가진 기본 이슈는 문제해결 결함이라는 의견을 제시하며, 몇 가지 전략을 포함한 치료 방법을 제안하였다. 이러한 전략들에는 문제해결 훈련, 개념 형성 훈련, 범주 관리(categorization management), 속도 처리 관리(processing speed management) 등이 있다.

**변증법적 행동치료.** 이 치료 접근의 두드러지는 특징은 변증법, 즉 반대되는 것들 사이의 조화이다. DBT 내담자와 작업을 하는 치료자들을 위한 기본적인 변증적인 사실은 그 순간에 보이는 내담자의 행동, 인지, 정서를 수용하는 것이다. 그에 맞춰, DBT 치료는 '지지적인 수용 vs. 직면 및 변화 전략의 사용을 그때그때 바꾸는 것'이 필수적이다. 이는 동양의 선(Zen) 사상을 서양의 심리학과 혼합한 통합적 관점을 통해, 흐름을 직접적으로 바꾸는 하나의 균형점으로서 수용에 초점을 둔다(Linehan, 1993, p. 19).

Linehan(1993, 2015)은 DBT 치료의 네 가지 핵심 양식에 대해 구체화하였다. 그 네 가지는 개인치료, 집단기반 기술 훈련, 전화 접촉, 치료자 자문이다. 집단치료와 기타 다른 치료 양식은 치료자의 판단에 따라 추가될 수도 있다.

개인치료자가 주치료자이며 치료의 주된 작업은 개인치료 회기를 통해 이루어진다. 개인치료는 세 가지 단계, 즉 개시 단계, 중간 단계, 종결 단계로 개념화될 수 있다(Marra, 2005). DBT 관점 개인치료의 핵심적 구성 요인은 변증법적 분석 및 내담자로 하여금 자신의 상황을 변증법적으로 사고할 수 있도록 코칭하는 것, 내담자의 느낌, 인지, 경험을 승인해 주는 것, 정서 중심 대처와 해결 중심 대처 간 균형을 이루는 것, 내적 단서로부터 외적 단서로의 주의 전환을 증진시키는 것, 새로운 심리적 대처 기술을 가르치는 것과 내담자의 행동과 정서에 대해 비난적이지 않은 방식으로 해석하기 등이다.

기술 훈련은 대체로 집단 맥락하에서 실시되는데, 이상적으로는 개인치료자 이외의 다른 사람에 의해 실시되는 것이 좋다. 기술 훈련 집단에서 내담자들은 성격장애를 가진 사람이 가진 특정 문제들과 연관된다고 간주되는 기술들을 배운다. 네 가지 기술은 마음챙김 핵심 기술, 대인관계 효능성 기술, 정서 조절 기술, 스트레스 감내 기술이다. 이 기술들 각각은 핵심 양식/기질 과잉조절(key style/temperament overmodulations)에 초점을 두고 있다. 하지만 선별된 내담자들과 개인치료 맥락하에서 기술 훈련을 수행하는 것이 가능하다(Marra, 2005).

치료자와 회기 이후 전화 접촉은 가능하지만, 심리치료로서가 아니라 내담자가 치료자와의 관계를 망가뜨렸다고 생각하고 다음 회기 이전에 이를 바로잡기를 원할 때, 자해에 대한 대안으로서 그리고 관계 회복을 위해 도움과 지지를 내담자에게 주기 위한 목적으로 사용될 수 있다.

DBT 치료자들은 치료자 자문 집단에 주기적으로 참석하도록 권장받는다. 이 집단은 까다로운 내담자를 다루는 치료자들 뿐 아니라 DBT 방식을 지속적으로 훈련하기 위한 정서적 지지를 제공한다.

평가, 치료에 대한 전념 및 오리엔테이션을 포함한 치료 전의 초기 단계에 이어, DBT는 3단계로 구성된다.

① 이 단계는 준자살 및 자살 행동, 치료 방해 행동 및 삶의 질을 위태롭게 하는 행동들을 감소시키는 데 초점을 둔다. 또한 이러한 문제들을 해소하기 위해 필수적인 기술들을 개발하는 데 초점을 둔다. 기술 훈련은 대체로 집단 맥락 하에서 실시되는데, 이상적으로는 개인치료자 이외의 다른 사람에 의해 실시되는 것이 좋다. 기술 훈련 집단에서 내담자들은 성격장애를 가진 사람이 가진 특정 문제들과 연관된다고 간주되는 기술들을 배운다. 네 가지 기술은 마음챙김 핵심 기술, 대인관계 효능성 기술, 정서 조절 기술, 스트레스 감내 기술이다.

② 이 단계는 외상후 스트레스 관련 의제들이 드러날 때 이들을 치료하는 것을 포함하여, 삶의 힘든 문제들을 주로 다룬다. 이 작업의 대부분은 개인 회기를 통해 이루어진다.

③ 이 단계의 초점은 자아존중감과 개인치료 목표이다. 각 단계의 표적 행동은 다음 단계로 이동하기 전에 통제된다. 특히 아동기 성학대와 관련된 문제들과 같이 외상후 스트레스와 연관된 문제들은 1단계가 성공적으로 완수되기까지 직접적으로 다루어지지 않는다. 각 단계의 치료는 해당 단계의 특정 목표들에 초점을 맞추는데, 이러한 특정 목표들은 상대적 중요도에 따라 확실한 위계로 정리되어 있다. 이러한 목표들의 예로는, 자살 행동을 감소시키기, 치료 방해 행동을 감소시키기, 삶의 질을 떨어뜨리는 행동을 감소시키기, 행동 기술들을 증가시키기, 외상후 스트레스와 관련된 행동을 감소시키기, 자아존중감을 향상시키기, 내담자와 협의한 개인적 목표에 초점 맞추기 등이다.

DBT의 핵심 전략은 '승인하기(validation)'와 '문제해결하기'이다. 변화를 촉진하는 시도들은 내담자의 행동과 반응을 내담자의 현재 삶의 상황과 관련지어 승인하고, 내담자의 어려움과 고통을 이해하는 중재 방법들을 통해 이루어진다. 문제해결은 필수적인 기술들을 제대로 확립시키는 것에 초점을 둔다. 다른 치료양식들로는 수반성 관리, 인지치료 노출 기반의 치료 방법들, 약물치료 등이다. 준자살적 및 자살적 행동, 다른 형태의 행동화 양상들이 경계성 성격장애 내담자들에게 흔하기 때문에, 수반성 관리는 각 치료 단계마다 통상적으로 적용된다.

DBT 치료는 개인상담소 환경보다 입원, 부분 입원, 혹은 거주치료 환경에서 더 쉽게 활용된다. 그 이유를 Linehan(1993)은 DBT에서는 한 치료자가 심리사회적 기술 훈련을, 다른 치료자가 개인치료를, 다른 치료자들이 자문을 제공하며, 치료자들이 자신들을 위한 지지 제공 목적의 치료자 자문 집단에 참여하는 치료 팀으로 제공될 때 가장 좋기 때문이라고 기술하였다.

Marra(2005)는 DBT 치료를 개인상담소 환경에서 적용하기 위한 몇 가지 제안 사항을 언급하였다. 그는 기술 훈련은 다른 치료자가 실시하도록 추천하였지만, 그렇게 하기가 불가능할 때를 위한 지침을 제공하고 있다. 그럼에도 불구하고, 그는 DBT를 개인상담소 환경에서 사용하기를 원하는 치료자들은 치료자 자문 집단에 참여하는 대신, 심리치료 자문가로부터 정기적인 자문을 받도록 권장한다. 이 같은 자문의 목적은 새로운 시각을 제공할 수 있으며, 정보 및 상황에 대한 치료자의 해석을 직면시킬 수 있고, 잠재적인 경계선 위반을 경고할 수 있는 다른 전문가와 진단, 치료 계획, 특정 중재 방법들을 명료화하기 위함이다.

**인지적 대처 치료.** 이 치료는 성격장애를 가진 사람들에 대한 적극적이며, 지시적이며, 교육적인 구조화된 인지행동적 접근이다(Sharoff, 2002). 이 치료는 내담자의 대처 기술들, 이를테면 기술 고리들, 하위 기술들, 미시적 기술들을 평가하는 것으로 시작되어, 이후 요구되는 목표 영역들에서의 기술 역량을 증진시키는 완전하고 자기 충족적인 접근이다. 다섯 가지 핵심 기술 영역과 그 영역의 대표적인 치료 양식들은 다음과 같다. 첫째, 인지적 기술은 문제해결, 자기지시 훈련, 자기관리이며, 둘째, 정서적 기술은 정서 확산 방지(emotional containment)와 정서 구획화(compartmentalization)이며, 셋째, 지각 기술은 관점 취하기, 사고 중지, 심리적 거리두기이며, 넷째, 생리적 기술은 명상과 이완 훈련, 다섯째, 행동적 기술은 의사소통 및 주장 훈련이다. Sharoff(2002)는 경계성 성격장애에 이 구조화된 접근을 사용하기 위한 구체적인 프로토콜과 임상 사례를 기술하였다.

**심리도식치료.** 심리도식치료는 성격장애를 가진 사람들, 개인 및 커플의 심리적 어려움을 개선하기 위해 Young(1994, 1999; Young et al., 2003)이 인지치료를 정교화한 것이다. 심리도식치료는 부적응적 심리도식을 확인하고 구체적인 전략 및 개입 방법을 계획하는 것을 포함하고 있다. 네 가지 주요 전략은 인지적 · 경험적 · 행동적 전략과 치료적 관계 그 자체이다. 부적응적 심리도식을 수정하는 인지적 재구조화(cognitive restructuring)는 중요한 인지 전략이지만, 심상 연습, 공감적 직면, 과제, 교정적 정서 경험의 한 형태인 '제한된 재양육' 등과 병행된다(Young, 1999; Young et al., 2003).

전형적으로 경계성 성격장애와 관련된 부적응적 심리도식들로는 **유기**, 즉 유의미한 타인들이 신뢰롭고 안정된 지지를 제공할 수 없거나 제공하지 않을 것이라는 신념; **결함**, 즉 자신의 중요한 부분에 결함이 있다고 믿는 동시에 자신은 나쁘고, 열등하며, 누구도 자신을 원치 않는다는 신념; **불신/학대**, 즉 다른 사람들이 자신을 학대하고, 모욕하고, 속이거나 조종하고, 자신에게 거짓말을 하며 자신을 통해 이득을 취할 것이라는 신념; **정서적 박탈**, 즉 정서적 지지를 받고자 하는 자신의 욕구를 충족시켜 주지 않을 것이라는 신념; **사회적 고립**, 즉 자신이 소외되고, 다른 사람들과 다르거나 어떤 집단에도 속하지 않는다는 신념 그리고 **불충분한 자기통제**, 즉 자기통제와 좌절 수용 능력이 부족하다는 신념이 있다(Bernstein, 2002). Young 등(2003)은 경계성 성격장애에 대한 심리도식 초점 접근을 활용하기 위한 구체적인 치료 프로토콜을 제시하였다.

**기타 인지행동적 개입 방법들.** Smucker(1999)는 기존의 안내된 심상 기법을 초기 아동기 학대와 연관된 심상과 정서들에 직접적으로 초점을 두도록 통합하는 인지행동적 접근을 기술하고 있다. 이 접근은 PTSD 진단기준을 충족할 만큼 심각한 트라우마를 경험하였으나 기존의 다른 치료 기법들을 통해 치료적 성과를 보지 못한 경계성 성격장애를 가진 사람들과 작업했던 Smucker의 경험을 바탕으로 개발되었다.

### 대인관계적 접근

Benjamin(2003a, 2007)은 이 접근에 대해 광범위하게 저술하였다. 그녀에 따르면, 경계성 성격장애를 가진 사람들에 대한 심리치료적 개입 방법들은, 내담자들이 협력할 수 있을 것인가, 부적응적 패턴과 패턴의 뿌리들에 대해 학습하고 그 패턴들을 중단할 수 있을 것인가, 변화에 대한 의지, 혹은 새로운 패턴을 효과적으로 만들고자 하는 의지를 가질 수 있을 것인가에 따라 가장 잘 계획되고 평가될 수 있다.

Benjamin은 협력(collaboration)을 촉진시킬 수 있는 여러 관찰 내용을 제시하였다. 그녀는 치료자가 이러한 내담자들에게 퇴행을 가능케 하기보다는 강점을 쌓을 수 있는 계약을 마련하도록 강조하였다. 회기 내에서뿐만 아니라 전화 통화 속에서 그리고 상담 대기실에서 상호 간 공동 목표는 강점을 기반으로 해야 내담자들이 자신을 끌어올릴 수 있다는 '강점 쌓기'에 기반을 둔 협력을 반드시 강조해야 한다고 주장한다. 협력은 '그것', 즉 내담자의 파괴적 패턴에 대항하는 것이어야만 한다. 건강한 협력을 위해서는 견고한 물리적 · 언어적 경계선을 통해 전이 및 역전이 재앙을 피하는 것이 필수적이다. Benjamin은 그녀가 옹호하는 치료 접근이 강점 쌓기를 위한 계약에 합의할 수 없는 내담자들에게는 적합하지 않다고 경고한다.

버림받음을 지각하게 되면 일련의 자기파괴적인 패턴 고리가 유발된다는 점을 인식하도록 경계성 성격장애를 가진 사람들은 배울 필요가 있다. 이러한 사람들은 만약 자신들이 내재된 학대적 애착 인물들과 '결별'할 수 있다면 자해, 자기 태만, 타살적 혹은 자살적 행동화를 단념할 가능성이 높다. 필연적으로, 이들은 이같이 내재화된 표상들로부터 확인받고자 하는 바람을 포기해야만 한다. 이는 그러한 인물들에 대한 반감을 형성하거나, 보다 건설적인 사람(예: 치료자)에 대한 애착으로의 대체를 통해 가능하다. 이러한 과업들이 일단 완수되면, 치료의 초점은 새로운 학습을 촉진하는 것으로 전환된다. 기본적 목표는 우호적인 관계를 유지하면서 서로 자율성을 주고받을 수 있는 방법을 학습하는 것이다.

**대인관계 재건 치료.** 대인관계 재건 치료(Interpersonal Reconstructive Therapy: IRT)는 Benjamin(2003a, 2007)이 개발한 성격장애 치료 방법이다. 성격장애에 대한 다른 치료들과 마찬가지로, IRT도 문제의 원인을 초기 발달에 있어 주양육자에 대한 부적절한 애착으로 개념화한다. 문제 패턴들은 Benjamin이 개발한 방법인 사회적 행동의 구조적 분석(Structural Analysis of Social Behavior: SASB)에 따라 분류된다. 행동은 (타인, 자신, 마치 타인인 것 같은 자신에 대한) '초점', (사랑-미움 축을 기준으로 한) '소속', (해방-통제 축을 기준으로 한) '상호의존'에 따라 기술된다. 치료자에 대한 경계성 성격장애 내담자의 행동은 IRT 체계 안에서 분류되는데, 내담자가 오래된 파괴적인 패턴에 빠져 있을 때는 '퇴행적 충성주의자' 혹은 '빨강'으로, 내담자가 새롭고 효과적인 방식으로 치료자에게 반응할 때는 '성장 협력자' 혹은 '초록'으로 분류된다. 빨강과 초록은 성장 협력자가 내담자의 마음에서 마침내 주된 세력을 얻을 때까지 치료 과정 내내 서로 충돌하게 된다. 대인관계 재건 치료에는 다섯 단계가 있다. 첫 번째 단계는 치료자와 내담자 간 협력을 구축하는 것이고, 두 번째 단계는 오래된 행동 패턴의 기원과 목적을 이해하는 것이며, 세 번째 단계는 파괴적 패턴을 종결시키는 것이고, 네 번째는 변화에 대한 의지를 높이는 것이며, 다섯 번째 단계는 새로운 패턴을 학습하는 것이다. 성격 재건이 목표인 기타 다른 치료법들과 마찬가지로 IRT는 수년 동안 지속될 수 있는 장기적 치료이다.

## 집단치료

성격장애 치료를 위한 집단치료의 효능에 관한 자료들은 다소 '무르다'. 많은 사례 보고서가 제시되었고 심지어는 어느 정도의 통제 연구들도 보고되었지만, 경계성 성격장애를 제외하고는 무선 임상 연구가 전혀 보고되지 않았다. 수많은 사례 보고 및 임상 연구, 심지어는 경계성 성격장애를 가진 사람에 대한 집단치료에 관한 무선 임상 연구가 보고되었다. 게다가 집단치료가 특정 조건하에서는 매우 큰 치료적 효능이 있다는 일반적인 합의가 존재한다. 이 부분에서는 역동적 및 행동적 집단 접근들에 대해 개관할 것이며 몇 가지 대표적인 연구 결과를 소개하고자 한다.

경계성 성격에 대한 정신역동적 집단 관련 문헌은 1950년대에 시작된다. 집단 정신역동치료는 개인 정신역동치료에 부가하여 유용한 역할을 할 수 있지만, 그 자체만의 유일한 치료가 될 수는 없다는 보편적인 합의가 이루어져 있다(Day & Semrad, 1971; Horowitz, 1980; Hulse, 1958; Slavson, 1964). Horowitz(1980)는 경계성 성격장애를 가진 내담자들에게 개인치료는 집단치료가 이루어지는 내내 지지를 제공하고 집단에서 유발된 정서를 통합하기 위해 필수적이라고 경고한다. 나아가, 개인치료가 없다면 집단치료를 조기종결할 가능성이 있다. 반면에 Pines(1975)는 집단 과정 그 자체가 원초적인 충동과 투사를 억제할 수 있는 보듬어 주는 잠정적 환경이므로 역동적 개인치료를 병행하는 것이 필수적이지는 않다고 주장한다. 또한 Horowitz(1977)는 다른 집단 구성원들 사이에서 질투와 편애 환상의 가능성을 감소시키기 위해서 개인치료자가 집단치료자를 병행해서는 안 된다고 주장한다.

경계성 성격장애 내담자에 대한 역동적 집단치료에 관한 대부분의 저술에서는 동질적 집단보다 이질적 집단이 더 낫다고 말한다. 이들은 경계성 성격장애 내담자들은 신경증과 기타 다른 성격장애를 가진 기능 수준이 높은 사람들로 이루어진 집단에서 보다 효과적으로 치료된다고 주장한다(Day & Semrad, 1971; Horowitz, 1977; Stone & Weissman, 1984). 하지만 경계성 성격장애 진단을 받은 사람들로만 구성된 동질적 집단의 효과를 지지하는 성과 연구도 있다(Finn & Shakir, 1990; Linehan et al., 1991; O'Leary, Turner, Gardner, & Cowdry, 1991).

역동적 집단치료의 장점들 가운데 '강렬한 전이의 희석'(Horowitz, 1980)이 있는데, 이는 모든 것을 다 포괄하는 1명의 개인치료자 대신 다수의 전이 대상이 존재함으로써 발생한다. 분노는 희석되어 다른 집단 구성원에게 향한다. 경계성 성격장애 내담자들은 또한 치료자보다 또래 집단 구성원들로부터 피드백과 직면을 받는 것을 더 쉽게 수용한다. 또한 집단은 분열과 투사적 동일시와 같은 경계성 방어들을 이해하고 통달할 수 있는 수많은 기회를 제공한다.

경계성 성격장애 내담자들에 대한 집단치료에는 불리한 점과 어려움이 몇 가지 존재한다. 첫째, 이러한 내담자들은 자신들이 가진 원초적 표현 방식 때문에 쉽게 희생양이 될 수 있다. 둘째, 집단 리더의 관심을 받기 위한 다른 집단 구성원들의 경쟁 속에서 박탈감을 느낄 수 있다. 또한 자신들의 개인치료자의 사생활에 대한 애착 때문에 집단 내에서 특정 거리를 유지할 수도 있다(Gabbard, 2014).

경계성 성격장애들에 대한 역동 지향적 집단들은 자아심리학(ego psychology; Finn & Shakir, 1990; O'Leary et al., 1991)에서부터 자기심리학(self-psychology; Harwood, 1992)까지의 범위 안에 펼쳐진 경향이 있다.

경계성 성격장애들에 대한 행동적 집단치료들은 증상 행동 기저를 덜 설명하는 대신, 이러한 내담자들이 자신의 정서를 통제하는 데 필수적인 특정 기술들을 습득하고, 자신의 인지적 왜곡과 투사적 동일시를 감소시키고, 자기파괴적 행동에 대한 대안들을 찾을 수 있도록 조력하는 데 보다 초점을 둔다. Linehan(1987, 1993, 2015)은 '변증법적 행동치료'라고 불리는 자기파괴적 행동과 충동성 치료를 위한 매뉴얼화된 전략을 제공하였다. 일차적으로는 만성적인 준자살적 경향을 지닌 경계성 여성들에게 적합하도록 맞춰지기는 하였지만, 치료 전략과 중재 방법들은 보다 더 기능적인 개인들에게도 적용성을 보여 주고 있다. 집단 회기에서는 의존성과 기타 대인관계 패턴뿐 아니라 정서 감내력을 향상시키는 데 초점을 맞춘 교육적 훈련, 행동시연 기법들을 활용한다. 매주 1회의 개인상담에 덧붙여 1년 동안 매주 2회기의 집단치료를 실시한다.

경계성 성격장애를 가진 사람들에 대한 집단치료 효과에 관한 몇몇 주목할 만한 연구를 간단하게 개괄하고자 한다. Nehls(1991; Nehls & Diamond, 1993)는 동질적 치료 형태에서 경계성 성격장애 내담자들을 위한 집단치료에 대한 과정 및 성과 데이터에 대해 보고하였다. 비록 집단 구성원들이 자신들 스스로 치료 목표를 규정하기는 했어도 그 집단은 상당히 구조화된 형태로 진행되었다. 내담자 성과로는 정보 제공 및 추구라는 두 가지 중재 기법과 주로 관련 있는 우울 및 적대감 감소가 보고되었다. Dick과 Wooff(1986)는 다양한 경계성 내담자로 구성된 이질적 집단을 대상으로 시간제한적인 역동적 집단치료를 실시한 자료를 보고하였다. 이 집단은 12주 동안 매일 만났다. 1년이 지난 후에 실시한 추후 검사 결과 비처치 통제 집단에 비해 정신의학 서비스 이용이 82% 감소를 보였다. 이러한 결과는 3년이 지난 후의 추후 검사 결과에서도 유지되었다. 마지막으로, Linehan 등(1991)은 준자살적 경향을 보이는 경계성 여성들을 변증법적 행동치료 집단과 전통적인 일반 치료 집단에 무선 할당하여 1년 동안 치료한 결과를 보고하였다. 전통적 치료 집단에 비해 행동적 집단에 할당된 내담자들은 준자살 행동 횟수가 줄어들었고, 개인치료를 유지할 가능성이 높았으며, 입원일수가 더 줄어들었다. 일차 연구가 실시되고 1년 후에 추후 측정을 한 결과 및 후속 연구들의 결과, DBT의 치료 효과 및 성과는 시간이 지나도 유지됨을 알 수 있었다(Linehan, 1993, 2015). DBT를 일반 정신의학적 관리에 비교한 또 다른 무선 통제 연구 결과는 두 유형의 치료 모두 경계성 성격장애 치료에 동일한 치료 효과를 보임을 발견하였다(McMain et al., 2009).

관계 관리 심리치료(Relationship Management Psychotherapy)라고 불리는 매뉴얼화된 접근은 시간제한을 둔 집단치료 접근이다. 이 형태의 치료는 경계성 성격장애 내담자로 하여금 자신의 치료를 스스로 선택하게 하는 접근법이며, 위협적인 자해 행동 혹은 공격적 행동을 보이는 사람들은 24시간 동안 퇴원해야 하는 것이 필수적이다. 한 무선 임상 연구에서는 개방형 역동적 개인치료와 비교되었다(Clarkin, Marziali, & Munroe-Blum, 1991). Hoch, O'Reilly와 Carscadden(2006)은 1998년부터 2000년까지 연속으로 관계 관리 치료 프로그램에 등록한 27명의 환자에 대한 매년 성과 비율 평균을 비교하였다. 이들은 결박 장치 사용도, 직원 점검, 자해 행동, 입원치료 일수에서 유의미한 감소를 보고하였다.

## 부부 및 가족 치료

경계성 성격장애 내담자의 가족은 종종 심각한 병리를 보이는데, 이는 병인학적 유의미성을 지닐 수 있다. 경계성 내담자의 부모에게서는 정동장애, 알코올 중독, 반사회성 성격장애, 경계성 성격장애 혹은 특질의 발생률이 높다. 부모관계는 대체로 방임과 과잉보호의 특징을 띤다. 가족치료가 유용할 수 있으며, 어떤 경우에는 경계성 내담자들이 입원하지 않고 외래치료만 유지하는 데 필수적일 수 있다. 이는 특히 경계성 내담자가 경제적으로, 정서적으로 부모에게 의지하는 경우에 그렇다.

경계성 성격장애를 가진 사람들에 대한 가족치료는 적어도 세 가지 이론을 주축으로 개발되었다. 첫째는 정신역동, 특히 대상관계와 체계이론이다. Everett, Halperin, Volgy와 Wissler(1989)는 자신들의 책인 『경계성 가족 치료하기: 체계적 접근(Treating the Borderline Family: A Systemic Approach)』에서 이 접근에 대한 가장 완전한 논의를 담고 있다. 이들은 다음과 같은 치료 목표를 구체적으로 명시하였다. ① 체계적 분열 과정을 감소시킬 수 있는 가족의 능력을 향상시키기, ② 분열된 대상(split-off objects)을 자신의 것으로 만들고 '온전한 사람'으로 타인들과 교류할 수 있는 가족 구성원들의 잠재적 능력을 증가시키기, ③ 모든 가족 구성원의 대립하는 행동과 정형화된 행동을 감소시키기, ④ 불명확한 세대 간 체계들에 대한 외부 경계선을 '재설정'하기, ⑤ 부부, 부모 자녀, 형제 하위체계들에 대한 내적 경계선을 '재설정'하기, ⑥ 부모끼리 보다 명료한 동맹관계를 형성하고 자녀와 부모 간 경계선 침범을 서로 제한하기이다. 외래 가족치료 환경에서 이러한 목표를 달성하기 위한 다섯 가지 치료 전략은 다음과 같다. 치료적 구조의 발달 및 유지, 가족 내 현실 검증, 교류 이탈(interactional disengagement), 세대 간 체계 개입, 부부 동맹과 자녀 간 하위체계 공고화이다.

또 다른 치료 접근법은 Minuchin(1974)이 개발한 구조적 가족치료이다. Schane과 Kovel(1988)은 내적으로 과잉몰입되어 있고 가족 전체 체계로부터는 현재 동떨어져 있으며 이탈된 부부 하위체계를 통해 심각한 경계성 병리를 설명하였다. 실제로 경계성 성격장애를 가진 여성들은 대상 분열과 동일한 가족 체계를 지니고 있는데, 가족 하위체계들이 이분법적 극단들, 이를테면 충돌과 태만, 충성과 책임전가, 포용과 거부, 양육과 방임, 공생과 유기 등으로 구조화되어 있다. 체계 변화의 초점은 바로 이 가족 상호작용의 구조적 패턴이다. Lachkar(1992)는 경계성 성격장애를 가진 사람을 위한 부부치료에 대한 통합된 대상관계 및 자기심리학 접근 방법을 포괄적으로 논의하였다. 그녀는 구체화된 치료 프로토콜과 이 방법을 예시해 주는 몇 개의 사례 보고서를 제공하였다.

세 번째 접근법은 경계성 가족과 커플을 위한 관계 증진 치료(Relationship Enhancement Therapy)이다. 관계 증진 치료는 Guerney(1977)에 의해 개발되었는데, 사회기술 훈련, 정신역동 원리, 대인관계치료 기법들을 통합한 것이다. 경계성 내담자들이 자기분화와 의사소통에 중대한 결점이 있기 때문에, 몇몇 영역에서의 기술 향상에 대한 관계 증진 치료의 초점은 커플과 가족 장면, 특히 경도에서 중등도 사이의 기능 수준을 보이는 경계성 내담자들에서는 유망한 듯 보인다(Harman & Waldo, 2001; Waldo & Harman, 1993). 치료자는 대개는 필수적인 관계 기술을 발달시키는 코치로서의 역할을 하는데, 일반적으로 2시간 회기를 진행한다. Waldo와 Harman(1993)은 시간제한적인 중재 방법이 성공적이었던 사례를 보고하였다. 12개월 이후의 추후 측정에서도 치료 성과는 유지되었다. 또한 이들은 1명의 배우자가 경계성 성격장애를 가진 커플치료에서 2명의 치료자가 협력하여 작업하는 것에 대해 기술하고 실례를 들었다(Waldo & Harman, 1998). 관계 증진 치료의 근본적인 원리에 대해 Accordino, Keat과 Guerney(2003)가 심층 논의하였고, 심각한 정신질환과 약물 의존을 지닌 청소년 사례를 제시하였다.

Lachkar(1999)는 1명의 배우자는 경계성 성격 구조를, 다른 1명의 배우자는 자기애성 패턴을 지닌 커플치료 사례에서 통찰을 덧붙여 제공하였다. Solomon(1999) 또한 다소 다른 정신분석적 관점을 통해 경계성-자기애성 커플치료에 대한 언급을 하였다.

## 약물치료

약물치료는 이 성격장애를 치료하기 위해 흔히 사용된다. 대체로 치료 대상 목표는 정서 불안정, 대인관계 민감성, 충동성, 공격성, 일시적 정신증 삽화, 자해 행동 등이다. 리튬(lithium)과 카바마제핀(carbamazepine)은 정서 불안정에, 세로토닌 작동성 약물들은 충동성과 공격성에 효과를 보인다. 플루옥세틴(fluoxetine)과 설트

랄린(sertraline) 같은 세로토닌 작동성 약물들은 대인관계 감수성과 반응성을 감소시키는 데 효과적이다(Reich, 2002). 거부 민감성과 높은 치료 순응성을 지닌 사람들에게는 다른 모든 접근법이 효과를 나타내지 못할 때 모노아민 산화효소 억제제(Monoamine Oxidase Inhibitor: MAOI) 시도를 고려할 수 있다(Reich, 2002). 경도 사고장애와 해리를 포함한 일시적 정신증 삽화에는 지연성 운동장애 발병 위험을 지닌 전통적 신경이완제들 대신에 비정형 항정신병(antipsychotics) 약물이 최선으로 고려된다. 마지막으로, 사해 행동에는 선택적 세로토닌 재흡수 억제제(SSRIs)를 도입하는 것이 유용하다. 만약 효과가 없다면, 필요한 경우 날트렉손(naltrexone)을 부가적으로 도입하는 것을 고려해 볼 수 있다(Reich, 2005).

최근에는 쿠에티아핀(quetiapine, 약제명은 Seroquel)이 경계성 성격장애 치료를 위해 가장 흔하게 처방되고 있다. 그 이유는 아마 불안과 같은 다양한 증상을 감소시키기 때문인데, 그 성분이 진정 효과를 가져오기 때문일 수 있다. 이 성분은 일반적으로 내성이 좋은 항정신병 약물이다. 이 말은 부작용이 거의 없고, 특히 추체외로(근육 떨림 및 경직)[3] 증상 발병 가능성이 낮다는 의미이다. 하지만 체중이 증가할 수 있다(Diamond, 2009). 임상가들이 얼마 동안 알고 있었던 것을 확증해 주는 매우 잘 설계된 연구가 보고된 적이 있다. 무선 통제 연구에서 낮은 쿠에티아핀 함량(150mg/1일)으로도 경계성 성격장애를 가진 사람에게서 전반적인 증상의 심각성이 낮아졌다. 가장 큰 향상이 언어적 및 신체적 공격성에서 관찰되었지만, 충동성과 우울에서는 향상의 정도가 크지 않았다(Black et al., 2014).

경계성 성격장애 치료에서 약물치료를 할 때 몇몇 잠재적으로 복잡한 문제와 결점이 존재한다. 첫째, 부작용 혹은 이차 이익과 관련된 비순응성의 문제이다. 약물은 처방전을 쓰는 임상가 혹은 다른 주양육자들을 통제하기 위한 지렛대의 역할을 할 수 있다. 복용량 혹은 약물 종류를 빈번히 바꿔 달라는 요구, 과다 복용, 처방된 약물 복용 실패 모두 전이가 드러나는 수단이다. 둘째, 경계성 성격장애를 가진 사람들이 다른 사람들에게는 약물치료 효과가 나타나는 것처럼 보일지라도 본인들은 기분이 더 안 좋아진다고 느끼거나, 반대로 약물치료 효과가 나타나지 않는 것처럼

3) 역자 주: 몸의 근육을 움직이도록 명령을 내리는 뇌의 길을 가리킴. 전신근육의 긴장, 신체 안정 등을 조절하는 기능을 하는 추체외로계에 장애가 생기면 경련, 운동마비 등과 같은 근육운동장애가 발생함

보일 때 본인들은 기분이 더 좋아진다고 느낄 수 있다. Gunderson(1989)은 이 같은 명백한 역설로 인해 내담자들이 증상의 향상이 의존적 만족의 상실 혹은 포기와 같은 바람직하지 못한 결과들을 가져온다고 믿는 결과로 이어진다고 암시하였다.

## 병행 및 통합 치료 접근

경계성 병리에 대한 통합적 치료는 해당 병리의 심각도와 명백한 치료 저항을 고려하면 필수적이며, 혹은 적어도 우호적으로 선택될 수 있다는 상당한 합의가 존재한다. 명확하게, 예후와 기능 수준이 높거나(이를테면, GAF 65 이상) 기능 수준이 낮은(이를테면, GAF 45 이하) 경계성 내담자에 대한 치료 가능성 간에는 차이가 존재한다. 매우 높은 기능 수준을 지닌 경계성 내담자들에게 전통적인 개인 정신분석치료만을 사용하여 치료 성과를 내는 것은 가능할 수 있지만, 보다 낮은 기능 수준을 지닌 내담자들에게는 그렇지 못할 가능성이 높다. 이 책의 기본 전제들과 맥을 같이 하면, 내담자의 기능, 동기, 치료에 대한 준비도가 낮으면 낮을수록 치료는 반드시 통합되고 융합되어야만 한다.

병행치료를 위해 가장 흔히 권고되는 사항은 개인치료와 집단치료 모두를 활용하는 것이다. 어떤 이론적 접근들을 병행할 것인지, 혹은 한꺼번에 혼합할 것인지, 아니면 순차적으로 실시할 것인지에 대한 현재 그 어떤 합의도 없다. 병행치료에 대한 가장 초기에 제안되었던 권고사항은 Tacbacnik(1965)에 의한 것이었는데, 역동적 개인치료와 역동적 집단치료를 병행해서 실시하는 것을 옹호하였다. 반면에 Horowitz(1977, 1980)는 역동적 집단과 개인 치료를 순차적으로 실시하는 것을 옹호하였는데, 집단 경험이 내담자를 준비시켜 개인치료를 생산적으로 활용할 수 있다는 것이었다. 또한 Clarkin 등(1991)은 개인치료와 집단치료를 병행하기를 추천하였지만, 개인 행동치료를 매뉴얼화된 장기 집단치료와 병행하는 것을 선호하였다.

다른 사람들은 개인치료와 가족치료를 병행하기를 추천하고 있다. 그들 중에 Kernberg(1984)는 이 치료양식들을 병행하는 것뿐만 아니라 순차적으로 시행하는 것에 대해 기술하였다.

Berger(1987)는 통합된 심리치료와 약물치료의 병행을 권고하였는데, 그 이유는 이러한 내담자들을 오직 한 가지 양식으로만 치료하기가 어렵기 때문이다. 그는 한 치료만을 이상화하고 다른 치료는 부정하는 경계성 성격장애를 가진 사람들의 경향 때문에 혼합된 치료가 더 복잡해질 수 있다고 주장하였다. Koenigsberg(1993)는 약물치료와 심리치료를 통합하는 치료적 결정의 지시사항과 금기사항을 강조하면서, 이러한 병행치료에 대한 매우 사려 깊은 견해를 제시하였다. 또한 그는 병행치료 전략이 본질적으로 갖고 있는 문제들을 기술하였지만, 이러한 문제들이 치료의 특별한 구조화, 역전이에 대한 초점, 분열에 대한 경계 등을 통해 다루어질 수 있다고 믿었다. Koenigsberg는 약물치료와 심리치료를 병행하는 것이 심각한 증상을 보이는 내담자들, 즉 치료 불순응성 혹은 매우 다루기 힘든 감정 폭풍 및 정신증적 퇴행을 지닌 사람들에게 상당한 가치를 지닌다고 주장하였다. Bellino와 그의 동료들(Bellino, Rinaldi, & Bogetto, 2010)은 항우울제와 대인관계 심리치료를 병행한 치료가 경계성 내담자들에 대한 치료에 있어 약물치료 한 가지만 사용하는 것보다는 더 효과적이라는 것을 발견하였다. 이후에 이들은 더 심각한 정신병리를 보이는 내담자들이 이러한 병행치료를 통해 증상 개선의 가능성이 높았다는 것을 밝혔다(Bellino, Bozzatello, & Bogetto, 2015).

중다양식치료(Multimodal Therapy)의 개발자인 Lazarus(1985)는 경계성 성격장애를 가진 사람들을 포함한 다루기 까다로운 수많은 내담자를 위해 몇 가지 양식을 혼합하는 병행적 혹은 순차적 방식의 활용에 대해 찬성하였다. Vaccani(1989)는 알코올 남용 문제를 지닌 경계성 성격장애를 가진 사람들을 심리치료, 가족치료, 집단치료 그리고 AA 모임들을 통해 치료하는 것에 대해 기술하였다. Nehls와 Diamond(1993)는 지역사회 기반 환경에서 보다 낮은 기능 수준을 지닌 경계성 성격장애를 가진 사람들을 위한 치료양식들에 대해 기술하였다. 그 양식들로는 개인치료, 집단치료, 약물, 마약 및 알코올 방지 프로그램, 심리사회적 재활, 위기 개입, 위기 하우스(crisis houses)[4] 등이 있는데, 이들 양식들은 서로 조율되면서 지속된다.

현재는 통합적 치료 모델이 성격장애를 다루는데 가장 적합하다고 일반적으로 받아들여지고 있다(Clarkin, Cain, & Livesley, 2015; Livesley, 2012). 경계성 성격장애를 위해 개발된 다양한 치료 모델과 성공적인 치료에 기여하는 공통된 특정 요소들 간

4) 역자 주: 정신건강적인 위기를 경험하는 사람들이 병원에 입원하는 대신 단기로 거주형 환경에서 집중적인 돌봄과 지원을 받을 수 있는 곳

에는 유의미한 몇 가지 차이점이 있다고 확인되었다. 아마도 이러한 것들 중에 가장 중요한 것은 치료자와 내담자 간의 긍정적인 치료적 관계를 배양하고 유지하는 것이다. 이는 어떠한 이론이나 모델인지와는 상관없이 다섯 가지 주요 요소로 구성되는데, 이 다섯 가지는 정서적 자각을 배양하기, 치료를 구조화하기, 반응적이기, 수퍼비전 혹은 팀 개입 및 지지, 관계에서의 균열을 탐색하기 등이다(McMain, Boritz, & Leybman, 2015).

제6장

# 의존성 성격장애

의존성(dependent) 성격을 지닌 사람들은 의존과 순종하는 성향을 전반적으로 만연된 패턴으로 갖는다. 그들은 지나치게 수동적이고 불안정하며 자기희생적이고 자신의 의견을 내세우지 않는다. 또한 자신을 이끌어 주고 지지해 주는 1명 이상의 타인에게 지나치게 의존하는 경향을 보인다(Bornstein, 2012). 의존성 성격장애는 다른 성격장애에 비해 연구가 덜 된 편(Simon, 2009)이지만, 치료는 매우 효과적이고 성공적이다.

이 장은 의존성 성격장애의 평가 및 치료를 위한 이론적 틀을 기술하고 있으며, 진단, 심리평가, 사례개념화, 치료 중재 등을 포함하고 있다. DSM-5의 기술과 원형적 기술, 배경 정보를 먼저 소개하고, 사례개념화 부분에서는 널리 사용되는 다섯 가지 접근법, 즉 정신역동적 · 생물사회적 · 인지행동적 · 대인관계적 · 통합적 개념화에 따라 이 성격장애의 임상적 측면을 살펴보고자 한다. 또한 개인치료, 집단치료, 부부 및 가족 치료, 약물치료, 병행 및 통합 치료 등 여러 가지 치료적 접근법과 치료양식, 중재 전략도 기술하였다.

## 의존성 성격장애의 기술

의존성 성격장애는 의존성 성격양식 vs. 의존성 성격장애, 촉발사건, 행동양식, 대인관계 양식, 인지양식, 정서양식, 애착양식 그리고 최적의 진단기준 같은 요인과 특성으로 나누어 설명할 수 있다.

**양식 vs. 장애.** 의존성 성격을 건강함에서부터 병리라는 연속체적 관점에서 본다면 의존성 성격양식은 건강함의 끝에, 의존성 성격장애는 병리의 끝에 해당한다. 〈표 6-1〉에 의존성 성격양식과 의존성 성격장애를 비교하였다.

다음의 두 가지 사례는 의존성 성격장애(Ms. C)와 의존성 성격양식(Mr. B)의 차이를 더욱 명확하게 보여 준다.

**〈표 6-1〉 의존성 성격양식과 의존성 성격장애의 비교**

| 성격양식 | 성격장애 |
|---|---|
| 의사결정을 내릴 때, 타인의 의견과 조언을 얻으면 편안함을 느낌. 그러나 최종적인 의사결정은 스스로 내림 | 다른 사람의 조언이나 확인 없이는 일상적인 의사결정을 내리지 못함; 자신에게 가장 중요한 의사결정을 다른 사람에게 맡김 |
| 예의 바르고 상냥하고 눈치 빠르게 행동함으로써 중요한 타인과의 화합을 위해 애씀 | 거부당하는 것이 두려워서 옳지 않다는 생각이 들어도 다른 사람에게 동의함 |
| 권위를 존중하고 팀원의 역할을 오히려 더 좋아하지만, 혼자 힘으로 업무를 시작할 수 있고 완수해 내기도 함 | 스스로 어떤 계획을 시작하거나 수행하기가 상당히 어려움 |
| 사려 깊고 다른 사람들을 기쁘게 해 주는데 능숙함. 때때로 불편을 감수하고서라도 삶에서 중요한 타인들을 위해 선행을 행함 | 다른 사람의 호감을 얻기 위해 불쾌한 일이나 모욕적인 일도 자진해서 함 |
| 혼자 있는 것보다 1명 이상의 사람들과 있는 것을 선호하는 경향이 있음 | 혼자 있으면 불편감 또는 무력감을 느낌. 또는 어떻게 해서라도 혼자 있는 상황을 피하려 함 |
| 인간관계에 매우 헌신적이고, 관계 유지를 위해 열심히 노력함 | 친밀한 관계가 끝날 때 절망감이나 무력감을 느끼고 버림받는 공포에 집착함 |
| 비판을 받으면 행동을 수정할 수 있음 | 비판을 받거나 거절당하면 쉽게 상처받음 |

**촉발사건.** 행동양식, 대인관계 양식, 인지양식, 정서양식에서도 언급되겠지만, 의존성 성격장애의 특징적인 부적응적 반응(Othmer & Othmer, 2002)을 촉발 또는 활성화시키는 상황, 환경, 사건은 '스스로를 의지해야 하거나 혼자 있을 것이라는 예상'이다.

**행동양식.** 의존성 성격의 행동양식은 온순함, 수동성 및 비주장성을 특징으로 한다.

**사례 의존성 성격장애**

Ms. C는 38세 미혼 여성으로, 3년 전 즈음 공황 증상이 시작되었다. 공황 발작이 시작되면, 부모님의 집으로 다시 돌아가 집안에 틀어박혀 있곤 하였다. '언제라도 공황이 올 수 있다'는 두려움 때문이었다. C는 부모님 두 분 모두 자신을 잘 보살펴 주고 걱정해 주는 '가장 좋은 친구'라고 묘사하였다. C는 부모님이 경제적으로나 정서적으로 자신을 지지해 주고 의사결정을 대신해 주기를 기대하고 있다. 또한 C는 공황 증상 때문에 복용하기 시작한 발륨(Valium)에 점차 의존적이 되어 가고 있다.

**사례 의존성 성격양식**

Mr. B는 지난 7년 동안 위탁요양기관의 사회복지사로 근무하였다. 그는 본인의 직업에 만족했고 직장 동료들, 위탁 아동들, 예비 부모들 모두 그를 좋아하였다. 그는 배려심이 깊고 상냥하고 친절하다. 1년 전, 그는 위탁기관의 소아과 자문의사인 산드라와 사귀게 되었다. 두 사람의 관계는 행복했고 만족스러웠다. 아마도 B의 노력 덕분인 것 같다. 그는 의사가 그에게 관심을 보인다는 사실을 믿을 수가 없었고 그녀에게 여러 번 고마움을 표현하였다. 그는 산드라와 함께 보낼 시간이 많지 않고 그녀에게 해 주고 싶은 일을 제대로 해 줄 수 없는 상황이다. 그는 산드라를 이상화하고 그녀가 편안하고 안정된 느낌을 가질 수 있게 애를 썼고 자주 그녀의 의견을 물어보고 조언을 구한다. 그러면서도 그는 상대에게 끌려가는 것이 아니라 자신만의 생각이 있다고 단언한다. 그 이유는 산드라가 사치라고 생각한 비싼 스포츠카를 오랜 기간의 숙고와 탐색 끝에 구매했기 때문이다.

**대인관계 양식.** 대인관계에서 그들은 상대를 기쁘게 해 주려고 노력한다. 자기를 희생하는 경향이 있으며 상대에게 매달리고 끊임없이 다른 사람의 확인(또는 위안)을 요구하는 경향이 있다. 타인에 대한 그들의 순응과 의존은 삶의 주요 영역을 책임져 달라는 미묘한 요구로 이어진다.

**인지양식.** 의존성 성격의 인지양식은 피암시성을 특징으로 한다. 그들은 폴리아나[1]식으로 삶을 바라본다. 이뿐만 아니라 어려움을 축소시켜 생각하고, 순진함 때문에 남에게 쉽게 설득당하고 이용당하는 경향이 있다. 간단히 말해, 의존성 양식의 사고방식은 무비판적이고 무지각적이다.

**정서양식.** 이들의 정서 또는 정동의 특징은 불안정과 불안감이다. 자신감이 부족하기 때문에 혼자 있을 때 상당한 불편감을 느낀다. 그들은 타인에게 버림받거나 거절당하는 두려움에 집착하는 경향이 있다. 그들의 기분은 불안이나 두려움으로 나타나기도 하고 침울함이나 슬픈 속성을 띠기도 한다.

**애착양식.** 몰입 애착 유형의 사람들은, 자신을 무가치하다고 생각하고 타인을 긍정적으로 평가하는 특징을 보인다. 그들은 자신을 외부 지향적으로 정의하는 경향이 강하다. 몰입 애착 유형은 의존성 성격장애에서 흔히 나타난다(Lyddon & Sherry, 2001).

**최적의 진단기준.** 의존성 성격장애에 대한 모든 진단기준 중 가장 유용한 기준은 '인생의 주요 영역 대부분에서 자기 대신 책임을 져 줄 타인이 필요하다는 것'이다. 임상가는 이 기준의 유무를 파악해 보다 신속하게 의존성 성격장애를 진단할 수 있다(Allnutt & Links, 1996).

## DSM-5 기술

의존성 성격장애를 가진 사람들은 다른 사람의 보살핌을 지나치게 그리고 지속적으로 요구하고, 분리에 대한 두려움 때문에 다른 사람에게 매달린다. 의사결정을 할 때 끊임없이 타인의 충고와 확인을 구한다. 무엇보다도 그들은 인생의 주요 영역에서 다른 사람이 대신 책임을 져 주기를 원한다. 그들은 반대 의견을 표명하는 경우가 거의 없다. 타인의 지지와 승인을 잃을까 두려워한다는 점을 감안하면 당연한

1) 역자 주: Eleanor H. Porter가 1913년에 쓴 아동 도서 『Pollyanna』의 어린 주인공 이름에서 비롯된 것으로 삶에 대해 순수하고 지나치게 낙천적인 시각을 일컫는 말

일이다. 자신의 판단력과 능력에 대한 자신감이 부족하기 때문에 스스로 계획을 시작하거나 수행하는 것이 어렵다. 다른 사람의 지지와 보살핌을 받기 위해서라면 힘들고 불쾌한 일도 마다하지 않는다. 다른 사람의 보살핌을 받지 못하리라는 비현실적인 공포 때문에 혼자 있는 상황에 직면하면 무력감과 불편감을 느낀다. 친밀한 관계가 끝나 갈 것 같으면, 곧바로 자신을 지지하고 돌봐줄 다른 관계를 찾는다. 마지막으로, 그들은 홀로 남겨져 스스로를 보살피는 상황에 처할지 모른다는 공포에 집착한다(American Psychiatric Association, 2013).

## 원형적 기술

원형은 특정 장애가 일반적으로 어떤 모습으로 나타나는지 그 본질을 포착하여 짧게 설명한 문장이다. 원형적 기술은 유용하고 편리하기 때문에, 임상에서 행동 기준 목록이나 핵심 신념 목록 대신 사용되는 경우가 많다(Westen, 2012). 다음은 의존성 성격장애에 대해 일반적으로 알려진 원형적 기술이다. 의존성 성격장애를 가진 사람들은 자신이 부적절하고 나약하고 결핍된 존재라고 생각한다. 그들은 자기 자신을 제대로 보살피지 않는다. 스스로 의사결정을 내릴 수 없다고 생각하기 때문에 혼자 있을 때 불편함을 느낀다. 결핍감(보살핌을 원하는 성향) 때문에 순종적이고 복종하는 태도를 보인다. 따라서 그들은 자신의 욕구나 관점보다 다른 사람의 욕구와 관점을 우선시한다. 기본적으로, 다른 사람의 보살핌과 애정을 얻을 수 있다면 그리고 다른 사람이 그들의 삶을 대신 이끌어 가게 만들 수 있다면 그들은 무엇이든 할 것이다(Frances, 2013).

## 유병률

일반 인구에서 의존성 성격장애의 유병률은 0.49~0.6%로 추정된다(American Psychiatric Association, 2013). 임상 장면에서 추정 유병률은 1.4~47%이다(Torgersen, 2012).

## 의존성 성격장애의 개념화

### 정신역동적 사례개념화

초기 정신분석이론 저자들은 의존성 성격이 심리성적 발달단계 중 구강기에 형성된다고 가정하였다. 현대 정신분석의 사례공식화에 따르면, 의존성은 모든 발달단계에서 발생할 수 있고 부모(특히 어머니)의 과잉 관여 및 간섭과 상관관계가 있다. 이들의 개인사에는 부모에게 충성심을 보일 때 부모로부터 보상을 받고, 분리나 독립을 시도할 때마다 부모로부터 미묘한 거부 의사를 경험했던 경우가 많다. 버림받는 공포와 두려움으로 좌절감을 느낄 때, 그들은 울고 매달리는 행동을 보였을 것이다. 그들의 순종적인 태도는 이미 결정된 무의식적 요소들이 중첩된 결과이다. Gabbard(1990)에 따르면, 의존성 성격장애는 근본적인 불안 때문에 다른 사람의 보살핌을 추구하는데, 이 불안 뒤에 적대감이 숨어 있는 경우가 많다고 한다. 따라서 의존성은 일종의 방어로서 적대감과 불안의 타협으로 생긴 형성물이라고 볼 수 있다. 또한 의존적 행동은 과거 외상 경험의 재활성화를 막기 위해 이용되기도 한다.

### 생물사회적 사례개념화

Millon과 Everly(1985)는 의존성 성격의 유아들이 겁이 많거나 철수적이고 침울한 기질을 보일 것이라고 추측하였다. 따라서 유아의 이러한 행동이 양육자의 보호 행동을 과도하게 자극했을 것이다. Millon(1981)은 의존적인 사람들 중에 외배엽(마르고 약한) 또는 내배엽(비만형) 체형이 많기 때문에 에너지 수준이 낮고 신체 활력이 떨어지는 경우가 많다고 언급하였다.

부모의 과잉보호, 경쟁심 부족, 전형적인 사회적 역할 형성 등의 환경적 요인들이 이러한 생물학적 소인과 상호작용하여 의존성 성격 패턴을 유도하는 것으로 보인다. 부모의 과잉보호는 자기주장성, 문제해결, 의사결정과 같은 자율적인 대처 행동의 발달을 저해한다. Hend, Baker와 Williamson(1991)의 보고에 따르면, 의존성 성격장애를 가진 사람들의 가족은 임상 대조군이나 정상 대조군의 가족에 비해 낮은 표현성과 높은 통제력을 보였는데, 이러한 특성이 의존 행동을 전반적으로 강화시켰을 것이다. 이러한 아동들은 종종 부모 이외의 다른 사회적 관계에서 창피를 당하거나 대인관계 상황에서 자기효능감을 확신하지 못하는 경험을 한다. 그런 경험이 반복되면, 그들은 특히 청소년기가 되었을 때 경쟁하는 것보다 순종하는 것이 낫다고 학습하게 된다. 여성이나 내/외배엽형의 남성들의 경우, 문화 및 사회적 규범 때문에 수동적이고 의존적인 행동 패턴이 강화되기도 한다. 마지막으로, 의존성 성격 패턴은 의존 행동의 강화, 성장 촉진 활동(도전거리가 되고, 위협적이며, 불안을 유발할 수 있는 활동)의 회피, 자신이 열등하고 결함이 있으며 의존적이라는 점을 남들에게 확신시킬 뿐만 아니라 스스로도 그렇게 믿는 자기비방(self-detraction)을 통해 고착된다(Millon & Davis, 1996).

## 인지행동적 사례개념화

Beck(2015)에 따르면, 의존성 성격은 자신과 세상에 대한 기본 가정에서 찾을 수 있다. 전형적으로 그들은 자신을 부적절하고 나약하며 무기력하고 무능하고 결핍되어 있다고 생각한다. 반면, 다른 사람들은 강하고 양육적이고 지지적이며 그들을 보살펴 줄 능력이 있다고 생각한다. 의존성 성격과 관련된 신념으로는 생존 및 의사결정을 위해 강하고 양육적인 타인의 도움이 필요하다는 것이 포함된다. 또한 그런 타인들을 자신 옆에 가까이 두어야 하고 그 사람들을 불쾌하게 만들어서는 안 된다고 확신한다. 당연히 그 신념들은 타인에게 복종하고 다른 사람을 기쁘게 해 주는 전략과 패턴 속에 반영된다(Beck, 2015; Brauer & Reinecke, 2015).

따라서 의존적인 사람들은 자신을 보살피고 보호하기 위해서 더 강하고 적절한 타인에게 의지해야 한다고 결론 내릴 가능성이 높다. 안전감을 확보하기 위해 그들은 상당한 대가를 치른다. 첫째, 책임을 포기해야 하고 자신의 욕구도 내려놓아야 한다. 둘째, 자기주장, 의사결정, 문제해결 등 기술 학습의 기회를 놓친다. 마지막으로, 집착하던 관계가 끝나면 거부 또는 유기(버림받음)에 대한 공포와 싸워야 한다. 의존적인 사람들의 주요 인지 왜곡은 독립에 대한 이분법적 사고이다(Brauer & Reinecke, 2015). 예를 들어, 그들은 인간이란 타인에게 완전히 연결되어 종속되거나 아니면 완전히 독립적이고 혼자라고 생각하며 중간은 없다고 믿는다. 또한 세상일은 '옳거나' '그른' 것으로 양분되어 있고, '절대적 성공' 아니면 '절대적 실패'로 양분되어 있다고 생각한다. 의존성 성격에서 관찰되는 또 다른 인지 왜곡은 '파국화'이다. 파국화는 특히 관계 영역에서 강하게 나타난다. 흔한 인지적 왜곡은 다음과 같다. "나는 절대로 그것을 할 수 없을 거야." "난 할 수 없어." "나는 너무 멍청해서 그런 일은 못해."

Turkat(1990)는 의사결정 시 만연된 공포와 자기주장을 제대로 내세우지 못한다는 점에 초점을 맞추어 의존성 성격장애의 행동적 공식화를 제안하였다. 의존성 성격장애를 가진 사람들은 의사결정이나 주장기술을 배운 적이 없으며, 의존성 성격장애의 치료는 일단 압도적인 불안을 효과적으로 관리한 후 의사결정 기술이나 주장 기술에 대한 훈련을 기본 과제로 삼는다.

## 대인관계적 사례개념화

Benjamin(2003a)에 따르면, 의존성 성격장애를 가진 사람들은 유아기에 충분한 보살핌과 관심을 받기 때문에 타인과 유대감을 형성할 수 있다. 다른 사람을 의지하는 법도 배웠기 때문에 타인이 자신의 욕구를 충족시켜 주리라는 기대도 있다. 그러나 문제는, 발달적으로 적절한 시기에 도달했음에도 불구하고 아이의 부모가 기존의 양육 수준을 계속 유지함으로써 의존성 성격장애의 발생 확률을 높인다는 점이다. 그 결과, 아이들은 순응적이고 의존적인 행동을 학습하게 되고 어떤 대가를 치르고서라도 자율성을 회피하게 된다. 따라서 그들의 자아 개념은 근본적으로 빈약할 수밖에 없고 어른이 되어서도 스스로를 부적절하다고 생각하며 지나친 비난도 참아 내는 지경에 이르게 된다. 그들은 자신을 보살피는 방법이나 삶의 필요에 대처하는 방법을 배우지 못했기 때문에 타인에게 의존해야만 한다. 그들은 대처 자원이 부족하기 때문에 학대를 참아 내야 한다. 그것은 보살핌을 받기 위한 대가이다. 전형적으로 의존적인 사람들은 부모의 훈육 과정에서 무능함에 대해 또래나 형제자매들의 조롱을 받은 경험이 있다. 그로 인해 부적절감, 무능감이 강화되고 재확인되었을 것이다. 간단히 말해, 그들은 지배적인 타인에게 지나치게 복종한다. 아마도 그러한 타인은 그들을 끊임없이 보살피고 명령할 것이다. 이 관계가 학대 수준에 이르더라도 의존적인 사람들은 관계를 유지한다. 의존성 성격장애를 가진 사람들은 자신이 무능하다고 생각하고 타인이 없으면 생존하지 못한다고 믿기 때문이다.

## 통합적 사례개념화

통합적 관점은 의존성 성격의 발달과 유지에 대한 생물심리사회적 설명을 제공한다. 생물학적으로 의존적인 성격의 사람들은 에너지 수준이 낮다. 그들의 기질은 대체로 침울하다고 표현할 수 있다. 영유아기 및 초기 아동기에는 겁이 많고 침울하며 철수하는 성향을 보인다.

심리학적으로는 자기에 대한 관점(self view)과 세상에 대한 관점(world view), 삶의 목표 측면에서 의존성 성격을 이해하고 평가해 볼 수 있다. 의존적인 사람들의 자기에 대한 관점은 "나는 착한 사람이지만, 부적절(또는 취약)하다."라는 주제를 담고 있다. 그들은 자기주장을 내세우지 않고 스스로를 서투르다고 생각하며 자신을 믿지 못하는 경향이 있다. 그들의 세상에 대한 관점은 "나를 보살피기 위해 다른 사람이 여기에 있다. 왜냐하면 나는 혼자 힘으로 나를 보살필 수 없기 때문이다."이다. 그들의 삶의 목표는 "어떤 대가를 치르고서라도 남들에게 매달리고 의존하라."이다.

이 성격장애의 사회적 특징은 부모, 가족, 환경 측면에서 기술할 수 있다. 의존성 성격은 부모의 과잉보호가 두드러진 가정에서 발생할 가능성이 매우 높다. 아이는 부모의 금지명령을 다음과 같이 받아들인다. "나는 네가 일을 올바로 (또는 제대로) 해낼 것 같지가 않구나." 의존성 성격의 사람들은 어린 시절 애지중지하는 보살핌과 과잉보호를 받았을 가능성이 높다. 형제자매 및 또래와의 접촉은 자신에게 매력이 없고 서투르다는 생각, 경쟁심이 부족하다는 느낌을 유발했을 것이다. 이것은 특히 사춘기 이전과 사춘기 당시에 큰 영향을 미친다. 이 경험들은 개인에게 파괴적인 영향을 미치고 자기비하 및 자기의심을 재차 확인시킨다.

자기의심, 경쟁적 활동 회피 등 여러 요인이 이 성격을 강화시키고 고착시킨다. 의존성 성격 강화에 특히 중요한 요인은 자기희생과 순종적인 관계를 대가로 받고 보살핌과 의사결정을 대신해 주는 독립적인 타인의 존재이다(Sperry, 2015).

〈표 6-2〉에서 의존성 성격장애의 특징을 요약하였다.

〈표 6-2〉 의존성 성격장애의 특징

| | |
|---|---|
| 촉발사건 | 자립 상황 및/또는 혼자인 상황이 예상될 때 |
| 행동양식 | 유순하고 수동적이며 불안정하고 복종적<br>자기주장성 부족<br>자기의심, 자신감 부족 |
| 대인관계 양식 | 남을 기쁘게 해 주려 하고, 매달리며, 순응적임<br>의사결정 시 타인의 확인이 필요함<br>타인에 대한 책임을 거부함<br>반대 의사를 표명하지 않음<br>타인의 지지를 얻기 위해 자기를 비하함<br>하나의 관계가 끝나면 다급히 새로운 관계를 찾음 |
| 인지양식 | 피암시적이고 폴리아나식 태도를 보임 |
| 정서양식 | 상냥하고 걱정이 많고 소심하며, 스트레스 상황에서 침울해짐 |
| 기질 | 에너지 수준이 낮음. 걱정이 많고 침울하거나 철수되어 있고 우울함 |
| 애착양식 | 집착형 |
| 부모의 금지명령 | "너 혼자서는 그 일을 못할 거다." |
| 자기에 대한 관점 | "나는 착하지만 부적절(또는 취약)하다." |
| 세상에 대한 관점 | "나를 보살피기 위해 다른 사람들이 여기에 있다. 왜냐하면 나는 혼자 힘으로 나를 보살필 수 없기 때문이다." |
| 부적응적 도식 | 방어적; 자기희생; 승인 추구 |
| 최적의 진단기준 | 주요 삶의 영역 대부분에서 다른 사람들이 대신 책임을 맡아 주기를 바람 |

## 의존성 성격장애의 평가

정보 출처가 다양하면, 성격장애의 진단과 치료 계획 수립에 유리하다. 임상 면담에서 얻는 환자의 자기보고 외에도 관찰, 부수적 정보, 심리검사 등이 중요한 보조 자료로 이용된다. 이 절에서는 임상가가 해당 성격장애 환자를 처음 만났을 때 관찰할 수 있는 특징 일부와 라포 형성을 위한 내용을 간략하게 다루었다. 여러 가지 객관적 검사(이를테면, MMPI-2, MCMI-IV) 및 투사검사(이를테면, 로르샤흐 검사, TAT)의 특징적인 반응 패턴에 대해서도 기술하였다.

## 면담 시 행동과 라포

의존성 성격장애를 가진 사람들은 초기 면담에서 대체로 임상가가 먼저 대화를 시작할 때까지 기다린다. 임상가가 먼저 입을 열고 나면, 환자들은 자신의 현 상황을 묘사할 것이다. 그런 다음 다시 입을 다문다. 그들이 자주 하는 말은 다음과 같다. "무슨 말을 해야 될지 모르겠어요. 상담자를 만나 본 적이 한 번도 없거든요." 또는 "질문해 주시면 무슨 말을 해야 할지 알 수 있을 것 같아요." 임상가가 그들의 요구에 응해 주면, 이런 식의 상황이 반복될 가능성이 높다. 그럼에도 불구하고, 이 환자들과의 면담은 임상가에게 즐겁게 느껴지고 라포 형성은 비교적 쉽다. 처음에 그들은 다소 불안감을 느끼지만 얼마간 시간이 지나고 나면 임상가와 치료 과정을 신뢰하기 시작한다. 임상가가 그들의 우유부단함과 실패에 대해 친절하게 조언하고 지지하고 공감을 표현하는 동안에는 면담이 순조롭게 흘러간다. 그러나 순종으로 인한 문제를 탐색하려는 순간, 그들은 불편해하고 지지를 구하게 된다. 만약 의존성을 추적하는 과정에서 임상가가 공감적으로 경청하지 않는다면, 환자는 다른 치료자를 찾을 것이다. 공감적으로 탐색할 때, 그들은 면담에 협조하고 임상가의 기대에 부응한다. 임상가의 요청에 따라 질문의 요점에 명확하고 상세하게 대답한다. 그들은 갑작스러운 변화도 견딜 수 있고 심층의 감정을 탐색하도록 허용할 것이다. 그러나 의존성에 직면시키고 그에 대한 해석을 가하는 일은 견디지 못한다(Othmer & Othmer, 2002).

## 심리검사 자료

MMPI-2, MCMI-IV, 로르샤흐 검사, TAT는 의존성 성격장애뿐만 아니라 의존성 성격양식 또는 특질 진단에도 유용하다(Groth-Marnat, 2009).

MMPI-2에서 의존성 성격일 가능성이 높은 프로파일은 2-7/7-2(D-Pt, 우울증-강박증)인데, 이 프로파일은 수동적이고 의존적이며 유순한 개인의 특성이다. 3번(Hy, 히스테리) 척도가 높은 경우가 많고, K(교정) 척도가 약간 상승되어 있다(Graham, 2012). 높은 L 척도 점수는 의존성 성격의 수동성과 순진함을 반영하는 반면, F(비전형 척도) 점수는 평균 범위에 있다. 5번(Mf, 남성성-여성성) 척도 점수가 낮은 것은 이들이 전형적인 여성 역할을 수용하고 있음을 반영한다. 권위의 강요에 대한 저항 부족은 4번(Pd, 반사회성) 척도에 반영되어 낮은 점수로 나타난다. 9번(Ma, 경조증) 척도 점수가 낮은 것은 수동성과 주도성 부족을 반영한다(Meyer, 1995).

MCMI-IV의 3번(의존성) 척도에서 높은 점수가 예상된다(Millon et al., 2015). A 척도(범불안장애)의 상승도 흔히 나타난다. 특히 다른 사람의 손에 자신의 안녕을 맡기는 것을 불안하게 생각하는 사람들은 이 점수가 높다(Choca & Denburg, 1997).

로르샤흐 검사에서 의존성 성격의 피검자들은 검사자에게 수용받고 있다고 느끼고 검사자가 많은 반응을 기대하는 것처럼 보일 때 엄청난 양의 반응을 내놓는다. 그 외에는 반응수가 평균보다 더 낮다. 가장 흔한 반응은 A(동물 반응), M(인간 운동 반응), P(평범 반응)이다. 마지막으로, 결정인 반응에서 F(형태)보다 C(색채)를 더 자주 사용하는 경향을 보인다(Meyer, 1995).

일반적으로 의존성 성격의 TAT 반응은 특이하지 않다. 그러나 2번 카드에서 의존성과 순응성 주제가 자주 등장한다(Bellak, 1997).

## 치료적 접근법 및 개입

### 치료 시 고려사항

이 성격장애는 연극성 성격장애, 회피성 성격장애와 감별진단되어야 한다. 의존성 성격장애와 관련된 흔한 증상 진단으로는 불안장애(특히 단순 공포증, 사회불안장애, 공황장애)가 있다. 그 외에 흔히 연관되는 DSM-5 장애로는 전환장애, 신체증상장애 등이 있다. 지지적인 사람 또는 관계를 상실하는 경험은 지속성 우울장애, 주요우울삽화 등 여러 정동장애를 초래할 수 있다. 마지막으로, 의존성 성격장애는 '환자 역할'을 평생 동안 학습할 수 있기 때문에 특히 인위성장애(Factitious Disorders)에 취약하다.

일반적으로, 의존성 성격에 대한 심리치료의 장기적 목표는 개인의 자립과 상호의존 능력을 함양하는 것이다. 목표를 더 낮게 잡아야 하는 경우도 있다. 즉, '좀 더 건강한' 의존성 성격이 되도록 돕는 것이다. 일반적으로, 치료 전략은 부적절감에 대한 개인의 잘못된 확신이나 부적응적 신념에 도전하고 주장성을 높이는 방법에 대한 학습을 포함한다. 자립심을 높이기 위해 여러 가지 방법이 사용될 수 있다. 예를 들어, 의사결정을 위한 지침과 기회 제공하기, 혼자 지내 보기, 자신의 행복에 대해 책임지기 등이 있다(Sperry, 2015).

## 개인치료

다양한 개인치료 기법이 의존성 성격장애에서 성공적으로 보고된 바 있다. 대규모 사례연구나 대조군 임상시험은 발표된 것이 없지만, 여러 사례 보고에 따르면 치료 결과는 긍정적이다. 의존성 성격장애의 치료는 경계성, 자기애성, 반사회성 성격장애보다 쉬운 편이고 치료 기간도 더 짧은 편이다.

### 정신역동적 접근

정신역동적 심리치료의 핵심 목표는 과거에 겪었던 분리 및 대상 상실 경험에 잘 대처하도록 돕는 것이다. 환자들은 발달 초기의 관계를 더 만족스럽게 해결하려는 무의식적 소망을 안고 치료에 들어간다. 따라서 임상가는 상실했던 대상(object)을 상징하는 인물이 된다. 만약 임상가가 환자의 어린 시절 대상보다 더 나은 대상이 되면 치료는 성공할 가능성이 높다. 임상가는 부모-대상이 과거에 적절히 충족시켜 주지 못한 근본적인 특정 소원들을 충족시켜 줄 뿐만 아니라 더 합리적이고 온화한 모범을 제시한다. 치료가 성공하면, 그 대상은 환자의 내면에 내재화되어 환자는 더 긍정적으로 변화되고 분노와 죄책감에 대한 부담도 덜어 낼 수 있다. 그 결과 분리, 즉 진정한 성숙이 일어난다(Strupp & Binder, 1984). 의존성 성격장애의 심리치료에서 출현하는 주요 딜레마는 환자들이 임상가라는 새로운 대상을 쉽게 포기하려 하지 않고 끈질기게 매달리는 경향을 보인다는 점이다.

이것은 일종의 저항으로, 환자는 치료 목적을 위한 수단으로 임상가를 바라보는 것이 아니라 목적 그 자체로 여기고 임상가에게 의존한다. 이런 식으로 치료가 전개되면, 환자들은 치료의 동기가 되었던 원래의 증상들을 망각하고 오로지 임상가와 애착을 유지하기 위해 몰두한다. 치료 종결에 대한 두려움을 느끼면, 초기 증상들이 악화될 수 있다. 그들은 의존할 수 있는 상황을 계속 유지하려고 의사결정이나 자기

주장을 미루면서 임상가를 그 과정에 끌어들이려고 애쓸 것이다. 그러나 임상가는 환자들의 이러한 소망을 좌절시키고 독립적인 생각과 행동을 이끌어 내야 한다. 소망의 좌절로 인해 불안이 발생하더라도 그것은 견딜 만하고 생산적인 일이라는 메시지를 전달함으로써 임상가는 환자가 통찰과 자립을 향해 나아갈 수 있도록 북돋아 주어야 한다(Gabbard, 1994).

따라서 장기 정신역동 심리치료는 의존적 전이가 출현할 수 있도록 활성화시킨다. 의존적 전이가 일어나야 정서적 성장의 촉진 방법을 다룰 수 있기 때문이다. 치료 초기에 불안이 고조되면 추가 회기가 제공될 것이라고 환자들에게 알려 준다. 쉽게 도움을 얻을 수 있다는 확신을 얻으면, 신뢰관계가 촉진되고 환자의 의존 소망이 임상가에게 쉽게 전이된다. 임상가는 환자가 감정과 소망을 표현하도록 독려하고 의사결정 시 불안이 발생할 때 불안을 다루어 주며 즐거운 경험을 수용하도록 하면서 불안을 견뎌 내도록 북돋아 주어야 한다. 또한 임상가는 전이 요소를 명료화시키고 해석해야 하며, 환자들이 임상가에게 지시적인 역할을 맡기려 할 때 자립적인 대처 방안을 찾도록 지원해 주어야 한다. 치료의 최종 단계에 이를 때까지 임상가는 자기주도적 행동과 자율적 의사결정의 기대 수준을 점진적으로 높여 나간다. 추가 회기 없이도 위기에 대처하는 환자의 능력을 강화시키고 불안이 고조될 때 환자 스스로 위안하고 관리하는 능력을 증진시킨다. 이를 위해서 환자는 치료관계에서 의존 소망의 문제를 해결하고 자립적인 위치를 수용해야 한다(Hill, 1970). 마지막으로, 의존성 성격장애를 가진 사람들은 의존성 갈등과 관련하여 임상가들에게 역전이 문제를 유발하는 경우가 흔하다는 점을 잊지 말아야 한다. 따라서 임상가들의 내면에 의존적 내담자를 경멸하고 무시하는 감정이 일어난다면, 그것이 역전이 현상일 수 있다는 점을 임상가들은 미리 알고 있어야 한다(Gabbard, 1994).

Bornstein(2012)에 따르면, 서구 사회는 개인에게 자율성과 자립 능력을 요구하기 때문에 아동기 동안 일련의 규칙과 제한이 암묵적으로 개인에게 부과된다. 이러한 사회적 기대는 의존하고자 하는 개인적 욕망을 허용하지 않는다. 이 '허용되지 않는' 욕망과 사회적 기대는 의식적/무의식적으로 충돌한다. Bornstein은 정신분석적 심리치료가 이러한 갈등을 다루는 데 특히 적합하다고 설명하면서 갈등의 의식화 및 변화의 수용을 치료 목표로 제안하였다. Luborsky와 Crits-Christoph(1990)는 CCRT(Core Conflictual Relationship Theme, 핵심적 갈등관계 주제) 기법을 개발하여 의존 역동과 갈등을 해결하고자 하였다. CCRT 기법의 주요 요소는 환자가 맺는 관계에 대한 심층 분석이다. 여기에는 소망, 두려움, 의도 그리고 상대방의 반응 및 환자의 반응 분석이 포함된다. 또한 치료자는 치료적 관계 내에서 지지적으로 '안아 주는 환경(holding environment)'을 조성하여 의존 관련 전이와 역전이를 훈습하는 동안 일어날 수 있는 불안과 방어를 최소화시켜 주어야 한다.

**시간제한적 역동치료.** Kantor(1992)는 장기적인 정신분석치료가 시간이 많이 소요되고 힘들기 때문에, 치료 동기가 높고 자아동조적(자신의 의존성에 대한 통찰이 없는)인 환자들에게 추천해야 한다고 지적하였다. 그 외의 경우에 장기치료를 하게 되면, 치료가 끝없이 지속될 가능성이 있다. 치료를 열심히 하면 치료 종결이 가까워진다는 뜻이고, 종결을 예상한 환자는 종결 이후의 상황을 못 견디리라 생각하여 치료에 집중하지 않고 저항하기 때문이다. 일반적으로, 동기가 있는 환자들에 대한 장기 심리치료는 의존성 전이의 훈습을 위해 주 2~4회기 일정으로 3년 이상의 기간이 필요하다.

여러 가지 이유로, 시간제한적 역동치료는 의존성 성격장애 환자들을 위한 최선의 치료 선택지로 제안되고 있다(Flegenheimer, 1982; Gunderson, 1989). 이 방법은 12회기, 16회기 또는 20회기 후에 치료가 종결되리라는 것을 미리 알려 주고 치료를 시작한다. 그것은 환자가 상실 및 개인화에 대한 심연의 불안과 직면해야 한다는 걸 의미한다. 무한히 지속되는 보살핌과 영원함에 대한 환상과도 직면해야 한다(Mann, 1973). 시간제한적 역동치료는 다음 세 가지 조건을 갖출 때 성공 가능성이 높다. 즉, 역동적 갈등이나 쟁점이 잘 정의될 때, 치료 동맹이 빨리 형성될 때, 심한 의존성으로 행동화 또는 퇴행하는 경향이 낮거나 전혀 없는 경우(Luborsky, 1984; Strupp & Binder, 1994)이다. 시간제한적 역동치료는 자아 강도가 낮거나 분리불안 강도가 높은 환자들에서는 성공 확률이 낮다(Gabbard, 1994). Wallerstein(1986)은 그러한 환자들을 위해 지지적 치료법을 제안하였다. 이 접근법은 환자가 치료 종결에 대해 위협을 느끼지 않는 경우에 한하여 치료 회기를 수개월에 1회기씩 점진적으로 줄여 나가는 방법이다.

Flegenheimer(1982)는 Sifneos, Alexander, Mann, Malan, Davanloo와 Wolberg가 제시한 여섯 가지 유형의 시간제한적 역동치료를 비판적으로 고찰한 바 있다. Flegenheimer는 Mann, Alexander와 Wolberg의 시간제한적 역동치료들이 대체로

의존성 성격장애에 초점을 맞춘 방법이라고 판단하였다. Alexander와 Wolberg의 접근법은, 치료 초기에 임상가가 치료 과정의 책임을 맡고 조언을 제공하며 의사결정을 내린다. 이런 가부장적 입장 덕분에 수동적이고 우유부단한 환자들은 편안함을 느낄 확률이 높다. 이 접근법으로 치료받는 환자들은 '지시를 받았기' 때문에 새로운 행동을 시도해 보게 된다. 새로운 행동에 대한 긍정적인 반응은 새로운 행동 패턴을 강화시킨다. 치료 첫 회기에 종결 날짜를 정하는 Mann의 접근법도 마찬가지로 수동적이고 의존적인 환자들에게 대체로 적합하다. 이 치료법의 첫 단계에서 환자는 어린 시절 경험했던 '황금기(golden glow)'를 희미하고 모호하게 느낀다. 이 황금기는 치료가 진행되면서 환자의 의존성을 통해 환하게 드러나고, 이로써 분리 경험을 위한 무대가 조성되어 분리로 인한 환멸을 다룰 수 있게 된다.

Mann(1973)의 접근법은 분석 지향적 표준 기법을 약간만 수정하면 되는데, 단기 정신분석에서 사용되는 직면 기법을 최소화해야 한다. 당연히, 다소 온화한 Mann의 기법은 의존성 성격장애 환자들에게 큰 저항을 유발하지 않는다.

시간제한적 역동치료는 일반적으로 의존성 성격장애 환자들의 치료 출발점으로 추천되고 있다. 갈등이 여러 측면에서 존재하거나 단기치료로 개선되지 않는 경우에는 지지적 요법이나 정신분석을 고려해 볼 수 있다.

### 인지행동적 접근

Beck 등(2004)은 의존성 성격장애를 가진 사람들을 위한 인지치료의 확장판을 발표하였다. 이 치료의 기본 목표는 자율성과 자기효능감을 높이는 것이다. 자율성은 다른 사람으로부터 독립적으로 행동할 수 있으면서도 친밀하고 가까운 관계를 발달시킬 수 있는 능력을 말한다. 의존적 사람들은 '독립'이라는 단어에 예민하게 반응하고, 자신에게 능력이 생기면 타인에게 버림받는다는 두려움이 있기 때문에, 이 치료 목표는 상당히 섬세하게 이루어져야 한다. 의존적인 사람들은 임상가들이 자신의 문제를 해결해 주고 의사결정을 대신해 주리라는 기대로 치료에 오는 경우가 많기 때문에 치료 초기에는 의존을 어느 정도 허용해 주어야 참여를 유도할 수 있다. 인지치료는 구조화되고 협력적인 접근법이기 때문에 의제와 목표 설정에서부터 모든 치료 과정에 걸쳐 환자의 적극적인 역할을 장려한다. 치료 초기에 안내된 발견과 소크라테스식 질문을 사용하면 환자 스스로 해결책을 찾고 의사결정을 하는 상황에 직면시킬 수 있으므로 치료자와 타인에 대한 과도한 의존을 줄일 수 있다. 치료가 진행되면 목표를 향한 진전이 일어난다. 이러한 진전은 스스로 무력하다고 생각하는 환자의 가정에 도전하는 강력한 증거로 활용될 수 있다.

자립에 대한 이분법적 신념—한쪽 극단에는 완전한 의존과 무기력이 있고 다른 극단에는 완벽한 독립과 고립이 있다고 생각하는 믿음—에 도전하는 것은 자율성을 철저한 고립으로 간주하는 왜곡된 사고를 수정하는 데 도움이 된다. 의존과 무력감에 대한 자동적 사고와 부적응적 도식에 도전하고 논박하는 것 외에도 주장 훈련과 행동 실험 등 행동 기법이나 치료 구조 자체를 수정하는 방안이 적극 권장된다.

치료 구조의 수정은 여러 가지 방식으로 시행해 볼 수 있다. 예를 들어, 개인치료로 시작했다가 점진적으로 집단치료 형식으로 바꾸거나, 개인치료와 집단치료를 병행하거나, 치료 종결이 가까워지면 상담 간격을 늘리면서 '젖 떼는(weaning)' 기간을 설정하거나, 치료 초기에 구체적인 치료 종결 날짜를 미리 정해 두거나, 종결에 대한 준비 작업으로 초점 치료를 계획해 볼 수도 있다. 일반적으로 치료 종결은 의존적인 사람들에게 거부 및 유기 도식을 촉발시키기 때문에 치료 후반부에 한두 차례의 추수 회기를 제공하면 치료 종결 후 현실로의 이행이 부드럽게 진행될 것이다. 간단히 말해, 의존성 성격장애에 대한 인지치료는 협력관계에서 시작되고, 처음에는 어느 정도의 의존을 허용하다가 점차적으로 안내된 발견으로 대체하면서 자립에 대한 이분법적 신념에 도전한다. 치료가 진행되면서 치료 목표 달성을 위한 행동 기법과 함께 기존의 도식을 재구성하거나 치료 구조를 변경하는 방법을 활용해 볼 수도 있다.

치료자는 의존적인 환자들에 대한 치료자 자신의 생각과 감정을 모니터링해야 한다. 치료자들은 이 '애처로운' 사람에게 철두철미한 평가를 면제해 주거나 예외로 삼고 싶은 충동을 느낄지 모른다. 치료자의 이러한 지향성은 환자의 병적 패턴을 은밀히 돕고 자율성이라는 목표를 훼손한다. 이 경우, 역기능적 사고 기록지 작성은 도움이 된다. 역기능적 사고를 기록하면, 표준 지침에서 벗어난 치료자의 행동이 환자에게 득이 되는지 아니면 지속적인 의존을 조장하는지 검토해 볼 수 있다. Beck 등(2004)은 의존적인 사람들이 그렇지 않은 사람들에 비해 치료자를 사랑한다고 보고할 확률이 높다는 점을 지적하고 있다. 따라서 '특별'대우는 피해야 한다.

이 성격장애에 대한 행동 지향적 접근법은 의존성 성격이 자립적인 의사결정에 예민하게 반응한다는 공식화에 기반하고 있다(Turkat, 1990). 이 공식화에 상응하는 행동 전략은 자립적 의사결정에 중점을 두는 쌍방향적 불안 관리 기법이다. 의존성 성격장애 환자들은 사회성이 떨어지는 경우가 많기 때문에 사회 기술 훈련이 필요할 수 있다. 기능 수준이 낮은 의존성 성격장애 환자들의 경우, 적극적인 의사소통과 교우관계 및 데이트 기술은 최소한으로 정한다. Fay와 Lazarus(1993)는 자기주장 기술, 교우관계 기술, 데이트 기술에 대한 인지행동 지침을 제안하였다. Brauer와 Reinecke(2015)는 단계별로 체계화된 행동 기술을 제공하여 기술을 점진적으로 발달시킴으로써 의존적 환자들이 불안에 직면하도록 도와주어야 한다고 권고한다. 이러한 행동 기술은 회기 중 치료자의 행동을 모델링하거나, 실제 상황에서 연습하거나, 자율적이고 적극적인 사람을 관찰하는 방법을 통해 습득할 수 있다.

**인지적 대처 치료.** 인지적 대처 치료는 성격장애 환자의 치료를 위한 적극적·지시적인 접근법으로 교육 중심으로 구조화되어 있다(Sharoff, 2002). 이 치료 기법은 개인의 대처 기술—기술을 일련의 연쇄적인 행동이라고 간주할 때, 하위 기술 및 세부 기술—을 평가하여 필요한 부분에 한하여 해당 영역의 기술 역량을 증진시키는 완전하고 독립적인 치료 방법이다. 주요 기술 영역은 다섯 가지로 구분되고, 각 영역의 대표적인 치료양식은 다음과 같다. 인지 기술–문제해결, 자기교육 훈련 및 자기관리; 정서적 기술–정서 담아 두기 및 구획화; 지각적 기술–조망 수용, 사고 중지, 심리적 거리두기; 생리적 기술–명상 및 이완 훈련; 행동적 기술–의사소통 및 주장 훈련 등이다. Sharoff(2002)는 복잡하고 치료가 어려운 의존성 성격장애 사례를 제시하면서 이 구조화 기법을 활용할 수 있는 상세한 지침(및 임상 사례)을 기술하였다.

**심리도식치료.** 심리도식치료는 인지치료를 더욱 정교화시킨 것으로, 특히 성격장애 및 치료가 어려운 개인 및 부부 문제를 다루기 위해 Young(Young et al., 2003)에 의해 개발되었다. 도식치료는 부적응적 도식을 찾아내고 구체적인 전략과 중재를 계획한다. 주요 전략은 네 가지가 있는데, 인지적·경험적·행동적 전략과 치료적 관계 그 자체이다. 인지적 재구성과 부적응적 도식의 수정은 중요한 인지적 전략으로, 심상 훈련, 공감적 직면, 과제 부여 그리고 정서적 교정 경험의 한 형태인 '제한된 재양육' 기법을 병용할 수 있다(Young et al., 2003).

일반적으로, 의존성 성격장애와 연관된 부적응적 도식으로는 결함, 즉 자신의 중요한 부분에 결함이 있다고 믿는 동시에 자신은 나쁘고, 열등하며, 누구도 자신을 원치 않는다는 신념; **의존성**, 즉 다른 사람의 상당한 도움 없이는 일상의 책무들을 완전히 해낼 수 없다는 신념; **승인 추구**, 즉 진정한 자기감의 발달을 포기하고서라도 소속되고 수용받을 수 있는 곳이나 사람을 계속 찾아야 한다는 신념 그리고 **자기희생**, 즉 자기 자신의 만족을 희생해서라도 타인의 욕구를 충족시켜 주어야 한다는 신념이 있다(Bernstein, 2002).

### 대인관계적 접근

Benjamin(2003a)은 심리치료 중재를 다음과 같은 측면에서 계획하고 평가할 수 있다고 보았다. 즉, 심리치료 중재가 협력관계를 증진시키는가, 부적응적 패턴과 그 뿌리에 대한 학습을 촉진시키는가, 이러한 패턴을 차단하는가, 변화에 대한 의지를 강화시키는가, 새로운 패턴에 대한 학습을 효과적으로 장려하는가이다.

Benjamin의 견해에 따르면, 의존성 성격장애 환자들은 적어도 표면상으로는 이상적인 환자이다. 그들은 행동 과제뿐만 아니라 문서로 작성하는 과제, 치료비 지불에 이르기까지 치료자의 모든 권고사항과 처방을 준수한다. 치료자가 권위적일수록 환자는 더 잘 따라간다. 그러나 그녀는 의존적인 사람들에서 명백하게 관찰되는 우호적 협조는 오히려 협력적 치료 동맹의 발달을 복잡하게 만들고 변화의 노력을 약화시킨다고 지적한다. 의존적 환자들이 원하는 본질적인 의제는 임상가로부터 더 많은 도움을 유도해 내는 것이다. 그들은 의존이라는 부적응적 패턴을 바꾸려는 임상가들의 목적에 협조해야 할 아무런 이유가 없다. 이런 식이라면 치료는 영원히 계속될지 모른다. 치료를 시작할 때 임상가의 과제는 평소 환자들이 맺었던 관계와 정반대되는 관계를 맺어야 하고, 환자들의 복종을 중단시키며, 독립과 분리에 대해 배우도록 하는 것이다. 의존적인 사람들에게 이 과제들은 처음엔 불가능해 보일 것이다. 그들은 어릴 때부터 강력한 밀착관계 맺기에 익숙해져 있어서 개인적 분화의 의미를 이해할 수 없기 때문이다. 그들은 단 두 가지 선택지만 존재한다고 생각한다. 즉, 다른 사람을 통제하거나 아니면 복종하는 것이다. 타인을 통제한다는 것은 그들에게 갑질이나 공격성, 괴롭힘을 의미하기 때문에 그들은 복종을 선택한다. 그러나 그들이 복종의 반대가 통제가 아닌 분리와 개인의 역량이라는 점을 이해하기만 한다면, 변화할 수 있다. 의존적 환자들의 부적응적 패턴을 차단하기 위해 종종 가족 구성원과 같은 중요한 타인의 도움이 필요하다. 독립적 행동을 강화시키는 방법으로 역설적 제안을 활용해 볼 수 있다. 즉, 의존적 환자들이 적절히 기능하고 있을 때에 한해서 타인의 도움을 받을 수 있도록 하는 것이다. 이러한 제안은 의존 소망을 변화시키는 중재 및 유능해지고 자립하고자 하는 소망을 강화시키는 중재와 함께 시행해야 한다.

기본적으로, 의존적인 사람들은 우선 그들의 의존적 패턴과 패턴 유지를 위해 상당한 대가를 치르고 있다는 점을 인식해야 한다. 그런 다음에야 대안을 탐색할 수 있다. 그들의 변화는 그들이 이 과정에 얼마나 협력적으로 대항하는지, 지금-여기에서 의존 패턴의 의미를 얼마나 직면해 내는지에 달려 있다. 협력적 노력과 직면이 가능해지면, 새로운 패턴의 실행은 상대적으로 쉽다. Benjamin은 적극적 의사소통과 감정 인식 및 표현 등 표준적인 행동 기법들도 상당히 효과적이라고 지적하고 있다.

## 집단치료

집단치료는 의존성 성격장애를 성공적으로 치료한다고 입증되었다. 집단치료의 효과 예측을 위해서는 두 가지 사항을 고려해야 한다. 첫 번째 고려사항은 환자의 손상 정도이다. 동기 및 성장 잠재력이 있으면 상호적으로 작용하는 집단 심리치료가 더 적합하다. 이 조건에서 집단 심리치료는 수동적이고 의존적인 행동의 부적절성을 탐색할 수 있는 치료 환경을 제공하고 주장을 표현할 수 있는 더 큰 실험의 장을 제공한다(Yalom, 1985). 그러나 심각한 성격장애를 시사하거나 친사회적 행동(적극적 의사소통, 의사결정, 타협 등)이 부족할 때에는 지속적인 지지를 제공하는 문제해결 집단이나 사회 기술 훈련 집단치료가 더 적절하다. 두 번째 고려사항은 환자를 모든 집단 구성원이 의존 문제를 공통적으로 지니고 있고 이를 목표로 치료하는 동질적인 집단에 의뢰할지, 아니면 집단 구성원들이 각각 다른 성격양식이나 장애를 보이는 이질적인 집단에 의뢰할지 결정하는 문제이다. Frances 등(1984)은 이에 대한 선택 기준을 제시하였다. 의존적 환자들이 이질적 집단 내에 들어가면 '사라져' 버린다는 임상적 속설이 있을 정도이다. Yalom(1995)은 집단치료에서 '침묵하는 환자'에 대해 이야기한 적이 있는데, 추정컨대 그 환자는 의존성 성격이었을 것이다.

그러나 구성원들이 동질적이고 목표가 명확하게 정의된 시간제한적 주장 훈련 집단은 이 성격장애 환자들에게 매우 효과가 있다고 입증된 바 있다(Lazarus, 1981).

의존성 성격장애 환자들의 치료와 관련하여 문헌에 보고된 두 연구가 있다. Montgomery(1971)는 개인치료를 받고 있던 의존성 성격장애 환자들을 동질적 구성원들로 이루어진 집단치료에 참여시켰다. 이 의존성 성격장애 환자들은 매달리고 의존적이며 증상이 마법처럼 치유되기를 기대하고 약물 처방을 원하는 특성을 보였다. 집단치료에 참여했을 때, 이 환자들은 퇴행적 형태의 관심 추구 행동을 사회 적응적인 형태로 방향을 전환하는 기회를 얻게 되었다. Montgomery는 30명 중 3명을 제외한 모든 환자가 약물치료를 중단할 수 있었다고 보고하였다. Sadoff와 Collins(1968)는 말을 더듬는 의존성 성격장애 환자들을 위한 집단치료를 보고하였다. 이들은 주 1회 집단치료를 시행했고 역동적 해석에 중점을 두었는데 효과가 있다고 밝혔다. 즉, 말더듬과 의존성에 긍정적인 변화가 나타났다.

## 부부 및 가족 치료

의존성 성격장애 환자의 가족치료에 대한 연구는 거의 존재하지 않는다. Harbir(1981)에 따르면, 의존성 성격장애 환자들이 가족치료에 오는 주된 이유는 부모가 끌고 오기 때문이라고 한다. 환자들은 신경증이나 정신증적 증상을 보이는 후기 청소년이나 20~35세의 젊은 성인이 주를 이루었다. Harbir는 의존성 성격으로 진단받은 29세 남성을 전형적인 사례로 소개하였다. 그 남성은 생활 유지 측면에서 본질적으로 완전히 부모에게 의존하는 상태였다. 환자보다 기능적으로 양호한 여동생은 작년에 이사하여 독립하였다. 그는 집에서 아버지 직장의 업무를 파트타임으로 하긴 했으나, 스스로 식사를 차려 먹지도 않았고 자기 방을 청소하지도 않았으며 자기 옷을 세탁하는 일도 없었다. 그는 부모님이 허락하기만 한다면 남은 평생 부모님과 사는 데 만족하였다. 지목된 환자(identified patient)가 집 밖에서 일하는 것을 꺼린다는 점만 제외하면 뚜렷한 문제는 없었다. 아들과 어머니, 아버지가 깊이 밀착된 것은 명백했고, 아버지보다 아들이 훨씬 더 많이 어머니에게 의존하였다. 또한 아버지보다 어머니가 아들에게 더 많이 의존하였다. 임상가는 구조적 기법을 사용하여 어머니-아들 상호작용의 강도를 감소시켰다. 아버지와 아들 관계를 분리시키기 위해 여러 가지 과제를 처방하였다. 또한 가족의 울타리를 벗어난 사회 활동을 장려하기 위한 과제도 처방하였다. 아들은 또래관계를 거의 발달시키지 못했기 때문에 처음에 이 과제는 아들과 부모 모두에게 상당히 어려웠다.

가족치료 1년 후, 아들은 관계의 속박에서 충분히 자유로워졌고 외부에서 일하면서 사람들과 어울리기도 하였다. 개인치료를 통해서도 이런 결과를 얻을 수 있었을까? 부모의 협조가 없는 조건에서 동일 기간 내에 그럴 가능성은 낮아 보인다. 밀착된 가족관계를 변화시키는 작업은 가족 구성원 모두에게 불안을 초래할 수 있기 때문에 가족 중 1명만 치료받을 경우 나머지 가족들의 저항이 상당하다.

의존성 성격장애를 가진 사람들의 부부치료에 대해서는 출판된 문헌이 거의 없다. Malinow(1981)에 따르면, 의존적인 사람들의 결혼생활은 상대 배우자가 지속적으로 그들의 욕구를 충족시켜 주면 적절하게 유지되지만, 지원이 철회되거나 중단되면 전형적인 증상이 나타난다. Turkat(1990)는 상대 배우자를 치료에 참여시키는 것이 유리하다고 생각했는데, 그 이유는 다음과 같다. 즉, ① 의존적인 사람의 불안이 감소되고 독립성이 증가하면 부부관계에 부정적 영향을 미치고, ② 두 사람이 치료 목표 성취를 위해 함께 노력하면 환자의 발전이 촉진되기 때문이다. Barlow와 Waddell(1985)은 광장공포증 치료를 위한 시간제한적 부부 집단치료에 대해 기술하였다. 이 연구에서 증상이 있는 배우자의 대부분은 의존성 성격이었다. 증상이 없는 배우자는 '코치' 및 '듬직한 친구' 역할을 수행하면서 치료 목표에 협조하였다. 이런 역할을 맡는다는 것은 배우자의 광장공포증과 의존성을 강화시켰던 기존의 역할을 내려놓는다는 것을 의미한다. 10회기 치료 과정에서 공황 증상과 광장공포증이 완화되었을 뿐 아니라 부부관계가 의존성으로부터 상호의존성으로 전환되었다.

통상적으로 부부관계 패턴은 의존적/자기애적 형태를 취한다. 즉, 한쪽 배우자는 의존성 성격장애이고 다른 쪽 배우자는 자기애적 성격장애이다. Nurse(1998)는 Millon의 성격장애이론을 토대로 이 관계 패턴의 부부를 치료하는 이론적 근거와 치료 지침을 상세하게 제공하고 있다(Millon & Davis, 1996).

Links, Stockwell과 McFarlane(2004b)은 의존성 성격장애 환자들을 위한 부부치료를 조사하여, 이 치료 중재의 효과를 예측할 수 있는 의존성의 특성을 두 가지 차원에서 구분하였다. 저자들은 각 차원에 해당하는 두 사례를 통해 상세한 정보를 제시하였다. 첫 번째 사례는 불안정 애착으로 인해 대인관계 의존성이 발생한 사례였다. 저자들은 이 부부의 밀착된 관계 때문에 부부치료로는 효과를 얻을 수 없다고 지적한다. 두 번째 차원은 자기주장성 및 자신감 부족이다. 이러한 결함은 관계의 위기를 초래할 수는 있지만, 부부치료를 통해 성공적으로 해결될 가능성이 있다. 저자들은 부부치료가 내담자들에게 적절한지 평가하기 위해 앞의 두 가지 차원의 의존성 중 어느 쪽이 우세한지 꼭 확인해야 한다고 주장하였다.

Beck 등(2004)에 따르면, 의존적인 개인의 자율성과 주장성을 증진시키는 치료는 상대 배우자를 화나게 만들 수 있다. 의존성 성격장애 환자에게 중요한 타인은 관계 내의 불공평한 힘의 균형을 즐기는 경우가 많고, 이러한 힘의 저울을 조정하려는 시도를 위협으로 생각하기도 한다. 이럴 경우 부부치료나 가족치료는 지목된 환자의 변화에 가족 구성원들이 적응할 수 있게 해 주고, 가족이 하나의 단위로 성장할 수 있도록 돕는다. 그러나 만약 중요한 타인이 치료를 통한 환자의 변화를 수용하지 않으려 한다면, 환자는 그 관계를 끝낼지 말지 결정해야만 한다.

## 약물치료

현재까지 향정신성 약물 중에서 의존성 성격장애 환자들의 치료로 명시된 약물은 없다(Silk & Feurino, 2012). 그렇지만 의존성 성격장애와 연관되어 특정 문제 증상(예: 우울증, 불안, 수면 문제)이 있으면 약물을 사용하기도 한다. 일반적으로 약물은 심리치료와 기술 훈련에 대한 보조 치료로 사용된다. 문제 증상들은 심리적 개입보다 약물치료에 더 빨리 반응하기 때문에, 통상적으로 치료 시작 시 약물을 처방한다(Sperry, 1995b). 안타깝지만, 의존성 성격장애의 약물 사용 지침에 대한 연구는 거의 없는 실정이다(Silk & Feurino, 2012).

## 병행/통합적 치료 접근

여러 가지 면에서 의존성 성격은 마치 '고아'처럼 임상 문헌에서 홀로 동떨어져 있다. 이러한 현상은 특히 병행/통합적 치료 영역에서 뚜렷하게 나타난다. 다른 유형의 치료를 병합한다는 것은 다른 치료양식들을 동시에 사용한다는 것을 의미한다. Barlow와 Waddell(1985)이 부부 집단치료 양식에 행동치료를 혼합한 시도는 앞서 기술하였다. 당연히, 여러 치료양식을 조합하면 결과가 탁월하다. Lazarus(1981, 1985)는 다중양식 중재의 전반적인 효능과 비용 효과에 대해 추가적인 근거 자료를 제공하고 있다.

통합적 치료의 경우, 기록된 자료가 거의 없다. 그러나 임상 장면에서는 환자의 불안 감소를 위해 역동적 치료와 인지치료를 통합하려는 노력이 넘쳐난다. 예를 들어, Glantz와 Goisman(1990)은 의존성 성격장애 환자들을 대상으로 대상관계이론에 기반을 둔 정신역동 심리치료에 이완 기법을 통합시킨 독특한 방법을 소개하고 있다. 저자들은 분열된 자기표상을 통합하는 탐색적 심리치료를 수행하였는데, 이 과정에 호흡 조절과 점진적 근육 이완 기법을 활용한 것이다. 분열된 자기표상을 찾아낸 후, 통합하는 단계에서 이완 기법을 도입하였다. 환자들에게 이완 기법을 교육하고 회기 사이에 과제로 처방하였다. 회기 중에 이 기법을 사용하여 적절히 이완할 수 있는 정도가 되면, 갈등하는 자기표상들 중 하나를 심상으로 떠올려 보도록 한다. 그런 다음 나머지 표상을 떠올리도록 한다. 심상이 명확하게 떠오르면 이에 대해 이야기를 나누고, 그런 다음 두 심상을 통합하도록 장려한다. 연구에 참여한 27명의 성격장애 환자 중 24명(대다수가 의존성 성격)에서 순응도 증가, 대인관계 개선, 저항 감소 효과가 나타났다.

Ekleberry(2014)는 의존적 성격과 물질사용장애를 동시에 가지고 있는 사람들에게 AA와 NA 같은 자조 프로그램에 참여하게끔 하는 것이 도움이 될 수 있다고 언급한다. 그러나 그녀는 이들이 공격적이고 자기애적인 집단 구성원의 먹잇감이 될 수 있다고도 경고한다.

제7장

# 연극성 성격장애

연극성(histrionic) 성격장애를 가진 사람들의 경우, 초반에는 매력적이고, 호감이 생기고, 에너지가 넘치며, 유혹적인 것으로 보인다. 하지만 시간이 지나면서 이들은 정서적으로 불안정하고, 미성숙하며, 자기중심적인 모습을 나타낸다. 이 성격장애는 남성에서도 발견되지만 여성의 발병이 보다 우세하며, 보통 복장과 매너에서 여성다움이 우스꽝스럽게 표현된다(Blashfield, Reynolds, & Stennett, 2012). 이들에 대한 치료는 여러 가지 면에서 어려움이 많지만, 매우 효과적이고 성공적일 수 있다.

이 장은 연극성 성격장애의 평가 및 치료를 위한 이론적 틀을 기술하고 있으며, 진단, 심리평가, 사례개념화, 치료 중재 등을 포함하고 있다. DSM-5의 기술과 원형적 기술, 배경 정보를 먼저 소개하고, 사례개념화 부분에서는 널리 사용되는 다섯 가지 접근법, 즉 정신역동적 · 생물사회적 · 인지행동적 · 대인관계적 · 통합적 개념화에 따라 이 성격장애의 임상적 측면을 살펴보고자 한다. 또한 개인치료, 집단치료, 부부 및 가족 치료, 약물치료, 병행 및 통합 치료 등 여러 가지 치료적 접근법과 치료양식, 중재 전략도 기술하였다.

## 연극성 성격장애의 기술

연극성 성격장애는 다음과 같은 요인과 특성으로 나누어 설명할 수 있다. 즉, 연극성 성격양식 vs. 연극성 성격장애, 촉발사건, 행동양식, 대인관계 양식, 인지양식, 정서양식, 애착양식 그리고 최적의 진단기준 같은 요인과 특성으로 나누어 설명할 수 있다.

**양식 vs. 장애.** 연극성 성격을 건강함에서부터 병리라는 연속체적 관점에서 본다면 연극성 성격양식은 건강함의 끝에, 연극성 성격장애는 병리의 끝에 해당한다. 〈표 7-1〉에 연극성 성격양식과 연극성 성격장애를 비교하였다.

다음의 두 가지 사례는 연극성 성격장애(Ms. P)와 연극성 성격양식(Mr. M)의 차이를 더욱 명확하게 보여 준다.

**〈표 7-1〉 연극성 성격양식과 연극성 성격장애의 비교**

| 성격양식 | 성격장애 |
|---|---|
| 칭찬과 찬사를 즐김 | 타인의 확신, 승인, 칭찬을 지속적으로 추구하거나 요구함 |
| 매력적이고, 사교적이며, 적절하게 외모를 꾸미고 행동함 | 외모와 행동에서 부적절하게 성적으로 유혹적인 양상을 보임 |
| 의상, 스타일, 패션을 즐기며, 외모를 꾸미고 몸단장하는 것에 관심이 많음 | 신체적인 매력에 지나치게 신경을 씀 |
| 활기차고 재미있는 것을 좋아하는 한편, 종종 충동적이긴 하지만 만족지연이 가능함 | 감정을 부적절하게 과장하여 표현함 자기중심적이고, 쉽게 만족하지 않음 |
| 관심의 대상이 되는 것을 즐기고, 모든 사람의 이목이 집중되는 상황에 잘 대처할 수 있음 | 자신이 타인으로부터 관심의 초점이 되지 않는 상황을 불편해 함 |
| 감각-지향적이고, 감정적으로 표현하며, 신체 접촉을 잘함. 또한 감정적이긴 하지만 적절한 수준으로 반응함 | 감정 변화가 급격하고, 감정 표현이 피상적임 |
| 상황에 맞추어 포괄적인 내용과 세부적인 내용을 적절히 말할 수 있음 | 지나치게 극적으로 말하고, 말하는 내용의 세부사항이 부족함 |

**사례** 연극성 성격장애

P는 20세의 여대생으로, 대학 내 학생생활상담센터에 '남자 친구' 문제로 심리상담을 신청하였다. 사실 그녀는 센터에 오기 전날, 약효가 크지 않은 신경안정제를 생명에 지장이 없을 수준으로 과다 복용하였다. 그녀는 어제 오후 남자 친구가 자신을 떠나고 난 후 '인생을 살 만한 가치가 없어졌다'며 자살을 위해 약물을 과다 복용했다고 말하였다. 그녀의 경우, 학내의 다른 여학생들이 대부분 굉장히 캐주얼한 옷차림을 하는 것과 대조적으로 화장을 하고 손톱에 매니큐어를 칠하였으며 잘 차려입은 모습이었다. 초기 면담 시, 그녀는 온화하고 매력적이었으며 시선 접촉도 적절히 하였으나, 약간 유혹적인 모습을 나타냈다. 면담 동안 그녀는 웃으면서 크게 기뻐하다가 눈물을 흘리며 슬퍼하는 등 두 차례 정서적으로 불안정한 양상을 보였다. 그녀의 전 남자친구는 그녀를 대상으로 하는 사례 회의에 참석하였고, 임상가에게 면담을 요청하였다. 그는 그녀가 자신이 할 수 없는 것들을 요구하여 그녀와 헤어졌다고 했으며, '정서적으로나 성적으로' 그녀를 만족시킬 수 없다고 말하였다. 그리고 "매일 밤 그녀를 데리고 파티를 할 여유가 없다."고 언급하였다.

**사례** 연극성 성격양식

저작권 대리인인 41세 남성 M은, 경력을 쌓는 초반에는 주요 출판사에서 논픽션 작가들을 대표하여 활동하였다. 몇 년 동안 그는 성공적으로 일을 수행했지만, 성공을 위해 뒤에서 자신이 하는 노력에 다소 환멸을 느끼게 되었다. 그는 자신의 고객 몇몇을 엄청나게 부유하고 유명하게 만드는 동안, 자신 역시 경제적인 안정을 누리고 각광받는 날들을 꿈꾸었다. 케이블 TV 방송을 허가받게 되었을 때, 그는 자신의 꿈을 펼칠 기회가 왔음을 감지하였다. 그는 자신이 방송국 사장이 되어 자신의 토크쇼를 진행하기로 결심하였다. 그에게는 쇼의 게스트로 초대할 만한, 즉 대중이 관심을 가질 만한 고객이 여러 명 있었다. 그는 자신의 계획을 실행하기 위해 자금조달에 착수하였다. 그의 매력적인 매너와 매혹적인 비전 제시는 후원자들의 호기심을 자극하였고, 이에 기반해 방송국을 출범시켰다. 유일한 문제는 그가 방송 제작 면에서 대해서는 아는 것이 거의 없다는 것이었다. 그는 즉시 총괄 프로듀서의 선발에 돌입했고, William. T는 그가 인터뷰한 네 번째 사람이었다. 그는 William. T가 적임자임을 단번에 알아봤고, 10분간의 인터뷰 끝에 바로 그를 고용하였다. William. T를 선택한 것은 결과적으로 옳은 것이었고, 토크쇼도 성공하였다.

**촉발사건.** 행동양식, 대인관계 양식, 인지양식, 정서양식에서도 언급되겠지만, 연극성 성격장애의 특징적인 부적응적 반응(Othmer & Othmer, 2002)을 촉발 또는 활성화시키는 상황, 환경, 사건은 '이성관계'이다.

**행동양식.** 이들의 행동양식은 매력적이고 극적이며 표현적인 동시에 요구적이고 제멋대로인 동시에 사려 깊은 행동을 하지 못하는 것으로 특징지어진다. 이와 더불어, 지속적인 관심의 추구, 불안정한 정서, 변덕, 피상성은 연극성 성격장애를 가진 사람들이 보다 특징적으로 나타내는 모습이다.

**대인관계 양식.** 대인관계에서 이들은 눈에 띄게 타인의 관심을 추구하고 상대를 조종할 뿐 아니라, 신체를 노출하거나 재미 삼아 추파를 던지는 경향을 보인다. 또한 자기애성 성격장애와 마찬가지로 공감 결여 양상을 드러내기도 한다.

**인지양식.** 이들의 인지양식 또는 사고방식은 분석적이고 정밀하며 장-독립적(field-independent)이기보다는 충동적이고 실제가 아니라 자신이 정한 주제나 역할에 몰두하는 것이 특징적이다. 이들은 분석적이지 않고 모호하며 장-의존적(field-dependent)이다. 또한 암시에 취약하고 막연한 예감과 직관에 매우 의존한다. 한편, 자신의 숨겨진 연극성과 자기 관련 인식을 피하고, 타인으로부터 승인받고자 하는 욕구가 두드러져 '타인 지향적'인 경향이 있다. 이에 따라 이들의 경우 자신의 '실제(내적인)' 모습과 '공적인(외적인)' 모습을 쉽게 분리시킬 수 있다.

**정서양식.** 이들의 감정 또는 정동 양식은 비이성적인 감정 표출, 분노 폭발을 포함하여 과장된 감정 표현과 흥분하기 쉬운 상태로 특징지을 수 있다. 이들은 끊임없이 자신이 사랑받고 있다는 증거를 찾아 헤매지만 피상적인 따뜻함과 매력만으로 반응할 뿐이며, 이들의 감정은 그 깊이가 대체로 얕다. 마지막으로, 이들은 거절에 굉장히 민감하다.

**애착양식.** 몰입 애착 유형의 사람들은, 자신을 무가치하다고 생각하고 타인을 긍정적으로 평가하는 특징을 보인다. 그들은 자신을 외부 지향적으로 간주하는 경향이 강하다. 몰입 애착 유형은 연극성 성격장애를 가진 사람들에게서 흔히 나타난다.

**최적의 진단기준.** 연극성 성격장애에 대한 모든 진단기준 중 가장 유용한 기준은 '다른 사람들의 관심 초점에서 벗어난 상황을 불편하게 여기는 것'이다. 임상가는 이 기준의 유무를 파악해 보다 신속하게 연극성 성격장애를 진단할 수 있다(Allnutt & Links, 1996).

## DSM-5 기술

연극성 성격장애를 가진 사람들은 타인의 관심을 병적으로 추구하고 지나치게 감정적인 양상을 특징적으로 나타낸다. 이들은 자신이 타인의 관심 초점에서 벗어난 상황을 불편해한다. 이들의 정서적 반응은 깊이가 얕고 빠르게 전환되며, 전형적으로 옷차림을 통해 사람들의 관심을 끈다. 또한 지나치게 인상적으로 말하면서도 세부적인 내용은 결여되어 있다. 이들의 경우, 다른 사람들이나 상황의 영향을 쉽게 받으며, 실제보다 관계를 더욱 친밀하게 여기기도 한다. 또한 대인관계에서 도발적이거나 부적절하게 성적으로 유혹적인 행동을 하는 때가 빈번하다. 더욱이 이들은 극적이고, 자신의 감정을 매우 과장하여 표현한다(American Psychiatric Association, 2013).

## 원형적 기술

원형은 특정 장애가 일반적으로 어떤 모습으로 나타나는지 그 본질을 포착하여 짧게 설명한 문장이다. 원형적 기술은 유용하고 편리하여, 임상에서 행동 기준 목록/핵심 신념/도구적 신념 목록 대신 사용되는 경우가 많다(Westen, 2012). 연극성 성격장애에 대한 일반적인 원형적 기술은 다음과 같다. 이들은 무언가를 과시하기 위한 인생을 살아간다. 여성의 경우, 관심을 끌기 위해 매혹적인 태도, 육체적인 매력, 유혹적인 행동 등을 이용한다. 남성이라면, 사업상의 거래 및 투자, 스포츠 그리고 성관계와 관련된 능력을 자랑하며 관심을 이끌어 낼 가능성이 크다. 이들의 관심사와 태도는 다른 사람들이 생각하는 것과 가치 있게 여기는 것에 영향을 받는다. 또한 이들은 상대에게 급속도로 접근하고 빠르게 친밀함을 형성하려고 하지만 이 친밀감은 금세 사그라지기 때문에 이들로 하여금 인정받지 못한다는 느낌을 갖게 한다(Frances, 2013).

## 유병률

일반 인구에서 연극성 성격장애의 유병률은 1.84%로 추정된다(American Psychiatric

Association, 2013). 연극성 성격장애를 가진 사람들은 치료를 위해 관련 기관을 방문하는 빈도가 가장 적고, 임상 장면에서 추정 유병률은 약 1.0~22.9%이다(Torgersen, 2012).

## 연극성 성격장애의 개념화

### 정신역동적 사례개념화

Gabbard(1990)는 연극성 성격장애와 히스테리성 성격장애(Hysterical Personality Disorder)를 구별할 필요가 있다고 주장한다. 후자는 정신역동적 관점의 중심적인 위치에 있으며, DSM-IV에서 제시하는 연극성 성격장애 진단기준에 해당하는 사람들보다 기능이 좋은 환자 집단을 의미한다. 연극성 성격장애 여성은 전형적으로 양육 과정에서 어머니의 애정을 불충분하게 경험했으며, 연극성 욕구를 충족하고자 아버지에게 의지한다. 그리고 교태를 부리거나 과도한 감정 표현을 통해 아버지의 관심을 끌어낼 수 있음을 학습한다. 이 여성들은 성장하면서 '아빠의 어린 딸'로 남기 위해서는 자신의 생식기적 성장(genital sexuality)을 억제해야 한다는 것도 배우게 된다. 연극성 남성 역시 모성을 충분히 경험하지 못하고 아버지로부터 돌봄을 받고자 했을 것이다. 만약 이러한 남성들의 아버지가 정서적으로 도움이 되지 않는다면, 이들은 사내답지 못하다는 것과 관련된 불안 반응으로 수동성, 여성성 동일시 또는 과도한 남성성 동일시 중 하나를 발달시킬 수 있다. 이들이 동성애자가 될 가능성은 낮고, 이들의 이성관계는 기저에 깔린 생식기적 부적절감(genital inadequacy)에서 파생된 불안을 안심시켜 준다는 의미를 지닌다. 그러나 이들은 자신이 만나는 여자들이 자신의 어머니에 부합하지 않기 때문에 모든 여자에게 실망한다. 이들 중 일부는 어머니에 대한 충성심을 유지하고자 금욕적인 생활 방식을 선택하는 반면, 다른 일부는 자신이 '진짜 남자'임을 확신하기 위해 보디빌딩이나 무분별한 성관계 탐닉(Don Junanism)과 같은 과시적인 남성적 행동에 몰두한다(Kellerman & Burry, 1989).

## 생물사회적 사례개념화

Millon(1981), Millon과 Davis(1996)는 연극성 성격장애를 가진 사람들이 유아기와 초기 아동기에 높은 수준의 정서적 불안정성과 반응성을 나타내며, 이는 변연계와 후측 시상하핵의 낮은 흥분 역치에서 기인한 것이라고 주장한다. 하지만 환경적인 요인들이 연극성 성격장애의 병리적 특성형성에 주요한 역할을 하는 것으로 보인다. Millon과 Everly(1985)는 이와 관련해, 관심 추구 행동에 대한 부모의 강화, 연극적인 부모의 역할 모델, 조종적인 대인관계에 따른 보상 등 세 가지 요인을 제안한다. 실제로 연극성 성격장애를 가진 사람들은 어린 시절 부모가 주는 보상을 확보하기 위하여 귀여움, 매력, 매혹적인 태도, 유혹을 이용하는 방법을 배웠다. 더욱이 연극성 성격장애는 짧은 기간 동안만 유지되는 관계, 외적인 요소를 향한 집착 그리고 엄청난 억압을 통하여 자기영속화(self-perpetuated)된다. 즉, 이들은 자신의 내면세계를 봉쇄하고 억압함으로써 심리적으로 성장할 기회를 스스로 거부한다.

## 인지행동적 사례개념화

Beck(2015)은 연극성 성격장애를 가진 사람들이 가진 특정한 암묵적 가정과 인지 왜곡에 기반하여 이들에게 적용할 수 있는 인지치료적 관점을 설명한다. 이들에게는 "나는 부적절하고 나 혼자 인생을 감당할 수 없다."와 "나는 모든 사람에게 사랑받아야만 가치 있는 사람이다."라는 두 가지의 암묵적 가정이 있다. 이들은 자신이 스스로를 돌볼 능력이 없다고 믿으면서 적극적으로 다른 사람들의 관심과 인정을 추구하며, 상대가 자신을 돌보고 자신의 욕구를 충족시켜 주길 기대한다. 타인에게 사랑받고 인정받아야 한다는 이들의 신념은 거절 민감성을 촉진한다. 또한 자신을 부적절하다고 느끼는 한편, 타인의 승인을 갈망하는 특성으로 말미암아 이들은 타인을 위한 '연기'를 통해 관심을 받아야 한다는 상당한 압박을 받게 된다. 이런 식의 믿음은 지나치게 포괄적이며 초점화가 잘 되지 않을 뿐 아니라 세부사항이 결여되어 있는 인상주의적 사고방식을 유발하며, 스스로 세상을 지각하고 경험하는 자기감의 형성을 저해한다(Sungar & Gunduz, 2015). 당연하게도 이 지나치게 포괄적이고 과장된 사고방식은 이분법적 사고, 과잉일반화 그리고 감정적 추론과 같은 인지적 왜곡을 야기한다(Beck, 2015).

Turkat(1990)는 보다 행동적인 관점에서 접근하여 연극성 성격장애를 조종과 극적인 계략을 통해 완전히 상대를 통제하는 것이 기본적인 동기인 **통제형** 그리고 타인의 확신과 승인을 기본적인 동기로 삼는 **반응형**으로 나눈다. Turkat는 **통제형**이 행동치료에 적합하지 않다고 생각한다. 통제형의 연극성 성격장애를 가진 사람들은 타인의 감정, 타인이 시도하는 중재를 정확히 읽을 수 없기 때문에, 타인으로부터 자신이 기대하는 보상이 즉각적으로 주어지지 않을 때 이들은 피상적이고 자기중심적이며 불편한 상태가 된다. 요약하자면, 이들은 공감 결여 문제로 인해 고통받는다.

## 대인관계적 사례개념화

Benjamin(2003a)에 따르면, 연극성 성격장애를 가진 사람들은 능력이나 개인적 강점보다는 뛰어난 외모와 유홍적인 면모로 사람들로부터 사랑받을 가능성이 높다. 이들은 신체적인 요소와 매력으로 중요한 사람들을 통제할 수 있음을 배웠을 것이다. 연극성 성격장애를 가진 사람들의 가정은 변화무쌍한 경향이 있는데, 알코올 및 약물을 사용하는 부모의 불안정성이 예측할 수 없는 변화를 가져올 공산이 크다. 이 가정의 혼돈은 경계성 성격장애를 가진 사람들의 가정처럼 원시적이거나 생명을 위협하기보다는 극적이고 특이해서 흥미로운 양상을 보인다. 다른 한편으로 도움 추구(help-seeking)를 하는 연극성 성격장애 양식의 경우, 질병에 걸려 과잉보호를 받은 경험에 의해 형성될 수 있다. 이 과정에서 이들은 자신의 불편함과 장애가 타인의 따뜻한 걱정을 이끌어 내는 효과적인 방법이라는 것을 학습한다. 이런 형태의 가족은 연극성 성격장애를 가진 사람의 부정(denial)을 장려하고, 이들이 질병을 보상으로 인식하도록 한다. 마지막으로, 이들은 매력이나 속임수를 통해 통제하고자 하는 중요한 사람들에게 사랑과 보살핌을 받고자 하는 바람과 더불어 그들로부터 무시받을지 모른다는 것에 관련된 이상한 두려움을 가지고 있다. 요컨대, 이들이 보이는 우호적인 신뢰에는 자신에게 본인이 원하는 돌봄과 애정을 제공하라는 무례하고 강압적인 요구가 은밀하게 수반되어 있다. 부적절한 유혹 행동, 타인 조종을 목적으로 한 자살 시도는 이런 강압적 요구의 전형적인 예이다.

## 통합적 사례개념화

통합적 관점은 연극성 성격의 발달과 유지 요인에 대한 생물심리사회적 설명을 제공한다. 생물학적으로나 기질적으로, 연극성 성격은 높은 에너지 수준, 정서적 반응 및 자율신경계 반응을 특징적으로 보인다. Millon과 Everly(1985)는 연극성 성격의 성인은 유아기, 초기 아동기에서와 마찬가지로 높은 수준의 정서적 불안정성과 반응성을 나타내는 경향이 있다고 지적하였다. 이들의 기질은 과민반응 그리고 외부에서 만족을 추구하는 것으로 특징지을 수 있다.

심리학적 관점에서 연극적인 사람의 자신, 타인, 세상 그리고 삶의 목적에 관한 견해는 다음과 같다. 이들은 자신에 대해 "나는 민감하고, 모두가 나를 칭찬하고 인정해야 한다."라는 주제에서 파생된 견해를 지니고 있다. 그리고 "삶이 나를 긴장하게 만드니, 나는 특별한 보살핌과 배려를 받을 자격이 있어."라는 세상에 대한 견해와 함께 "관객들 앞에서 연기하고, 순간을 살라."는 주제가 담긴 삶의 목표를 가지고 살아간다.

생물학적 · 심리학적 요인 이외에도 양육 방식과 부모의 금지명령, 가족 및 환경적 요인 등 사회적 요인도 연극성 성격의 발달에 영향을 미친다. 연극성 성격장애를 가진 사람의 부모가 내리는 명령은 "네가 뭔가를 하면 관심을 줄게."라는 식의 상호주의가 포함되어 있다. 최소한으로만 이루어지거나 비일관적인 훈육을 수반한 양육 방식은 연극적인 패턴을 공고히 하고 강화한다. 연극적인 아동은 부모 중 적어도 1명은 타인을 조종하거나 연극적인 성향이 있는 환경에서 성장할 가능성이 크다. 이 아동의 부모는 자녀의 연극적이고 관심 추구적인 행동을 강화하는 양상을 보인다. 마지막으로, 연극성 성격장애에서는 실제 또는 내면의 자기부정, 외부적인 것에 대한 집착, 피상적인 매력 어필과 대인교류로 이어지는 흥분 및 관심 추구 욕구, 타인으로부터 승인받고자 하는 욕구로 이어지는 순차적 요소들을 확인할 수 있는데, 이를 통해 연극성 성격장애를 가진 사람들의 자기-체계가 영속화된다. 이를 통해 공적 자기(public self)에서 실제 또는 내면의 자기가 해리되고 부정되는 일이 강화되고, 이 순환은 계속 이어진다(Sperry, 2015).

〈표 7-2〉에서 연극성 성격장애의 특징을 요약하였다.

〈표 7-2〉 연극성 성격장애의 특징

| | |
|---|---|
| 행동양식 | 자기 연극화<br>피암시성<br>매력적, 흥분 추구 |
| 대인관계 양식 | 타인의 관심을 끌고 싶어 하는 욕구<br>유혹적이거나 도발적인 상호작용<br>과시적 또는 추파 던지기를 일삼음<br>관계의 친밀함을 잘못 이해 |
| 인지양식 | 충동적<br>자신이 정한 주제나 역할에 몰입, 장-의존적<br>지나치게 인상적으로 말하는 경향 |
| 정서양식 | 급격한 정서 변화, 피상적 수준의 감정 표현<br>과장된 감정 표출 |
| 기질 | 과잉반응적인 유아적 패턴<br>외부를 통해 만족 추구 |
| 애착양식 | 집착형 |
| 부모의 금지명령 | "내가 원하는 걸 하면 너한테 관심을 줄게." |
| 자기에 대한 관점 | "나는 주목받아야 해." |
| 세상에 대한 관점 | "삶이 나를 너무 긴장하게 만드니, 나는 특별한 보살핌과 배려를 받을 자격이 있어." |
| 부적응적 도식 | 승인 추구; 정서적 박탈; 결함 |
| 최적의 진단기준 | 자신이 관심의 초점이 아닌 상황을 불편해함 |

## 연극성 성격장애의 평가

행동관찰, 관련 정보, 심리검사는 환자의 자기보고 그리고 임상적 면담과 더불어 성격장애의 진단, 치료 계획 수립에 필요한 정보를 획득하는 중요한 원천이다. 다음 절에서는 연극성 성격장애 환자들에게서 특징적으로 관찰되는 모습과 치료 초기 발전적인 라포 형성을 위한 내용을 간략히 다루었다. 이와 더불어, 다양한 객관적 심리검사(이를테면, MMPI-2, MCMI-III), 투사검사(이를테면, 로르샤흐 검사, TAT)의 수행 시 나타나는 특징적 반응들도 제시하였다.

## 면담 시 행동과 라포

연극성 성격장애를 가진 사람들과의 면담은 즐거울 수도 있지만 동시에 도전적인 일이다. 면담 초기, 이들은 치료적 관계보다 감탄과 승인에 더 많은 흥미를 보일 수 있다. 또한 과장된 감정 표현, 모호함, 피상성 그리고 진솔하지 않은 모습이 초기 면담 시 흔하게 나타나기 때문에 신뢰관계 형성이 쉽지 않다. 연극성 성격의 여성은 남성 임상가에게는 추파를 던지거나 유혹적으로 대하지만, 여성 임상가에게는 임상가의 권력에 도전하는 등 권력 투쟁적 면모를 보일 수 있다. 진단적 평가를 완료하기 위해 이들로부터 충분한 정보를 확보하려면 임상가는 이들의 모호함과 극적인 과장을 극복해야 한다. 이들의 경우, 쉽게 초점에서 벗어나기 때문에 개방형 질문이나 구조화되지 않은 질문은 유용하지 않다. 대신 직업 문제나 대인 갈등과 같은 주요한 문제를 다루거나, 장황하고 두서없는 말 또는 모순적인 이야기들을 제한하면서 구체적인 사례들을 이끌어 내는 것이 바람직하다. 한편, 이들의 모순을 임상가가 직면시키면 흔히 이들은 분노로 반응하거나 치료자에 대한 신뢰를 잃게 된다. 그러므로 임상가는 이들에게 공감과 격려를 표현해야 한다. 임상가의 공감과 이해가 희미해질 때, 이들이 다시 연극적인 상태로 돌아가는 일은 자명한 것이다(Othmer & Othmer, 2002).

## 심리검사 자료

MMPI-2, MCMI-IV, 로르샤흐 검사, TAT는 연극성 성격장애뿐만 아니라 연극성 성격양식 또는 특질 진단에도 유용하다(Groth-Marnat, 2009).

MMPI-2에서는 2번-3번/3번-2번(D-Hy, 우울-연극성) 척도의 상승이 가장 흔하게 발견된다. 임상적으로 심리적 고통이 심한 경우, 2번 척도의 점수가 70T 이상으로 높아질 수 있다. 심리적 고통이 심하지 않다면 3번 척도의 점수가 더 상승할 것이다. 한편, 3번-4번/4번-3번(Hy-Pd, 연극성-반사회성) 척도, 4번-9번/9번-4번(Pd-Ma, 반사회성-조증) 척도의 상승도 연극성 성격장애를 가진 사람들에게 나타난다(Graham, 2012). 4번, 7번(Pt, 강박증) 척도와 8번(Sc, 조현병) 척도 역시 중간 수준으로 상승할 수 있는데, 4번 척도가 지나치게 극적이고 자기몰입적인 경향을 반영한다면, 7번 척도는 자기의심과 불안을 시사하고, 8번 척도는 충동적인 감정을 나타낸다. 5번 척도의 경우, 전통적인 여성 역할 행동과 관련된 히스테리를 포함하고 있기 때문에 남성에서는 점수가 상승할 수 있으나 여성에서는 점수가 낮다(Meyer, 1995).

MCMI-IV의 결과에서는 4A(연극성) 척도의 점수 상승이 예상된다(Millon et al., 2015). 이들은 타인의 관심을 추구하기 때문에 1번(조현성) 척도와 2번(회피) 척도는 점수가 매우 낮은 경향을 보인다. 반면, 신체화는 관심을 끌어내는 장치로 이용될 수 있어 H(신체증상장애) 척도의 점수는 상승하고, N(제I형 양극성장애) 척도의 점수도 높다(Choca & Denberg, 1997).

로르샤흐 검사의 경우, 반응수가 적기는 하지만 W(전체), M(인간 운동), C(순수 색채), 음영(확산, 확산-형태 또는 재질) 반응이 나타날 수 있다. 그리고 연극적인 사람들은 색채 카드에서 '피(blood)' 반응을 하기도 한다(Meyer, 1995).

연극성 성격의 사람들은 TAT에서 전형적으로 연극성 그리고 통제와 관련된 주제가 담겨 있는 반응을 한다. 이들은 자극 카드를 보고 개인화(personalized)된 이야기를 하거나 정서적 반응을 드러내기도 한다. 한편, 때때로 성적 또는 공격적인 지각이 가능한 카드에서는 반응이 차단될 수 있다. 또한 드물기는 하지만 서로 대치되는 카드 속 인물들을 극단적으로 모두 좋거나 모두 나쁘다고 분리하여 지각하는 원시적 분열(primitive splitting) 반응을 할 수도 있다(Bellak, 1997).

## 치료적 접근법 및 개입

### 치료 시 고려사항

연극성 성격장애 진단 시, 자기애성 성격장애와 연극성 성격장애를 감별진단해야 하고, 이에는 방어 기제의 사용이 불가능한 상태의 연극성 성격장애인 연극성-경계성장애도 포함된다. 또한 Millon(1981)은 지속성 우울장애, 사회불안장애 그리고 강박장애 양상을 나타내는 연극성-반사회성 성격장애에 대해 기술하였다. 한편, 주요우울장애, 양극성장애는 방어 기제를 사용하지 못하고 심리적 불안정성이 커진 상태의 연극성 성격장애 환자에게 흔하다.

연극성 성격장애를 치료한다는 것은 임상가에게 상당히 도전적인 일이 될 가능성이 크다. 연극성 성격장애 치료에 대한 효과적인 논의를 위해, 치료 과정을 치료 목표, 한계 및 약물치료와 관련된 일반적 고려사항으로 제한하여 살펴보는 것이 적절하다. 우선 일반적인 치료 목표는 연극성 성격장애 환자의 상냥함을 그가 가진 강점과 통합하고, 감정 표현을 조절하며, 따뜻함, 진정성, 공감을 장려하는 것이다. 연극성 성격장애 환자의 경우, 극적이고 충동적이며 유혹적인 동시에 자살 시도로 상대를 조종할 가능성이 있기 때문에 임상가는 치료 과정 초기에 임상가로서의 직업적 경계와 개인적 책임에 대해 환자와 한계 설정 문제를 논의할 필요가 있다. 일부 연극성 성격장애를 가진 사람들 중 비전형적 우울양상 중 하나인 '히스테리성 불쾌감(hysteroid dysphoria)'[1]과 유사한 증상을 나타내는 환자는 특정 항우울제에 반응할 수 있다. 다른 한편으로, 급성 정신증 또는 주요우울삽화를 보이지는 않는다면, 심리치료가 주요한 치료 방법이다(Sperry, 2015).

## 개인치료

이 부분에서는 연극성 성격장애를 치료하기 위한 개인 심리치료와 관련하여 몇 가지 주요한 심리치료적 접근을 간략하게 다룰 것이다. 이후 절에서는 집단치료, 커플치료 및 약물치료 등 다른 양식의 치료에 관한 설명이 이어진다. 개인치료에는 정신역동적 심리치료, 인지행동적 치료, 대인관계적 치료가 포함된다.

### 정신역동적 접근

Gabbard(1990)는 연극성 성격장애를 가진 사람들 중 상대적으로 기능이 좋은 경우 정신역동 지향적 심리치료가 상당히 낙관적이라고 보았다. 그는 이러한 연극성 성격장애를 가진 사람들이 치료적 동맹을 쉽게 발전시키고, 치료자를 도움이 되는 존재로 인식한다고 생각한다. 다른 한편, Gabbard는 이 성격장애를 가진 동시에 기능이 좋지 않은 개인을 치료할 때에는 경계성 성격장애 환자의 치료에 사용되는 치

1) 역자 주: 타인에게 거절을 당한 후 폭식을 하는 경우가 이에 해당함

료 전략을 활용해야 한다고 주장한다.

Winer와 Pollock(1989)은 연극성 성격장애 환자들의 모든 표현방식에 포함되어 있는 기본적인 역동이 자신의 욕구 전부를 타인을 통해 충족하려고 하는 과도하고 부질없는 노력이라고 이야기한다. 정신역동 지향적 심리치료의 일반적인 치료 목표는 이러한 패턴의 기원을 알아내고 연극성 성격장애를 가진 사람들이 자신의 욕구 충족을 위해 사용하는 신경증적 전략, 이를테면 유혹적인 행동, 분노 발작, 매력 드리내기 또는 논리적 사고를 탐구하는 것이나.

고전적인 정신역동적 접근에서는 치료자의 중립성과 절제를 강조하며, 통제된 방식으로 퇴행하는 데 요구되는 충분한 자아 강도가 환자에게 확보되어야 한다고 본다. 환자가 보이는 전이가 달라진다는 것은 환자에게 변화가 유발되고 있다는 것으로 분석되며, 이는 아마도 오랫동안 지속되는 성격 변화에 도움이 될 것이다. 따라서 전이, 특히 성애적 전이(erotic transference)를 적절히 다루는 것이 중요하다. Gabbard(1990)는 성애적 전이를 잘못 다루는 것이 연극성 성격장애를 가진 사람들의 심리치료가 실패하는 가장 흔한 원인이라고 지적한다. 이에 따라 혼란스러워하고 불안정한 양상을 띠는 연극성 성격장애 환자의 경우, 전이 왜곡을 해결할 때 더욱 더 각별한 주의를 기울여야 한다. 실제로 일부(Havens, 1976; Khan, 1975)에서는 성애적 전이가 극단적인 형태로 발전하거나 해석되지 않도록 해야 한다고 주장하면서 대신 역투사적 기법(counterprojective techniques)을 권한다. 이는 치료자가 어린 시절의 전이 대체물(transference figure)이 아니라는 것을 환자에게 전달하는 직접적이거나 미묘한 언어적/비언어적 반응이다(Havens, 1976).

Horowitz와 Lerner(2010)는 보다 최근에 연극성 성격장애를 가진 사람을 위한 정신역동적 치료의 세 단계를 다음과 같이 정리하였다. ① 상태 안정성을 높이고 위기를 줄이는 목적의 치료자 개입, ② 타인과의 연결을 늘리고 성격의 성장을 방해하는 방해물 제거, ③ 자기응집력의 향상 및 진실성과 함께 친밀감의 발달단계이다. Fernandez(2010)는 25세의 심리학 전공 여대생을 대상으로 한 단일 사례 연구를 통해 연극성 성격장애 환자의 정신역동적 심리치료 효과를 연구하였다. 그는 주 4회의 카우치 분석(couch analysis)으로 구성된 이 치료를 실패한 치료로 평가하였다. 이 치료에서 환자는 통찰력이 좋았고 치료 회기에서 다룰 만한 풍부한 이야깃거리를 제공했지만, 자주 치료 약속을 놓치거나 치료 시간에 늦게 도착하였다. 이러한 저항 방식은 타인의 관심을 추구하는 연극성 성격장애 환자들에게는 흔한 일이며, 이는 결국 치료 과정의 유지를 어렵게 만든다. O'Donohue, Fowler와 Lilienfeld(2007)는 연극성 성격장애에 대한 정신역동적 심리치료의 효과가 통제된 연구에서 입증되지 않았다고 지적한다.

## 단기 정신역동치료

장기간의 정신분석 지향적 심리치료가 정신역동적 치료의 주류로 간주되기는 하지만(Quality Assurance Project, 1991), 시간제한이 있는 개인치료가 기능이 좋은 연극성 성격장애 환자에게 상당히 유용할 수 있다. 이와 관련해 Malan(1976)과 Sifneos(1972, 1984)의 접근법이 유망해 보인다. Sifneos가 개발한 단기 불안 유발 심리치료(Short-Term-Anxiety-Provoking Psychotherapy: STAPP)는 깊은 관계를 맺지 못하는 것에 불만이 없고, 치료자와 쉽게 관계를 맺고 상호작용할 수 있는 능력을 지닌 한편, 호소하는 문제의 범위가 넓지 않은 높은 기능 수준을 지닌 연극성 성격장애를 가진 사람들에게 특히 '적합할' 수 있다. 반면, Mann(1973, 1984)의 시간제한적 접근법은 환자가 '과도하게 고통받지 않도록' 하면서 신속하게 치료 참여와 종결을 유도하기 때문에 치료자를 향해 강렬하고 끈끈한 전이를 특징적으로 발전시키는 연극성 성격장애를 가진 사람들에게는 상당한 어려움을 줄 수 있다(Chodoff, 1989). Winston과 Pollack(1991)은 단기 적응적 심리치료(Brief Adaptive Psychotherapy: BAP)가 연극성 성격장애를 가진 사람에게 상당히 효과적이라고 주장한다. BAP는 신념과 행동의 부적응적 패턴에 초점을 맞춘 자아심리학적 지향성(ego psychological orientation)을 전제한다. 임상가는 환자가 보이는 전이와 저항에 각별한 주의를 기울여 이 부적응적 패턴의 기본 요소를 상세히 탐구하는 과정을 거쳐 철저히 평가한다.

인지분석적 치료(Cognitive Analytic Therapy: CAT)는 성격장애를 가진 사람들을 위한 정신역동적 심리치료 중 시간제한이 있는 또 다른 치료 모델이다(Ryle, 2004). 이는 이야기 재구성(narrative reformulation)과 순차적 도식 재구성(Sequential Diagrammatic Reformulation: SDR)으로 구성된다. 환자들은 매주 한 차례씩 총 24회의 치료 회기에 참여하고, 6개월에 걸쳐 네 번의 추수 회기가 진행된다. 초반에 이루어지는 세 차례의 평가 회기에서 성격장애 환자는 자신이 겪는 고통의 기원을 재구성한 내용, 치료 목표가 되는 문제와 개선해 나가는 절차가 담긴 편지를 치료자로부터 전달받는다. Kellet(2007)은 연극성 성격장애 진단을 받은 여성을 대상으로 단일 사례연구를 실시하였다. 이때 이 여성의 주목받고자 하는 욕구, 관계를 맺는 양상, 신체적 매력 어필에 대한 집중, 신뢰관계 문제 등을 다루었고, 네 번의 회기에 걸쳐 SDR을 진행하였다. 이를 통해 확인된 문제들과 행동들은 치료적 '출구'를 만드는 데 사용된다. 이 치료적 출구에는 자기비판을 덜 하는 것, 화장이나 '도발적인' 옷을 입지 않고 타인과 상호작용하는 것, 관심의 중심이 되지 않는 상태에 관대해지는 것 등이 포함된다. 인지분석적 치료는 환자와 치료자가 함께 치료 성과를 요약하고, 미래의 장애물에 대비하며, 치료 종결에 따라 환자의 버림받는 것 같은 기분을 다루기 위해 '작별 편지'를 작성하는 것으로 끝을 맺는다.

### 인지행동적 접근

Beck과 동료들(2004)에 따르면, 인지치료는 다른 심리치료를 받고 있는 연극성 성격장애를 가진 사람들에게 특히 적절한 치료적 개입이다. 치료 중인 연극성 성격장애를 가진 사람들은 일반적으로 협력적이고 치료 동기가 부여되어 있지만, 이들의 광범위하고 확산되어 있는 사고방식이 체계적이고 구조적인 인지치료의 특성과 부딪혀 어려움을 겪을 수 있다. 확산적 사고방식을 지닌 연극성 성격장애를 가진 사람들은 인지치료 시, 한 번에 한 가지 문제에 주의를 집중한 다음 자신의 생각과 감정을 모니터링하는 법을 배우기 때문에 처음에는 치료를 어렵게 느끼고 좌절감을 경험한다. 인지치료를 통해 연극성 성격장애를 효과적으로 치료하기 위한 몇 가지 필수조건이 있다. 이들은 일반적으로 의존적이고 대인관계에서의 요구사항이 많기 때문에 협력 및 안내된 발견을 사용하는 것이 적합하다. 또한 임상가가 적극적인 역할을 하고 질문을 활용하는 것은 임상가를 구조하는 사람 또는 구원자로 보는 연극성 성격장애를 가진 사람들의 관점을 제어하는 데 꽤 효과적이다. 명확하고 확고한 한계를 설정하는 동시에 이 한계 내에서 환자의 적극적인 요청에 보상적으로 대응하고 다른 방식으로 보살핌을 보여 주는 것은 치료의 또 다른 필수조건이다. 다음 조건은 치료 목표의 설정이다. 치료 목표는 환자가 의미 있고 시급하다고 인식하는 것이어야 하며, 단기적 이익과 장기적 이익 모두 현실화할 수 있도록 충분히 명확하고 구체적이어야 한다. 이는 광범위하고 모호하며 고귀한 것처럼 들리는 목표를 설정하려는 연극성 성격장애를 가진 사람들의 경향에 반하는 것이다. 이들을 대상으로 한 치료를 유지하는 중요한 열쇠는 임상가와 환자가 협력하여 수립한 하나 이상의 특정한 단기 목표를 달성하는 것이다.

연극성 성격장애를 가진 사람들을 치료하는 핵심적 요소는 자동적 사고에 도전하기, 충동 조절에 도움이 되는 인지 모니터링(self-monitoring of cognition), 부적응적 도식의 재구성, 수정 및 해석이다. 주장하기, 문제해결, 행동 실험 등 인지행동적 방법을 통해 "나는 부적절하고 살아남기 위해서는 다른 사람에게 의지해야 한다."와 같은 이들의 가장 기본적인 가정에 도전하는 것은 이들의 자기효능감을 향상시키고 이들이 보다 유능감을 느끼도록 하는 데 도움이 된다. 이와 함께 관계의 상실은 항상 재앙과도 같다고 믿는 이들의 신념 역시 수정되어야 하는 또 다른 신념으로 중요하게 다루어야 한다. 관계가 끝날 경우 어떤 일이 일어날지 상상해 보게 하고, 그 관계가 시작되기 전에는 어떻게 살았는지 회상하도록 하는 것은 이들을 타인의 거부와 관련된 신념과 공포로부터 '탈출'시키는 데 효과적일 수 있다. 한편, '통제형'의 연극성 성격장애를 가진 사람들(Turkat, 1990)에게는 행동적 접근이 효과적이지 않은 것으로 밝혀졌다(Turkat, 1990; Turkat & Maisto, 1985). 반면, '반응형'은 특히 공감 훈련에 잘 반응하고, 이를 통하여 변화에 보다 유연하게 적응한다. Turkat(1990)는 적극적 경청, 바꿔 말하기, 반영 등 사회적 기술 훈련에 대해 설명하였는데, 이 개입의 목표는 환자들로 하여금 타인의 욕구와 감정에 점점 더 집중하도록 가르치는 것이다. 이와 관련해 비디오 피드백을 이용한 역할극이 가장 효과적이었다. 문제해결에 있어 이런 연극적(dramatic) 행동 실험과 훈련의 사용 효과는 Beck과 동료들(1990)에 의해 지지되었다.

Sungar와 Gunduz(2015)는 개별 환자의 욕구에 따라 설정할 수 있는 몇 가지 치료 목표를 제시하였다. 그중 첫 번째는, 정서 자각과 조절 기술을 향상시키는 것이다. 이는 연극성 성격장애 환자로 하여금 좌절을 감내할 수 있게 하고, 새롭고 보다 적응적인 행동을 함으로써 극적이거나 공격적인 행동의 빈도를 줄이도록 하기 위함이다. 설정 가능한 두 번째 치료 목표는 거절에 대한 두려움에 직면하고, 승인 또는 관심 상실에 관련된 생각에서 벗어나는 것이다. 이 목표는 환자가 자신의 행동과 '자기'를 분리함으로써 달성될 수 있으므로, 그 어떤 비판도 방어해야 하는 자기 가치감에 대한 공격으로 받아들이지 않도록 해야 한다. Sugar와 Gunduz는 연극성 성격장애의 치료에 있어 사회적 소통 및 의사소통 기술 개발 역시 중요하다고 강조한다. 여기에는 공감대를 형성하고, 적극적으로 경청하며, 무대의 중심이 아닌 좋은 관객이 되는 것이 포함된다. 그리고 최종 목표는 타인의 승인에 의존하지 않고, 자기효능감과 문제해결 기술을 향상시키고 정체감을 확립하는 것이다.

요약하면, 연극성 성격장애에 대한 효과적인 인지치료적 접근 방식은 체계적이고 구조적, 즉 확고한 한계 설정 및 세부적인 치료 목표를 포함하며, 인지(자동적 사고 및 도식의 논박, 부적응적 기본 신념과 도식의 재구성) 및 행동적 접근 방식을 포괄한다.

**심리도식치료.** 심리도식치료는 인지치료를 더욱 정교화시킨 것으로, 특히 성격장애 및 치료가 어려운 개인 및 부부 문제를 다루기 위해 Young(Young et al., 2003)에 의해 개발되었다. 도식치료는 부적응적 도식을 찾아내고 구체적인 전략과 중재를 계획한다. 주요 전략은 네 가지가 있는데, 인지적 · 경험적 · 행동적 전략과 치료적 관계 그 자체이다. 인지적 재구성과 부적응적 도식의 수정은 중요한 인지적 전략으로, 심상 훈련, 공감적 직면, 과제 부여, 일종의 교정적 정서 체험인 '제한된 재양육' 기법을 병용할 수 있다(Young et al., 2003).

연극성 성격장애와 관련된 전형적인 부적응적 도식으로는 **정서적 박탈**, 즉 다른 사람들이 정서적 지지를 바라는 자신의 욕구를 충족시켜 주지 않을 것이라는 신념; **결함**, 즉 자신의 중요한 부분에 결함이 있다고 믿는 동시에 자신은 나쁘고, 열등하며, 누구도 자신을 원치 않는다는 신념 그리고 **승인 추구**, 즉 진정한 자기감의 발달을 포기하고서라도 소속되고 수용받을 수 있는 곳이나 사람을 계속 찾아야 한다는 신념이 있다(Bernstein, 2002).

## 대인관계적 접근

Benjamin(2003a)은 연극성 성격장애를 가진 사람들에 대한 치료적 개입은 협력적 관계를 강화하고, 부적응적 패턴과 그 기원에 대한 이해를 촉진시키며, 이 패턴을 차단하고, 변화에 대한 의지를 강화하는 동시에 새로운 패턴을 효과적으로 장려하기를 고려하여 계획 및 평가되어야 한다고 하였다.

Benjamin은 연극적인 사람들의 기본적인 패턴, 소망, 두려움과 관련된 지식을 바탕으로 이들과의 협력을 촉진하는 치료적 동맹을 맺는 것에 주목한다. 치료자가 연극성 성격장애를 가진 사람들의 의존적이고 애정에 굶주린 상태를 강화하지 않으면서 따뜻함과 능숙한 지지를 전달하는 것은 필수적인 부분이다. 치료적 계약은 비교적 건강한 부분, 즉 자기를 관찰하고 성찰할 수 있는 관찰자아(observing ego)와 맺는 것이고, '치료 대상'은 환자에게 해를 끼치는 패턴이다. 치료 초기의 주요한 목표는 치료를 환상의 실현으로 보는 환자의 관점을 바꾸는 것이다. 달리 말해, 환자가 치료 과정을 개인의 발달을 촉진하는 장면으로 인식하도록 돕는 것이 중요하다. 따라서 치료적 개입의 효과는 이를 달성했는지의 여부에 따라 평가할 수 있다. 치료적 개입으로 환자의 요구적인 의존성이 더 커졌다면 앞서 언급한 목표를 달성하지 못한 것이다.

연극성 성격장애를 가진 사람과 협력관계를 촉진하는 것은 쉬운 일이 아니다. 그리고 치료자의 성 역동(gender dynamics)이 특히 중요한 역할을 하기도 한다. 예를 들어, 여성 치료자들은 치료 후반기의 자신의 역량에 대한 불확실함으로 말미암아 여성 연극성 성격장애 환자가 원하는 수용적인 따뜻함과 지지를 전달하는 데 어려움을 겪을 수 있다. 남성 치료자들은 적어도 처음에는 여성 치료자에 비해 치료적 계약을 맺는 것이 더 쉬울 것이다. 하지만 치료자의 성별과 관계없이, 치료자는 연극성 성격장애 환자와의 관계에 대한 경계와 의도를 명확히 해야 한다. 치료관계는 치료자가 아니라 환자의 욕구와 새로운 학습을 위한 것이다. 또한 Benjamin은 치료자는 환자에게 자신이 치료의 대가로 충분한 비용을 환자 또는 기관으로부터 받고 있으며, 치료관계는 사교적 관계가 아니라는 점을 분명히 해야 한다고 지적한다. 이는 연극성 성격장애 환자들이 일반적으로 가지고 있는 결혼 환상에 도전하는 것이다.

연극성 성격장애를 가진 사람들은 자신의 패턴을 인지하고 반영하는 데 필요한 관찰자아를 충분히 발달시키지 못했기 때문에 이들에게는 패턴을 인지하는 학습이 복잡한 문제가 된다. 사실, 이들은 자신이 스스로를 돌볼 수 있을 만큼 유능해지면 혼자 남겨지고 아무도 돌봐 주지 않을 것이라고 믿는다. 이들에게는 안정성의 확립이 곧 정체성을 잃는 것이다. 여성 연극성 성격장애 환자는 여성 임상가가 온화하고 건설적인 방식으로 자신이 패턴을 검토하는 것을 모델링할 수 있다. 그러나 임상가가 남성일 경우, 여성 환자는 자신이 유능해지면 임상가가 자신을 더 이상 매력적으로 보지 않아 치료를 중단할 것이라는 두려움을 가질 수 있으므로 임상가는 환자가 이러한 점을 살펴볼 수 있도록 도와야 한다.

다음으로, 임상가는 내재된 두려움과 소망에 기초하여 형성된 환자의 행동화 문제와 관련해 환자가 주의를 집중하고 있는 잠재적이고 파괴적인 패턴에 초점을 맞춘다. 임상가는 부드러운 도전을 제공함으로써 환자의 과거로부터 환자를 보호한다. 이 과정의 목표는 환자가 도전을 통해서 자신의 패턴에 대해 학습한 것에 비추어 환자의 선택권을 넓히고 자각을 향상시키는 것이다. 치료자는 환자의 모든 선택지에 조언을 함으로써 패턴 자체를 차단하지 않도록 주의해야 한다. 환자가 자신의 패턴을 밝혀내고 그것을 과거 경험과 명확히 연결시킬 수 있다면 패턴을 변화시키려는 의지를 키우는 것이 강화된다. 이는 종종 환자의 부적응적 패턴을 유발하는 목표를 환자 스스로 포기하려는 '결단'을 용이하게 만든다. 마지막으로, Benjamin은 '무의식적 덤불(unconscious underbrush)'이 제거된 후 새로운 패턴과 기능을 구축하는 데 사용할 수 있는 다른 방식의 전통적 치료 기술을 권장한다. 따뜻함, 적극적 경청, 지지는 성공적인 치료의 열쇠이다. 치료자는 치료의 모든 과정에서 충실하고 낙관적인 협력자로 존재해야 한다.

## 집단치료

연극성 성격장애에 관한 문헌은 집단치료 조건하에서 이 성격장애의 치료 가능성에 대해 꽤 흥미로운 내용을 담고 있다. 오래된 정신분석 문헌에는 연극성 성격장애를 가진 사람들이 다른 집단 구성원에게 미치는 영향에 대한 분명한 경고 메시지가 있다. Slavson(1939)은 이들의 불안정성과 예측하기 어려운 특성이 집단 내 스트레스와 불안을 유발한다고 경고하였다. 이에 따라, 그는 연극성 성격장애 환자를 대상으로는 개인치료만 하는 것이 적절하다고 보았다. 한편, Gabbard(1990, 1994)와 같은 현대의 임상가들은 정신역동적 개인치료에 적합한 연극성 성격장애 환자는 정신역동적 집단치료에도 적절히 반응한다고 주장한다. 사실, Gabbard는 이들이 다른 집단 구성원들에게 직접적으로 감정을 표현하고 관심을 보이기 때문에, 타 구성원들로부터 높은 평가를 받는다고 보았다. Rutan, Stone과 Shay(2014)는 혼재된 증상을 보이는 환자들을 대상으로 한 정신역동적 치료집단에 연극성 성격장애 환자가 포함된 사례에 관하여 자세한 분석을 제공한다. 이 세 연구자는 연극성 성격장애를 가진 사람들이 집단의 촉진자와 구성원들에게 드러내는 강한 부정적 반응뿐 아니라 이들이 표출하는 솔직한 반응이 갖는 이점에 주의를 기울인다.

집단치료는 개인치료에 비해 여러 가지 장점이 있다. 첫째, 집단 환경은 치료자가 자신에게 전적인 관심을 기울여 주기를 바라는 환자들의 소망과 요구를 좌절시키며, 이를 통해 이제 연극성 성격장애 환자들이 타인의 승인을 추구하는 자신의 태도에 불가피하게 도전해야 하는 상황이 만들어진다. 따라서 개인치료에 비해 성애적 전이가 발생할 가능성이 상대적으로 적다.

둘째, 집단 환경에서 연극성 성격장애를 가진 사람들의 전반적인 인지양식과 억압 및 부정 관련 방어가 보다 효과적으로 치료될 수 있다. 집단 구성원들은 연극성 성격장애를 가진 사람들이 자신들만의 인지양식, 세부사항의 생략, 생각보다 기분에 집중하는 등 왜곡된 방식으로 자신과 타인을 바라보는 것을 직면시킬 것이다.

마지막으로, 연극적인 패턴을 보이는 사람들은 다른 사람에게 긍정적인 모성 전이(maternal transference)를 형성하는 경향이 있는데, 집단이 어린 시절 충분히 경험하지 못한 모성을 보충하는 역할을 할 것으로 기대된다(Gabbard, 1990). 개인치료를 하는 임상가에게 이런 모성 전이는 다루기 매우 어려운 일이지만, 집단치료 형식에서는 집단이 그것을 대신하기 때문에 상당히 '희석'된다.

연극성 성격장애 환자들을 위한 집단치료 효과 검증을 주제로 발표된 연구는 거의 없지만 그 와중에 한 연구는 상당히 고무적이다. Cass, Silvers와 Abrams(1972)는 행동 집단치료를 통해 연극성 성격장애 환자들의 부적절한 수동성, 타인 조종, 행동화를 보다 효과적인 주장적 대인관계 행동으로 대체했다고 보고하였다.

몇몇의 연구자는 치료 관련 권고사항과 금기사항에 대해 다루었다. Halleck(1978)은 집단치료 과정을 독점 또는 방해하지 않고는 참여하기 어려운 연극성 성격장애 환자의 경우 집단치료에서 배제해야 한다고 지적한다. 한편, Gabbard(1990)는 개인치료를 받고 있는 연극성 성격장애 환자라면 집단치료를 받을 수 있다고 본다. 그리고 Scheidlinger와 Porter(1980)는 개인치료와 집단치료의 병행이 연극성 성격장애 환자들을 위해 선택할 수 있는 방법이라고 주장한다.

## 부부 및 가족 치료

연극성 성격장애 환자의 가족치료 자체에 대한 보고는 없지만, 이들을 대상으로 진행된 부부치료 사례보고는 많다. 일반적으로, 부부치료를 받은 부부는 강박적인 남편과 연극적인 아내로 구성되어 있으며, 결혼생활 중 강박적인 남편은 점점 더 많은 책임을 지는 경향이 있고, 연극적인 아내는 점차 무기력해지는 양상을 보인다(Berman, 1983). 갈등을 겪는 부부는 보통 별거 또는 이혼 과정 중에 자멸적인 행동을 포함해 원초적인 감정폭발 이후 치료 장면을 찾는다. 연극적인 환자에게 안정적으로 의존할 만한 대상의 상실은 주요한 스트레스 요인이며, 상대 배우자를 질투하게 만들려는 노력의 일환으로 대단히 적극적인 관심 추구 행동, 과도한 정서 표현과 유혹적 태도를 나타내거나 상대를 가리지 않는 난잡한 성행동을 보일 수도 있다(Harbir, 1981).

일반적인 치료 목표는 두 배우자 모두의 패턴 변화를 촉진하는 것이다. 여기에는 부부가 각자 개별적으로 치료를 받는 것보다 부부치료가 더 효과적이다. Harbir(1981)는 이혼과 자녀 양육권을 두고 문제를 겪는 부부를 위한 치료 프로토콜을 제공한다.

Nichols(1996)는 연극성 성격장애와 반사회성 성격장애를 가진 두 사람의 친밀한 대인관계 속 상호작용 패턴과 증상에 대해 설명하고, 치료적 맥락에서 이러한 커플을 다루기 위한 치료 계획 프로토콜과 전략을 제시하였다.

Sperry와 Maniacci(1996)는, 한 배우자는 연극성 성격장애를, 다른 배우자는 강박성 성격장애를 보이는 부부에 대한 정신역동적 · 인지행동적 · 체계적 개입을 포함하는 통합적 부부치료를 제안하였다. 두 사람이 제안한 치료 과정은 치료적 동맹 수립, 부부관계의 균형 회복, 부부 각각의 역동 수정 등 세 단계로 구성된다. 처음 두 단계는 부부치료 회기를 포함하는 반면, 세 번째 단계 대부분은 부부가 각각 개별적인 치료 회기에 참여하는 것으로 이루어진다(Sperry & Maniacci, 1996).

Links, Stockwell과 McFarlane(2004a)은 연극성/강박성 커플이 보이는 명백한 역설에 대해 지적한다. 두 성격장애가 다른 성격장애에 비해 보다 건강한 성격 유형임에도 불구하고, 이들은 종종 더 심각한 정신병리를 앓고 있는 사람들보다 치료 참여에 어려움을 겪는다. 이 역설은 이들의 특별한 애착 유형으로 설명 가능하다. 연극성/강박성 커플은 서로와 애착관계를 형성할 수 있지만, 애착 욕구가 충족되지 않으면 이들은 관계를 손상시킬 가능성이 있는 절충안 또는 대안을 찾는다. 이에는 상대를 위해 관계를 단절시키거나 관계의 안정성을 유지하고자 제3자와 삼각관계를 형성하는 것이 포함된다. 이런 부가적인 선택지로 인해 이들은 커플치료나 변화에 더 양가적인 태도를 보일 수 있다. 따라서 세 연구자는 임상가가 커플치료를 하는 것이 적절한지 판단할 때, 앞서 언급한 이들의 특성 및 애착 관련 양상을 평가하는 것이 중요하다고 이야기한다. Landucci와 Foley(2014)는 연극성/강박성 커플의 특정 유형을 더욱 세분화하여 제시한다. 연극성/강박성 커플은 자발적 vs. 통제적, 막연함 vs. 구체성과 합리성으로 분류되는, 즉 서로 대비되는 특성을 갖고 있다. 하지만 이 두 사람은 서로 함께일 때 완전한 하나의 인격을 이룬다고 말한다. 따라서 서로 상반되는 이 두 사람이 즉각적으로 끌린다는 것은 놀라운 일이 아니다. 그러나 이 극적인 차이가 갈등의 원인이 되기도 한다. 커플치료자는 이 역동에 대해 두 사람과 논의하여 상대 배우자가 '미쳤다'는 신념을 수정하도록 도와야 한다.

## 약물치료

일반적으로 말하면, 연극성 성격장애를 가진 사람들을 치료하기 위한 향정신성 약물(psychotropic medication)은 없다(Silk & Feurino, 2012). 연극성 성격장애를 진단받은 사람들은 불안장애, 우울장애, 신체형장애 증상을 나타낼 수 있다. 그리하여 우울증, 불안 또는 수면 문제 등 연극성 성격장애와 연관 있는 특정 증상을 목표로 약물치료가 진행된다. 일반적으로 이러한 약물치료는 심리치료와 기술 훈련을 보조하는 역할로 시도된다. 앞서 기술한 특정 증상은 대부분의 심리적 개입보다 약물에 더 빨리 반응하기 때문에 약물치료는 대체로 치료 시작 시점에 이루어진다(Sperry, 1995b). 불행하게도, 연극성 성격장애를 가진 사람들에 대한 약물치료 관련 지침을 제공하는 연구 증거는 거의 없다(Silk & Feurino, 2012). 그러나 한 가지 예외가 있는데, '히스테리성 불쾌감(hysteroid dysphoria)'[2]이라고 불리는 연극성 성격의 변형된 양상을 보이는 경우 파네이트(Parnate)[3]와 나딜(Nardil)[4]에 반응하는 것으로 알려져 있다(Liebowitz & Klein, 1981).

---

2) 역자 주: 거절을 당한 후 폭식이 특징임
3) 역자 주: 삼환계 항우울제
4) 역자 주: MAO 억제제

## 병행/통합적 치료 접근

이 책에서는 증상이 있고 기능이 낮은 성격장애를 가진 사람의 경우 단일 치료적 접근 방식이나 개입에 반응할 가능성이 낮다는 것을 기본적으로 전제한다. 성격장애는 생물심리사회적 현상이기 때문에(Pies, 1992), 나타내는 증상이 많고 심각할수록 맞춤형 치료를 선택하는 것이 바람직하다. Stone(1993)은 두 가지 이상의 접근 및 개입 방법을 결합한 새로운 방식 또는 각각의 개별 방식을 동시에 적용하는 방법을 권장한다.

앞서 개인치료와 집단치료의 병행은 집단의 환경을 독점하거나 파괴적인 양상의 연극성 성격장애 환자에게 적용된다고 언급하였다(Scheidlinger & Porter, 1980). 또한 행동 기법이 정신역동적 접근이나 인지적 접근과 통합될 수 있다는 점도 이야기하였다. 마지막으로, DSM의 다축체계(DSM-IV까지 존재)에서 축 I 또는 축 II에 속하는 세부 증상 또는 특정한 기질적 양상이 두드러지면, 심리치료와 함께 약물치료를 병행할 경우 유용한 치료적 효과를 얻을 수 있다.

Horowitz(1997)는 연극성 성격장애와 관련하여 인지적 접근과 정신역동적 접근의 원리 및 방법을 통합한 심리치료 지침을 제시한다. 이에 따르면, 연극성 성격장애는 의식의 상태, 방어적 통제 처리 과정 그리고 도식의 세 가지 단계로 공식화된다. 단계지향치료(phase-oriented treatment)는 이 세 가지의 공식화된 단계에 따라 개별적인 치료적 개입을 하는 것으로 계획된다. 즉, 각각의 단계마다 구체적인 심리치료 지침이 있다.

Dorfman(2000)은 심각한 우울감, 불안 그리고 남자 친구와의 문제로 치료를 받은 49세의 여성 연극성 성격장애 환자에 대한 사례연구를 제공하였다. 이 연구에서는 시간제한적 치료가 실시되었는데, 이는 3개의 특정 치료 목표를 가진 치료 모델의 조합에서 비롯된 것이다. 해당 사례연구의 치료 목표 및 치료 과정은 다음과 같다. 첫째, 치료자는 환자가 자신의 감정을 억제하고 조절하는 것을 돕기 위해 지지적이고 공감적인 치료관계를 개발하여 환자의 극심한 정서적 고통을 다루었다. 둘째, 인지적 도전, 의사소통 기술 훈련, 환자의 어린 시절에 대한 통찰 지향적 해석을 통해 환자의 왜곡된 자기개념과 부적응적 대응을 해결하였다. 마지막으로, 치료 시 직장에서 적절한 기능 수준을 발휘하고, 일정 수준의 독립적인 생활을 하는 데 필요한 자신감을 향상시키는 것에 중점을 두었다.

제8장

# 자기애성 성격장애

자기애성(narcissistic) 성격장애를 가진 사람들은 과대성을 보이고, 특권의식을 지니고 있으며, 자기중심적이다. 이들은 종종 충동적이고 불안해하기도 하며, 거창함과 '특별함'을 끊임없이 추구하는 동시에 타인에게 아주 빨리 불만을 갖는다. 또한 대인관계가 피상적이고 착취적이다(Ronningstam, 2012). 이들에 대한 치료는 여러 가지 면에서 어려움이 많지만, 매우 효과적이고 성공적일 수 있다.

이 장은 자기애성 성격장애의 평가 및 치료를 위한 이론적 틀을 기술하고 있으며, 진단, 심리평가, 사례개념화, 치료 중재 등을 포함하고 있다. DSM-5의 기술과 원형적 기술, 배경 정보를 먼저 소개하고, 사례개념화 부분에서는 널리 사용되는 다섯 가지 접근법, 즉 정신역동적 · 생물사회적 · 인지행동적 · 대인관계적 · 통합적 개념화에 따라 이 성격장애의 임상적 측면을 살펴보고자 한다. 또한 개인치료, 집단치료, 부부 및 가족 치료, 약물치료, 병행 및 통합 치료 등 여러 가지 치료적 접근법과 치료양식, 중재 전략도 기술하였다.

## 자기애성 성격장애의 기술

자기애성 성격장애는 자기애성 성격양식 vs. 자기애성 성격장애, 촉발사건, 행동양식, 대인관계 양식, 인지양식, 정서양식, 애착양식 그리고 최적의 진단기준 같은 요인과 특성으로 나누어 설명할 수 있다.

**양식 vs. 장애.** 자기애성 성격은 서구 문화에서, 특히 법률가, 의료인, 연예인 및 운동선수, 정치인과 같은 특정 직업군에서 상당히 일반적이다. 자기애성 성격을 건강함에서부터 병리라는 연속체적 관점에서 본다면 자기애성 성격양식은 건강함의 끝에, 자기애성 성격장애는 병리의 끝에 해당한다. 〈표 8-1〉에서 자기애성 성격양식과 자기애성 성격장애를 비교하였다.

다음의 두 가지 사례는 자기애성 성격장애(Mr. C)와 자기애성 성격양식(Mr. J)의 차이를 더욱 명확하게 보여 준다.

**〈표 8-1〉 자기애성 성격양식과 자기애성 성격장애의 비교**

| 성격양식 | 성격장애 |
|---|---|
| 타인의 부정적인 평가와 반응에 취약하지만 그 감정을 우아한 방식으로 처리할 수 있음 | 타인의 비판에 분노와 모멸감을 느끼고, 스트레스를 받음(실제로 표현하지 않더라도) |
| 타인을 영리하게 다루고, 자신의 목적을 달성하기 위해 다른 사람의 강점과 장점을 잘 활용함 | 대인관계가 착취적이고, 자신만을 위해 다른 사람을 이용함 |
| 자신, 자신의 아이디어, 자신의 프로젝트를 열정적으로 드러냄 | 자신의 중요성에 대한 과장된 지각 |
| 정상을 차지하고 그 위치를 유지하는 것을 즐기는 경쟁적 경향성이 있음 | 자신의 문제는 독특하기 때문에 특별한 사람만이 이해할 수 있다고 믿음 |
| 자신을 주변에서 최고 또는 가장 성취가 좋은 사람으로 상상함 | 무한한 성공, 권력, 명석함, 아름다움, 이상적인 사랑과 같은 공상에 몰두함 |
| 자기 자신과 자신의 능력 그리고 자신만의 독특함을 믿지만 특별대우나 특권을 요구하지 않음 | 특권의식 그리고 특별히 좋은 대우에 대한 지나친 기대를 지님 |
| 성취, 타인으로부터의 칭찬 및 존경을 침착하고 기품 있게 받아들임 | 지속적인 관심과 찬탄을 요구함 |

| | |
|---|---|
| 자신의 생각과 감정을 예리하게 인식하고, 타인의 생각과 감정 역시 어느 정도 인식함 | 공감 부족: 타인이 어떻게 느끼는지 인식하거나 경험할 수 없음 |
| 다른 사람들이 항상 자신을 잘 대해 주기를 기대함 | 질투심에 사로잡혀 있음 |

**사례 자기애성 성격장애**

41세의 남성 C는 6년 동안 함께 산 아내가 그를 떠나겠다고 위협하는 한편, 고용주가 그에게 아파트 관련 프로젝트의 영업 책임자 자리에서 물러나라고 압력을 가해 치료를 받기 위해 내원하였다. C의 아내 이야기에 따르면, 아내는 남편 C에게 "당신은 나를 사랑하는 것보다 수백 배 더 당신 자신을 사랑한다."라고 말하였다. C는 자신의 직업이 항상 최고로 보여야 하며, 모든 여성이 '키 크고, 치명적이고, 잘생기고, 섹시한' 남성을 원하니 600달러짜리 정장을 사야 한다고 하면서 아내의 불만을 일축하였다. C는 자신이 고객들에게 겁을 주고, 과장된 주장을 하며, 고객들이 압박을 느껴 구매를 하도록 한다는 것을 부정하였다. 그는 "물론 내가 좀 공격적이기는 하지만, 그렇게 겁쟁이처럼 굴면 '백만장자 클럽'에 못 들어가!"라고 하거나 고용주에게 "나 없이는 망할 거요!"라는 말을 하면서 그런 사소한 이유로 해고되기에는 자신이 매우 중요한 사람이라고 덧붙였다.

**사례 자기애성 성격양식**

J는 거주 지역 내 민주당 당직자 회의의 의장이다. 그는 매우 성공적이고 효과적으로 경력을 쌓아 왔다. 그는 외향적이고, 재치 있으며, 대인관계에서 매력적으로 행동한다. 또한 기민하고 선견지명이 있으며, 당의 정치적 의제에 대한 지지를 이끌어 내는 재주가 있다. 그러나 그의 대학원 석사 학위 논문의 초안에 대해 한 정치학 교수는 주장이 명확하지 않고, 결론 부분은 그가 인용한 연구들로부터 부분적으로만 입증되었다고 평가하면서 비판하였다. 교수를 높이 평가했던 그는 이러한 비판 이후에는 교수의 역량에 의심을 품게 되었다. 그럼에도 자존심을 억누르고 교수의 제안에 따라 논문을 수정하여 졸업하였다. 졸업 후 얼마 지나지 않아 J는 주 상원의원의 연설문 작가라는 첫 직장을 잃었다. 그가 연설문에 인용한 주장과 결론을 제대로 기록하지 않았기 때문이다. 다행히도 J는 이 교훈을 마음에 새겼고, 자신이 공직에 출마했을 때 자신의 연설을 검토할 수 있는 다른 사람을 구하였다. J는 연설문 작성이 자신의 강점이 아님을 깨닫고 이는 다른 사람에게 위임하고, 정책과 정치적 의제를 구상하고 지지를 이끌어 내는 자신의 실질적 강점에 초점을 맞추고 있다.

DSM-5는 자기애성 성격장애의 한 가지 유형/표현형만 제시하였지만 관련 연구들은 외현적(overt) 자기애, 내현적(covert) 자기애, 악의적(malignant) 자기애로 유형을 분류하였다(Caligor, Levy, & Yeomans, 2015). 이 세 유형 모두 자기 몰입도가 높고, 타인의 욕구나 감정에 대한 관심이 거의 없다.

**외현적 자기애.** 이 유형에 해당하는 사람들은 자기상이 웅대하고 다른 사람의 비판에 쉽게 동요하지 않으며, DSM-5에 제시된 자기애성 성격장애의 진단기준에 가장 부합한다. 이들은 두드러지는 과대성, 관심 요구, 특권의식, 오만함, 거의 관찰되지 않는 불안을 특징적으로 보인다. 또한 주변 상황을 적절히 인식하지 못함에도 불구하고 사회적으로 매력적인 사람으로 보일 수 있으며, 착취적인 대인관계 양상을 나타낸다. 문제는 이들이 스스로를 특별하다고 여기는 자기 관점에 기반을 둔 취약한 자기감을 갖고 있다는 것이다. 진솔한 교류는 다른 사람들과 달리 자신에게만 결여된 점이 있다는 고통스러운 깨달음을 초래할 수 있으므로, 이들은 타인과 피상적으로만 교류하고 웅대한 자기개념을 지지해 주는 피드백만 공들여 찾아다닌다(Levy, 2012).

**내현적 자기애.** 이 유형의 사람들은 '쉽게 부서지며', 비판에 민감한 취약성이 특징적이다. 이들은 감정 표현이 억제되어 있고, 심리적 스트레스가 뚜렷하며, 타인의 평가에 과민하다. 동시에 만성적으로 다른 사람을 부러워하고 타인과 자신을 비교하며 평가한다. 대인관계 시 수줍어하는 경향이 있고, 겉으로는 자신을 잘 내세우지 않으며, 사소한 것에도 민감하게 반응하지만 은밀하게 또는 잘 드러나지 않게 타인을 질투하고 거만하다. 외현적 자기애적 사람과 달리, 사회적 상황에서 철수되어 있는 양상이다(Levy, 2012).

**악의적 자기애.** 악의적 자기애(malignant type)라고 불리는(Kernberg, 1984) 이 유형은 자기애성 성격장애의 전형적인 증상뿐 아니라 현저한 반사회적 행동, 편집증적 양상 및 타인에 대한 가학성 등을 특징적으로 나타낸다. 이들은 만성적인 거짓말, 협박, 금전적인 부분이나 대인관계에서 이차적 이득을 획득하는 것 등으로 이 악의적인 패턴을 드러낸다(Caligor et al., 2015).

**촉발사건.** 행동양식, 대인관계 양식, 인지양식, 정서양식에서도 언급되겠지만, 자기애성 성격장애의 특징적인 부적응적 반응(Othmer & Othmer, 2002)을 촉발 또는 활성화시키는 상황, 환경, 사건은 '자신에 대한 평가'이다.

**행동양식.** 자기애적인 사람은 행동상으로 자만심이 강하고, 잘난 척을 잘하며, 우월감에 젖어 있다. 이들은 자신감이 넘치고 자기중심적으로 보인다. 또한 대화를 주도하는 경향이 있으며, 찬탄을 요구하고, 거만하고 과시적으로 행동한다. 이와 더불어 참을성이 없고, 오만하며, 타인의 비판에 민감하고 과민하다.

**대인관계 양식.** 이들은 착취적인 대인관계를 하고, 자기 자신과 자신의 욕구를 위해 타인을 이용한다. 그리고 다른 사람들 앞에서 스스럼없이 행동하고, 이 모습은 유쾌하고 사랑스럽다. 하지만 이들은 타인에게 진정한 공감으로 반응하지 못한다. 스트레스를 받으면 타인을 무시하고 착취하며, 대체로 무책임하게 행동한다.

**인지양식.** 이들은 실제를 과장하거나 실제보다 팽창된 사고방식을 보이고, 사실과 쟁점이 되는 문제보다는 이미지와 분위기에 초점을 맞추는 경향이 있다. 실제로 사실을 제멋대로 받아들이고 왜곡하며, 심지어 자기 자신, 자신과 연관된 일련의 일들에 대한 자신의 환상을 지키기 위해 실제를 얼버무리거나 스스로를 기만한다. 또한 융통성이 없는 것도 이들의 인지적 특성이다. 게다가 이들은 자신의 중요성에 대해 과장된 지각을 하고, 권력, 부, 능력과 관련하여 비현실적인 목표를 세운다. 특권의식 그리고 자신의 중요성을 과장하여 지각함으로써 이들은 이 모든 것을 정당화한다.

**정서양식.** 이들의 감정 또는 정서 양식은 자신의 자기애적 자신감이 흔들릴 때를 제외하고 대부분의 상황에서 자신감 넘치고 냉담한 분위기를 풍긴다는 것이 특징적이다. 이들은 비판에 격한 분노로 반응하기 쉽고, 타인을 향한 이들의 감정은 평가 절하와 평가 절상 사이를 오락가락한다. 마지막으로, 공감 능력의 부족은 최소한의 정서적 유대와 교류만 이루어지는 이들의 피상적인 대인관계에 그대로 반영되어 있다.

**애착양식.** 타인에 대해서는 부정적인 관점을, 자신에 관해서는 혼재된 관점(부정적인 관점과 긍정적인 관점을 왔다 갔다 하는)을 지닌 개인은 두려움과 거부를 복합적으로 나타내는 애착양식을 보인다. 이러한 사람들은 스스로를 특별하고 특권이 있는 존재로 여기지만, 잠재적으로 자신을 해할 가능성이 있는 사람일지라도 필요할 수 있음을 염두에 둔다. 따라서 타인을 경계하고 무시하는 한편 자신의 욕구 충족을 위하여 다른 사람을 이용한다. 자기애성 성격장애를 가진 사람들에게 두려움-거부형 애착양식은 흔하다.

**최적의 진단기준.** 자기애성 성격장애에 대한 모든 진단기준 중 가장 유용한 기준은 '자신의 중요성에 대한 과장된 지각'이다. 임상가는 이 기준의 유무를 파악해 보다 신속하게 자기애성 성격장애를 진단할 수 있다(Allnutt & Links, 1996).

## DSM-5 기술

자기애성 성격장애를 가진 사람들은 과대성과 자신의 감정이나 이해관계를 기준으로 생각하고 행동하는 자기본위적(자기중심적) 양상을 끊임없이 나타낸다. 구체적으로, 이들은 자신의 능력과 성취를 과장하여 지각한다. 또한 지속적인 관심, 확신, 칭찬을 요구하며, 전형적으로 자신이 독특하고 특별하다고 여기기 때문에, 자신과 같은 위치에 있는 사람들만이 자신과 어울린다고 생각한다. 이들의 경우, 성공과 권력의 획득에 대한 환상을 꾸준히 가지며, 개인적인 이익을 위해 다른 사람을 착취할 수 있다. 이와 더불어 특권과 특별대우를 늘 기대하고, 우월감에 젖어 있거나 거만하게 보일 수도 있다. 그리고 타인에게 공감하지 못하며, 다른 사람을 질투하는 한편, 다른 사람이 자신을 시기한다고 믿는다(American Psychiatric Association, 2013).

DSM-5의 III편 '성격장애에 대한 대안적 DSM-5 모델'에는 자기애성 성격장애에 대한 새로운 연구가 더 잘 반영되어 있다(Ronningstam, 2011). 새롭게 정의된 자기애성 성격장애의 특징은 '주의를 끌거나 인정받기를 통해 통제를 시도하는 변동이 크고 취약한 자존감, 외현적 또는 내현적 과대성'이다(American Psychiatric Association, 2013, p. 767). 이는 DSM-IV-TR에는 없었던 것으로, DSM-5에서 추가된 것이다. DSM-5의 III편에서는 자기애성 성격장애의 핵심 특성으로 자존감의 취약성을 강조하고, 내현적 자기애도 다루고 있다. 반면, II편의 경우는 과대성이 강조되어 있으며, 외현적 자기애만 포함하고 있다

## 원형적 기술

원형은 특정 장애가 일반적으로 어떤 모습으로 나타나는지 그 본질을 포착하여 짧게 설명한 문장이다. 원형적 기술은 유용하고 편리하기 때문에, 임상에서 행동 기

준 목록이나 핵심 신념 목록 대신 사용되는 경우가 많다(Westen, 2012). 자기애성 성격장애에 대한 일반적인 원형적 기술은 다음과 같다. 이들은 자신의 세계에서 중심이고, 자신이 모든 면에서 특별한 것처럼 믿고 행동한다. 그리고 과시적이며, 유명인들과 잘 아는 사이인 양 떠들고 다니기도 한다. 또한 한 치의 의심 없이 스스로를 전설적인 존재로 생각하며, 자신의 중요성에 대한 인식과 특권의식에 한계가 없다. 이와 함께 오만하고, 고압적이며, 거만하고, 다른 사람들이 자신을 존경하고 찬탄해 주기를 기대한다. 다른 한편으로, 타인의 욕구, 걱정, 감정을 거의 인식하지 못하고, 당연하게도 다른 사람들이 자신의 매우 비현실적인 기대에 부응하지 못할 때 실망과 분노를 경험한다(Frances, 2013).

## 유병률

일반 인구에서 자기애성 성격장애의 유병률은 0.6~6.2%로 추정된다(American Psychiatric Association, 2013). 임상 장면에서 추정 유병률은 2.3~35.7%이다(Torgersen, 2012).

〈표 8-2〉는 자기애성 성격장애의 특성을 요약하여 제시한 것이다.

**〈표 8-2〉 자기애성 성격장애의 특징**

| 촉발사건 | 자신에 대한 평가 |
|---|---|
| 행동양식 | 특권의식<br>거만한, 타인의 비판에 민감한<br>자신감이 넘치는, 잘난 척하는 |
| 대인관계 양식 | 지나친 찬탄 요구<br>공감 부족<br>타인을 질투하고, 타인이 자신을 시기한다고 믿음<br>거만하고 오만한<br>타인을 착취하는 |
| 인지양식 | 실제를 과장하거나 실제보다 팽창된 사고방식<br>사실을 제멋대로 해석함<br>참을성이 없고, 집요하고, 융통성이 없는 |
| 정서양식 | 자신감이 있는<br>자기애적 분노 |

| | |
|---|---|
| 기질 | 능동적이고 반응적인<br>특별한 재능 그리고 언어의 조기 발달 |
| 애착양식 | 두려움-거부형 |
| 부모의 금지명령 | "나를 위해 훌륭하게 자라다오!" |
| 자기에 대한 관점 | "나는 특별하고 독특하다. 그리고 무조건적으로 특별한 권리와 특혜를 누릴 자격이 있다." |
| 세상에 대한 관점 | "인생은 마음대로 시식할 수 있는 연회 테이블이다. 사람들은 나에게 존경과 특권을 빚지고 있다. 그러므로 나는 특별함을 기대하고 요구할 것이다." |
| 부적응적 도식 | 특권의식; 결함; 정서적 결핍; 불충분한 자기통제; 가혹한 기준 |
| 최적의 진단기준 | 자신의 중요성에 대한 과장된 지각 |

## 자기애성 성격장애의 개념화

### 정신역동적 사례개념화

Freud(1914/1976)가 제시한 자기애성 성격에 대한 정신역동적 사례개념화는 고전적인 이론이다. Freud는 부모가 유년기에 있는 자신의 자녀를 과대평가하거나 변덕스럽고 신뢰할 수 없는 방식으로 돌볼 경우 유아의 대상애(object love) 발달이 정상적으로 이루어지지 않는다고 하였다. 또한 유아가 자기애적 발달단계에 고착되거나 발달이 정지되면 그 결과로, 자기애 성향이 강한 사람들이 지속적인 관계를 형성하지 못하는 것이라고 보았다. 달리 말해, 자기애성 성격장애는 유년기와 아동기에 정상적인 자기애적 욕구를 충족하지 못한 것에서 기인한다는 것이다. 이와 반대되는 입장에서는, 이 성격장애가 어린 시절의 자기애적 과잉만족이 고착되어 초자아가 정상적으로 성숙 및 통합되지 못해 자존감 조절에 어려움이 생겨 초래된 것이라고 주장한다(Fernando, 1998). 자기애성 성격장애가 잘못된 양육이나 혼란스러운 대상관계로부터 형성된다고 보는 것은 여러 이론 사이의 공통적인 관점이다. Imbesi(2000)는 이 관점이 대부분의 성격장애를 설명하는 일반적인 원인론이라고 하면서, 대신 양육자가 보다 현실적인 자기상을 발달시키는 데 필요한 최적의 좌절을 아동에게 제공하지 못한 것이 자기애성 성격의 발생 원인이라고 제안하였다.

지난 20년 동안 Kohut와 Kernberg가 제안한 이론은 자기애성 성격의 개념화를 이해하는 데 지대한 영향을 미쳤다. Kohut(1971, 1977)는 자기애 성향을 가진 사람들이 응집적 자기(cohesive selves)를 유지하기 위해 외부의 존재인 부모에게 특정 반응을 요구하는 단계, 즉 웅대한 자기 구조와 이상화된 부모 이미지가 통합되지 않은 발달단계에 고착된 것이라고 보았다. 또한 치료 장면에서 어린 시절 불완전했던 부모와의 관계가 재현되는 자기대상 전이(self-object transferences), 즉 거울 전이(mirroring)와 이상화 전이(idealization)도 설명하였다. 치료자가 자기애 성향을 가진 사람들의 전이에 공감적으로 반응하지 않을 경우, 자기애 성향 사람들은 쉽게 자기애적 상처(narcissistic injury)를 받는다.

Kohut가 정신분석 분야의 유능한 전문가들과 함께 일했던 것과 달리, Kernberg(1975, 1984)는 외래 환자뿐 아니라 입원 환자들을 대상으로 한 자신의 연구에 기초하여 자기애의 병리적 특성을 개념화하였다. 그는 자기애 성향 환자들의 과대성과 착취적 양상을 구강기적 분노(oral rage)로 보고, 이는 무심하고 은밀하게 악의적인 어머니 존재(mother figure)로부터의 정서적 박탈에 따른 것이라고 주장하였다. 이와 동시에 독특한 특성, 재능, 역할은 아동에게 특별한 느낌을 주며, 이는 위협과 무관심이 지각된 세계에서 아동에게 정서적 탈출구를 제공한다. 따라서 과대성과 특권의식은 '분열되어' 있는 '실제 자기', 즉 외부 의식을 보호한다. Kernberg가 보기에 진정한 자기 안에는 질투, 박탈, 두려움, 분노 등 강하지만 무의식적인 감정이 담겨 있다. 마지막으로, Kernberg(1975)는 자기애 성향 환자들의 방어 구조가 경계성 성격장애를 가진 사람들과 매우 유사하다고 하였으나, 통합되어 있지만 병리적으로 과대한 자기(grandiose self)를 기반으로 둘을 구분한다.

## 생물사회적 사례개념화

Millon과 Everly(1985)에 따르면, 자기애성 성격장애는 생물학적 요인의 역할이 불분명하기 때문에 주로 환경적 요인에 의해 설명된다. 이 환경적 요인에는 부모의 지나친 관용 및 과대평가 그리고 학습된 착취적 행동, 외동 자녀 등이 포함된다. 기본적으로 부모가 자녀를 지나치게 애지중지하고 특별하게 대우하면, 아이는 자신을 중심으로 세상이 돌아간다고 여기게 된다. 또한 자기중심적인 관점을 지니게 되며, 자기애적으로 사랑과 감정을 표현한다. 집 밖에서 다른 사람들로부터 특별한 대우를 받길 기대하는 것은 놀랄 일도 아니다. 사람들이 기대했던 특별대우를 해 주지 않을 경우, 아이는 요구적으로 행동하며 착취적인 방법들을 시험해 보고 그 후에는 자신이 당연하다고 생각하는 특별대우를 받기 위해 타인을 조종하는 기술을 개발한다. 이와 함께 대부분의 다른 사람은 열등하고 약하며 착취하기 쉽다는 믿음을 갖게 된다. 더욱이 Millon(Millon & Davis, 2000; Millon & Everly, 1985)은 지나치게 허용적인 부모의 태도는 자녀가 외동일 때 더 두드러진다고 주장한다. 마지막으로, 자기애적 패턴은 자신의 우월성에 대한 환상, 한껏 고양된 믿음을 지지하지 않는 상황과 사람에 대한 경멸로 드러나는 자기통제의 부족, 사회적 책임감의 결여 그리고 자기애적 패턴 그 자체의 자기강화로 인해 무한히 지속된다.

## 인지행동적 사례개념화

Beck(2015)에 따르면, 자기애성 성격장애의 핵심적인 양상은 자기확장(self-aggrandizement)이다. 자기애성 성격장애를 가진 사람들의 특정한 핵심 신념, 조건적 신념 그리고 도구적 신념을 살펴보면, 우선 이들은 자신이 특별하기 때문에 특별한 대우와 혜택을 받을 자격이 있다는 **핵심 신념**을 지니고 있다. 또한 자신은 사람들을 지배하는 데 필요한 규칙과 사회적 관습에 얽매이지 않는다고 믿는다. 한편, 이들은 누군가 자신의 특별한 지위를 인정하지 않으면 처벌을 받아야 하고, 자신에게 복종해야 그들의 특별한 지위를 유지할 수 있다는 **조건적 신념**을 갖고 있다. 이들의 **도구적 신념**은 자신의 우월성을 입증하기 위해 끊임없이 노력해야 한다는 것이다. 이러한 다양한 신념의 기저에는 자신과 세상에 대한 인식이 자리하고 있는데, 이들은 스스로를 특별하고 우월하며 특혜와 특별대우를 받을 자격이 있지만, 자신만의 특별한 지위를 잃기 쉽다고 생각하는 경향이 있다. 다른 사람들에 대해서는 열등하다고 인식하지만 자신의 우월함과 과대함을 깨닫고 찬사를 보낼 잠재적인 존재로 여긴다. 당연히 이들이 가진 신념들은 우월함에 대한 이미지를 강화하기 위해 명성, 권력, 지위 및 부를 추구하는 주요한 전략이나 패턴에 반영된다. 이와 함께 이들은 필요한 경우, 목적 달성을 위해 뭔가를 조작하거나 간교한 속임수를 사용할 수 있다 (Beck, 2015; Behary & Davis, 2015).

자기애성 성격장애를 가진 사람들이 보이는 특정한 도식 중에서 중심적인 도식은 우월함/특별함 도식이다. 이는 부모, 형제자매 그리고 의미 있는 타인들로부터 받은 직간접적인 메시지와 자신의 독특함과 중요성에 대한 믿음을 만드는 경험에 의해 형성된다. 우월함 도식은 아첨, 지나친 허용, 편애를 통해, 특별함 도식은 거부, 제한, 결핍 경험으로 구성될 수 있다. 이러한 도식의 공통분모는 자신을 다른 사람과 매우 다르다고 인식하는 것이다(Behary & Davis, 2015).

Turkat(1990)는 보다 행동적인 관점에서 자기애성 성격장애를 자기중심적 충동형(self-centered impulsive type), 무자비한 인상 관리형(ruthless impression-management type), 수용 지향적 인상 관리형(acceptance-oriented impression-management type)의 세 유형으로 분류하였다. Turkat는 이 중에서 마지막 유형이 치료 예후가 가장 좋다고 보지만, 그럼에도 세 유형 모두 유아기에 학습된 충동 통제 결여가 행동적으로 나타난 것이라고 명시하였다. 구체적으로, 이들은 자신을 위해 행동하지 않고도 강화물을 찾는 법을 학습하고, 그 결과로 제멋대로이고, 자기중심적이며, 충동적인 사람이 된다. 두 번째와 세 번째 유형의 자기애성 성향을 가진 사람들은 타인에게 호의적인 인상을 주기 위해 노력한다. 그러나 이들의 경우, 피상적인 신호는 능숙하게 읽지만 공감 능력이 결핍되어 친밀한 관계를 유지할 수 없다(Turkat, 1990).

## 대인관계적 사례개념화

Benjamin(2003a)은 자기애성 성격장애를 가진 사람들이 대부분 자신의 반응 및 행동과 관계없이 무분별하게 제공되는 사랑과 숭배 속에서 성장한다고 보았다. 불행히도 부모는 진솔하게 자신의 감정을 담아 사랑을 표현하지 않고 기계적으로 숭배하여 자기애성 성격장애를 가진 사람들은 타인의 욕구와 관점에 둔감해지는 것을 학습하게 된다. 자녀를 무분별하게 아끼는 부모는 일관성 있게 자녀를 특별대우하며 양육하고, 이에 따라 자기애가 강한 성인은 다른 사람들이 이러한 대우를 계속 공급할 것이라는 오만한 기대를 갖는다. 이런 식의 양육과 숭배는 항상 영광에서 나락으로 떨어질 수 있는 위협과 공존한다. 무분별한 사랑과 숭배 속에서 자란 자기애적 사람의 평범한 '보통'의 삶은 부모에게 참을 수 없는 실망을 안겨 준다. 따라서 자기애적인 사람은 특별해야 하거나 완벽해야 한다는 부담감에 압도되기 쉽다. 자기애적인 사람의 자기개념은 비현실적인 숭배와 양육에서 내면화되어 형성되기 때문에, 사랑이 아닌 자신을 향한 비판 또는 실망은 매우 파괴적일 수 있다. 자기애적인 사람은 누군가를 '자신이 비판할 수는 있지만', 다른 사람의 '비판을 받아들일 준비'는 되어 있지 않다. 즉, 자기애적인 사람의 경우 타인의 사랑과 지지, 존경에 대한 열망이 크지만 동시에 비판이나 무시에 극도로 취약하다. 또한 타인의 조건 없는 사랑과 사실상 자신이 다른 사람들을 완전히 통제하기를 기대하고 요구한다. 자신에 대한 지지가 철회되거나 기대하는 완벽함이 충족되지 않으면, 이들의 자기개념은 자기비판적으로 전락한다. 자기애적인 사람은 공감 능력이 완전히 결여되어 자신이 요구하는 특권이 거절당하면 상대를 멸시하고 분노로 대응하는 양상을 나타낸다.

## 통합적 사례개념화

통합적 관점은 자기애성 성격의 발달과 유지 요인에 대한 생물심리사회적 설명을 제공한다. 생물학적으로 자기애성 성격을 지닌 사람은 민감한 기질을 보이는 경향이 있다(Millon, 1981). 어린 시절, 이들은 다른 사람들로부터 외모, 재능 또는 '성공할 가능성' 면에서 특별한 취급을 받는다. 또한 일찍이 또래보다 뛰어난 언어 발달을 보이거나, 대인관계 신호를 예리하게 감지했을 것이다.

심리학적 관점에서 보면, 자기애성 성격장애를 가진 사람들의 자신, 타인, 세상 그리고 삶의 목적에 대한 견해는 다음과 같은 내용으로 표현할 수 있다. "나는 특별하고 독특하다. 그리고 무조건적으로 특별한 권리와 특혜를 누릴 자격이 있다." 또한 이들의 인생관은 "인생은 마음대로 시식할 수 있는 연회 테이블이다. 사람들은 나에게 존경과 특권을 빚지고 있다."라는 주제로 요약된다. 이에 기반하여 "그러므로 나는 특별함을 기대하고 요구할 것이다."가 이들의 목표가 된다. 자기애성 성격장애를 가진 사람들이 흔히 사용하는 방어 기제는 합리화와 투사적 동일시이다.

사회적인 측면에서는 예상 가능한 양육 패턴과 환경적 요인으로 자기애성 성격장애를 설명한다. 부모의 지나친 허용과 과대평가가 자기애성 성격장애를 특징짓고, 자기애적인 사람의 부모는 다음과 같은 명령을 한다. "나를 위해 훌륭하게 자라

다오!" 게다가 자기애성 성격장애를 가진 사람들은 외동이거나 어린 시절에 의미 있는 대상의 상실을 경험했을 수도 있다. 그리고 어렸을 때부터 부모에게 타인을 조종하고 착취하는 행동을 배웠을 것이다. 자기애적인 패턴은 개인적이고 체계적인 특정 요인들에 의해 형성되고 강화되며 영구화된다. 즉, 특별함에 대한 환상, 타인의 관점을 경멸하는 양상 그리고 특권의식은 사회적 관심과 책임감의 발달을 저해하고, 이는 결국 자기몰두(self-absorption)의 증대와 자기애적 신념의 확신으로 이어진다(Sperry, 2015; Sperry & Mosak, 1996).

## 자기애성 성격장애의 평가

정보 출처가 다양하면, 성격장애의 진단과 치료 계획 수립에 유리하다. 임상 면담에서 얻는 환자의 자기보고 외에도 관찰, 부수적 정보, 심리검사 등이 중요한 보조자료로 이용된다. 이 절에서는 임상가가 해당 성격장애 환자를 처음 만났을 때 관찰할 수 있는 특징 일부와 라포 형성을 위한 내용을 간략하게 다루었다. 여러 가지 객관적 검사(이를테면, MMPI-2, MCMI-IV) 및 투사검사(이를테면, 로르샤흐 검사, TAT)의 특징적인 반응 패턴에 대해서도 기술하였다.

### 면담 시 행동과 라포

자기애성 성격장애를 가진 사람과 면담하는 것은 다른 성격장애를 가진 사람들과의 면담과 확연히 다르다. 면담이 진행되는 내내 이들은 임상가에게 오직 한 가지 목적, 즉 스스로 고취시킨 자신의 중요성을 공공연하게 드러내기 위해 면담에 임한다는 인상을 준다(Othmer & Othmer, 2002). 이들은 일반적으로 자신감이 넘치고, 허세를 부리며, 전문가의 조언을 듣고 실천하는 것과 같은 관습적으로 기대되는 환자의 역할을 수용하지 않으려고 한다. 이들의 경우, 임상가의 관점에 무관심한 듯 행동한다. 다른 한편으로, 임상가가 자신이 기대하는 역할을 하는 한 훌륭한 임상가로 이상화하기도 한다. 그러나 치료 초기에 이들의 과대성을 직면시키면 필연적으로 분노가 유발될 것이고, 치료가 조기종결될 수 있다. 또한 이들은 자신의 많은 재능,

성취, 장래 계획에 대해 보다 자세히 설명할 수 있는 개방형 질문을 선호한다. 신뢰 관계는 상당 기간 동안 반영(mirroring)과 진정(soothing)이 이루어진 후에 형성된다. 초기 면담에서 임상가가 보이는 흔한 역전이는 지루함, 좌절감, 분노이다. 임상가가 이 반영 기간을 참을성 있게 견딜 때, 자기애성 성격장애를 가진 사람들의 과대성을 직면시키고 해석하는 작업이 시작될 수 있다.

## 심리검사 자료

MMPI-2, MCMI-IV, 로르샤흐 검사, TAT는 의존성 성격장애뿐만 아니라 자기애성 성격양식 또는 특질 진단에도 유용하다(Groth-Marnat, 2009).

MMPI-2에서는 4-9(Pd-Ma, 반사회성-경조증) 프로파일 또는 4번 척도(단독)가 상승할 가능성이 높다. 이들은 피상적인 관계만 맺기 때문에 0번(Si, 사회적 내향성) 척도의 점수가 낮게 나타난다(Graham, 2012). 그리고 자기애적인 남성은 성 역할 고정관념이 있는 경우가 흔해 5번(Mf, 남성성-여성성) 척도는 점수가 낮을 것이다. 만약 이들이 자주 의심을 드러내거나 짜증을 낸다면, 6번(Pa, 편집증) 척도의 점수가 상승할 수 있다(Meyer, 1995).

MCMI-IV의 경우, 5번(자기애) 척도의 상승이 예상되고, 4A(연극성) 척도, 6A(반사회성) 척도 그리고 6B(가학성) 척도 점수 역시 높을 수 있다. 스트레스 기간 중이면, P(편집성) 척도, PP(망상장애) 척도 점수가 유의미할 수 있다. 이들은 정신적인 고통이나 개인적인 약점을 인정하지 않으려고 하기 때문에 A(범불안장애) 척도, D(기분부전장애) 척도 및 S(조현형장애) 척도는 점수가 상승할 가능성이 낮다(Choca & Denburg, 1997).

로르샤흐 검사에서 자기애적인 사람은 C(순수 색채) 반응과 CF(색채-형태) 반응을 할 가능성이 높다. 또한 직접적으로 음영(음영, 확산된 음영-형태 또는 형태-확산된 음영) 반응을 하는 경우는 거의 없지만 재질(순수 재질, 재질-형태, 형태-재질) 반응은 자주 보인다. 이와 더불어 화려하고 이국적이며 값비싼 것을 연상시키는 반응은 자기애적인 사람의 특징이 반영된 것이다(Shafer, 1954).

자기애적인 사람은 TAT 카드의 핵심적인 특징을 피하는 경향이 있어서 이들의 반응에 의미 있는 내용이 없을 수 있다. 13번 MF 카드처럼 잠재적으로 불안을 유발하는 내용에 대한 반응을 요구하는 경우 피상적으로 반응하면서 회피하거나, 노골적으로 충격적인 또는 음란한 내용으로 반응할 수도 있다(Bellak, 1997).

## 치료적 접근법 및 개입

### 치료 시 고려사항

자기애성 성격장애의 감별진단 시, 연극성 성격장애, 반사회성 성격장애, 편집성 성격장애 등을 고려할 수 있다. 가장 흔히 동반되는 장애는 불안장애, 지속성 우울장애, 신체증상장애 그리고 망상장애이다.

자기애성 성격장애에 대한 심리치료 및 정신약리학적(약물) 치료 접근의 효과는 체계적으로/경험적으로 연구되지 않았다(Caligor et al., 2015). 그리고 이 성격장애의 치료를 위한 임상적 지침은 아직 공식화되지 않았으며, 대부분 드러나는 증상을 중심으로 정신약리학적 개입을 한다. 장애의 심각도와 관계없이 자기애성 성격장애를 특징짓는 과대성과 방어적 태도는 어떠한 심리치료적 개입도 어렵게 만든다(Ronningstam, 2011).

자기애성 성격장애의 치료에서 권장되는 사항은 최신의 임상적 경험과 이론적인 내용에 기반한다(Caligor et al., 2015). 이 성격장애의 치료와 관련해 경험적으로 지지된 치료법이 없기 때문에 자기애성 성격장애와 유사한 장애에 대해 효과적이라고 알려진 치료법을 활용하는 것이 일반적이다. 이때 자기애성 성격장애와 유사한 장애의 차이에 대한 이론적·임상적 근거에 기초하여 치료법을 수정해 사용한다(Levy, 2012). 이에는 정신화 기반 치료(Allen & Fonagy, 2006), 전이 초점 심리치료(Stern, Yeomans, & Diamond, 2012), 도식 중심 심리치료(Young et al., 2003)와 같이 경계성 성격장애에 대해 경험적으로 지지된 치료법이 포함된다. 이 세 가지 치료법 모두 자기애성 성격장애의 핵심적인 양상을 구성하는 동시에 기저에 자리한 것으로 간주되는 심리적 기제를 대상으로 치료적 개입을 한다. 변증법적 행동치료(Linehan, 2015)는 심각한 수준으로 자기파괴적 행동을 하는 사람들을 위해 선택할 수 있는 치료 방법이다.

## 개인치료

개인치료는 집단치료, 부부치료, 가족치료와 더불어 자기애성 성격장애를 가진 사람들을 위해 시도할 수 있는 기본적인 치료법으로 간주된다. 한편, 일부에서는 자기애성 성격장애와 심리치료 모두 현대 사회 속 개인이 자신에게 너무 집중함에 따라 발생하는 것이라고 주장한다(Lasch, 1991). 공감 능력이 부족하고, 다른 사람들을 평가 절하하는 경향이 있는 이들에 대한 심리치료는 매우 힘든 작업일 수 있다. 이들은 거의 베풀지 않고, 타인을 부당하게 대우하며, 지나치게 요구적이기 때문에, 치료자의 자연스러운 공감 반응을 좌절시킬 수 있다. 그리고 치료 장면에서 직면(confrontation) 또는 반영(mirroring)의 사용 여부에 대해 문헌들이 제시하는 의견이 다르지만, 두 가지 접근 방식 모두 치료자가 사용할 수 있는 치료 기법의 일부로 준비되어 있어야 한다. 일반적으로, 상대적이기는 하지만 기능이 좋은 자기애성 성격장애를 가진 사람들은 자신의 특권의식으로 말미암아 치료자와 경쟁하려 들기 때문에 심리치료에 잘 참여한다. 반대로 기능이 더 좋지 않은 자기애성 성격장애를 가진 사람들의 경우, 변화에 필요한 성격적 자산(assets)과 대인관계 기술이 더 적다. 치료 과정에서 이런 문제를 해결하지 않는 한, 이들이 현실적인 치료 목표를 달성하기 위해 자신에게 결함이 많다는 점을 인정해야 하는 굴욕을 피하기 위해 치료를 성급하게 중단하는 것은 예상 가능한 부분이다. 자기애성 성격장애의 개인치료와 관련해 다음에 정신역동적, 인지행동적 그리고 대인관계적 접근을 간략하게 설명하였다.

### 정신역동적 접근

이 절에서는 정신분석, 정신분석적 심리치료, 지지적 심리치료, 단기 정신분석적 심리치료 등 다양한 정신역동적 접근에 대해 간단하게 다루었다.

**정신분석.** Freud(1914/1976)는 자기애성 성격장애의 치료 가능성에 대해 낙관적이지 않았지만, Kernberg(1984)와 Kohut(1971)는 상대적으로 기능이 좋은 자기애성 성격장애를 가진 사람들이 정신분석에 매우 적합한 대상이라고 보았다. Kernberg는 이 성격장애의 핵심을 분노, 질투 그리고 왜곡된 자기만족이라고 하였으며, 이들이 보이는 방어에 대한 적극적인 해석과 직면을 강조한다. 반면, Kohut

의 경우 웅대한 자기의 발달이 저해되어 자기애성 성격장애가 된다고 하였으며, 거울 전이와 이상화 전이 모두에 기반한 자기대상 전이의 확립을 통해 자기 구조에서 결핍된 부분을 채우는 것을 중요하게 여긴다. 공감적 해석이 적절히 이루어지면, 자기애적 사람은 자기대상 전이(응집력)의 재확립과 자신이 지어낸 허상의 소멸을 통하여 재통합된다. 요컨대, Kernberg는 정신분석의 목표를 시기심과 분노가 이들을 압도하지 않도록 하면서 이들이 스스로를 보호하기 위해 병리적인 자급자족을 하지 않게 하기 위해 의미 있는 성격 변화를 일으키는 것에 둔다. 반면, Kohut는 치료자와의 연대를 통해 자기대상의 역할을 하는 치료자의 기능을 취하는 변형적 내면화(transmuting internalization)를 통해 이들의 불완전한 자기 구조를 세우고 자존감을 높이는 것에 초점을 맞춘다. Kohut와 Kernberg 모두 상당한 성격 변화를 치료 목표로 삼기 때문에 정신분석 과정이 수년 동안 진행될 것으로 예상한다. Kernberg(2010)는 인지행동적 접근이나 지지치료 역시 증상 감소에 효과적이지만 이들 이면의 무의식적 역동을 다루지 않기 때문에 상대적으로 기능이 좋은 자기애 환자에게는 정신분석이 더 바람직하다고 주장하였다. 그렇지만 치료 예후가 확연히 부정적으로 예상된다면 정신분석을 지향하는 심리치료를 시도하지 말라고 하였다.

**정신분석적 심리치료.** Kernberg(1984)는 정신분석과 지지적 심리치료의 대안으로 표현적 심리치료(Expressive Psychotherapy)라는 수정된 정신분석적 치료를 제안하였다. 표현적 심리치료에서는 치료자를 향한 분노의 초기 징후를 탐색하고 해석하는 부정적인 전이에 초점을 맞추는 것에 주력한다. 이에는 이들의 분열, 투사 그리고 투사적 동일시와 같은 방어 기제를 다루는 것도 포함된다. Masterson(1981)과 Rinsley(1982)는 치료적 동맹의 발달에 있어 앞서 기술한 접근의 가치를 보다 강조한다. 또한 Masterson은 치료자의 공감 실패에 대해 이들이 예리하고 민감하게 반응하는 것을 탐색하고 이러한 취약성을 치료적으로 살피는 것도 중요하게 여긴다. Kohut는 자기애성 성격장애를 가진 사람들에 대한 심리치료에 대해 상세히 기술하지 않았지만, Goldberg(1973)와 Chessik(1985)은 Kohut의 관점에 비추어 자기대상 전이가 심리치료에서 나타나고 해석될 수 있음을 보여 주었다. Goldberg(1989)는 자기심리학적 관점에서 자기애성 성격장애 환자의 거울 전이, 이상화 전이, 쌍둥이 전이(twinship)의 사용에 관해 소개하였다.

일반적으로 자기애성 성격장애를 가진 사람들에 대한 정신분석적 심리치료는

2년 이상의 기간 동안 주 1~3회기로 진행된다. Kantor(1992)는 심리치료 과정에서 환자에게 우선 시도할 수 있는 몇몇의 방법에 대해 이야기했는데, 그중 하나가 치료 과정에서 발생할 법한 일들을 사전에 설명해 주는 것이다. 치료자는 치료를 통해 환자가 자신의 특권의식과 과대성을 버려야 한다는 압박을 느끼기 때문에 치료 과정이 매우 고통스러울 수 있음을 미리 전한다. 이러한 사전 안내를 받은 환자는 성급하게 치료 장면을 떠날 가능성이 적다.

도움을 받기 위해 타인에게 의존한다는 생각은 자기애적인 사람들이 극도로 싫어하는 것이다. Kernberg(2010)는 자기애적인 사람에게 의존성은 흔히 모욕적인 것으로 간주되기 때문에 이들의 방어 기제가 이러한 감정으로부터 스스로를 보호하기 위해 활성화된다고 본다. 이들은 자신 스스로 '자가 분석(self-analysis)'을 함으로써 치료자의 치료 통제권을 빼앗으려고 할 수 있다. 이들은 치료자를 해석 '자판기'로 취급하면서 자신이 동의한 것은 받아들이지만 그렇지 않은 것은 거부한다. 또는 치료자로부터 거리를 두고 통제력을 갖기 위해 치료자와 경쟁하거나 이상화할 수도 있다. 치료는 환자의 시기심과 적대감으로 가득 차 있고, 이는 환자가 치료자를 유혹하려고 하거나 치료자의 역할 정당성을 파괴하려는 시도에서 드러날 가능성이 있다. 따라서 자기애성 성격장애를 가진 사람들을 대상으로 한 정신분석을 지향하는 심리치료에서는 이러한 특정 방어를 잘 다루어야 한다.

**지지적 심리치료.** Kernberg(1984)에 따르면, 지지적 심리치료는 부정적인 전이에 치료적 작업 대신 환자의 자아 기능, 대처 기술, 수용 능력을 확장하는 것에 초점을 맞춘다. 그는 환자와 치료자 사이의 부정적인 전이를 심도 있게 다루는 표현적 심리치료보다 지지적 심리치료가 증상 개선을 더 빨리 이끌어 낼 것이라고 보았다. 이와 관련해 치료 목표와 치료 기술에 대한 확장된 논의를 살펴보고 싶다면 Kernberg(1984)의 '지지적 심리치료'를 참조하기 바란다. Kantor(1992)는 자기애성 성격장애를 진단받은 사람이 이 성격 문제로 겪게 되는 파괴적인 결과를 감소 또는 제거하기 위한 지지적 심리치료의 목표를 증상의 완화로 설정하라고 제안한다. 즉, 환자로 하여금 더 바람직한 자기애자가 되도록 가르치는 것과 같은 다양한 완화 전략의 사용을 권장한다. 예를 들어, Kantor는 환자에게 과도한 자기숭배가 환자 자신이 원하고 기대하며 보다 현실적으로 받기를 원하는 타인의 숭배를 실질적으로 어떻게 방해하는지 보여 준다.

**단기 정신분석적 심리치료.** 짧은 기간 동안 단기적으로 진행되는 치료양식이 자기애성 성격장애에 대한 정신역동적 치료에서 가장 적게 연구되었다는 것은 놀랄 일이 아니다. 최근까지도 자기애성 성격장애와 같은 자기결함(self-deficit)장애는 장기치료 외에는 치료 방법이 없는 것으로 여겨졌다. 그러나 이런 치료적 이념은 환자의 경제적 여건과 부딪치면서 다소 바뀌게 되었다. Kernberg(1984)는 자기애성 성격장애 환자가 장기치료를 받을 준비가 되고 동기가 부여될 때가지 이들에게 시도할 수 있는 단기 위기개입에 대해 설명하였다. 또한 Lazarus(1982)와 Binder(1979)는 단기적인 접근 방식을 사용해 환자의 자존감과 자기응집력을 높여 장기치료를 준비할 수 있도록 하였다고 보고하였다.

Klein(1989b)은 장기치료의 준비 과정이 아닌 단기치료 자체의 치료적 접근에 대해 설명하였다. 단기치료의 치료적 목표는 자아 회복이 아니며 확실히 보다 제한적이고 구체적으로 설정된다. 단기치료에서는 환자로 하여금 손상, 수치심, 실망에 대한 자신의 취약성을 인식하고 자각하도록 학습시키고, 특히 자기애적 분노와 같은 감정을 조절하는 능력을 향상시켜 감정 조절곤란으로부터 파생되는 부정적인 결과를 방지하는 것에 초점을 둔다. 그리고 환자가 이전에 무시했던 현실적 측면과 그에 따른 파괴적인 결과를 진지하게 고려하여 수용하도록 돕는다. 자기애적 취약성을 해석하고, 환자가 자신을 방어하려는 목적에서 평가 절하 및 철회하는 것을 하지 않도록 이를 명료화하는 것이 이 접근 방식의 초석이다. Klein의 동료인 Masterson은 환자가 치료에 반응하게 되는 두 가지 경우를 설명하였다. 첫째, 대인관계에서 상대에게 거절당하거나 실망하는 것과 같은 자기애적 '공급선(supply lines)'의 갑작스러운 중단은 자기애적 손상을 초래하지만, 중단된 공급선을 대체하는 치료자의 반영과 같은 새 '공급선'은 잘 받아들인다. 둘째, 자기애적 손상이 일어난 환경이 우울증이나 신체 증상에 대한 집착 등 의식 가능하고 지속되는 자기애적 취약성을 일으킬 때, 환자들은 자신을 둘러싼 환경을 보다 적응적으로 변화시키는 방법을 배우고자 하는 동기를 부여받는다. Klein은 만성적인, 증상을 분류할 수 없는, 모호한, 자아동질적인 증상을 현재 나타내거나 보이는 것으로 언급되는 환자는 단기적 접근에서 제외한다. 또한 Klein은 젊은 남성을 대상으로 진행한 시간제한적(이를테면, 6개월) 치료가 환자의 증상 완화와 일부 기능 개선에 영향을 미쳤다는 내용도 제시하였다. Oldham과 Skodol(2000)은 제한적이고 초점화된 치료 목표에 따라 치료자가 역동적으로 영향을 미치고 지시적으로 접근하는 24회기 치료 전략을 제안하였고, Marmar와 Freeman(1988)은 Trujillo(2013)와 마찬가지로 단기 역동적 접근에 대해 연구하였다.

### 인지행동적 접근

**인지치료.** Beck과 동료들(2004)은 자기애성 성격장애 환자의 인지치료 접근에 대한 심도 있는 논의를 제공한다. 자기애성 성격장애 환자의 치료 초기에 치료자는 환자와 협력적 작업관계를 형성하고, 환자가 인지치료의 이론 및 모델에 친숙해지게 하는 동시에 치료적 목표에 동의하도록 해야 한다. 자기애적인 사람들은 빈번하게 변화의 의지와 필요성이 부족한 전숙고(pre-contemplation) 상태와 서서히 문제를 인식하는 숙고(contemplation) 상태의 사이, 달리 말해 적극적으로 변화를 시도하지 않는 자세로 치료에 임한다. 스트레스를 경험하는 동안에도 이들은 자신이 가진 열등감과 관련된 핵심적이고 부정적인 신념이 활성화될까 봐 치료자의 도움을 받거나 자신의 생각 및 행동을 검토하는 것에 대해 양가적이다. 자기애적인 사람들은 특별하고 우월한 존재가 되는 것에 깊이 몰두하고, 보통 협력적으로 작업할 수 있는 능력이 제한적이기 때문에 이들과 협력적인 관계를 형성하는 것은 어려운 일이다. 이들이 보이는 이런 식의 자기보호 전략은 치료자로 하여금 짜증, 불안, 방어, 판단 착오와 같은 강한 반응을 일으키기 쉽다. 치료자는 중립적이고 사무적인 태도로 치료 지침과 한계를 설정하고 유지해야 한다. 치료자와 환자가 합의한 의제를 고수하는 것이 환자의 중요한 걱정을 보다 효과적으로 다루는 일임에 주목해야 한다. 이와 유사하게, 환자의 사리사욕에 호소함으로써 치료자는 치료 과정에서 환자의 역효과를 낳은 행동에 접근할 수 있다. 자기애적인 환자들이 관계에 대한 자신의 기대치를 충족하고 치료에 계속 참여하게 하려면 이들의 강점을 칭찬하고 지지를 해 주는 것이 중요하다. 물론 이는 환자의 문제 행동을 일으키지 않고 바람직한 행동을 강화하기 위해 전략적으로 이루어져야 한다.

자기애적인 사람들에게 단점과 약점을 드러내는 것은 익숙하지 않은 일이기 때문에, 대부분의 인지적 개입에 비해 자기공개가 덜 요구되는 행동적 개입을 치료 초기에 시행하는 것이 보통 더 쉽다. 자기애적 사람을 대상으로 한 치료는 행동에 대한 책임감 증진, 인지 왜곡 그리고 분노 반응과 같은 역기능적 정서의 감소, 보다 건강한 태도와 신념의 개발에 번갈아 가며 규칙적으로 초점을 맞추어 진행된다. 이들을 대상으로 한 치료의 도전은 과대성, 비판에 대한 과민성 그리고 공감 결여 이 세 요소에 맞추어 치료를 조정하는 것이다. 인지적 개입은 이분법적이고 흑백논리적인 사고로 인한 이들의 왜곡된 자기 관점을 수정하는 데 유용하다. 또한 현실적이고 즐거운 환상이 환자의 과장된 환상을 대체할 수 있도록 하는 인지적 재구성도 도움이 된다. 체계적 둔감화와 역할 바꾸기는 과민성을 개선하는 데 사용할 수 있는 방법이다. 또한 공감 결여 문제를 해결하는 작업이 치료의 핵심적인 요소이며, 이에는 다양한 치료적 기술이 요구된다. 공감 결여에 관한 이들의 주의를 환기시킨 후, 일반적으로 역할 바꾸기를 포함한 역할극을 통해 타인의 감정 및 반응과 관련된 감정적 도식을 활성화시킨다. 그다음에는 다른 사람과 관계를 맺는 대안적인 방법을 논의할 수 있으며, "다른 사람의 감정도 중요하다."와 같은 새로운 신념이 형성되도록 한다. 치료 회기 중 커플치료를 일부 시행하는 등 치료에 환자에게 의미 있는 다른 사람을 끌어들이는 것은 환자의 공감을 개발하고 연습시켜 변화를 강화한다. 이뿐만 아니라 이 의미 있는 다른 사람이 자기애적인 환자에게 보다 효과적으로 대응하도록 돕는 데 유용하다고 밝혀졌다.

Behary와 Davis(2015)는 다섯 가지 핵심적인 치료 목표를 다음과 같이 제시하였다. ① 부적응적인 대처 방식을 깨닫게 하고, 환자의 지배성을 약화시킨다. ② 좌절과 불완전함의 용인을 강조하고, 정서 조절 기술을 습득하도록 한다. ③ 타인 존중 및 공감을 향상시킨다. ④ 특정 조건에서만 인정되는 자기가치보다는 타고난 강점들에 초점을 맞출 수 있게 한다. ⑤ 역할 관여와 적절한 상호성을 증진시킨다. 이러한 목표들의 궁극적인 목적은 환자들을 변함없이 사랑스럽고 관용적인 모습으로 통일시키려는 것이 아니라, 오히려 자기애적인 사람들이 더 유연하고 적응적인 방식으로 자신의 능력을 발휘할 수 있도록 하는 것이다.

요약하면, 자기애성 성격장애를 가진 사람들에 대한 인지치료는 가장 도전적인 작업일 가능성이 크지만, 그럼에도 불구하고 상당한 변화를 일으킬 수 있다. Beck은 치료의 성공을 예측하는 가장 좋은 요인으로 환자가 보이는 자기애의 수준과 환자의 승인 및 특별대우 요구를 견디는 치료자의 능력을 꼽는다. 긍정적인 치료 결과는 ① 협력적 작업관계의 수립, ② 치료 및 특별대우와 관련된 한계의 설정 그리고 유지, ③ 과대성, 과민성 그리고 공감에 관한 도식의 변경, ④ 행동과 감정의 조절이다.

**심리도식치료.** 심리도식치료는 인지치료를 더욱 정교화시킨 것으로, 특히 성격장애 및 치료가 어려운 개인 및 부부 문제를 다루기 위해 Young(1999)에 의해 개발되었다. 도식치료는 부적응적 도식을 찾아내고 구체적인 전략과 중재를 계획한다. 주요 전략은 네 가지가 있는데, 인지적 · 경험적 · 행동적 전략과 치료적 관계 그 자체이다. 인지적 재구성과 부적응적 도식의 수정은 중요한 인지적 전략으로, 심상 훈련, 공감적 직면, 과제 부여, '제한된 재양육' 기법을 병용할 수 있다(Young, 1999).

자기애성 성격장애와 관련된 전형적인 부적응적 도식으로는 **특권의식**, 즉 자신은 타인보다 우월하며 정상적인 사회적 관계에 작용하는 규칙이나 규준들을 따를 필요가 없다는 신념; **정서적 박탈**, 즉 다른 사람들이 정서적 지지를 바라는 자신의 욕구를 충족시켜 주지 않을 것이라는 신념; **결함**, 즉 자신의 중요한 부분에 결함이 있다고 믿는 동시에 자신은 나쁘고, 열등하며, 누구도 자신을 원치 않는다는 신념; **가혹한 기준**, 즉 타인에게 수용되거나 비판받지 않기 위해서는 비현실적으로 높은 수준의 수행을 해야 한다는 신념 그리고 **불충분한 자기통제**, 즉 자기통제와 좌절 수용 능력이 부족하다는 신념이 있다(Bernstein, 2002). Young과 동료들(2003)은 자기애성 성격장애의 치료를 위한 상세 치료 프로토콜을 제공하였다.

## 대인관계적 접근

Benjamin(2003b)은 자기애성 성격장애를 가진 사람들에 대한 치료적 개입은 협력적 관계를 강화하고, 부적응적 패턴과 그 기원에 대한 이해를 촉진시키며, 이 패턴을 차단하고, 변화에 대한 의지를 강화하는 동시에 새로운 패턴을 효과적으로 장려하는지를 고려하여 계획 및 평가되어야 한다고 하였다. 다른 성격장애에 대한 대인관계적 심리치료와 마찬가지로 자기애성 성격장애를 치료하기 위한 개입의 성공은 치료자의 의도가 아니라 환자에게 미치는 치료자의 영향력 측면에서 평가되어야 한다. 이는 격한 분노의 발생, 화가 나 치료자로부터 철수하는 양상 또는 뭔가 오류가 생겨 환자가 자체적으로 보내는 신호를 의미한다.

자기애적인 사람의 협력을 촉진하는 것은 정확하고 일관적인 공감에 뿌리를 둔다. 일관성 있는 공감은 치료자로부터 정확히 반영되는 경험을 통해 환자가 자기조절을 학습하는 데 필요한 확신과 진정을 제공한다. 또한 환자로 하여금 자신에 대한 공감적 확신을 내면화할 수 있도록 한다. 협력의 또 다른 중요한 측면은, 이들에게 자신의 잘못을 용인하는 법을 학습하게 하는 것과 관련이 있다. 이것은 치료자가 환자를 이해하는 과정에서 가끔 사소한 실수를 하거나 치료자 스스로 잘못 또는 오류를 인정하는 모습을 모델링함으로써 촉진된다. 자기애적인 사람들은 치료를 통해 특권의식, 과대성, 타인의 성공에 대한 시기 패턴을 인식하고 차단하는 법을 배워야 한다. 이를 위해 강력한 지지에 기반한 부드러운 직면이 활용된다. 그러나 Benjamin은 이러한 방식을 상처받기 쉬운 자기애적인 환자들이 치료를 포기하게 하는 결과를 초래할 수 있는 허술한 방법이라고 보았다. 대신 치료자는 치료적 관계를 파괴하지 않고 환자가 자각할 수 있는 범위의 한계를 넓힐 수 있는 섬세한 기술에 숙달하여 치료를 성공적으로 이끌어야 한다. 커플치료는 부정적인 패턴을 인식하고 차단하는 데 유용하다.

일단 이들이 자신의 부적응적인 패턴을 이해하고 달성 불가능하거나 부적응적인 목표의 추구를 포기하기로 선택했다면, 새로운 학습은 상대적으로 쉽다. Benjamin에 따르면, 대인관계의 학습에서 가장 기본적인 부분은 공감이다. 공감은 커플치료를 통해 효과적으로 학습 가능하다. 역할극을 비롯한 다른 공감 훈련 접근법은 특히 더 도움이 될 수 있다. Benjamin은 역할극을 활용할 때, 정확하지 못한 반영이 분노와 철수를 유발할 수 있기 때문에 치료자는 환자가 사용한 있는 그대로의 단어와 어조를 협력적이고 부드럽게 사용하는 것이 중요하다고 주장한다.

## 집단치료

자기애성 성격장애를 가진 사람들을 대상으로 한 집단치료 연구가 증가하는 추세인데, 최근의 연구들은 대상관계이론이나 자기심리학적 접근법에 기초한 경우가 많다(Leszcz, 1989). 관련 연구 결과들은 집단치료가 자기애성 성격장애를 치료하는 데 다른 치료만큼 효과적임을 보여 준다(Alonso, 1992). 자기애성 성격장애를 가진 사람들에 대한 집단치료가 효과적인 것에는 여러 요인이 있다. 첫째, 자기애적인 사람이 치료자의 피드백보다 동료의 피드백을 더 잘 수용할 가능성이 있다. 둘째, 개인치료에 비해 집단치료에서 전이가 덜 발생할 수 있다. 집단치료에서는 집단 내 구성원들끼리 형성한 긍정적인 애착, 개인이 인정하려 들지 않는 정서를 다른 구성원들이 받아들일 수 있게 한다는 점으로 말미암아 심도 있는 훈습이 상대적으로 용이

하다. 셋째, 집단의 구성원들은 자기애적 사람이 독특하게 필요로 하는 세 가지, 즉 욕구의 반영(mirroring of needs), 이상화 대상(objects for idealization), 동료관계 형성의 기회(opportunities for peer relationships)를 서로에게 충족시켜 준다. 마지막으로, 집단치료는 자기애적인 사람으로 하여금 타인에 대한 공감 능력을 향상시키고, 자존감과 자기응집력(self-cohesion)을 높이는 기회를 제공한다.

근래의 연구들은 자기애적인 문제가 있는 사람들로만 구성된 집단이 성공적인 치료 결과를 얻을 수 있다고 보고하였다. Alonso(1992)는 자기애적인 사람의 병리적 특성이 집단의 결속을 이끌어 내는 힘을 약화시키지만, 적절히 진행된 집단치료는 자기애와 자기혐오 사이에서 변덕스럽게 오락가락하고 분열되는 이들의 문제를 잘 담아내는 역할을 할 수 있다고 보았다. 또한 자기애성 성격장애 집단치료에서 중도 탈락률이 높은 것은 흔한 일이고, 치료 종결 시점을 정하지 않고 지속하는 집단치료의 경우 최대 50%까지 중도 탈락한다고 지적하였다. Alonzo는 이들이 계속 집단치료에 참여할 수 있도록 도움을 주는 것에 초점을 둔 개인치료를 간헐적으로 받게 한다면, 중도 탈락이 예방될 것으로 보고 이를 추천한다. Horowitz(1987)는 자기애성 성격장애를 가진 사람들을 위한 집단치료 시 확인 가능한 환자들의 네 가지 특성과 치료자의 금기사항을 제안하였다. 지나친 요구, 자기중심주의, 사회적 고립 및 철수 그리고 사회적 일탈 행위가 네 가지 특성인데, 이러한 특성이 치료와 집단 구성원 모두에게 부담일 수 있으나 그럼에도 불구하고 Horowitz는 이들이 집단치료를 받을 수 있다고 믿는다. Stone과 Whiteman(1980)은 집단 내 개인의 독특한 욕구에 주의를 기울이면 집단의 요구와는 다른 개별 구성원의 요구 또는 능력에 초점을 맞추게 되기 때문에 집단 전체에 맞춘 해석을 덜 강조할 수 있다고 하였다. 마지막으로, Rutan과 동료들(2014)은 자기애적인 사람에 대한 집단치료가 개인치료와는 다르게 안정성을 제공하지 않는다고 주장한다. 치료자가 아닌 타인의 존재는 이들에게 무반응에 대한 두려움을 유발하고, 이에 따라 이들의 '자기'에 심각한 위험을 초래한다. 그러나 집단은 이들이 자신의 어려움에 실제로(in vivo) 직면할 수 있는 기회를 제공하여 자기-타자 상호작용에서 귀중한 회복 경험을 하도록 한다. 또한 집단치료 과정에서 모든 집단 구성원이 때때로 자기애적 손상으로 고통받을 수 있지만, 이를 통해 모든 사람에게 보편적으로 내재된 자기애적 욕구와 자기애성 성격장애의 병리적 특성을 구별하는 것이 중요하다.

## 부부 및 가족 치료

가족치료 관련 초기 문헌을 살펴보면, 심각한 자기애적 병리가 만연해 있는 가정의 청소년에 대한 치료를 강조하였다(Berkowitz et al., 1974; Shapiro, 1982). 보통 이러한 가정에서 부모, 즉 자기애적인 사람은 청소년인 자신의 자녀를 환자로 본다. 또한 자신들의 평가 절하하는 관점을 자녀에게 투사한다. 당연히 자녀가 부모로부터 분리되어 개별적인 존재로 살아가기 위한 시도를 하면 부모의 분노와 투사는 더욱 격렬해진다. 가족치료에서 치료자는 가족 구성원들의 전치, 투사, 행동화 충동 및 감정 반응을 담아내는 기능을 한다. 더욱이 치료자는 이러한 반응들을 인식하고, 가족들이 이를 자각하고 통찰하도록 지원하며, 방향을 재정립해야 한다. 이로써 중요한 발달단계인 청소년기 동안 이전에 단절되었던 가족 간 의사소통과 상호지지를 회복할 수 있는 기회를 제공해야 한다.

자기애성 성격장애에 대한 가족치료의 보다 최근의 접근은 환자의 부모나 배우자 중 하나 또는 둘 모두를 전체 가족 체계에 포함시킨다. Jones(1987)는 자기애적인 가족에게 가족 체계 접근(family systems approach)이 적절하다고 본다. 그는 관련된 전략을 몇 가지 제시하였고, 그중 하나가 가족들이 변화에 저항하도록 하는 역설적인 동시에 은유적인 주제를 분석함으로써 변화에 관해 직면한 딜레마를 알아내는 것이다. 그 후 치료자는 가족의 저항에 도전하거나 이를 직면시키기보다는 이에 동참해야 한다. 이런 공감적 관계는 저항이 어떻게 줄어드는지 이해하는 데 유용하다. 보통 가족치료 회기는 1년 이상의 기간 동안 가족 모두가 참여하는 것을 전제로 매주 90분씩 진행된다.

자기애적인 배우자 또는 커플에 대한 부부치료를 다룬 출판물들이 상당히 쏟아지고 있는데, Berkowitz(1985)는 자기애적 취약성, 자기대상 욕구, 투사적 동일시 등과 관련해 Kohut의 관점에 기반한 커플치료 프로토콜을 제시하였다. 커플치료는 투사를 '인정'하고, 필요한 자기-대상 기능을 내재화하는 것을 목표로 매주 75~90분 동안 진행된다. Lachkar(1986, 1992)는 각각 반영 욕구와 버려지는 것에 대한 두려움이 지배적인 자기애적 커플의 유대에 대해 설명한다. 그리고 대상관계이론과 자기심리학을 결합한 정신분석적 치료 접근을 제안하며, 치료자는 치료 장면에서 자기-대상으로 기능하여 환자의 과시/유대 기대가 보다 현실적인 목표로 이어질 수 있도록 해야 하는 것으로 역할을 규정한다. 치료는 융합, 분리 그리고 상호작용으로 구성된 세 가지 발달단계를 거쳐 이루어진다. Lachkar는 부부가 함께하는 심리치료를 개인치료, 혹은 한쪽 또는 양쪽 배우자에 대한 정신분석의 사전 과정으로 간주한다는 점에 유의해야 한다. 이에 더해 부부치료 시 치료적 동맹은 치료 장면에서 도망가거나 고립되며, 철수하는 경향이 있는 주로 자기애적인 배우자와 형성해야 한다고 덧붙인 것도 주의할 필요가 있다.

Solomon(1989)은 배우자 중 1명 또는 2명 모두 자기애성 성격장애의 진단기준을 충족할 때의 부부치료에 대해 설명하였다. 그리고 결혼생활에서의 자기애에 대해 자기심리학적 관점에서 상세하게 제시하며, 부부치료가 '안아 주기 환경' 기능을 하는 치료 프로토콜을 제안하였다. Solomon은 의식적·무의식적 의사소통이 결혼생활 갈등의 원인이자 동시에 해결책이라고 보았으며, 치료자의 공감적 자기(empathic self)를 치료의 기본 도구로 상정하였다. Masterson과 Orcutt(1989)는 자기애적인 커플을 치료하기 위해 여러 치료적 방식을 결합한 접근에 관해 기술하였다.

**관계강화치료.** 이 접근법은 자기애적 배우자를 동반한 부부치료에 최근 들어 적용되기 시작하였다(Snyder, 1994). 관계강화치료(Relationship Enhancement Therapy)는 대상관계이론, 사회학습이론, 대인관계이론 그리고 체계이론이 독특하게 혼합된 형태로 개인치료 또는 커플치료에서 사용되는 다양한 기술 훈련을 통합하기 위한 심리교육 형식을 제공한다.

관계강화 커플치료는 공감, 효과적인 표현, 공감하는 역할과 표현하는 역할 사이의 모드 전환인 토론, 문제해결/갈등 해소 등 네 가지의 핵심 대인관계 기술을 배우고 적용하는 데 초점을 맞춘다. 치료자는 부부가 함께 하는 회기에서 각 기술을 설명하고 시연하며 코칭한다. 그리고 자기애적인 배우자는 다른 회기에서 여전히 어려움을 보이는 해당 기술을 연습한다. 자기애적으로 취약한 커플에게 공감 기술, 주관적 표현력이 현저하게 부족한 것은 당연한 일이다. 치료자는 치료 환경에서 자기애적 취약성을 최소화하고 대신 생산적인 문제해결을 경험하도록 하는 '안아 주기 환경'을 제공한다. 그 결과, 두 배우자는 상대방을 수치스럽게 할 위험이 적고, 이전에 방어적 반응을 일으켰던 상대방의 감정에 더 잘 공감하면서 감정을 표현하는 법을 배우게 된다. Snyder(1994)는 이 유망한 접근 방식이 적용된 상세한 사례를 제시하였다.

근래에 파트너 중 1명 또는 둘 모두 자기애적 성격 문제가 있거나 자기애성 성격장애를 진단받은 경우에 대한 커플치료에서 많은 발전이 있었다. Kalojera와 동료들(1998)은 체계적 역동을 통합하는 자기심리학적 관점에서 자기애적 커플에 접근하기 위한 상세한 방침과 치료 전략을 제시하였다. 또한 이 커플과의 치료 작업 과정을 담은 절차와 이 접근을 적용한 실제 사례를 상세하게 제시하였다.

Lachkar(1999)은 1명은 자기애적 성격구조를 가지고 있는 반면, 다른 1명은 경계성 성격 패턴을 보이거나 경계성 성격장애의 진단기준을 충족하는 커플에 대한 정신분석적 치료와 관련된 통찰을 추가적으로 제안하였다. Solomon(1999)은 다소 다른 정신분석적 관점에서 자기애적-경계성 커플의 치료를 다루었다. Landucci와 Foley(2014)는 앞서 기술한 연구를 지속하였다. 두 연구자는 자기애적-경계성 커플과 함께 치료 작업을 하는 치료자의 역할은 커플의 역기능적 상호작용이 발달 문제를 어떻게 재현하는지 이해하도록 돕는 것이며, 반드시 관계 자체에 문제가 있다고 알리는 것은 아니라고 지적하였다. 치료자의 공감과 자기애적인 파트너의 분노를 안전한 형태로 담아낸 후 되돌려 주는 능력은 다른 파트너가 치료 장면에서 안전함을 느낄 수 있게 해 준다. 따라서 이는 두 사람 모두의 발달 과정을 다시 재점화시킨다. 이와 다르지만 흔한 관계 패턴은 의존적-자기애적 커플이다. Nurse(1998)는 성격장애에 대한 Millon의 이론에 근거하여 이러한 커플들과의 치료 작업을 위한 상세한 방침과 치료 프로토콜을 제시하였다(Millon & Davis, 1996).

## 약물치료

현재까지 향정신성 약물 중에서 자기애성 성격장애 환자들의 치료에 반응적인 약물은 없다(Silk & Feurino, 2012). 그럼에도 불구하고 우울증, 불안 또는 수면 문제 등 자기애성 성격장애와 연관 있는 특정 증상을 목표로 약물치료가 진행된다. 일반적으로 이러한 약물치료는 심리치료와 기술 훈련을 보조하는 역할로 시도된다. 앞서 기술한 특정 증상은 대부분의 심리적 개입보다 약물에 더 빨리 반응하기 때문에 약물치료는 대체로 치료 시작 시점에 이루어진다(Sperry, 1995b). 불행하게도, 자기애성 성격장애를 가진 사람들에 대한 약물치료 관련 지침을 제공하는 연구 증거는 거의 없다(Silk & Feurino, 2012).

## 병행/통합적 치료 접근

이 책의 첫 장에서 언급한 바와 같이 성격장애로 진단받은 사람들에게 긍정적인 치료 결과를 보장하는 특정한 기법(이를테면, 반영) 또는 일반화된 치료적 접근(이를테면, 정신분석) 등 선택 가능한 단일 치료법은 거의 없다. 오히려 환자의 전반적인 기능 수준, 기질 패턴, 방어 유형 및 기술 결핍 등에 초점을 맞추어 명료하고 순차적인 방식으로 조정된 맞춤형 치료 프로토콜이 치료 목표와 목적을 시기적절하게 달성하는 데 필요하다. Pincus, Wright와 Cain(2014)은 이전에 논의된 외현적/내현적 자기애와 관련하여 심리치료적 맥락에서 자기애적 과대성과 자기애적 취약성을 설명하였다. 사회불안, 우울 그리고 자살 시도와 같은 증상은 자기애성 성격장애를 가진 사람들로 하여금 고통의 경감을 위해 치료 장면을 찾게 하는데, 이때 통합적 치료 전략으로 해결하는 것이 매우 유용하다. 한편, Roche, Pincus, Lukowitsky, Ménard와 Conroy(2013)는 자기애성 성격장애 평가의 통합적 접근을 제시하였다.

제9장

# 강박성 성격장애

강박(obsessive-compulsive) 성격을 가진 사람들은 억압적이고 완고하며 완벽주의적이고 비판적이며 지나치게 양심적이고 경직되어 있으며 만성적인 불안을 경험하는 경우가 많다. 친밀한 관계를 피하고 삶의 즐거움을 경험하지 않으려 한다. 삶에서 성공하는 경우도 있겠지만, 우유부단하고 요구가 많으며 까다롭다(Samuels & Costa, 2012). 이 요소들은 모두 개인의 변화를 저해할 수 있다. 치료에 있어 강박성 성격 특유의 여러 어려움은 있지만, 치료는 효과적이고 성공적이다. 또한 강박성 성격장애는 강박장애와 다르다. 강박장애는 의식적(ritualistic) 강박 행동과 강박 사고가 특징이다(Samuels & Costa, 2012).

이 장은 강박성 성격장애의 평가 및 치료를 위한 이론적 틀을 기술하고 있으며, 진단, 심리평가, 사례개념화, 치료 중재 등을 포함하고 있다. DSM-5의 기술과 원형적 기술, 배경 정보를 먼저 소개하고, 사례개념화 부분에서는 널리 사용되는 다섯 가지 접근법, 즉 정신역동적 · 생물사회적 · 인지행동적 · 대인관계적 · 통합적 개념화에 따라 이 성격장애의 임상적 측면을 살펴보고자 한다. 또한 개인치료, 집단치료, 부부 및 가족 치료, 약물치료, 병행 및 통합 치료 등 여러 가지 치료적 접근법과 치료양식, 중재 전략도 기술하였다.

## 강박성 성격장애의 기술

강박성 성격장애는 강박성 성격양식 vs. 강박성 성격장애, 촉발사건, 행동양식, 대인관계 양식, 인지양식, 정서양식, 애착양식 그리고 최적의 진단기준 같은 요인과 특성으로 나누어 설명할 수 있다.

**양식 vs. 장애.** 강박성 성격을 건강함에서부터 병리라는 연속체적 관점에서 본다면 강박성 성격양식은 건강함의 끝에, 강박성 성격장애는 병리의 끝에 해당한다. 〈표 9-1〉에서 강박성 성격양식과 강박성 성격장애를 비교하였다.

다음의 두 가지 사례는 강박성 성격장애(Mr. Z)와 강박성 성격양식(Mr. C)의 차이를 더욱 명확하게 보여 준다.

**〈표 9-1〉 강박성 성격양식과 강박성 성격장애의 비교**

| 성격양식 | 성격장애 |
|---|---|
| 과제 및 계획을 흠이나 실수 없이 완벽하게 끝내고자 하는 욕망 | 과제 완수를 방해할 정도의 완벽주의 |
| 모든 업무나 과제를 아주 세세한 사항까지 제대로 수행해 낸다는 자부심 | 세부사항, 규칙, 목록, 순서, 조직화, 계획표에 지나치게 집착하여 핵심을 놓침 |
| 일을 '제대로' 해내는 경향이 있다. 특정 방식대로 일이 수행되기를 바라지만, 어느 정도의 관용을 보임 | 타인이 자신의 업무 수행 방식을 그대로 따라야 한다고 비합리적으로 고집을 부리거나, 일을 올바로 하지 못할 거라는 확신 때문에 타인에게 일을 위임하는 것을 지나치게 꺼림 |
| 일에 전념하고 열심히 일하며 일편단심 열정적으로 노력함 | 여가 활동 및 주위 사람들과의 친분도 마다하고 지나치게 일과 생산성에 집착함(경제적인 필요 때문에 집착하는 것과 확연히 다름) |
| 의사결정에서 대안적 방법과 일의 결과를 신중하게 고려함 | 우유부단: 즉, 의사결정을 피하거나 보류하거나 연장함(타인의 조언이나 확인을 원하는 경우와 확연히 다름) |
| 강한 도덕적 원칙을 가지고 있고 일을 올바로 해야 한다는 욕망이 강함 | 도덕성, 윤리, 가치 문제에 지나치게 양심적이고, 꼼꼼하고, 융통성이 없음 |
| 일을 할 때 감정 소모를 하지 않고 쓸데없는 말이나 행동을 하지 않는 사람 | 감정 자체를 표현하는 것이 아니라 감정을 재구성해서 표현함 |

| | |
|---|---|
| 일반적으로 신중하고 검약하며 조심성이 있으나, 자신의 소유물을 타인에게 나눠 주지 못함 | 개인적 이득이 없을 것 같으면 시간, 돈, 선물을 주는 데 인색함 |
| 물건을 아끼고 모으는 경향이 있다. 과거의 물건이나 정서적 가치가 있을 것 같은 물건을 버리지 않는 경향이 있음 | 닳아서 못 쓰게 된 물건이나 더 이상 가치가 없는 물건도 버리지 못함 |

### 사례 강박성 성격장애

Z는 39세 남성으로 한 회사의 임원이다. 그는 '온 세상의 문이 닫히고 있다'는 생각 때문에 심리치료를 시작하기로 하였다. 그는 결혼 생활에 대한 오랜 불만을 털어놓았는데, 지난 2년 동안 점점 악화되고 있다고 토로하였다. 아내가 Z의 시간과 애정을 점점 더 많이 요구하고 있다고 말하면서, 그것이 아내의 결점이라고 하였다. 갈등은 직장에서도 불거졌다. 10년 된 그의 파트너가 그들의 회계 사무소를 다른 도시로 확장하고 싶어 하기 때문이다. Z는 그의 계획이 위험투성이라고 생각하여 자신의 사업 지분을 그에게 매각하기에 이르렀다. 그는 결혼과 직업에서 어떤 식으로든 자신이 결정 내려야 한다는 걸 알고 있으나, 그렇게 할 수 없었다. 그는 치료를 받으면 결정에 도움이 될 것이라는 기대를 갖고 있다. 그는 조끼가 있는 수수한 정장을 단정하게 차려입고 있다. 자세는 경직되어 있고 격식을 차린 통제된 어조로 말을 했고 감정은 억제되어 있다. 그의 사고에서 나타나는 특징은 세부사항에 집착한다는 점과 다소 우회적으로 표현한다는 점이다.

### 사례 강박성 성격양식

C는 41세 남성으로, 공익기업의 인사담당부장이다. 그는 회사에 대한 충성심과 직무 범위를 넘어서는 성과 덕분에 승진을 거듭하였다. 철저함과 꼼꼼함 덕분에 그는 지난 2년 동안 직원들의 건강보험 비용을 3백만 달러나 줄였다. C는 거의 매일 일거리를 들고 퇴근한다. 업무를 집에 가져오는 일에 대해 그는 전혀 개의치 않지만 18년간 함께 살아 온 아내는 그렇지 않았다. 따라서 두 사람은 합의를 하여, 서류 가방을 열기 전 최소 2시간은 아내와 3명의 아이와 함께 보내기로 약속하였다.

**촉발사건.** 행동양식, 대인관계 양식, 인지양식, 정서양식에서도 언급되겠지만, 강박성 성격장애의 특징적인 부적응적 반응(Othmer & Othmer, 2002)을 촉발 또는 활성화시키는 상황, 환경, 사건은 '권위적인 상황; 비구조적인 상황 및/또는 친밀하고 밀접한 관계를 요구받는 상황'이다.

**행동양식.** 강박성 성격장애의 행동적 특징은 완벽주의이다. 이 성격장애를 가진 사람들은 일 중독자일 가능성이 높다. 신뢰할 만하다는 점 외에도 그들은 고집이 세고 소유욕이 강하다. 우유부단하고 일을 미루는 경향도 있다.

**대인관계 양식.** 대인관계에서 이들은 사회적 계급과 지위를 기가 막히게 알아차리고 그에 따라 자신의 행동을 수정한다. 즉, 윗사람에게는 공손하고 비굴한 모습을 보이는 반면, 아랫사람이나 동료에게는 거만하고 권위적인 모습을 보인다. 다른 사람이 자신의 고집에 대해 어떻게 반응하는지 관심도 없고 인식하지도 못한 채 자신의 방식을 다른 사람에게 끈질기게 주장하기도 한다. 최선의 상태일 때 그들의 모습은 공손하고, 지지하는 조직과 이상에 충성을 다하는 모습으로 나타난다.

**인지양식.** 사고방식의 특징은 제한적이고 규칙에 기반을 둔다는 점이다. 그들은 우선순위를 정하거나 전체적인 조망을 파악하는 데 어려움을 겪는다. 그들은 '꼼꼼한' 사람들로, 큰 규모의 기획을 전체적으로 조망하지 못하는 경우가 많다. 달리 말하면, '나무를 보느라 숲을 보지 못한다'. 우유부단함과 의심하는 성향 때문에 쉽게 결정하지 못한다. 남의 말을 듣지 않고 상상력이 부족하다는 특징은 정신적 경직성과 일치하는데, 이 특징은 그들의 환상이 제한적임을 시사한다. 수동–공격적인 사람들처럼 강박적인 사람들도 주장과 반항, 충족과 복종 사이에서 갈등을 겪지만 이유는 다르다.

**정서양식.** 감정 또는 정서 양식은 침울하고 생기가 없다는 점이 특징이다. 그들은 따뜻함이나 다정함 등의 친밀한 감정 표현을 어려워한다. 그들은 '부드러운' 감정을 회피하는 반면, 분노, 좌절, 짜증 등의 감정은 자유롭게 표현하는 편이다. 그들의 감정 회피적이고 침울한 태도는 부자연스럽고 경직된 관계 행동 속에 그대로 드러난다.

**애착양식.** 몰입 애착 유형은 개인적인 무가치감과 타인에 대한 긍정적 평가를 특징으로 한다. 이들은 자기(self)를 정의할 때 지나치게 외부 지향적이다. 몰입 애착 유형은 강박성 성격장애 환자들에서 흔히 나타난다.

**최적의 진단기준.** 강박성 성격장애에 대한 모든 진단기준 중 가장 유용한 기준은 '과제 완수를 방해할 정도의 완벽주의'이다. 임상가는 이 기준의 유무를 파악해 보다 신속하게 강박성 성격장애를 진단할 수 있다(Allnutt & Links, 1996).

## DSM-5 기술

강박성 성격장애를 가진 사람들은 유연성, 개방성, 효율성 대신 완벽주의, 질서, 통제의 패턴을 지속한다. 그들은 세부사항, 규칙, 계획표에 지나치게 집착한다. 완벽주의는 과업 완수를 방해하는데, 이는 지나치게 엄격한 기준 때문이다. 그들은 여가 활동과 친교 시간을 반납할 정도로 일과 생산성에 과도하게 전념한다. 가치, 도덕, 윤리 문제에서 경직되어 있고 빈틈이 없으며 지나치게 양심적이다. 닳아서 못쓰게 되거나 정서적 가치가 없는 물건들을 버리지 못하는 경우가 많다. 당연히, 이들은 경직되어 있고 완고하다. 마지막으로, 그들은 돈 쓰는 일에 인색하고 미래의 재앙에 대비해서 저축한다(American Psychiatric Association, 2013).

'성격장애에 대한 대안적 DSM-5 모델'은 이 성격장애에 대한 또 다른 설명을 제공한다(American Psychiatric Association, 2013). 이 대안 모델에 따르면, 강박성 성격장애는 완벽주의, 감정 표현의 제한, 경직성으로 인해 친밀한 사적 관계의 형성과 유지에 어려움을 겪는다. 그들은 정체성, 자기주도성, 공감, 친밀감뿐만 아니라 제한된 감정, 친밀감 회피, 보속증, 경직된 완벽주의 등으로 어려움을 겪는다.

## 원형적 기술

원형은 특정 장애가 일반적으로 어떤 모습으로 나타나는지 그 본질을 포착하여 짧게 설명한 문장이다. 원형적 기술은 유용하고 편리하여, 임상에서 행동 기준 목록, 핵심 신념, 도구적 신념 목록 대신 사용되는 경우가 많다(Westen, 2012). 다음은 강박성 성격장애에서 일반적으로 사용되는 원형적 기술이다. 이들은 완벽주의자이고, 고집을 꺾지 않으며, 통제를 즐긴다. 그들은 모든 세부사항이 정확하게 들어맞을 때까지 쉬지 못한다. 타인은 결코 신중하지 않고 유능하지도 않으므로 타인에게 중요한 문제를 위임하지 않고 신뢰하지도 않는다. 그들의 삶은 일정표, 규칙, 경직된 루틴에 따라 통제된다. 세부사항과 세부계획에 꼼꼼하게 주의를 기울이느라 긴장을 풀지 못하고 즉흥적으로 행동하지 못하며 친밀하고 가까운 관계를 즐기지 못한다. 그들은 돈, 감정, 애정의 주머니를 꽉 잡아매고 풀어 놓지 않는다. 그들은 자신의 방식대로 해야 한다는 점을 확실히 한다(Frances, 2013).

### 유병률

일반 인구에서 강박성 성격장애의 유병률은 2.1~7.9%로 추정된다(American Psychiatric Association, 2013). 임상 장면에서 추정 유병률은 2.8~34.6%이다(Torgersen, 2012).

## 강박성 성격장애의 개념화

### 정신역동적 사례개념화

초기 정신분석 저자들은 강박성 성격장애를 오이디푸스기에서 항문기로 퇴행한 것으로 개념화하였다. 처벌을 가하는 초자아 때문에, 강박적인 사람들은 주지화, 감정의 고립, 취소, 전치 및 반동 형성 등과 같은 방어를 사용한다. 배변 훈련 기간 동안 이들의 내면에는 어머니 상과의 권력 다툼이 벌어지는데, 그 결과 공격성의 표현에 어려움을 겪는 것으로 보인다.

그러나 현대 정신분석 저자들은 강박 패턴을 항문기 고착보다 훨씬 더 폭넓은 개념으로 개념화하였다. 강박성 성격의 사람들은 아동기에 양육자로부터 가치를 충분히 인정받지 못했고 사랑받지 못했기 때문에 감당하기 힘든 회의와 의심이 생겨나게 되었다. Salzman(1980)에 따르면, 강박적 패턴은 기본적으로 수치심, 자존심 상실, 지위 상실, 결핍감이나 무력감을 유발하는 모든 생각이나 감정(적대적인 감정이든, 성적인 감정이든 상관없이 모든 감정)을 방어하기 위한 정신적 장치이다. 그는 강박 행동이 신경증적 전략이라고 보았는데, 강박 행동은 신체적 · 심리적 현존을 위협할 수 있는 생각이나 감정에 노출되지 않도록 개인을 보호한다. 그들에게는 내외적 세계에 대한 통제 욕구가 최우선이기 때문에 삶은 지나치게 구조화되고 관리 가능한 범위에서 삶을 살게 된다. 그들은 의심의 끈을 늦추지 않고, 기꺼이 헌신하며, 완벽을 위해 분투하는 경향을 보인다. 미래를 예측하고 비상사태에 대비하기 위해 모든 걸 알아야 한다고 생각한다. 또한 의심하는 성향 때문에 일을 미루는 경향이 있다. 결정이나 선택을 해야 하는 상황에서 의심은 자신의 전지전능함을 확인시켜 주는 수단이다. 따라서 그들은 거의 모든 면에서 양가적인 태도를 취한다. 극단적으로 양가적인 태도는 안전을 지속시켜 주지만, 생산성과 긍정적인 감정 및 태도를 대가로 치러야 한다. 이들의 의식 체계는 분노와 의존을 수용하지 못한다. 따라서 그런 감정이 생기면 반동 형성, 감정 고립 등의 방어 기제를 사용하여 차단하거나 공손한 태도를 보이거나 아부를 한다. 이들에게 친밀감은 특히 어려운 문제이다. 보살핌을 받고자 하는 강력한 소망에 압도되는 것이 두려울 뿐만 아니라 그 소망이 좌절되어 불안이 발생할 때 불안을 통제하지 못할까 봐 두렵기 때문이다. 또한 이들은 완벽하게 행동한다면 어릴 때 얻지 못했던 부모님의 인정과 존중을 얻을 수 있다는 확신을 비밀스럽게 마음에 품고 있다. 마지막으로, 정신역동적 관점의 저자들은 강박 행동을 보이는 사람들의 독특한 인지양식으로 충동성, 세부사항에 대한 세심한 주의, 자발성 부족, 반추적 사고에 대해 언급하였다(Horowitz, 1988; Horowitz et al., 1984; Shapiro, 1965).

## 생물사회적 사례개념화

현재까지 강박성 성격장애의 생물학적 소인에 대한 근거는 밝혀진 바 없다(Millon & Davis, 1996). 그렇지만 임상적 관찰에 따르면 강박적인 사람들 대다수는 무쾌감(쾌락 불감증)성 기질을 보이고(Millon, 1981), 맏이인 경우가 많다(Toman, 1961). 부모의 과잉통제, 강박 행동의 학습, 책임감에 대한 훈육 등과 같은 특정 환경 요인이 원인이 되기도 한다. 강박적인 사람들의 부모는 과잉보호가 아니라 강경하고 가혹하게 과잉통제한다. 이러한 통제는 자녀에게 또는 다른 사람들에게 문제가 일어나지 않도록 예방하기 위한 시도인데, 만약 자녀가 잘못된 행동을 하거나 기대에 부응하지 못하면 가혹하게 처벌한다. 이런 아이들은 가족이라는 기반 내에서 강박 행동을 직간접적으로 학습한다. 아이들은 부모의 처벌을 피하는 방법을 학습하게 된다. 즉, 완벽주의적이고 가혹한 부모의 요구와 기대를 받아들이고 충족시키는 것이다. 또한 그들은 부모의 강박 행동을 모방 학습한다. 그 결과, 그들은 대안을 생성하거나 탐색하는 능력을 발달시키지 못하여 자율적으로 기능하지 못한다. 강박적인 사람들은 타인에 대한 책임감을 지나치게 강조하는 훈육 상황에 규칙적으로 노출된다. 그들은 책임을 다하지 못했을 때 죄책감을 느끼고 충동적이거나 심지어 장난스럽게 놀 때에도 수치심을 느끼도록 훈육을 받았다. 그들은 공손하라고 배웠고 윗사람을 기쁘게 해 주고 충성을 다하도록 훈육받았다. 이 영향으로 그들은 자신을 혹사시키고 완벽주의를 지향하며 공손하게 행동하고 남들을 기쁘게 해 주려고 하며, 그 결과 한정적이고 망설이며 재미없는 삶을 살게 된다.

이러한 강박적 패턴은 인지적 경직성과 행동적 경직성, 규칙과 규율 및 사회적 관습의 엄수, 고도의 자기비판적인 성향 등을 통해 개인에게 고착된다. 인지적 경직성은 유연성 및 양가감정과 연관된 불안을 감소시키는 역할을 하지만, 그 결과 삶은 지나치게 구조화되어 일방적으로 변한다. 자기비판을 통해 계속 규칙을 지켜 나가지만, 완벽을 위해 분투하다 보면 위험을 감수하고 모험해 볼 기회를 놓치게 된다.

## 인지행동적 사례개념화

Beck(2015)은 강박적인 환자들의 핵심 신념 또는 도식을 완벽주의와 통제로 규정하였다. 완벽주의 도식은 다음과 같은 신념과 관련이 있다. "가치 있는 사람이 되려면 실수하면 안 된다. 실수한다는 건 실패한다는 뜻이고 나는 실패를 못 견딜 것이기 때문이다." "만약 행동의 과정이 완벽하지 않다면, 아무것도 안 하는 게 낫다." 통제 도식은 다음과 같다. "나는 나 자신과 환경을 완벽하게 통제해야 한다. 통제 상실은 견딜 수 없는 일이고 위험한 일이기 때문이다." "규칙과 의례를 지키지 않는다면, 나는 무력하게 무너지고 말 것이다." "마술적 의식(rituals)이나 강박적 반추는 재앙의 발생을 막아 준다." 전형적으로 그들은 세상일의 거의 대부분이 자신의 책임이고 자신 때문에 일어난다고 생각한다. 동시에 자신이 부적절하고 무력하며 결함이 있다고 믿는다. 타인은 자신보다 무능하고 조심성 없고 문제에 주의를 기울이지 않는다고 생각한다. 관련 신념은 생존을 위해서 규칙과 규율이 필요하다는 믿음이다. 통제와 완벽에 대한 신념으로 인해 과업에 실패했을 때 자신은 실패작이고 무가치하다는 결론을 내릴 가능성이 높다. 당연히 그런 신념은 자신과 타인에게 최대의 통제력을 행사하는 주요 전략이나 패턴에 반영되고, 지시, 강압, 반대 등으로 드러난다(Beck, 2015; Simon, 2015).

Guidano와 Liotti(1983)는 유사하지만 차이가 있는 인지적 공식화를 제시했는데, 여기에는 세 가지 부적응적 도식, 즉 완벽주의, 확실성에 대한 요구, 인간의 문제에는 절대적으로 옳은 해결책이 있다는 신념이 포함된다. Guidano와 Liotti는 이들이 적어도 한쪽 부모로부터 혼재되고 모순적인 메시지를 받았다고 언급하였다. 강박적인 사람들의 전형적인 자동적 사고에 대해서도 기술하고 있다. "나는 이 과제를 완벽하게 수행해야만 한다." "이 과업은 내가 직접 해야 한다. 그렇지 않으면 일이 제대로 되지 않을 것이다." "잘못된 행동을 하는 사람은 벌을 받아야 한다." "앞으로 필요할지 모르니 오래된 보고서도 보관해야 한다." 강박성 성격 패턴이 있는 사람들은 이러한 도식과 자동적 사고뿐만 아니라 이분법적 사고와 극대화, 파국화 등의 인지적 왜곡을 사용한다. Turkat(1990), Turkat와 Maisto(1985)는 강박성 성격 패턴의 행동적 개념화를 제안하였다. 강박적인 성격의 사람들은 생산성과 규칙 엄수를 지나치게 강조한 나머지 정서적 표현과 대인관계를 포기한 가족 내에서 성장하는 것으로 알려져 있다. 따라서 적절한 수준의 공감 기술이나 타인과 정서적으로 상호작용하는 기술을 습득하지 못한다.

## 대인관계적 사례개념화

Benjamin(2003a)에 따르면, 강박성 성격장애로 진단된 사람들은 어떤 대가를 치르더라도 올바르게 행동하고 규칙을 준수하도록 강압받는 비합리적이고 가차 없는 분위기 속에서 자랐을 가능성이 높다. 그 결과, 강박적인 사람들은 자신과 타인의 완벽을 추구하는 일에 일방적으로 헌신한다. 전형적으로 이들의 부모는 자기통제와 완벽에 대해 매우 높은 기대치를 지니고 있고, 완벽하지 않으면 처벌하는 반면, 성공에 대해서는 보상을 거의 또는 전혀 하지 않는다. 그 결과, 아이들은 실수와 자기비판을 피하기 위해 착하고 올바른 사람이 되고자 열심히 노력하고 거기에 온 신경을 쏟는다. 그뿐만 아니라 그들의 가정에는 애정적 온기가 거의 없다. 웃음, 포옹, 안아 주기 및 다른 형태의 애정 표현이 거의 없다. 있다 해도, 보고 배우기에는 턱없이 부족하다. 강박적인 사람들은 감정 표현을 위협적으로 생각한다. 온정의 부족과 완벽에 대한 욕구를 지닌 채 성인이 되면, 사회적 정확성(올바름)은 성취되겠지만 정서에 접근하는 길은 차단된다. 마지막으로, 이들은 실수에 대한 두려움과 규칙을 엄수하는 경향이 있다. 질서를 추구하는 경향 뒤에는 타인의 비난과 분별없는 통제가 도사리고 있고, 원칙이라는 권위에 대한 맹목적인 복종과 통제력이 교대로 작용하고 있다. 이러한 태도는 과도한 자기자제, 감정 회피, 자기비판, 자기방치를 통해 강화된다.

## 통합적 사례개념화

통합적 관점은 강박성 성격이 어떻게 발생하고 어떻게 유지되는지에 대해 생물심리사회적으로 설명한다. 생물학적으로 이들은 아동기에 무쾌감성 기질을 보였을 가능성이 높다. 출생 순서로 볼 때, 다른 형제자매들보다 맏이에서 강박적 성향이 더 잘 발생한다는 점은 놀라운 일이 아니다.

심리학적으로, 이들은 자신, 타인, 세상, 삶의 목적을 다음과 같은 관점에서 바라본다. 그들은 자기 자신에 대해 "무언가가 잘못된다면 그것은 내 책임이다. 따라서 나는 신뢰할 수 있는 사람이 되어야 하고 유능하고 정의로워져야 한다."라는 식으로 생각하는 경향이 있다. 그들은 세상에 대해 "삶은 예측할 수 없고 너무 많은 것을 기대한다."라는 식으로 생각한다. 따라서 "항상 통제하고 있어야 하고 정확하고 엄격해져야 한다."라는 결론을 내린다.

사회적 관점에서 강박성 성격장애가 발생하리라 예상되는 특정한 양육 및 환경 조건이 잘 알려져 있다. 그들이 경험한 양육 방식은 일관적이고 지나친 통제를 특징으로 한다. 어린 시절 자신의 행동에 과도한 책임을 지는 훈육을 받았고, 만약 순종하지 않거나 성취 지향적이지 않거나 '적절'하지 않으면 죄책감과 무가치감을 느끼도록 훈육받았을 가능성이 높다. 가장 많이 들었을 부모의 경고는 "가치 있는 사람이 되려면 더 잘해야 하고 더 나아져야 한다."이다.

이러한 강박적 패턴은 여러 요인에 의해 확고해지고 강화되며 고착된다. 이를테면, 과도하게 높은 기대와 냉담하고 경직된 행동과 신념, 자기비판적 경향 등은 엄격한 규칙 기반 행동 및 사회적 · 직업적 · 도덕적으로 수용할 수 없는 일을 회피하는 태도로 이어진다. 이것은 다시 가혹하리만치 경직된 행동과 신념을 재확인시킨다(Sperry, 2015).

〈표 9-2〉에 강박성 성격장애의 특징을 요약하였다.

〈표 9-2〉 강박성 성격장애의 특징

| | |
|---|---|
| 촉발사건 | 권위적 인물의 강요를 받는 상황; 비구조화된 상황 및/또는 친밀하고 가까운 관계 맺기를 요구받는 상황 |
| 행동양식 | 완벽주의적이고 정의로움<br>일 중독<br>의지할 만하고 신뢰할 만하며 지나치게 양심적임<br>우유부단하고 일을 미루는 경향 |
| 대인관계 양식 | 업무에 전념하거나 일 때문에 인간관계를 제한함<br>다른 사람에게 일을 위임하거나 협업하지 않으려 함<br>경직, 완고<br>비판적<br>하급자에게 독재적이고 상급자에게 공손함<br>공손하고 충성스러움 |
| 인지양식 | 제한적—규칙-기반<br>융통성이 없음<br>상상력이 부족함 |
| 정서양식 | 침울하고 생기가 없음<br>감정 회피 |
| 기질 | 예민하고 까다로우며 걱정이 많음 |
| 애착양식 | 집착형 |
| 부모의 금지명령 | "가치 있는 사람이 되려면 더 잘해야 하고/더 나아져야 한다." |
| 자기에 대한 관점 | "만약 일이 잘못된다면 그건 내 책임이다." |
| 세상에 대한 관점 | "삶은 예측할 수 없고 너무 많은 것을 기대한다. 따라서 항상 통제하고 있어야 하고 정확하고 엄격해져야 하며 실수해서는 안 된다." |
| 부적응적 도식 | 가혹한 기준; 처벌; 정서적 억제 |
| 최적의 진단기준 | 업무 완수를 방해할 정도의 완벽주의 |

## 강박성 성격장애의 평가

정보 출처가 다양하면, 성격장애의 진단과 치료 계획 수립에 유리하다. 임상 면담에서 얻는 환자의 자기보고 외에도 관찰, 부수적 정보, 심리검사 등이 중요한 보조 자료로 이용된다. 이 절에서는 임상가가 해당 성격장애 환자를 처음 만났을 때 관찰할 수 있는 특징 일부와 라포 형성을 위한 내용을 간략하게 다루었다. 여러 가지 객관적 검사(이를테면, MMPI-2, MCMI-IV) 및 투사검사(이를테면, 로르샤흐 검사, TAT)의 특징적인 반응 패턴에 대해서도 기술하였다.

## 면담 시 행동과 라포

강박성 성격이 있는 사람들과의 면담은 우원증(circumstantiality), 완벽주의, 양가감정 등 강박적 역동 때문에 어렵고 힘들다. 세부사항에 대한 집착과 집중 및 통제 욕구 때문에 그들은 어떤 단어를 사용할지, 대화 주제를 무엇으로 정할지, 누가 책임자인지 끊임없이 고민하느라 이해와 협조를 위한 분위기를 조성할 수가 없다. 개방형 질문을 하면 혼란스러워한다. 질문을 명확하게 해 달라고 요구하며 그런 유형의 질문을 하면 너무 협의적으로 해석한다. 그들은 병력, 식단, 운동 패턴, 심지어 꿈을 기록한 노트를 가져와서는 상담자와 함께 하나하나 검토하기를 기대하기도 한다. 정동과 감정이 세부사항들과 연관이 있음을 인정할 수는 있으나, 감정에 대해 이야기를 나누는 것은 고사하고 감정 표현의 가치조차 인정하려 들지 않는다. 그들의 양가감정은 극복하기 어렵다. 다른 사람들이 이들의 문제를 해결할 수 있다고 하거나 삶의 통제 수준을 낮추어도 견딜 만하다고 건네는 위안을 수용할 수 없기 때문이다.

임상가의 공감 표현은 그들에게 문제적이다. 왜냐하면 그들은 자신이 객관적이고 감정이 없다고 생각하기 때문이다. 따라서 임상가가 자신을 공감한다고 할 때 당황하고 그것을 무의미한 것으로 간주하며 거부한다. 그들은 고통의 감정이 아니라 문제 자체가 중요하다고 반박할지 모른다. 그러나 그들의 문제는 해결 불가능하다! 임상가가 시도해 볼 수 있는 유일한 치료적 조치는 분노나 다른 감정에 접촉하게 만드는 것이다. 그러나 이것도 쉬운 일은 아니다. 그들은 감정을 방어하고 부인하려 할 것이고, 더욱더 폐쇄적인 강박 사고를 제시하여 치료적 수단을 무효화시키려고 할 것이기 때문이다. 치료 동맹을 맺는 일은 어렵다는 점은 말할 필요도 없고, 이들과의 면담은 무산된 시도, 좌절, 싸움으로 점철되는 경우가 많다(Othmer & Othmer, 2002).

## 심리검사 자료

MMPI-2, MCMI-IV, 로르샤흐 검사, TAT는 강박성 성격장애뿐만 아니라 강박성 성격양식 또는 특질 진단에도 유용하다(Groth-Marnat, 2009).

MMPI-2에서, K(교정) 척도는 중간 수준으로 상승할 가능성이 높다. 강박성 특성을 가진 사람들은 자기개방 양식이 없기 때문에 상승된 척도가 거의 없다. 그러나 1번(Hs, 건강염려증) 척도와 3번(Hy, 히스테리) 척도 점수가 상승하는 경향이 있다. 신체 증상을 주로 호소하는 내담자의 경우, 1번(Hs, 건강염려증) 척도가 특히 상승할 수 있다. 9번(Ma, 경조증) 척도 점수의 상승은 일반적으로 대인관계에서 나타나는 독재 및 지배성의 강도를 반영한다. 7번(Pt, 강박증) 척도는 강박성을 반영하기 때문에 이 척도의 상승은 일반적으로 불평, 불만 있는 태도를 반영한다(Graham, 2012; Meyer, 1995).

MCMI-IV에서, 7번(강박성) 척도 점수가 높을 가능성이 있다(Millon et al., 2015). 불안이 신체적으로 표현되는 경향이 높기 때문에 A(불안) 척도의 상승은 드물고, H 척도가 상승할 가능성이 있다(신체증상장애; Choca & Denburg, 1997).

로르샤흐 검사에서 Dd(드문 부분 반응)과 D(부분 반응)가 현저하게 많이 나타난다. 또한 F+%(Form Plus)가 높고 W(전체) 반응과 색채-기반 반응수는 적다. 강박성 성격장애 환자들은 일부 반응에서 지나치게 구체적이고 세부적으로 반응하는 경향을 보이고, 잉크 반점에 대해 비판하는 경향을 보인다(Meyer, 1995).

TAT의 경우, 강박적 사람들은 다양한 주제의 이야기를 장황하게 늘어놓는 경향이 높다. 카드에 대한 반응을 너무 상세하게 설명하다가 주요 주제를 놓치기도 한다. 특히 2번 카드와 13번 MF 카드에서 그런 경향이 높다(Bellak, 1997).

# 치료적 접근법 및 개입

## 치료 시 고려사항

강박성 성격장애와 감별해야 하는 질환으로는 의존성 성격장애, 소위 수동-공격성 성격장애가 있다. 의존성 성격장애와 관련된 흔한 진단에는 불안장애, 그중에서도 특히 단순공포증(Simple Phobia), 사회불안장애, 공황장애 등이 있다. 그 외에 감별해야 할 흔한 DSM-5 장애에는 전환장애, 신체증상장애가 포함된다.

강박장애(Obsessive Compulsive Disorder: OCD)는 오랜 치료 전통을 가지고 있다. 거슬러 올라가면 프로이트의 사례인 '쥐 인간(Rat Man)'과 아들러의 'A 부인 사례'가 있다. 강박장애는 증상장애인 반면, 강박성 성격장애는 성격장애라는 점에 주목하라. '쥐 인간'은 축 I과 축 II 장애가 모두 있었기 때문에, 이 사례와 치료에 대한 프로이트의 설명을 읽었던 사람들 대다수는 두 장애(강박장애와 강박성 성격장애)가 같은 질환이고 치료도 같다고 잘못 생각하게 되었다. 그러나 두 장애는 동일한 질환이 아니며, 약 1/3에서 두 장애가 동시에 나타난다고 알려져 있다(Jenike, Baer, & Minichiello, 1998; Phillips & Stein, 2015). 강박장애만 있는 경우보다 두 장애가 함께 수반될 때 치료가 훨씬 더 어렵다.

치료 목표는 인지적인 부분을 줄이고 감정 표현을 증가시키는 것인데, 이렇게 하면 사고와 감정 사이에서 적절한 균형을 찾을 수 있다. 일반적으로 강박성 성격장애의 치료는 장기간 동안 통찰 지향적으로 접근한다. 강박장애의 경우 항우울제와 행동치료를 병행하면 비교적 단기간에 강박 사고와 강박 행동이 호전되는 반면, 강박성 성격장애 그 자체는 단기치료로 좋은 결과를 얻기 어렵다. 그러나 정신역동치료와 인지행동 중재 모두 효과적인 것으로 추정된다. 동반된 증상장애가 회복되었다면, 강박성 성격장애에서 약물치료는 통상적으로 필요하지 않다(Sperry, 2015).

## 개인치료

### 정신역동적 심리치료

강박적인 환자들의 치료에는 환자의 극단적인 불안감과 불확실성을 노출시키는 접근법이 포함되어 있다. 이 과정에서 환자들은 지금까지 자신이 약점을 인식하지 않으려고 방어 기제를 사용해 온 것을 알게 되고 그 방어 기제들이 신경증 구조를 구축했음을 이해하게 된다. 그리하여 비로소 보다 적응적인 안전 체계를 발전시키기 시작한다. 치료를 시작할 때, 환자들은 방어를 내려놓을 때 초래될 결과에 대해 말로 표현 불가능한 공포를 느낀다. 따라서 강박적 방어를 포기할 수 없다. 그러나 자아존중감과 장점에 대한 인식이 증가함에 따라 강박 패턴을 내려놓는 위험을 감수하게 되고, 결과적으로 더 생산적이고 더 자유롭게 기능할 수 있게 된다. 치료의 목표는 자신과 타인에 대한 불가능한 기대를 보다 현실적이고 성취 가능한 것으로 바꾸는 것이다. 간단히 말해, 경직되고 융통성 없는 통제 패턴과 방어 패턴을 내려놓으면 생산성이 오히려 더 강하게 느껴진다는 것을 학습한다. 강박적 환자들에게 정신역동적 심리치료를 수행할 때에는 치료 기법을 다수 수정해야 한다. 임상가의 활동 수준도 여기에 포함된다. 임상가는 치료 시작부터 종결까지 적극적이어야 한다. Salzman(1980)에 따르면, 임상가의 수동성은 지루한 분석과 혼란스러운 분위기를 초래한다. 구체적으로 임상가는 환자의 자유연상, 세부사항에 집착하는 경향, 우원증을 통제하고 제한해야 한다. 강박적 환자들은 완벽에 대한 욕구를 지니고 있기 때문에, 자신이 말한 내용에 계속 단서를 달고 평가한다. 이것은 내용을 명료화시킨다기보다 오히려 더 혼란스럽게 만든다. 강박적 환자들에게 자유연상을 시키면, 자유연상 원래의 목적이 무산되는 지경에 이른다. 따라서 임상가는 이러한 사고이탈과 산만함을 예방하기 위해 무관한 이야기를 하거나 회피할 때 끼어들기를 시도하는 등 적극성을 띠어야 한다. 내담자들이 회피하는 주요 요소는 물론 정동이다. 이들은 감정과 정서에 대해 이야기할 수 있고 심지어 전이와 역전이에 대해서도 이야기한다. 그러나 그들은 정동을 표현하는 것을 완전히 회피한다. 따라서 임상가는 실제 감정과 그 감정을 표현하는 데 초점을 맞추어야 하고, 정동에 대해 주지적으로 설명하는 것을 제한시켜야 한다.

관습적인 분석 기법 중 수정해야 할 또 다른 사항은 최근의 사건에 초점을 맞추는 것이다. 강박적인 사람들은 과거 사건과 관련된 분노나 적대적 행동에 대해서는 쉽게 이야기하지만, 최근의 일이나 지금-여기의 경험에 대해 약한 모습이나 감정을 드러내는 것을 매우 어려워한다. 그들은 그러한 충동과 감정을 위협적이고 위험한 것으로 간주하는데, Salzman(1980)은 그것이 강박적 방어의 본질이라고 주장한다. 다른 사람들이 강박적인 사람들에게 보복 공격하는 이유는 이들의 적대적 행동 때문이 아니라 감정을 표현하는 양식 때문이다. 상대방의 보복 공격을 받으면 이들의 분노가 자극되고, 이것은 다시 상대방의 적대감을 자극하는 악순환이 일어난다.

마지막으로, 통상적인 치료 지침 중에는 치료 기간 동안 중요한 의사결정을 피하라는 내용이 있다. 그러나 강박적인 사람들에 대해서는 이 지침을 수정해 주어야 한다. 강박적인 사람들은 실수에 대한 두려움이 있기 때문에, 이 지침은 그들의 병리적 패턴을 강화시킬 수 있다. 따라서 오히려 위험을 감수하는 행동과 의사결정을 장려해야 한다. 우유부단함에 대처하는 기술은 절대성과 확실성에 대한 그들의 욕구를 명료화하고 해석해 주는 것이다. 꿈을 활용할 경우, 지금-여기에 초점을 맞추고 꿈 내용은 다른 치료 소재들과 동일한 방식으로 다루도록 한다.

치료의 결과적 목표는 이들이 초인적인 존재가 되려고 애쓸 필요 없이 어느 정도 균형과 타협을 이루고 실수하기도 하는 인간으로 기능하는 것이다. 강박적 환자들은 예기 불안이 있기 때문에, 치료 종결과 관련하여 많은 문제가 발생할 수 있다. 환자와 임상가 모두 분명히 알고 있어야 하는 점은, 불안 삽화는 평생에 걸쳐 언제든지 발생할 수 있고 치료를 종결하지 않는다고 해서 삶의 고통이 없어지지 않는다는 것이다.

연관 목표는 초자아의 수정이다. 그들은 분노, 욕망, 의존 등의 감정을 초월하려 하지만 그런 소망은 실패할 수밖에 없다는 점과 감정을 단절하기보다는 통합해야 한다는 점을 수용할 수 있도록 초자아를 수정한다. Gabbard(1994)는 그러한 변화가 일어나기 위해서는 공격성, 성, 의존을 둘러싼 갈등을 상세하게 해석할 필요가 있다고 지적하였다.

강박성 성격장애 환자들의 경우, 장기 정신역동치료가 필요하다는 공감대가 형성되어 있다. 그 이유는, 그들의 정서가 제한되어 있는 데다가 자아존중감 저하에 취약하기 때문이다. 통상적으로 치료는 주 1~2회기의 빈도로 2~3년 동안 지속한다. 정신역동적 심리치료는 약물치료와 행동 중재를 보조적으로 병행하는 것이 효과적이라는 견해가 지배적이다(Salzman, 1989).

Schanche, Stiles, McCullough, Svartberg와 Nielsen(2011)는 정신역동적 관점에서 C군 성격장애에 대해 유용한 해설을 제공하였다. 여기에는 강박성 성격장애의 치료에 대한 논평이 담겨 있다.

### 시간제한적 지지 표현 치료

지지 표현 치료(Supportive-Expressive Therapy)는 강박성 성격장애와 회피성 성격장애 환자들에게 적용할 수 있다. 연구에 따르면, 강박성 성격장애 환자들은 회피성 성격장애 환자들보다 훨씬 짧은 기간에 성격장애의 진단기준에서 벗어났다. 두 집단 모두 성격장애, 우울증, 불안, 일반 기능, 대인관계 문제에서 시간제한적 지지 치료에 반응을 보였는데, 강박성 성격장애 환자들은 17회기 이내에 축 II 장애 기준을 벗어난 것으로 보고되었다(Barber, Morse, Krakauer, Chittams, & Crits-Christoph, 1997).

### 인지행동치료적 접근

강박성 성격장애에서 최상의 치료 결과를 보이는 인지행동치료 기법과 치료 표적은 무엇일까? 안타깝게도 현재까지 임상가가 신뢰하고 사용할 수 있는 지침을 제공하는 무작위 대조군 임상시험은 발표된 바 없다. Bailey(1998)는 가장 널리 사용되는 두 가지 인지적 접근법, 즉 Young의 도식 중심 접근법과 Beck의 전통적인 접근법을 기술하고 논평하였다. Kyrios(1999)는 강박성 성격장애의 인지행동치료에 있어서 여러 가지 치료 표적에 대해 기술하였다. 여기에 포함되는 치료 표적으로는 역기능적 인지, 제한된 행동 목록, 부정적인 감정적 성향, 애착 및 정체성 관련 문제 등이 있다. 연구 기반 지침이 나올 때까지는 내담자와 상황에 대한 신중한 평가 및 임상가의 판단을 기반으로 치료 기법과 표적을 결정해야 할 것이다.

**인지치료적 접근법.** Beck 등(2004)은 강박성 성격장애 환자들의 인지치료적 접근법에 대한 확장판을 출판하였다. 이 환자들에 대한 치료 목표는 행동과 감정 이면에 있는 부적응적 도식을 수정하고 재구성할 수 있도록 돕는 것이다. 치료의 첫 번째 과제는 협력적 치료관계를 구축하는 것이다. 이러한 관계 맺기는 경직성, 감정 회피, 대인관계의 중요성을 최소화하는 이 환자들의 성향을 고려할 때 매우 어려운 일이다. 따라서 라포는 치료자의 역량에 대한 환자의 존중 및 치료자가 자신을 존중하고 도움을 줄 것이라는 믿음에 기반한다. 치료 초기에 정서적으로 긴밀한 관계를 발전시키려고 하면 치료가 조기에 중단될 위험이 있다. 그러나 Strauss 등(2006)은 강박성 성격장애와 회피성 성격장애의 인지치료에 대한 임상시험에서 초기 치료 동맹이 강하게 맺어질수록 증상 개선 정도가 높아진다고 밝혔다. 이 경우, 치료 후반에서 관계가 틀어지더라도 이 문제를 적절히 다루면 학습 경험으로 활용할 수도 있다. 따라서 이 내담자들과의 치료 동맹에 대한 초기 투자는 위험과 보상 모두 존재한다. 치료 초기에 강박적 환자들에게 정서인지이론을 소개하고 치료 목표를 설정하는 단계도 반드시 필요하다. 이 단계에서 상담 문제를 제시하게 된다. 협력적으로 상담 문제의 목록을 만든 후 우선 순위를 매긴다. 회기 사이에 해당 문제가 발생했을 때 역기능적 사고 기록지에 사건 발생 시 상황, 감정, 사고를 기록하도록 하여 추적 관찰한다. 이 기록은 자동적 사고 및 사고 이면에 숨은 가정이나 도식에 대해 논의할 수 있는 기초 자료로서 다음 회기에서 치료자와 내담자가 함께 검토하게 된다. 환자는 상담자와의 협력적 관계 속에서 도식의 부정적 결과와 이를 논박하는 방법을 인식하고 이해하게 된다. 이러한 인지적 논박 및 도식의 재구성 과정은 구조화되어 있고 문제 중심적이며 지금-여기에 초점을 맞추기 때문에 강박적인 사람들에게 특히 유용하고 적절하게 수용되고 있다.

강박적인 사람들의 인지적 치료의 보조 수단으로 특히 유용한 전략과 기법들로는 의제 설정, 문제의 우선순위 정하기, 문제해결 기술과 사고 중지 기법이 있는데, 이 기법들은 반추, 미루기, 우유부단함 문제에 효과적이다. Salzman(1989)은 홍수법, 둔감화, 반응 방지법, 포만 훈련(satiation training) 등이 강박성 성격장애의 치료에 사용되고 있다고 보고하였다. 이완 훈련은 불안 및 신체화 증상이 있을 때 유용하고, 행동 실험은 부적응적 신념에 대한 직접 논박 대신 사용할 수 있다. 강박적인 사람들은 자신과 타인의 정서에 주의를 기울이는 것이 힘들기 때문에 공감 훈련과 역할 바꾸기 기법을 활용하면 효과적이다. 결론적으로, 강박성 성격장애의 치료는 어렵지만 충분히 가능하다. 협력적 작업, 인지적 재구성, 인지 및 행동 전략과 기술의 체계화된 적용을 통해 강박적인 사람들의 부적응적 행동과 정동 이면에 있는 자동적 사고와 도식을 효과적으로 수정하고 변화시킬 수 있다.

Turkat(1990)에 따르면, 이 환자들에서 충분한 치료 효과를 얻기 위해서는 행동 수정만으로는 부족하다. Turkat의 치료 계획은 즐거움과 정서 관련 경험을 증가시키고 지나치게 일에 전념하는 경향을 감소시키는 사회 기술 훈련을 포함하고 있다. 그가 지적한 바에 따르면, 이 환자들은 임상적 개념화와 치료 계획에는 동의하지만 대부분 훈련은 거부한다고 한다. Turkat와 Maisto(1985)도 유사한 경험을 보고했는데, 행동 수정만으로 강박성 성격장애를 치료하기에는 부족하다고 결론을 내렸다.

Simon(2015)은 강박성 성격장애의 인지치료에서 네 가지 주요 목표, 즉 증상의 발달과 유지에 영향을 미치는 완벽주의에 대한 환자 교육, 오랫동안 고수해 온 규칙과 루틴이 실제로 현실에 영향을 미치는지 검증해 보는 경직성 시험, 완벽주의를 지속시키는 자동적 사고, 기본 가정, 핵심 신념 평가하기 그리고 마지막으로, 앞의 모든 목표를 일과 대인관계로 연결시켜 보다 명확한 치료 목표 개발하기를 제시하였다.

**심리도식치료.** 심리도식치료는 인지 치료를 더욱 정교화시킨 것으로, 특히 성격장애 및 치료가 어려운 개인 및 부부 문제를 다루기 위해 Young(Young et al., 2003)에 의해 개발되었다. 도식치료는 부적응적 도식을 찾아내고 구체적인 전략과 중재를 계획한다. 주요 전략은 네 가지가 있는데, 인지적 · 경험적 · 행동적 전략과 치료적 관계 그 자체이다. 인지적 재구성과 부적응적 도식의 수정은 중요한 인지적 전략으로, 심상 훈련, 공감적 직면, 과제 부여, '제한된 재양육' 기법을 병용할 수 있다(Young et al., 2003).

일반적으로, 강박성 성격장애와 연관이 있는 부적응적 도식은 다음과 같다. **가혹한 기준**, 즉 타인에게 수용되거나 비판받지 않기 위해서는 비현실적으로 높은 수준의 수행을 해야 한다는 신념; **처벌**, 즉 실수를 하면 가혹한 처벌을 받는 게 마땅하다는 신념 그리고 **정서적 억제**, 즉 자발적 행동, 감정, 의사소통(다른 사람들의 비난을 피하려고)을 지나치게 억제하고 수치심이나 충동에 대한 통제력 상실을 피하려는 경향이다(Bernstein, 2002).

### 대인관계적 접근

Benjamin(2003a)은 강박성 성격장애 환자들의 심리치료를 심리치료적 중재가 협력관계를 강화시키는가, 부적응적 패턴과 그 뿌리에 대한 배움을 촉진시키는가, 이러한 패턴을 차단시키는가, 변화에 대한 의지를 높여 주는가, 새로운 패턴을 효과적으로 장려하는가와 같은 관점에서 계획하고 평가할 수 있다고 제안하였다.

강박적인 사람들의 삶 중심에는 통제라는 주제가 자리 잡고 있기 때문에, 협력 작업은 그들에게 어려운 일이다. 치료의 통제에 대한 태도는 일관적이지 않다. 때로는 본인이 통제하기를 원하다가 가끔은 임상가에게 통제받기를 원한다. Benjamin은 치료에서 권력 투쟁 문제가 일어날 때, 그들의 전형적인 패턴(통제, 복종, 자기통제)과 그 반대의 모습(긍정, 개방, 자기가치의 긍정)을 설명해 주고 강박적 패턴이 왜, 어떻게 발생하는지 설명해 줌으로써 권력 투쟁을 돌파하라고 제안한다. 그녀는 이들이 적대적 통제의 반대 개념인 우호적인 분화를 지적으로(intellectually) 빠르게 이해하여 협력에 관심을 보일 것이라고 언급하였다. 개방과 온정이라는 목표가 공유되고 나면, 치료자와 내담자는 감정의 경험 및 관계적 행동 변화를 위한 작업을 시작할 수 있다. 당연한 말이지만, 손에 쥐고 있던 것을 놓는 법을 학습하는 작업은 쉽지 않다.

어린 시절의 경험과 현재의 어려움 간의 연관성을 찾기 시작하면, 내담자가 어린 시절 자기에 대한 연민과 공감을 개발하도록 도와주어야 한다. Benjamin은 부부치료가 강박적인 개인의 부적응적 패턴을 배우고 변화시키는 데 특히 강력한 치료 형식이라고 언급하였다. 관점 바꾸기와 역설적 명령 기법은 부부 두 사람의 통제 문제와 권력 투쟁을 다룰 때 유용하다. 임상가는 규칙 준수를 선호하는 그들의 성향을 역설적으로 활용하여 강박성 성격의 내담자에게 관계 문제해결을 위한 '규칙'을 배우자와 협력하여 개발해 보라고 '명령'을 내릴 수 있다.

부적응적 패턴을 차단하기 위한 치료의 목표로 삼아야 하는 것은 권력 투쟁, 감정 회피, 완벽주의이다. 완벽주의의 경우, 통제를 통해 완벽에 도달하려는 욕구를 감소시키면 분노를 감소시킬 수 있다. 타인을 완벽하게 만들 필요가 없어지므로 타인에게 화낼 필요가 없다. 불안감도 마찬가지이다. 그들의 불안은 완벽에 도달하지 못하는 공포에서 기인한다. 그들은 생존을 위해 완벽해져야 한다고 믿어 왔으나 이제 그럴 필요가 없기 때문에 완벽하지 않다고 걱정할 필요가 없다. 완벽을 추구하는 그들의 성향이 어디에서 기원했는지 이해하고 어린 시절과 현재 상황을 비교하게 되면서 과거의 신경증적 분투를 더 쉽게 멈출 수 있게 된다. 어린 시절의 자기(self)와 먼 과거 시점의 부모에 대한 공감 능력을 키워 주면, 부적응적 패턴을 내려놓으려는 의지를 강화시킬 수 있다.

인지치료는 제한된 인지양식과 자기비판 성향을 수정하는 데 특히 유용하다. 통찰력도 패턴 수정에 도움이 된다. 통찰력은 불완전함과 일상의 평범함을 더 편하게 수용할 가능성을 높인다. Benjamin은 강박적인 사람들의 변화 과정에서 통찰력과 전이는 모두 중요하다고 결론 내린다. 치료자는 환자의 욕구에 정확하게 반응하는 신뢰할 수 있는 양육자 역할을 수행하게 되는데, 치료자와의 따뜻하고 자애 넘치는 관계는 통찰을 촉진시킨다. 그러나 Benjamin은 다른 성격장애와 마찬가지로 강박성 성격장애의 치료는 장기적 과정이고 지름길은 없다고 조언한다.

## 집단치료

강박성 성격의 가장 큰 단점은 다정하고 자발적으로 타인과 경험을 공유하는 능력이 없다는 것이기 때문에, 집단치료는 특히 유용하다. 그럼에도 불구하고 경쟁하고 상황을 통제하려는 경향 때문에 단순한 문제는 아니다. Yalom(1995)은 집단치료에서 강박적 패턴을 보이는 사람들을 묘사하기 위해 '독점권자'라는 용어를 사용하였다. 그들은 횡설수설하거나 말을 지나치게 많이 하여 집단을 쉽게 휘어잡는다. 특히 심리치료 집단의 정서적 분위기가 강박적인 사람을 압도할 수 있기 때문에 방어적 감정 고립이나 주지화가 더 심해질 수 있다. 집단 지도자는 불필요한 권력 투쟁을 예방하기 위해 개입할 수 있다. 이러한 개입을 통해 통제 경향이나 권력 투쟁을 내려놓게 되면, 이들은 다른 구성원의 정서적 표현을 간접적으로 모델링할 수 있게 된다.

집단치료는 개인치료보다 이점이 많다. 강박적 성격 패턴은 이인(dyadic)치료를 할 경우 과정이 지루할 뿐 아니라 힘들고 성과를 얻기도 어렵기 때문이다. 특히 치료 과정 중 반드시 거쳐야 하는 필수적인 '정체' 기간에는 더욱 힘들다. 이때 임상가들은 자칫 미숙한 해석이나 미숙한 행동을 처방하여 실수하는 경우가 많다(Salzman, 1980; Wells, Glickauf-Hughes, & Buzzell, 1990).

집단 형식은 특히 이질적인 집단일수록 환자가 받는 충격을 분산시킬 수 있다(Frances et al., 1984). 또한 집단치료는 전이와 역전이의 고리를 약화시킬 수 있다. 개인치료에서 임상가의 피드백은 권력 투쟁으로 이어지기 십상이지만, 집단치료에서 동료의 피드백은 권력 투쟁 없이 쉽게 수용되기 때문이다(Gabbard, 1994). 이뿐만 아니라 집단치료는 문제를 입으로만 말하는 게 아니라 문제를 파악할 수 있도록 촉진한다(Alonso & Rutan, 1984). Rutan 등(2014)은 이러한 개념을 정신역동적 관점에서 설명하였다. 저자들의 고찰에 따르면, 집단치료는 엄격한 초자아 문제나 그 외에 초자아 문제가 있는 사람들에게 특히 유용하다. 이런 사람들에게 집단치료를 제공하면 개인치료에서 나타나는 전이의 강도가 집단 구성원들에게 분산되기 때문에 전이 문제로 인한 치료 중단 없이 해당 주제를 다룰 수 있다.

Wells 등(1990)은 강박적 환자들의 집단치료에 대해 다음과 같은 금기사항을 제시하였다. 심한 우울증이나 자살 가능성이 높은 경우, 충동적 조절장애, 편집증 경향이 강한 경우, 급성 위기, 신뢰 구축이 어려운 경우, 강박적 방어 포기에 대해 공포를 느끼는 경우, 지위의 우위를 가려 보려는 욕구가 있는 경우, 적대감이나 약한 감정을 다루지 않으려고 '유사 통찰'을 사용하는 경우 등이다.

이 저자들은 강박성 성격장애가 자율성 대 수치심과 의심이라는 발달 과제를 성공적으로 해결하지 못했기 때문에 발생한다는 전제에 기초하여 대인관계이론과 정신역동적 원리를 결합한 독특한 집단치료를 소개하였다. 치료 과정에는 여섯 가지 치료 목표, 즉 ① 인지양식 수정하기, ② 의사결정과 행동 수행 강화시키기, ③ 가혹한 초자아의 수정, ④ 편하게 정서 표현하기, ⑤ 통제 문제해결, ⑥ 대인관계 양식 수정이 포함되어 있다.

## 부부 및 가족 치료

이 분야의 전문적인 문헌은 특히 한정적이다. 그러나 집단치료의 역동과 치료에 대한 내용 일부는 가족치료 맥락에서 얻은 자료들이다.

Harbir(1981)에 따르면, 강박성 성격장애를 가진 사람들이 가족치료에 참여하는 주요 이유는 가까운 가족 구성원들이 그들의 경직성, 미루기 경향, 제한된 정동, 완벽주의, 침울하고 생기 없음에 대해 화를 내기 때문이라고 한다. 강박적 사람들의 배우자는 '당신이 변하지 않으면 이혼하겠다'고 위협하기도 한다. 이별이나 이혼의 위협이 치료의 유일한 동기인 경우가 많다. 불만을 표출하는 상대 배우자의 불안이 치료를 지탱하는 유일한 지렛대가 되기도 한다. 이 경우, 치료자는 이 배우자와 작업하면서 강박적인 배우자의 성격 패턴에 효과적으로 대처할 수 있도록 돕는다. Harbir는 강박적인 사람이 연극성 성격의 배우자와 결혼하는 것은 드문 일이 아니라고 덧붙였다.

Salzman(1989)은 불안감을 느끼는 강박적 환자들에 대해 개인치료 또는 심리치료와 약물 병용 치료를 통해 불안을 충분히 완화시킨 후에야 가족치료에 참여시킬 수 있다고 경고하였다. 강박적 환자들은 불안이 심하지 않은 경우에도 가족치료 회기에서 종종 폭군이 된다. 그들은 치료 시간이 위험해질 정도로 다른 가족 구성원들을 꼼짝 못하게 만들기도 한다. 이러한 경우, 권력 재분배를 목표로 하는 구조적이고 전략적인 중재가 특히 이롭다(Minuchin, 1974).

치료 결과와 관련된 대조군 연구는 발표된 것이 없다. 그러나 Minuchin(1974), Haley와 Hoffman(1976)은 강박성 성격에 대한 가족치료 중재에서 좋은 결과를 보고했고, 특히 만성적인 섭식장애가 동반된 환자군에서 좋은 결과가 나타났다. Harbir(1981), Perry, Francis와 Clarkin(1990)은 한쪽 배우자가 강박적 성격을 보이고 다른 쪽 배우자는 연극성 성격을 보이는 부부치료 사례를 소개하였다. 이 사례는 치료 전략과 기술 측면에서 상당히 교훈적인 내용을 포함하고 있다.

한쪽 배우자가 강박적인 성격이고 다른 쪽 배우자가 연극성 성격인 부부를 위해 역동적 · 인지행동적 · 체계적 중재를 포함하는 통합적 접근법이 소개되고 있다. 치료 과정은 치료 동맹 확립, 부부관계의 균형 회복, 배우자 개인의 역동 수정하기의 세 단계로 나눌 수 있다. 처음 두 단계는 부부 회기로 진행되고 세 번째 단계는 개인 회기로 진행된다(Sperry & Maniacci, 1996). Landucci와 Foley(2014)도 강박성 성격과 연극성 성격의 관계 유형을 다루었는데, 저자들은 연극성 성격 배우자가 지닌 자발성과 활기가 강박적인 배우자의 무미건조한 일상에 반가운 휴식을 제공한다고 언급하였다.

강박성 성격장애의 가족치료에 대한 추가 논평은 Benjamin(2003b)의 설명을 참조하였다. 저자는 많은 장애가 비판적 부모의 인정을 받고자 하는 환자의 욕망 때문에 발생한다고 지적한다. 그러나 이러한 화해의 꿈은 임상적 목표가 아니다. 이러한 꿈은 환자 내면에 내재화되거나 가족 구성원들 스스로 그 과정을 방해할 확률이 높다. 그러나 Benjamin은 강박적 환자가 그러한 환상을 내려놓을 때 오히려 가족치료가 변화를 이루어 낸다고 보았다.

## 약물치료

현재까지 향정신성 약물 중에서 강박성 성격장애 환자들의 치료에 명시된 약물은 없다(Silk & Feurino, 2012). 그럼에도 불구하고 이 성격장애와 연관된 특정 문제 증상들(우울증, 불안, 수면 문제)을 해소하기 위해 약물이 사용된다. 일반적으로, 이런 약물은 심리치료와 기술 훈련에 보조적으로 사용된다. 문제 증상들은 대부분의 심리적 개입보다 약물치료에 더 빨리 반응하기 때문에, 약물치료는 대체로 치료 초기에 처방된다(Sperry, 1995b). 항우울제는 강박장애에 효과적이기 때문에 강박성 성격장애에도 효과가 있으리라 기대된다. 그러나 이를 뒷받침할 근거는 없다. 이뿐만 아니라 항우울제 이외의 다른 약물들도 마찬가지로 강박성 성격장애에 대한 근거 기반 지침이 없다(Silk & Feurino, 2012).

## 병행/통합적 치료 접근

Salzman(1989)은 특히 중증의 강박장애에 대한 병행/통합적 치료를 훌륭하게 설명하고 있다. 그는 여러 가지 치료양식과 접근법이 상호배타적이 아니라 상호보완적이라고 주장한다.

혼합치료는 치료 지침을 준수해야 한다. 불안이나 우울 수준이 높으면 심리치료 참여가 어렵기 때문에 치료 시작 시 적절한 약물 처방이 추천된다. 의식(rituals) 수행이나 강박 사고가 현저한 경우, 행동 중재(반응 방지 기법, 노출, 습관화, 사고 중지; Salkovskis & Kirk, 1989)가 추천된다. 완벽주의, 우유부단함, 정동의 고립이라는 기본 역동에는 심리치료적 접근법을 활용하는 것이 가장 유리하다. 개인·집단·부부 치료 또는 병행치료 중 어떤 것을 선택할지 결정할 때에는 장애의 심각성, 치료 표적, 금기사항을 토대로 결정하는 것이 좋다. 예를 들어, 감정 고립과 완벽주의가 횡설수설하는 형태로 드러나는 경우, Wells 등(1990)이 기술한 통합적 집단치료를 제공하면 정신역동치료 형식에서 자주 발생하는 저항과 역전이의 범위를 크게 줄일 수 있다. 우유부단함이 주요 문제인 경우, 모방 학습 및 그 외 행동적 기법, 역할 연기를 개인치료에 통합할 수 있다. 일반적으로 성격장애가 심할수록 개인에게 맞춘 치료와 다중양식의 접근법이 필요하다.

Salzman(1989)은 강박성 성격에 대한 진정한 이해와 인식을 위해서는 "정신역동적·약물학적·행동적 치료의 통합이 필요하다고 결론 내렸다. 왜냐하면 장애를 야기하는 질환의 치료를 위해서는 인지적 명료화뿐만 아니라 행동적·생리적 변화도 필요하기 때문이다. 하나의 치료 양식은 퍼즐의 한 조각에 불과하다. 이 모든 치료적 접근법을 결합할 수 있는 치료자가 가장 큰 효과를 얻어 낼 것이다"(Salzman, 1989, p. 2782).

**발달치료.** 발달적 접근법은 최적의 기능을 키우는 데 초점을 맞춘다. 강박성 성격양식을 가진 사람들이 현 치료의 종결점인 적정한 기능 수준을 넘어서 더 발전하고 싶을 때, 발달 중심 치료는 여러 가지 중재를 활용하여 이 과정과 목표를 촉진한다. 발달적 접근법은 다양하게 제시되고 있다(Blocher, 2000; Cortright, 1997; Sperry, 2002). Sperry(2002)는 강박성 성격을 가진 사람들을 위한 발달치료 수행 지침을 기술하고 설명하였다.

Manduchi와 Schoendorff(2012)는 경계성 특성을 보이는 강박성 성격장애에 대해 기능분석 심리치료(Functional Analytic Psychotherapy: FAP)를 받고 있는 세 아이의 어머니인 36세 여성 사례를 소개하였다. 기능분석 심리치료는 내담자의 행동 변화를 이끌어 내기 위해 지금 이 순간 치료자 자신이 경험하고 있는 바를 활용하는 것이다. 이 치료는 통합적 접근법의 일종으로, 과거 중요한 관계를 탐색해 볼 수도 있고 새로운 대인관계 기술을 회기 내에서 연습해 볼 수도 있다. 이 방법은 세 가지 유형의 임상 관련 행동(Clinically Relevant Behaviors: CRBs)을 분석하여 치료에 활용한다. CRB1s는 회기 내에서 직접 관찰할 수 있는 행동으로, 내담자가 보고한 회기 외 문제에 연결된 행동을 말한다. 또한 CRB2s는 CRB1s보다 개선된 회기 내 행동을 말한다. 마지막으로, CRB3s는 행동에 대한 내담자의 설명으로, 행동을 촉발하는 선행 사건과 결과를 포함한다.

제10장

# 편집성 성격장애

편집성(paranoid) 성격장애를 가진 사람들은 근거 없는 의심, 과민성, 질투 그리고 친밀감에 대한 두려움을 보이는 냉담하고 정서적으로 차가운 사람들이다. 또한 이들은 거만하고, 융통성이 없으며, 논쟁적인 동시에 소송을 일삼기도 한다. 한편, 타인의 비판에 민감하고 상대에게 비난을 퍼붓는 경향으로 말미암아 고립된 삶을 사는 양상을 나타내며, 타인으로부터 미움을 받는 일이 흔하다(Hopwood & Thomas, 2012). 편집성 성격장애는 망상장애를 거쳐 편집성 조현병에 이르는 편집성 스펙트럼 장애의 일부로 생각할 수 있다. 편집성 성격장애가 다른 편집성 스펙트럼 장애와 구별되는 특징은 분명한 망상, 환각 또는 기타 정신병적 특징이 없다는 것이다.

이 장은 편집성 성격장애의 평가 및 치료를 위한 이론적 틀을 기술하고 있으며, 진단, 심리평가, 사례개념화, 치료 중재 등을 포함하고 있다. DSM-5의 기술과 원형적 기술, 배경 정보를 먼저 소개하고, 사례개념화 부분에서는 널리 사용되는 다섯 가지 접근법, 즉 정신역동적 · 생물사회적 · 인지행동적 · 대인관계적 · 통합적 개념화에 따라 이 성격장애의 임상적 측면을 살펴보고자 한다. 또한 개인치료, 집단치료, 부부 및 가족 치료, 약물치료, 병행 및 통합 치료 등 여러 가지 치료적 접근법과 치료양식, 중재 전략도 기술하였다.

## 편집성 성격장애의 기술

편집성 성격장애는 편집성 성격양식 vs. 편집성 성격장애, 촉발사건, 행동양식, 대인관계 양식, 인지양식, 정서양식, 애착양식 그리고 최적의 진단기준 같은 요인과 특성으로 나누어 설명할 수 있다.

**양식 vs. 장애.** 편집성 성격을 건강함에서부터 병리라는 연속체적 관점에서 본다면 편집성 성격양식은 건강함의 끝에, 편집성 성격장애는 병리의 끝에 해당한다. 〈표 10-1〉에서 편집성 성격양식과 편집성 성격장애를 비교하였다.

다음의 두 가지 사례는 편집성 성격장애(Mr. W)와 편집성 성격양식(Ms. L)의 차이를 더욱 명확하게 보여 준다.

**〈표 10-1〉 편집성 성격양식과 편집성 성격장애의 비교**

| 성격양식 | 성격장애 |
|---|---|
| 의사결정을 하고 자신을 돌보는 것에 대한 자신감과 확신이 있음 | 정보가 자신에게 불리한 방향으로 사용될지도 모른다는 두려움에 자신의 이야기를 털어놓는 것을 꺼림 |
| 훌륭한 청취자이자 관찰자, 미묘함, 어조 및 의미를 예리하게 인식함 | 누군가 선의로 한 말이나 일상적인 사건에서도 숨겨진 의미나 위협을 읽음. 이를테면, 자신을 귀찮게 하기 위해 이웃이 아침 일찍 쓰레기를 버렸다고 의심함 |
| 타인의 비판에 주눅 들지 않고 상당히 진지하게 수용함 | 타인에게 원한을 품거나 자신에 대한 모욕이나 무시를 용서하지 않음 |
| 충성심과 의리를 중요하게 여기며, 신의를 얻고 지키기 위해 열심히 일함. 충성심, 의리, 신의를 당연한 것으로 여기지 않음 | 배우자, 성적 파트너, 친구 그리고 동료의 믿음과 의리를 타당한 이유 없이 의심함 |
| 신중하게 타인을 대하고, 다른 사람들과 관계를 형성하기 전에 먼저 그들에 대해 알아보는 것을 선호함 | 충분한 근거 없이 타인으로부터 착취를 당하거나 해를 입을 것이라고 예상함 |
| 적극적이며, 통제력을 상실하거나 공격적으로 반응하지 않으면서 자신을 방어할 수 있음 | 무시를 당하면 즉각적으로 분노와 반격으로 대응함 |

## 사례 편집성 성격장애

53세의 남성 W를 담당하고 있는 변호사는 그에게 치료를 요하는 정신의학적 장애가 있다는 가능성을 배제하기 위해 관련 기관에 정신의학적 평가를 의뢰하였다. W는 지난 2년 반 동안 다섯 건의 소송을 제기하였는데, 변호사는 각각의 소송 모두 타당한지에 대해 의문을 품고 있다. W는 '자신의 소비자 권리를 빼앗기 위한 음모를 꾸미고 있다'는 이유로 지역의 남성복 가게 매니저를 고소한, 침착하고 고도로 통제된 남성으로 묘사되었다. 그는 가게의 매니저가 자신에 대한 신용불량 보고서를 지속적으로 공개했다고 주장한다. 그의 상태를 평가한 상담자는 이와 비슷한 양상의 다른 사례를 W로부터 들었다. 2년 전, 그의 쓰레기통들 중 하나가 사라진 이후로 W는 오랫동안 길 건너편에 사는 이웃들을 불신해 왔고, 정기적으로 이웃을 감시하고 있다. 그는 자신이 하는 회계 업무와 서류 작업에 트집을 잡는 상사와 잘 지낼 수 없어 1년 전 조기 퇴직하였다. 그는 자신에게 잘못이 없다고 생각한다. 정신의학적 평가 결과, W의 정신 상태는 정서 표현이 제한되어 있는 것 그리고 질문에 눈에 띄게 망설이거나 경계하는 모습을 보인 것을 제외하면 두드러진 문제는 없는 것으로 나타났다.

## 사례 편집성 성격양식

L은 46세의 여성으로 개인 법률 사무소에서 일했으나, 몇 년 동안 지속된 대기업의 구애에 상당히 고민하다 현재는 대기업의 세금 전문 변호사로 근무 중이다. L을 발탁한 기업에서는 숙련되고 성공적인 이력을 가진 여성을 중심으로 법률팀을 조직화하고자 하였다. 기업에서는 그녀에게 거절하기 어려운 제안을 했고, 그녀는 자신이 하는 업무의 독립성을 확보한 후 제안 수락을 하였다. 그녀는 팀의 수석 변호사 그리고 2명의 부사장과 비록 업무적으로 긴장감 있는 관계는 아니지만, 처음부터 그들과 우호적이나 다소 거리가 있는 관계를 유지하였다. 그녀는 꼭 필요한 회의와 친목에만 참석하였다. 그들은 그녀의 대인관계 양식을 이해하지 못했지만, 그녀는 잡담을 최소화하고 다른 사람들이 인정할 만큼 일편단심으로 업무에만 집중하였다. 다른 사람들이 그녀의 냉담한 태도에 의문을 제기하기 시작했을 때, 그녀는 자신이 '사교 여왕이 아니라 유능한 법률 전문가로 활동하기 위해' 고용되었다고 응수하였다. 법정에서 그녀는 동요하지 않고 차분하며 침착하였다. 또한 증인의 심문 및 대질심문을 책임졌고, 재판의 시작과 종결 시 소송 내용을 정리해 공개적으로 진술하는 일도 도맡아 하였다. 그녀는 자신의 일에 최대한의 노력을 기울였고, 소송과 관련하여 어떠한 언어적/비언어적 단서도 놓치지 않았다. 그녀는 업무를 직관적으로 '능숙하게 처리하는 사람'이었고, 그녀의 동료들은 그녀가 판단을 잘 하지 못해 일을 그르치는 것도 거의 보지 못하였다. 그녀의 가치나 회사에 대한 충성심에 대해 의심을 가진 사람들은 전혀 없었고, 얼마 지나지 않아 동료들과 상사들은 그녀만의 독특한 스타일을 받아들이게 되었다.

**촉발사건.** 행동양식, 대인관계 양식, 인지양식, 정서양식에서도 언급되겠지만, 편집성 성격장애의 특징적인 부적응적 반응(Othmer & Othmer, 2002)을 촉발 또는 활성화시키는 상황, 환경, 사건은 '친밀한 대인관계 및/혹은 개인적 탐문'이다.

**행동양식.** 행동적 측면을 보면 편집증적인 사람들은 외부의 영향에 저항적으로 반응한다. 이들은 자신이 처한 환경에서 끊임없이 위협을 감지하는 바, 만성적으로 긴장 상태를 보이는 경향이 있다. 이들의 행동은 조심스럽고 방어적이며 논쟁적인 한편, 법정 소송을 일삼는 것으로 특징지어진다.

**대인관계 양식.** 대인관계에서 이들은 타인을 불신하고, 자신을 좀처럼 드러내지 않으며, 고립적인 경향을 나타낸다. 또한 다른 사람의 동기를 매우 의심하고, 선천적으로 친밀감을 회피하며, 타인의 선행을 거부한다.

**인지양식.** 이들의 인지양식은 불신으로 가득 찬 선입견이 특징적이다. 이들은 모든 상황을 면밀히 검토하지만 상황에 객관적으로 초점을 맞추기보다는 자신들의 선입견을 확인하기 위한 '단서'나 '증거'를 유심히 살핀다. 따라서 이들의 상황 지각은 정확할 수 있지만 판단은 흔히 부정확하다. 편집증적인 사람들은 자신들의 선입견에 맞추어 지각한 상황을 재조직화한다. 이는 자신들의 선입견에 부합하지 않는 증거를 무시하는 경향으로 이어진다. 스트레스를 받으면, 이들은 음모론에 빠지거나 망상적인 양상을 나타낼 수도 있다. 이들의 지나친 경계와 자신이 믿는 것을 확신하기 위한 증거 수집의 열망은 이들이 상당히 권위주의적인 태도로 세상을 불신하며 살아가도록 한다.

**정서양식.** 이들의 감정 또는 정서 양식은 차가움, 냉담함, 제한된 감정, 유머 감각의 결여로 특징지을 수 있다. 더욱이 이들은 깊은 애정, 따뜻함 그리고 다정다감함이 부족하다. 이들의 경우, 실제 또는 가상의 무시에 대해 과민반응을 보이고, 자신이 기만과 배신이라고 여기는 것에 따른 분노가 커 친구가 거의 없다. 이들이 어느 정도 깊이 있게 경험하고 표현하는 감정은 분노와 강렬한 질투이다.

**애착양식.** 두려움 애착양식을 가진 사람들은 다른 사람이 자신을 거절할 것이고, 자신 역시 그들을 신뢰할 수 없다는 믿음과 관련된 개인적 무가치감을 나타낸다. 이들은 자신의 내적 판단이나 감정뿐 아니라 타인의 의도도 신뢰하지 않는다. 또한 자신은 특별하고 다른 사람들과 다르다고 믿으면서도, 다른 사람들이 자신을 지켜 줄 것이라고 믿지 않기 때문에 위협과 예기치 않은 상황들을 경계한다. 이 두려움 애착양식은 편집성 성격장애를 가진 사람들에게 흔하다.

**최적의 진단기준.** 편집성 성격장애에 대한 모든 진단기준 중 가장 유용한 기준은 '충분한 근거 없이 다른 사람들이 자신을 착취하거나 해를 입히며 속이고 있다고 의심하는 것'이다. 임상가는 이 기준의 유무를 파악해 보다 신속하게 편집성 성격장애를 진단할 수 있다(Allnutt & Links, 1996).

## DSM-5 기술

편집성 성격장애를 가진 사람들은 끊임없는 불신과 의심 그리고 타인의 동기를 해로운 것으로 해석하는 양상을 특징적으로 나타낸다. 이와 더불어 충분한 근거 없이 다른 사람들이 자신을 착취하거나 해를 입히며 속이고 있다고 의심한다. 이들은 친구와 동료의 충성심에 대해서도 근거 없는 의심에 사로잡혀 있으며, 이와 관련된 두려움으로 말미암아 다른 사람에게 자신에 관한 이야기를 털어놓지 않는다. 한편, 상대의 상냥한 발언이나 우호적인 상황도 위협과 위험으로 해석할 가능성이 높다. 당연히 이들은 자신을 향한 타인의 무시, 모욕 그리고 자신에게 상처를 주는 행위를 용서하지 않는다. 또한 자신의 성격이나 평판이 공격받는다고 판단되면 즉각적으로 화를 내거나 반격을 가한다. 편집적인 사람들은 자신의 배우자 또는 성적 파트너가 외도를 한다고 지속적으로 의심하는 경향이 있다(American Psychiatric Association, 2013).

## 원형적 기술

원형은 특정 장애가 일반적으로 어떤 모습으로 나타나는지 그 본질을 포착하여 짧게 설명한 문장이다. 원형적 기술은 유용하고 편리하기 때문에, 임상에서 행동 기준 목록이나 핵심 신념 목록 대신 사용되는 경우가 많다(Westen, 2012). 편집성 성격장애에 대한 일반적인 원형적 기술은 다음과 같다. 이들은 세상은 위험한 곳이며 다른 사람들, 특히 자신과 가장 가까운 사람들은 절대 신뢰할 수 없다는 믿음과 함께 성장하였다. 이와 함께 이들은 누군가 자신을 이용하거나 놀리거나 자신에게 불리한 음모를 꾸미지 않는다고 확신하기 위해 확인을 거듭한다. 한편, 자신의 생각과 감정이 불리하게 사용될 것이라고 확신하면 그것들을 타인과 공유하지 않는다. 이들은 원한을 품기 쉽고, 자신에 대한 타인의 무시를 잊지 않을 뿐 아니라 보복할 기회도 놓치지 않는다.

### 유병률

일반 인구에서 편집성 성격장애의 유병률은 2.3~4.4%로 추정된다(American Psychiatric Association, 2013). 임상 장면에서는 환자의 4.2~27.6%가 편집성 성격장애로 진단받는 것으로 알려져 있다(Torgersen, 2012).

## 편집성 성격장애의 개념화

### 정신역동적 사례개념화

편집성 성격장애에 대한 정신역동적 관점의 개념화는 투사(projection)에 초점을 맞춘다. 본질적으로, 편집적인 사람들은 다른 사람들이 진실한지 아닌지 정확하게 인식하는 데 어려움이 있다. 그리고 이에 따른 불안과 고통을 감소시키고자 용납하기 어려운 감정과 충동을 자신의 경험에 투사하는 것이다(Shapiro, 1965).

편집적인 성격을 가진 사람의 자기표상(self-representation)[1]에는 특별하고 과대한 자기와 약하고 무가치한 자기, 즉 서로 정반대의 자기가 공존한다. 발달적 측면에서 보았을 때, 편집적인 사람들은 비판, 비난, 적대감으로 가득 찬 환경에서 성장하면서 비판적인 부모와 자신을 동일시했을 가능성이 높다. 비판적인 부모와의 동일시는 이들이 느끼는 부적절한 감정들을 억제하고, 성격의 발달 및 기능 발현에서 비판적 방식이 중요하다고 끊임없이 되새기게 했을 것이다. 편집적인 사람들은 동일시를 통해 과잉경계와 의심과 타인 비난을 배우게 된다. 과잉경계와 의심은 이들의 자기비판을 차단하는 반면, 타인 비난은 자신을 공격자와 동일시하기 때문에, 예

1) 역자 주: 대상에 반응하고 행동하는 자기 자신에 대한 이미지

상되는 굴욕 경험을 지우는 역할을 한다(Kellerman & Burry, 1989).

편집적인 사람들은 자신의 주변 세계에서 불완전함을 보는 데 초점을 맞춘다. 이런 식의 외재화(externalization)는 자신의 불완전함을 부정할 수 있도록 해 준다. 기본적으로 이들은 자신이 열등하고 약하며, 무엇을 해도 소용이 없다고 느낀다. 따라서 이들의 과대성과 특별함은 열등감에 대한 보상적 방어로 이해 가능하다(Gabbard, 1990).

편집적인 사람들의 일차적 방어 기제는 투사와 투사적 동일시이다. 이들은 투사로 위협을 외재화하는 한편, 투사적 동일시를 통해 병리적인 방식으로 자신의 주변 사람들을 붙잡아둠으로써 타인을 통제한다. 타인을 통제하려는 이러한 욕구는 편집성 성격장애의 핵심인 낮은 자아존중감을 반영한다. 기본적으로, 모든 수동적인 굴복 상황, 모든 갑작스러운 자극, 모든 사람이 이들을 민감하게 만든다(Shapiro, 1965). 마지막으로, 합리화, 반동 형성 그리고 전치는 이들이 사용하는 이차적 방어 기제이다.

요컨대, 이들이 세상과 외부 대상에 대한 비판에 몰두되어 있는 것은 이들을 자신이 느끼는 불안전함과 심각한 부적절함 속에서 불안해하지 않으며 존재하게 한다. 엄청난 열등감은 '열등한' 세상으로 투사되는데, 이는 이들의 일관성 있는 비판적 태도와 관련 있으며, 자기(self)가 '좋은 것'과 '나쁜 것'으로 분열되어 외부로 투사된다고 볼 수 있다.

## 인지행동적 사례개념화

Beck(2015)에 따르면, 편집적인 사람은 대부분의 상황에서 타인을 불신한다. 편집성 성격장애를 가진 사람들이 특징적으로 나타내는 핵심 신념, 조건적 신념 그리고 도구적 신념에 따라 이들을 알아볼 수 있는데, 먼저 이들의 **핵심 신념**은 "다른 사람들은 믿을 수 없다." "다른 사람들은 나에 대한 불순한 동기(또는 나쁜 의도)가 있다." "다른 사람들은 기만적이고 나를 해치거나 깎아내리려고 한다."로 요약되는 내용을 포함한다. 그리고 **조건적 신념**은 조심하지 않으면 다른 사람들이 자신을 학대, 조종 또는 이용할 것이며, 타인의 친절한 행동은 숨겨진 동기 때문이라고 믿는 것과 관련 있다. 마지막으로, 이들이 가진 **도구적 신념**은 계속 경계하고, 숨겨진 의미를 찾고, 누구도 믿어서는 안 되며, 수작에 넘어가지 말라는 것이다. 이러한 다양한 신념의 밑바닥에는 자신과 세상에 대한 신념이 깔려 있다.

편집적인 사람들은 전형적으로 자신을 정의롭고, 타인에게 학대받는 것으로 여긴다. 한편, 다른 사람들은 사악하고, 신뢰할 수 없으며, 교활하고, 편파적이라고 보는 경향이 있다. 이들은 다른 사람들이 자신에게 대항하여 비밀 연합을 만들었다고 믿기도 한다. 또한 사람들이 자신을 반대한다는 믿음에 근거해 과도하게 불안해하고 경계한다. 이들의 전략은 조심하고, 바짝 경계하며, 반격하는 것이다. 그리고 '적'과 대면했을 때, 이들의 적대감은 이미 적에 대한 적대감을 갖고 있었던 것처럼 곧바로 활성화된다(Renton & Mankiewicz, 2015).

보다 행동적인 관점에서, Turkat(1990)는 편집성 성격장애에 대한 단일한 공식화는 불가능하다고 주장한다. 하지만 비판에 과민하게 반응하는 것은 모든 공식화를 포괄하는 두드러진 특징이다. 이러한 특징을 나타내는 사람들은 일찍이 자신에 관한 타인의 평가를 두려워할 수밖에 없는 환경에 노출된다. 그리고 자신이 다른 사람들과 다르다는 것과 실수를 해서는 안 된다는 것을 배운다. 이 두 경험에 따른 믿음의 결과로, 편집적인 사람은 타인의 반응에 지나친 관심을 갖게 되고, 부모의 기대에 부응해야 한다는 압박에 시달리며, 다른 사람들의 평가에 과민해진다. 물론 이는 이들이 동료들과 어울리는 것도 방해한다. 결국, 이들은 동료들로부터 굴욕과 따돌림을 당하는데, 따돌림을 당하지 않도록 하는 데 필요한 대인관계 기술의 부족도 일부 영향을 미친다. 결과적으로, 이들은 다른 사람들에 의한 고립과 학대를 지나치게 반추하는데, 그 결과 특별한 자신을 사람들이 질투하는 것이라고 결론 내린다. 이들의 경우, 타인의 부정적인 평가를 피하려는 목적에서 다른 방식으로 행동하지만, 이런 시도가 적절치 않아 오히려 사회적 비판을 불러일으킨다. 고립된 상태에서 이들은 자신이 빠진 곤경을 곱씹으며 피해 의식과 자신이 특별하다는 생각에 몰두하게 되고, 이는 나아가 이들이 사회적 고립에서 벗어나지 못하게 한다. 이에 따라 편집적인 장애가 지속되는 악순환의 굴레에 빠지게 된다(Turkat, 1990).

## 대인관계적 사례개념화

Benjamin(2003a)에 따르면, 편집성 성격장애를 진단받는 사람들은 가학적이고 통제적이며 비하가 빈번하게 일어나는 양육 환경에서 성장했을 가능성이 높다. 이들의 부모는 자신의 아이가 기본적으로 사악하거나 나쁘다고 여기며, 행동을 억눌러야 할 뿐 아니라 응징을 받아야 한다고 믿는 바, 이들은 전형적으로 아동 학대를 당하였다. 또한 이들에게 가족에 대한 충성심은 기본 가치였고, 가족의 비밀을 타인과 공유하는 것은 용납되지 않았을 것이다. 이런 가혹한 양육을 통해 성장한 편집성 성격장애를 가진 사람들은 자신과 가까운 사람들에게서조차 공격과 학대를 받게 될 것이라고 예상한다. 이들은 어린 시절 아프거나 다치거나 혹은 울음이 터지는 상황에서도 부모를 포함해 누군가에게 의지한다는 이유로 혹독한 체벌을 받았다. 이에 따라 이들은 울지 않고, 다치거나 아파도 도움을 청하지 않으며, 아무도 믿지 않는 것을 배운다. 그 결과, 성인이 되었을 때 이들은 파트너를 통제할 수 없는 한 친밀감을 피하는 경향을 보인다. 또한 이들은 가족 내에서 그리고 나중에는 동료들 사이에서 은밀하게 또는 노골적으로 불쾌한 비교의 대상이 되는 일이 빈번했을 것이다. 이로부터 이들은 실수와 상처는 좀처럼 잊히지 않으며, 원한은 오래 지속된다는 것을 학습하게 된다. 당연하게도 편집적인 사람들은 타인의 배제, 무시, 심지어 사람들의 귓속말에도 굉장히 민감하게 반응하고 분노한다. 이들의 경우, 처벌이나 특혜가 불평등하게 적용되는 것을 예민하게 인식하고, 오랫동안 원한을 품는다. 더욱이 이들은 가족들을 '방해하지 않는' 것으로 능력을 인정받는 한편, 성장하면서 자연스럽게 성취를 할 수 있도록 허락이나 지원을 받는 대신 허용되지 않는 일을 하려는 시도에 대해 비난받고 모욕당했을 것이다. 이로써 이들은 착하고 사랑스러운 사람이 되는 것은 자신의 능력 밖에 있는 일이라고 믿게 된다. 이후 성인이 된 이들은 유능하고 독립적으로 기능하지만 대인관계에서는 위축된 양상을 나타낸다. 인정받지 못할 것이라는 이들의 예상은 두려움, 분개 그리고 소외감을 불러일으킨다. 마지막으로, 이들은 다른 사람들이 자신을 공격하고 비난하며 상처를 줄까 봐 전전긍긍하지만 동시에 자신을 향한 타인의 긍정과 이해를 계속 기대한다. 하지만 타인의 긍정을 확신할 수 없어, 분노한 채 사람들로부터 멀어지고, 스스로를 엄격히 통제한다. 그리고 사람들의 공격을 감지하면 반사적으로 반격할 가능성이 크다.

## 생물사회적 사례개념화

다른 사례개념화의 접근 방식과는 상당히 다르게(Millon & Davis, 1996), Millon과 Everly(1985)는 편집성 성격장애를 성격적 병리의 극심한 형태로 본다. 구체적으로, 상대적으로 덜 심각한 자기애성 성격장애, 반사회성 성격장애 그리고 강박성 성격장애와 편집성 성격장애를 연속체적인 관점에서 설명한다. 두 사람의 임상 연구에 따르면, 편집성 성격 특성을 가진 사람들은 자신만의 고유한 생물학적 요건과 개인사에 따라 앞서 기술한 세 가지 성격 증후군 패턴 중 하나를 나타낸다. 편집성 성격장애의 자기애적 양상은 부모의 과대평가와 방임이 상당한 영향을 끼쳐 형성된다. 결과적으로, 이러한 사람들은 대인관계에서 요구되는 책임감, 협력, 기술 등을 적절히 배우지 못하고, 다른 사람들은 보통 이들이 이기적이고 자기중심적이라는 인식을 갖게 된다. 한편, 부모가 필요한 만큼 이들을 통제하지 않으면 성공, 힘, 아름다움 또는 탁월함에 대한 과대한 환상을 일으킬 수 있는데, 이로 인해 이들은 동료들로부터 거절 또는 무시당하는 경향이 있다. 대인관계에서의 빈번한 퇴짜는 공상과 고립의 증가로 이어지며, 이로 인해 편집적인 경향이 나타난다.

편집성 성격장애의 반사회적인 양상의 경우, 높은 수준의 활동성과 충동적이고 고강도의 에너지를 가진 기질에서 비롯된다. 이런 특성을 결정짓는 환경적 요인은 부모의 가혹한 양육으로 추정된다. 이는 이들로 하여금 타인에 대한 깊고 지속적인 불신을 키우게 하며, 강력한 자기 주도성과 오만함을 드러내게 한다. 이들은 부모의 통제와 사회적 통제 모두를 거부하기 때문에 공격적이고 충동적이며 쾌락 추구적인 생활 방식을 형성한다. 다른 사람들의 공격이 예상되면, 편집성-반사회적인 사람들은 비이성적으로 반응하고, 보복하려고 한다. 또한 지각된 위협에 직접적으로 대처할 수 없을 때에는 공공연하게 적대감을 표출한다.

편집성-강박 패턴을 가진 사람들은 강박성 성격장애를 가진 사람들과 상당히 유사한 발달력을 보인다. 하지만 이들은 더 비합리적으로 경직되어 있고, 융통성이 없는 행동을 나타낸다(Millon & Everly, 1985). 이 세 유형의 편집성장애는 각 유형 고유의 경직성과 의심에 의해 지속된다. 비방과 악의적 동기를 타인에게 전가함으로써 편집적인 사람은 일상생활에서 꾸준히 방어적이고 앙심을 품는 태도를 유지한다. 게다가 다른 사람들과 거리를 두는 것은 이들의 우월감에 대한 환상 유지를 촉진한다. 이들은 사람들이 자신의 문제가 되는 행동이나 반응이 아니라 특별함 때문에 자신을 적대적이고 악의적으로 대한다고 믿는다. 하지만 원인을 부정확하게 인식한 것과 별개로 자신의 예상대로 사람들이 우호적이지 않은 반응을 하기 때문에 이는 이들에게 자기충족적 패턴이 된다.

## 통합적 사례개념화

통합적 사례개념화는 편집성 성격이 어떻게 발달하고 유지되는지에 관한 생물사회적 설명을 제공한다. 생물학적으로 변연계가 낮은 역치에서 자극되거나 억제 중추에 결함이 있는 경우, 편집성 성격 행동이 나타나는 것으로 보인다. 편집성 성격장애의 바탕이 되는 성격 특성은 앞서 기술한 세 가지 유형의 기질과 부모 및 환경적 요인을 통해 이해할 수 있다. 자기애적 유형의 경우, 과민한 기질과 조숙함, 부모의 과대평가 또는 방임뿐 아니라 과대함, 자신의 중요성에 대한 과장된 지각이 사회적 관심 결핍 및 제한된 대인관계 기술을 유발했을 것이다. 편집성 성격의 반사회성 유형은 과민한 기질을 가졌을 가능성이 크다. 이것이 부모의 가혹한 양육과 결부되어 충동적이고 공격적이며 쾌락을 추구하는 반사회성 유형의 형성에 영향을 미쳤을 것이다. 강박성 유형은 무쾌락적인 특성이 기본적인 기질일 소지가 있다. 이와 더불어 부모의 경직성과 과잉통제가 강박성 유형의 발달에 주요 원인으로 파악된다. 마지막으로, 비교적 흔하지 않은 편집성-수동공격형은, 유아일 때 '까다로운 아이' 기질을 드러낸 이후 줄곧 정서적 과민성 기질을 특징적으로 보였을 것이다. 이러한 특성에 부합하지 않는 부모의 양육 방식이 편집성-수동공격형 발달의 많은 부분을 설명한다(Millon, 1981).

심리학적 관점에서 편집성인 사람들의 자신, 타인, 세상 그리고 삶의 목적에 관한 견해는 다음과 같다. 이들은 자신에 대해 "나는 특별하고, 다르다. 나는 혼자이고 다른 사람들보다 우수하기 때문에 아무도 나를 좋아하지 않는다."라고 인식한다. 삶과 세상에 대해서는 "인생은 불공평하고 예측할 수 없으며, 끊임없이 뭔가를 내게 요구한다. 그리고 내가 아무것도 기대하지 않을 때 몰래 다가와 나를 해칠 수 있고, 또한 그렇게 할 것이다."라고 믿는다. 따라서 이들은 "그러므로 조심해야 하고, 반격해야 하며, 아무도 믿지 말고, 실패는 나의 문제가 아니라 다른 사람의 탓임을 기억해야 한다."라고 결론 내릴 가능성이 높다. 편집성 성격장애를 가진 사람들이 흔히 사용하는 방어 기제는 투사이다.

사회적인 측면에서는 예상 가능한 양육 패턴과 환경적 요인으로 편집성 성격장애를 설명한다. 편집성 성격장애의 모든 하위 유형에서 확인되는 부모의 명령은 "넌 다르다, 실수하지 마라."로 요약된다. 편집성 성격장애로 진단받은 사람은 자녀를 특별함과 관련된 훈련에 노출시키는 완벽주의적 부모 밑에서 성장하는 경우가 흔하다. 이에 더해, 연구를 통해 밝혀진 편집성 성격장애 하위 유형 속 부모의 부적절한 양육 방식과 비난은 이들의 사회적 고립과 과경계적인 행동을 초래한다. 특별한 대우를 받는 것과 조롱당하는 것, 이 명백한 모순을 이해하기 위해 아이는 자신이 특별한 이유와 아무도 자신을 좋아하지 않는 이유를 다른 사람들보다 본인이 뛰어나기 때문이라는 창의적인 결론을 내린다. 이런 식의 결론은 편집성 성격장애를 가진 사람들에게 불안은 줄이고, 자기감과 소속감을 키우는 데 도움이 된다.

이들의 편집성 패턴은 다음과 같은 개인적이고 체계적인 요인에 의해 구체화되고, 강화되며, 지속된다. 이들은 다른 사람들 때문에 자신이 스스로를 특별하다고 여기고, 완고한 태도를 나타내며, 타인의 의도를 악의적이라고 판단할 수밖에 없다고 생각한다. 이에 더해, 상대를 비난하고, 그들의 동기를 잘못 해석하여 사회적 소외와 고립에 빠지는 양상을 보인다. 이는 자신이 박해를 받는다고 인식하는 이들의 입장을 더욱 명료화시킨다(Sperry, 2015; Sperry & Mosak, 1996).

〈표 10-2〉에서 편집성 성격장애의 특징을 요약하였다.

**〈표 10-2〉 편집성 성격장애의 특징**

| | |
|---|---|
| 촉발사건 | 친밀한 대인관계와 개인적인 의문 제기 |
| 행동양식 | 조심스럽고 방어적<br>외부 영향에 저항적<br>과잉경계 및 만성적인 긴장 |
| 대인관계 양식 | 타인에 대한 불신과 의심<br>자신의 이야기를 털어놓은 것을 꺼림<br>원한을 품고, 타인을 비난함<br>무시를 지각할 경우 반격함<br>무시와 비판에 과민함 |

| | |
|---|---|
| 인지양식 | 반대되는 증거를 무시하는 경향<br>빠른 합리화 및 선입견 고수 |
| 정서양식 | 제한된 정동, 하지만 쉽게 자극받음<br>냉담하고 유머가 없음<br>질투와 시기 |
| 기질 | 자기애적 유형: 능동적인, 과민반응하는<br>강박성 유형: 불안정한<br>수동-공격형 유형: 정서적 불안정 |
| 애착양식 | 두려움형 |
| 부모의 금지명령 | "넌 다르다. 경계를 늦추지 말라. 실수하지 말라." |
| 자기에 대한 관점 | "나는 특별하고, 다르다. 나는 혼자이고, 다른 사람들보다 우수하기 때문에 아무도 나를 좋아하지 않는다." |
| 세상에 대한 관점 | "인생은 불공평하고 예측할 수 없으며, 끊임없이 뭔가를 내게 요구한다. 그리고 내가 아무것도 기대하지 않을 때 몰래 다가와 나를 해칠 수 있고, 또한 그렇게 할 것이다. 그러므로 조심해야 하고, 반격해야 하며, 아무도 믿지 말고, 실패는 나의 문제가 아니라 다른 사람의 탓임을 기억해야 한다." |
| 부적응적 도식 | 불신/학대; 결함 |
| 최적의 진단기준 | 충분한 근거 없이 다른 사람들이 자신을 착취하거나 해를 입히며 속이고 있다고 의심 |

## 편집성 성격장애의 평가

정보 출처가 다양하면, 성격장애의 진단과 치료 계획 수립에 유리하다. 임상 면담에서 얻는 환자의 자기보고 외에도 관찰, 부수적 정보, 심리검사 등이 중요한 보조 자료로 이용된다. 이 절에서는 임상가가 편집성 성격장애 환자를 처음 만났을 때 관찰할 수 있는 특징 일부와 라포 형성을 위한 내용을 간략하게 다루었다. 여러 가지 객관적 검사(이를테면, MMPI-2, MCMI-IV) 및 투사검사(이를테면, 로르샤흐 검사, TAT)의 특징적인 반응 패턴에 대해서도 기술하였다.

## 면담 시 행동과 라포

편집성 성격장애를 가진 사람들과의 면담은 섬세함이 요구되는 도전이다. 다른 사람들이 자신을 해하고 착취할 것이라는 이들의 만연한 믿음으로 말미암아 라포를 형성하는 일이 쉽지 않다. 이들은 임상가의 질문에 음모론적 내용과 숨겨진 의미가 있다고 생각해 모든 질문을 차단하고, 임상가가 보여 주는 어떠한 친절도 자신의 약점을 이용하기 위한 영리한 전략이라고 추측한다. 또한 문제가 생기는 것이 두려워 면담 시 긴장을 풀지 못하고, 자신의 의심과 과잉경계를 정당화한다. 이들의 경우, 자신은 타인을 쉽게 직면시키지만, 타인이 자신을 직면시키는 것은 용납하지 않는다. 이들과의 면담에서 하나의 주제에서 다른 주제로 부드럽게 전환하는 것은 필수적인 요소이다. 이들에게 돌발적인 요소는 모두 자신을 함정에 빠뜨리려는 부당한 경험으로 인식되고, 이는 분노, 반격 또는 면담의 종료로 이어질 수 있다(Ackley et al., 2011; Othmer & Othmer, 2002).

## 심리검사 자료

MMPI-2, MCMI-IV, 로르샤흐 검사, TAT는 편집성 성격장애뿐만 아니라 편집성 성격양식 또는 특질 진단에도 유용하다(Groth-Marnat, 2009).

MMPI-2에서는 6번 척도(Pa, 편집증)의 상승이 흔하다. 이들이 편집증으로 인식되는 것을 지나치게 경계하는 경향이 있음에도 불구하고, 이 척도 점수가 상당히 높아질 수 있다(Graham, 2012). 이들은 MMPI의 그렇다/아니다 중 하나를 고르는 강제 선택 방식 그리고 많은 문항을 통해 자신이 공개된다는 점에 쉽게 짜증을 낸다(Meyer, 1995). 한편, 3번 척도(Hy, 히스테리)와 1번 척도(Hs, 건강염려증), K 척도(K, 교정) 역시 상승할 수 있는데, 이는 이들의 방어 기제인 부인과 투사가 반영된 것이다. 또한 신체 문제에 초점을 맞추려고 하는 양상, 허울 좋은 모습을 보이려는 욕구가 강함에 따라 앞의 세 척도 점수가 높아지기도 한다(Graham, 2012).

MCMI-IV의 경우, 6B(가학성) 척도와 P(편집성) 척도의 상승이 예상된다(Millon et al., 2015). 편집성 성격 패턴은 반사회성, 자기애성, 수동-공격적인 면모와 겹치는 부분이 많아 6A(반사회성) 척도, 5번(자기애성) 척도, 8A(부정성-수동공격성) 척도의 점수가 상승할 가능성이 높다(Choca & Denburg, 1997).

로르샤흐 검사에서 편집적인 사람은 보통 반응이 제한적이고, C(순수 색채) 및 M(인간 운동) 반응보다 P(평범) 반응과 A(동물) 반응을 더 많이 하는 특징을 보인다. 이들은 로르샤흐 카드의 모호한 자극에 분개하여 거들먹거리는 태도를 나타내거나 카드를 회전하고, D(카드 반점의 부분) 영역에 초점을 맞추어 반응한다. 그리고 때때로 로르샤흐 카드를 보지 않으려고 하거나 검사 수행을 거부하기도 한다(Meyer, 1995).

TAT에서의 특징적인 반응은 의심과 관련된 이야기가 많다는 것인데, 특히 9번, G, F, 11번, 16번 카드에서 이러한 양상이 두드러질 가능성이 높다(Bellak, 1997).

## 치료적 접근법 및 개입

### 치료 시 고려사항

편집성 성격장애의 감별진단 시 반사회성 성격장애, 자기애성 성격장애 그리고 강박성 성격장애를 고려할 수 있다. 가장 흔히 동반되는 장애는 범불안장애, 공황장애, 망상장애이다. 양극성장애가 시사된다면, 짜증을 잘 내는 조증 상태가 나타나기 쉽다. 또한 조현병적 양상으로 이어질 수도 있는데, 이런 경우 조현병의 편집증적 유형(paranoid subtype)과 긴장증적 유형(catatonic subtype)이 자주 발견된다(Sperry, 2015).

최근까지도 편집성 성격장애의 치료 예후에 대한 논의는 상당히 조심스럽게 이루어졌다. 그러나 근래에는 편집성 성격장애 환자들의 현실에 대한 호의적 인식 및 해석의 향상, 타인을 신뢰하는 행위의 증진과 같은 특정한 치료 목표를 달성하는 것과 관련해서는 낙관론이 우세하다. 몇몇의 심리치료 및 심리교육적 개입은 앞서 기술한 치료 목표를 달성하는 데 유용하다. 약물치료는 통제력 상실과 관계있는 불안을 감소시키는 데 효과적이다. 다만, 현재까지 편집성 성격장애 환자를 대상으로 한 통제된 치료 효과 연구는 완료되지 않았다(Crits-Christoph & Barber, 2002).

## 개인치료

### 정신역동적 접근

편집성 성격을 가진 환자들은 합리적으로 생활하고 생산적인 삶을 사는 경향이 있다. 따라서 당연히 정신역동적 심리치료에 반응한다. 하지만 Meissner(1978)는 이들을 치료하는 것이 쉽지 않은 일이며, 공감, 인내심 그리고 이들의 취약성에 대한 상당한 민감성이 필요하다고 주장한다. Meissner는 이들과의 치료 과정이 구체적이고 장기적인 목표와 함께 천천히 진행되어야 한다고 제안한다. 이러한 치료에는 다음과 같은 세 가지의 치료 원칙이 있다(Meissner, 1978, 1986).

첫째, 의미 있는 치료적 동맹을 구축하고 유지해야 한다. 환자가 임상가를 어느 정도 이상으로 신뢰할 때 치료적 동맹이 형성되는데, 이는 편집성 성격장애 환자에게 굉장히 어려운 일이다. 임상가가 공감적으로 반응하고 환자의 다양한 부정적 정서를 기꺼이 담아내는 그릇의 역할을 하는 것이 치료의 필수이다. 임상가는 방어적으로 반응하지 않도록 주의해야 하며, 어떤 사건 또는 임상가 본인에 대한 환자의 인식에 도전하지 말아야 한다. 대신 환자에게 더 자세한 내용을 이야기하도록 요청하고, 환자의 인식과 기분에 공감하는 것이 필요하다. 임상가에게 가장 중요한 부분은, 임상가가 환자의 행동이 자신의 예상대로일 것이라고 왜곡시켜 환자에게 되돌려 줌으로써 자신의 투사를 제거하려는 역전이 경향성에 저항해야 한다는 것이다(Epstein, 1984). 간단히 말해, 임상가는 환자에게 온화하고 객관적이면서 동시에 친근한 조력자로 비춰져야 한다(Salzman, 1980).

둘째, 필수적인 치료 전략은 편집증적 양상을 우울로 전환시키는 것과 기저의 애도 문제를 훈습하는 것이다. 환자의 편집증적 방어 및 태도를 점차로 약화시키면 환자 내부의 약점, 결핍, 취약성, 무력감이 집중되어 있는 핵심적 우울(depressive core)이 나타난다. 이는 역투사(counterprojection)와 '창조적 의심(creative doubt)'을 통해 달성된다(Meissner, 1986). 또한 우울 요소들이 전이 과정에서 작용하여 초기 대상(early objects)과 관련해 환자의 좌절된 경험 그리고 실망감을 애도하는 과정이 시작될 수 있다.

셋째, 임상가는 환자의 연약하고 위협받고 있는 자율성을 존중하면서 치료관계를 통해 자율성을 건강하게 구축하고 강화하는 방향으로 노력해야 한다. 임상가가 개방성, 정직성, 신뢰성을 가지고 책임을 다한다는 것은, 모든 결정은 환자와 함께 탐색한 후 이루어지고 궁극적인 선택은 언제나 환자의 몫임을 의미한다. 이는 심지어 약물치료를 권고받아 이와 관련된 의사결정을 할 때에도 적용된다(Meissner, 1989).

편집성 성격장애 환자들은 저항적이고 도발적이며 논쟁적인 경향이 두드러져 역전이 문제를 과소평가할 수 없다. 이들의 방어와 오만함 이면에는 자기애적 취약성, 수치심과 모멸감의 핵심 감정, 의존성에 대한 수동적인 갈망이 자리하고 있다. 따라서 이들은 임상가에게로 초점을 '역전(turning the table)'시켜, 임상가가 취약성, 모멸감, 무력감을 느끼게 함으로써 자신의 불안과 맞서려는 시도를 한다. 이에 임상가는 짜증, 조바심, 대립 및 논쟁으로 반응할 수 있고, 또는 좌절, 낙담 그리고 희생양이 된듯한 기분을 경험할 수도 있다. 이러한 반응은 모니터링되어야 하고, 임상가는 이것이 치료에 미치는 영향을 분석하여 치료적 관계의 균형을 재조정하려는 노력을 시작해야 한다(Meissner, 1989). Williams(2010)가 출간한 책을 살펴보면, 이러한 상호작용들의 예시들을 찾을 수 있다.

메타인지치료(Metacognition-Oriented Therapy)는 환자의 개인적 내러티브와 해석에 기초해 성격장애를 치료하려는 개입 방식이다. 메타인지치료의 목표는 환자의 주관적 경험이 가진 문제 그리고 적절한 사회적 행동을 유발하는 심리도식을 지속적으로 인식하도록 돕는 것이다(Salvatore, Russo, Russo, Popolo, & Dimaggio, 2012). 치료자들은 환자의 자전적 이야기 또는 개인적인 에피소드를 이끌어 내 드러난 문제 뒤에 있는 환자 특유의 생각과 이것이 미치는 영향력을 확인한다. Salvatore와 동료들(2012)은 편집성 성격장애와 망상장애를 진단받은 31세 여성 법대생을 대상으로 8개월 동안 진행한 메타인지치료 사례를 논문으로 제시하였다.

편집성 성격장애를 가진 사람들에게 적용되는 유사한 유형의 또 다른 심리치료는 자기와 자기의 다른 부분 또는 목소리가 주고받는 내면의 대화를 검토하는 대화적 자기이론(Dialogical Self Theory: DST)에 기반한다(Dimaggio, Catania, Salvatore, Carcione, & Nicolo, 2006).

### 단기 정신역동치료

장기적인 정신역동적 심리치료는 최소 3년 동안 일주일에 두 차례 이상 치료 회기가 진행된다. 하지만 편집성 성격장애를 진단받는 사람은 치료 과정에 쉽게 참여하지 않기 때문에, 이런 식의 집중적인 장기치료를 주저하는 경향이 있다. 다만, 급성 불안 또는 우울을 경험하여 위기를 느끼는 기간에는 치료에 대한 수용성이 높아지므로, 위기를 중심으로 하는 단기치료적 접근이 치료의 시작에 더 좋을 수 있다. 그리고 이런 위기 중심의 단기치료가 장기치료의 서막이 될 수도 있다.

Malan(1976) 그리고 Balint, Ornstein과 Blaint(1972)는 급성의 편집증적 문제를 보이는 사람들에 대한 단기 심리치료에 대해 설명하였다. 이 치료적 개입은 스트레스 사건에 대한 반응으로 나타나는 편집증적 양상에는 효과적이지만, 편집성 성격장애를 가진 사람들이 지속적이고 전형적으로 보이는 증상에는 효과적이지 않을 수 있다. 현재 편집성 성격장애를 가진 사람들을 대상으로 단기 정신역동치료를 효과적으로 진행했다고 보고한 출판물은 없다.

인지분석적 치료(Cognitive Analytic Therapy: CAT)는 성격장애를 가진 사람들을 위한 정신역동적 심리치료 중 시간제한이 있는 또 다른 치료 모델이다(Ryle, 2004). 이는 이야기 재구성(narrative reformulation)과 순차적 도식 재구성(Sequential Diagrammatic Reformulation: SDR)으로 구성된다. 환자들은 매주 한 차례씩 총 24회의 치료 회기에 참여하고, 6개월에 걸쳐 4회의 추수 회기가 진행된다. 초반에 이루어지는 세 차례의 평가 회기에서 성격장애 환자는 자신이 겪는 고통의 기원을 재구성한 내용, 치료 목표가 되는 문제와 개선해 나가는 절차가 담긴 편지를 치료자로부터 전달받는다. Kellet와 Hardy(2014)는 편집성 성격장애를 진단받은 36세의 남성을 대상으로 단일 사례연구(A/B 설계 방식 이용)를 실시하였다. 이때 치료 과정에서 의심, 과잉경계, 해리, 음모론, 따지고 들기, 불안 등 6개의 주요 문제를 다루었다. 인지분석적 치료는 환자와 치료자가 함께 치료 성과를 요약하고, 미래의 장애물에 대비하며, 치료 종결에 따라 환자의 버림받는듯한 기분을 다루기 위해 '작별 편지'를 작성하는 것으로 끝을 맺는다. 치료 결과, 치료 시작 시 확인된 6개의 주요 문제 중 5개가 치료 과정에서 사라졌고, 환자는 자신의 변화를 CAT 덕분이라고 하였다.

### 인지행동적 접근

**인지치료적 접근.** Beck과 동료들(2004)은 편집성 성격장애 환자를 위한 인지치료적 접근에 대해 확장된 논의를 제공한다. 치료 과정에 참여한다는 것은 자신을 밝히고, 타인을 신뢰하며, 자신의 나약함을 인정하는 것이므로, 편집성 성격장애를 가진 사람들에게 치료는 매우 큰 스트레스가 될 수 있다. 또한 이들은 이 모든 것을 상당히 위험한 것으로 경험할 가능성이 높다. 이러한 스트레스는 치료 초기에 상대적으로 덜 민감한 문제에 초점을 맞추거나, '다른 사람들이' 문제 상황을 경험하고 반응하는 방식에 대해 직접적으로 논의하거나, 문제해결 중심의 접근 또는 현재 문제에 대한 행동적 중재를 시작함으로써 줄어들 수 있다. 또한 이런 식의 전략은 환자들에게 치료 회기 일정을 정하거나 회기 내용에 대해 일반적으로 더 많은 통제권을 부여할 뿐 아니라 환자로 하여금 불신과 강압을 덜 느끼도록 하고 경계를 늦출 수 있게 하여 협력적 치료관계의 발전 및 촉진을 가능하게 한다. 치료에 대한 환자의 신뢰는 치료자를 신뢰하는 것에 어려움이 있는 환자의 상태를 치료자가 분명하게 인정하고 수용함으로써 형성된다. 이 과정이 치료자의 믿을 수 있는 태도와 행동을 통해 점차 명백하게 진행되면, 환자는 신뢰가 기반이 될 수 있음을 인식하게 된다.

인지치료의 안내된 발견은 치료자가 환자의 문제를 직접으로 다루기보다는 문제를 유발하는 환자의 편집증적 패턴을 스스로 탐색하도록 한다. 또한 타인에 대한 불신, 자신이 취약하다는 느낌, 응징에 대한 욕구를 치료자와 함께 협력적으로 다룰 수 있게 한다. 치료는 구체적인 치료 목표에 따라 진행되는데, 대인관계 행동, 자동적 사고, 도식을 수정하기 전에 환자의 자기효능감을 향상시키는 데 중점을 둘 필요가 있다. 타인의 관점에 관한 인식을 높이고, 대인관계 갈등이 발생했을 때 보다 적극적인 대응 방식을 배우는 것은 편집적인 사람들을 위한 또 다른 일반적 치료 목표이다. 주장적 의사소통 훈련(assertive communication training) 및 행동 시연(behavioral rehearsal)과 같은 전통적인 인지행동 기법의 사용은 환자가 자신과 타인에 대해 갖고 있는 편집적 관점을 확인시켜 준 상대에게 적대적인 반응을 하지 않도록 한다. 과잉경계와 관계사고가 특히 잘 수정되지 않는 경우, Turkat와 Maisto(1985)가 제안한 정보처리 사회적 기술(information-processing social skills)이 효과적일 수 있다.

치료 목표는 비판에 대한 민감도를 낮추고 사회적 행동을 수정하는 것인데, 이를 위한 사회 기술 훈련에는 교육적 역할극(instructional role-playing), 행동 시연, 영상 피드백(videotaped feedback)이 포함된다. 환자는 보다 적절한 사회적 자극에 주의를 기울이고, 그 정보를 더 정확히 해석하는 방식을 배운다. 그리고 자신에게 스스로 공격, 비판, 꼬집어 지적해 봄으로써 다른 사람의 피드백을 방어적인 방식으로 해석하지 않고 건설적으로 활용하도록 교육받는다(Turkat, 1990). Turkat와 Maisto(1985)는 이러한 치료 전략을 실질적으로 적용한 상세한 사례 보고서를 발표하였다.

Williams(1988)는 편집성 성격장애 진단기준을 충족하고 약물 남용과 우울 양상을 보이는 대학생을 대상으로 시간제한적 인지치료를 진행한 후 상세한 사례 보고서를 공개하였다. 이 환자는 빈곤한 대인관계와 약물 남용에 대해 고통스러워했으나, 상당히 지적이었고 치료 동기도 있었다. Williams의 치료 프로토콜은 우울 증상을 감소시키고, 세상과 타인에 대해 덜 위협적으로 지각하도록 하며, 다른 사람들과 더 편하고 이완된 관계를 형성하게 한다는 세 가지 치료 목표를 달성하는 데 단 11회기가 필요하다는 점에서 주목할 만하다. 주요 개입 전략은 인지적 재구성과 점진적 근육 이완법이었는데, 6개월 동안의 추수 조사에서 달성된 치료 목표가 모두 잘 유지되는 것으로 나타났다. 이에 Williams는 단기 인지치료가 편집성 성격장애 환자들에게 특별히 더 적합할 수 있다는 결론을 내렸다. Renton과 Mankiewicz(2015)는 A군 성격장애 환자를 치료할 때 필요한 세 가지 주요 목표를 구체화하였다. 치료자는 환자의 양면성을 탐색하고 그들의 독립성과 경계를 존중함으로써 치료에 대한 신뢰를 이끌어 내야 한다. 또한 주요한 사회적 맥락에서 타인에 대해 갖는 무용한 신념의 영향력을 분석하는 한편, 대안적이고 기능적인 신념을 개발해야 한다. 마지막으로, 환자로 하여금 의심과 불신에 근거하지 않은 새로운 사회적 행동을 실험해 보도록 해야 한다. 이와 관련해 두 연구자는 편집성 성격장애를 진단받은 27세 여성 회계사에 대한 사례연구를 제시하였다.

요약하면, 편집적인 사람을 대상으로 하는 인지치료적 접근은 정성스럽게 협력적 치료관계를 발전시키는 한편, 치료 초기에 환자의 자기효능감을 향상시키는 데 상당한 노력을 기울인다. 그리고 인지적 기법과 행동 실험을 통해 치료 과정의 후반에도 남아 있는 편집적 신념에 직접적으로 도전한다.

**심리도식치료.** 심리도식치료는 인지치료를 더욱 정교화시킨 것으로, 특히 성격장애 및 치료가 어려운 개인 및 부부 문제를 다루기 위해 Young(1999; Young et al., 2003)에 의해 개발되었다. 도식치료는 부적응적 도식을 찾아내고 구체적인 전략과 중재를 계획한다. 주요 전략에는 네 가지가 있는데, 인지적 · 경험적 · 행동적 전략과 치료적 관계 그 자체이다. 인지적 재구성과 부적응적 도식의 수정은 중요한 인지적 전략으로, 심상 훈련, 공감적 직면, 과제 부여, '제한된 재양육' 기법을 병용할 수 있다(Young et al., 2003).

편집성 성격장애와 관련된 전형적인 부적응적 도식은 **불신/학대**, 즉 다른 사람들이 자신을 학대하고, 모욕하고, 속이거나 조종하고, 자신에게 거짓말을 하며 자신을 통해 이득을 취할 것이라는 신념; **결함**, 즉 자신의 중요한 부분에 결함이 있다고 믿는 동시에 자신은 나쁘고, 열등하며, 누구도 자신을 원치 않는다는 신념 그리고 **승인 추구**가 있다(Bernstein, 2002).

### 대인관계적 접근

Benjamin(2003a)은 편집성 성격장애를 가진 사람들에 대한 치료적 개입은 협력적 관계를 강화하고, 부적응적 패턴과 그 기원에 대한 이해를 촉진시키며, 이 패턴을 차단하고, 변화에 대한 의지를 강화하는 동시에 새로운 패턴을 효과적으로 장려하는지를 고려하여 계획 및 평가되어야 한다고 하였다.

Benjamin은 편집적인 사람을 치료할 때, 치료적 협력관계의 구축을 주요한 문제로 본다. 협력이 되는 만큼 편집적인 양상은 줄어든다. 학대와 굴욕에 익숙한 편집적인 사람들은 치료자를 비판적이고 판단적인 존재로 여길 뿐 아니라 자신의 '사소한 실수(slip-ups)'조차 찾아내며 자신이 떠나기를 바란다고 인식한다. 치료 초기의 상당 기간 동안 치료자는 강압이나 비판 또는 무작정 달래려는 행동을 하지 않으면서 인내심과 친절함을 필수적으로 발휘해야 한다. Benjamin은 극도의 의심을 특징적으로 보이는 망상장애를 진단받고 입원한 여성에게 치료자가 존중과 돌봄에 근거한 사려 깊은 호기심을 가지고 치료에 임했을 때 효과적이었음을 기록한 내용을 발표하였다.

치료가 진행되면 편집적인 환자들은 공격 및 학대적인 통제와 관련된 자신의 믿음이 과거의 경험에서 비롯된 것임을 배우게 된다. 이에 따라 이들은 과거에는 적절했던 자신의 믿음이 현재에도 마찬가지인 것은 아니고, 적대감이 적대감을 낳는다는 사실을 인식하기 시작할 수 있다. 한편, 환자들은 통제, 회피 그리고 혼자 앞질러 나가는 관계와 관련된 자신의 방어가 타인으로부터 공격과 소외를 이끌어 낸다는 점을 이해해야 한다. Benjamin은 환자들만의 방어 남용을 완화시키는 데 '언어적 버터 주기(verbal holding)'의 사용을 추천한다. 언어적 버텨 주기는 치료자의 정확한 공감, 환자의 성취에 대한 진심 어린 인정(affirmation)과 이해로 구성된다. 이와 더불어 치료자는 환자의 도발에 부드럽지만 단호하게 대처해야 한다. 이들은 직면을 위협적으로 지각할 수 있기 때문에 치료자들은 주의 깊게 인정과 직면의 균형을 맞추어야 한다. 이 과정의 목표는 비판에 대한 대처를 사전에 연습해 보는 것이다. 이를 통해 이들은 피드백의 의미를 배우고, 자신이 느끼는 취약성과 두려움이 치료자를 포함해 다른 사람들이 자신을 공격한다는 것을 '증명'하는 것이 아님을 학습한다.

편집적인 사람의 부적응적 패턴을 차단하는 것과 관련하여 Benjamin이 제안한 내용에는 치료자에 대한 격렬한 분노를 잠재우거나 이를 다른 방식으로 전환하는 것 그리고 살인 위협을 하고 자신의 자녀를 학대하는 것을 다루는 등 다양한 위기에 대처하는 전략을 포함한다. 또한 Benjamin은 치료자의 정직함, 돌봄, 침착함, 정중함, 갈등 해결에 대한 확실한 노력이 위기 상태의 편집적인 환자들에게 매우 유용하다고 믿는다. 이와 함께 소외, 적대적인 통제, 원한, 두려움을 포기하려는 바람은 이들이 그것들을 포기해도 안전하다고 느낄 때까지 생기지 않는다고 주장한다. 치료가 진행됨에 따라 이들은 생애 초기에 겪었던 통제와 공격의 경험에서 벗어나기 시작한다. 이에 더해 치료 과정에서 자신이 그토록 증오하는 부모처럼 행동한다는 것을 알게 되고, 이는 환자로 하여금 달라지는 것에 관심을 갖도록 한다.

일단 의미 있는 사람들 또는 치료자와 함께 보다 안전한 심리적 기반을 구축하게 되면, 이들은 타인에게 향했던 분노의 방향을 바꾸어 이전의 파괴적인 패턴 및 믿음으로부터 자신을 분리하려는 방향으로 분노를 돌릴 수 있다. 마지막으로, 치료적 협력이 견고해지는 만큼 이들은 신뢰에 대한 상당히 새로운 학습을 하게 되고, 다른 사람과 긍정적이고 부정적인 피드백을 주고받으며, 사람들과 자신이 처한 상황들에 대해 더 좋게 생각하는 것이 가능해진다. 이러한 과정이 숙달되면, 치료의 마지막 단계까지 해결되지 않은 문제들은 상대적으로 다루기 쉽다. 치료의 마지막 단계에 있는 편집적인 환자는 자신이 사회 속으로 들어가 사람들에게 우호적으로 대하는 것은, 상대로부터 약간 무섭기도 하지만 아주 즐거울 수 있는 친근한 반응을 이끌어 낸다는 생각을 발전시킨다.

## 집단치료

과민함, 의심, 다른 사람의 의견을 잘못 해석하는 양상 때문에 편집성 성격장애 환자는 집단치료 및 여타의 집단치료적 개입을 피하는 경향이 있다. 이와 더불어 상대를 비난하고, 독선적이고, 완고하고, 적대적이며, 문제를 회피하려는 편집적인 특성은 서로 이질적인 구성원으로 만들어진 집중적인 집단치료에는 금기시되는 부분이었다(Frances et al., 1984; Vinogradov & Yalom, 1989; Yalom, 1985).

반면, 자기인식을 어느 정도 할 수 있고 자신이 보이는 편집적 왜곡에 대한 집단의 직면을 견딜 수 있는 고기능 편집성 성격장애 환자는 이미 충분한 응집력을 형성하여 다양한 의견을 관대하게 수용하는 기존의 집단치료 프로그램에 참여함으로써 상당한 치료적 효과를 얻을 수 있다(Meissner, 1989). Rutan과 동료들(2014)은 집단리더가 휴가를 가는 것이 자신에게서 벗어나려는 은밀한 시도라는 편집적 환상을 가지면서도 그것을 직접적으로 표출하지는 않은 편집증적 성격장애를 가진 사람의 사례를 제시하였다. 환자는 자신의 유기 환상을 자신이 원가족에서 다른 가족에게 입양된 유일한 아이라는 점과 연결시켰다.

## 부부 및 가족 치료

편집성 성격장애 그 자체의 치료에 관한 문헌은 상대적으로 적게 출판되어 있다. 그러나 다양한 치료적 개입을 단독으로 시행하거나 개인치료와 결합하여 시도할 수 있다. Meissner(1989)는 장기간의 개인치료 시 가족치료를 병행할 수 있다고 주장한다. 가족치료는 가족 내 역동과 상호작용 패턴이 부적응과 관련되어 있거나 문제를 심화시키고 있는 편집성 청소년에게 적용될 수 있다.

Harbir(1981)는 편집성 성격 문제를 가진 부부(커플)치료에 대한 몇 가지 일반적 원칙을 상세히 설명하였다. 그는 편집적 양상이 빈번히 심각하게 역기능적인 부부생활로 이어진다며, 편집적인 배우자(파트너)의 과민함, 즐거움이 현저하게 부족한 상태, 과잉경계, 극도의 불신, 질투 등이 다른 배우자에게 상당한 고통을 초래한다고 지적하였다. 그러나 편집적이지 않은 배우자가 편집적인 배우자의 상태를 악화시키며 고통을 유발하기도 한다. 편집적이지 않은 배우자는 편집적인 배우자가 자신을 비난 또는 비판하는 경우, 대부분 수동적이고 감정이나 생각 등을 잘 드러내지 않는 은밀한 방식으로 반응한다. 또한 편집적이지 않는 배우자가 뒤로 물러나고 회피할수록 편집적인 배우자의 의심과 불신은 커진다. 따라서 개인치료를 통해 기혼 편집성 성격장애 환자를 치료하는 임상가의 경우, 환자의 병리 상태를 유지시키는 것으로 추정되는 부부간 상호작용 패턴을 수정하기 위해 부부치료를 병행하거나 적어도 편집적이지 않은 배우자를 치료에 일부 참여시키는 회기를 고려해야 한다.

부부치료의 목표는 한쪽 배우자 또는 둘 모두의 성격적 병리를 감소시켜 부부의 긍정적인 성장을 강화하는 것이다. Harbir(1981)는 편집성 성격장애 환자들이 타인을 신뢰하지 않고 자신을 잘 드러내지 않는 것과 관련해 불가피한 문제를 보일 것이 예상되긴 하나 부부치료를 통해 성장할 수 있다고 본다. 임상가는 편집적인 배우자가 항상 자신을 모니터링한다는 점을 유념해야 한다. 이들은 임상가가 자신이 아닌 다른 배우자의 편을 든다고 인식하거나, 임상가와 배우자의 관계에 질투를 느끼면 여지없이 분노가 치밀어 오른다. 그러므로 임상가는 개인치료에서와 마찬가지로 특정한 치료적 개입의 시도와 그 근거에 대해 환자에게 개방적이고 솔직해야 한다. 치료적 동맹이 형성되면 임상가는 편집적이지 않은 배우자가 편집적인 배우자의 끊임없는 불신에 맞서고 도전할 수 있도록 지원할 수 있다. 초반에는 편집적인 배우자의 분노가 예상되지만 이는 점점 줄어들기 시작할 것이다. 하지만 이러한 대립은 편집적인 배우자, 즉 환자가 적절히 충동 통제를 하고, 폭력적이지 않은 경우에만 시도 가능하다. Harbir는 자신의 치료적 접근이 반영된 두 단계를 거쳐 편집적인 배우자가 있는 부부치료를 어떻게 진행하는지 구체적으로 제시하였다.

Benjamin(2003a) 역시 편집성 성격장애의 치료에서 가족의 역할에 대해 언급하였다. 환자가 어렸을 때 환자를 통제하고 공격한 존재로부터 파생된 심리적 손상은 치료 회기에 참여하는 배우자 또는 자녀 등 회복에 도움을 주는 존재에 의해 도전받을 수 있다. 편집적인 환자는 가족치료 과정에서 자신의 적대적인 행동이 자신을 학대한 자의 행동과 유사하다는 것을 깨닫게 되며, 이는 다른 사람이 되고자 하는 욕구를 불러일으킬 가능성이 있다. 이와 더불어 Benjamin은 치료의 조기종결로 이어질 수 있는 법적 의무 신고의 의도치 않은 영향을 포함해, 편집적인 사람의 아동 학대가 초래할 수 있는 결과에 관하여 상세히 논의하였다.

## 약물치료

현재까지 향정신성 약물 중에서 편집성 성격장애 환자들의 치료에 명시된 약물은 없다(Silk & Feurino, 2012). 그럼에도 불구하고 우울증, 불안 또는 수면 문제 등 편집성 성격장애와 연관 있는 특정 증상을 목표로 약물치료가 진행된다. 일반적으로 이러한 약물치료는 심리치료와 기술 훈련을 보조하는 역할로 시도된다. 앞서 기술한 특정 증상은 대부분의 심리적 개입보다 약물에 더 빨리 반응하기 때문에 약물치료는 대체로 치료 시작 시점에 이루어진다. 항정신병 약물이 편집성 유형의 조현병에 어느 정도 효과적이어서 이 약물이 편집성 성격장애의 치료에도 유용할 것이라는 기대가 있었으나, 불행하게도 이를 뒷받침하는 증거가 없다. 더욱이 편집성 성격장애를 가진 사람들에 대한 약물치료 관련 지침을 제공하는 연구 증거 역시 거의 없다(Silk & Feurino, 2012).

## 병행/통합적 치료 접근

편집성 성격장애에 대한 통상적인 믿음, 즉 편집성 성격장애는 치료할 수 없다는 믿음을 보여 주는 충분한 자료가 있으나, 편집성 성격장애도 치료가 성공적일 수 있다. 이에 장기적인 정신역동적 접근과 인지행동적 접근이 먼저 고려되기는 하지만, 시간제한적인 치료가 효과적이라는 연구 결과도 최소한 하나 이상 보고되었다(Williams, 1988). 현재 편집성 성격장애에 특화된 동시에 통합적인 치료를 연구한 자료는 거의 발표되지 않았다. 그럼에도 불구하고, 임상적인 경험은 통합적 치료 접근이 치료 기간을 단축시키는 동시에 치료 효과를 최대화할 수 있음을 보여 준다.

편집성 성격장애를 기질적 차원(temperament dimension)과 성격적 차원(characterological dimension)으로 개념화했을 때, 정신역동적 접근이 성격적 차원에서는 상당히 효과적이지만 기질/양식 차원에서는 덜 효과적인 것으로 보인다. 한편, 인지적 재구성 및 행동정보 처리적 접근(Turkat & Maisto, 1985)은 편집적인 인지양식인 과잉경계를 수정하는 데 효과가 있는 것으로 추정된다. 인지행동적 접근은 제한된 정서의 조절을 위해 유용하게 적용할 수 있고, 대인관계적 접근(Benjamin, 2003a)은 타인의 비판에 상대를 탓하거나 과민하게 반응하는 것을 줄이는 데 시도해 볼 만하다. 따라서 정신역동적 접근, 인지행동적 접근, 대인관계적 접근을 통합한 치료는 이 성격장애의 기질적 · 성격적 차원 모두를 변화시키는 데 시너지 효과를 일으킬 수 있다. 또한 치료 방식의 결합은 편집성 성격장애의 보다 심각한 증상에 효과적일 뿐 아니라 가성비 면에서도 유리하다. 가장 확실하게 치료를 통합하는 방식은 개인치료와 가족치료, 부부치료 또는 집단치료를 병행하거나 이들을 순차적으로 진행하는 것이다. 이와 함께 개인치료를 기반으로 하되 필요시 피모자이드(pimozide)[2] 또는 선택적 세로토닌 재흡수 억제제를 이용한 약물치료도 권장된다.

2) 역자 주: 도파민 수용체를 억제하여 조현병 증상을 완화하는 약물

제11장

# 조현성 성격장애

조현성(schizoid) 성격을 가진 사람들은 은둔적이고 대인관계에 대한 욕구나 능력이 거의 없는 경향이 있는데, 이는 주로 그러한 관계에서 즐거움을 거의 얻지 못하기 때문이다. 하지만 야간 경비원이나 보안 요원과 같은 혼자서 하는 활동은 잘 수행할 수 있다. 그럼에도 불구하고, 그들은 감정의 반응 범위가 좁고, 지나치게 공상에 빠져 있으며, 유머가 없고 냉담해 보인다(Hopwood & Thomas, 2012).

이 장은 조현성 성격장애의 평가 및 치료를 위한 이론적 틀을 기술하고 있으며, 진단, 심리평가, 사례개념화, 치료 중재 등을 포함하고 있다. DSM-5의 기술과 원형적 기술, 배경 정보를 먼저 소개하고, 사례개념화 부분에서는 널리 사용되는 다섯 가지 접근법, 즉 정신역동적 · 생물사회적 · 인지행동적 · 대인관계적 · 통합적 개념화에 따라 이 성격장애의 임상적 측면을 살펴보고자 한다. 또한 개인치료, 집단치료, 부부 및 가족 치료, 약물치료, 병행 및 통합 치료 등 여러 가지 치료적 접근법과 치료양식, 중재 전략도 기술하였다.

## 조현성 성격장애의 기술

조현성 성격장애는 조현성 성격양식 vs. 조현성 성격장애, 촉발사건, 행동양식, 대인관계 양식, 인지양식, 정서양식, 애착양식 그리고 최적의 진단기준 같은 요인과 특성으로 나누어 설명할 수 있다.

**양식 vs. 장애.** 조현성 성격을 건강함에서부터 병리라는 연속체적 관점에서 본다면 조현성 성격양식은 건강함의 끝에, 조현성 성격장애는 병리의 끝에 해당한다. 〈표 11-1〉에서 조현성 성격양식과 조현성 성격장애를 비교하였다.

다음의 두 가지 사례는 조현성 성격장애(Mr. Y)와 조현성 성격양식(Mr. P)의 차이를 더욱 명확하게 보여 준다.

**〈표 11-1〉 조현성 성격양식과 조현성 성격장애의 비교**

| 성격양식 | 성격장애 |
|---|---|
| 친교 욕구가 거의 없고, 혼자 있는 것이 편함 | 가족과의 관계를 포함해서 친밀한 관계를 바라지 않고 즐기지도 않음. 직계가족 이외의 친한 친구가 없거나 1명 정도에 불과함 |
| 경험을 즐기거나 그들의 삶을 살기 위해 다른 사람들과의 상호작용을 요구하지 않고, 독립되어 지냄 | 항상 혼자서 하는 행위를 선택함 |
| 차분하고, 침착하며, 감정의 동요가 없음, 냉정하며, 감상에 빠지는 일이 거의 없음 | 분노나 기쁨과 같은 강렬한 감정을 드러내는 경우가 거의 없음 |
| 성적인 욕구를 거의 느끼지 못하고, 성관계를 즐길 수 있지만, 성관계를 하지 않더라도 고통스러워하지 않음 | 다른 사람과의 성적 경험에 대한 관심이 거의 없음 |
| 칭찬이나 비판에 영향을 받지 않는 경향이 있고, 확신을 갖고 자신의 행동을 수용할 수 있음 | 다른 사람의 칭찬이나 비난에 무관심함. 감정적 냉담, 유리 혹은 단조로운 정동의 표현을 보임 |

**사례 조현성 성격장애**

Y는 소집단 연구과제에 참여하는 대신 심리학 기초과정 프로그램 책임자를 만나 개별 과제를 선택했던 20세의 신입생이다. 그는 매일 2시간씩 통학을 하기 때문에 "연구 프로젝트에 참여할 수 없을 것"이라며 "심리학에는 별로 관심이 없고, 필수 과목이기 때문에 수업을 듣는 것"이라고 책임자에게 말하였다. 더욱이 Y는 학교 캠퍼스에서 생활할 수 있는 경제적 여건이 됨에도 불구하고 어머니와 함께 통학하는 것을 선호한다고 밝혔다. 그에게는 친한 친구나 사회적 접촉도 없으며, '외톨이'로 지내는 것을 선호한다고 하였다. 그는 고등학교를 평균 'B' 학점으로 졸업했지만 전자 동아리 외에는 데이트나 과외 활동에 참여하지 않았다. 그는 컴퓨터 공학을 전공했고, '해킹'이 그의 유일한 취미였다. Y의 정동은 다소 단조로워 보였고 유머 감각이 없었으며, 해당 과정의 책임자가 유머스럽게 접촉하려는 시도에도 반응하지 못하였다. 사고나 지각 장애를 시사하는 징후는 없었다. 해당 과정 책임자는 그 학생을 위한 개별 프로젝트를 준비해야 하였다.

**사례 조현성 성격양식**

P는 28세로 미국 내무부에서 6년간 근무하고 있는 베테랑이다. 그는 대학 졸업 후 산림 경비원으로 일하였다. 학교를 다니는 동안에 그는 교실에서 잘 지냈지만, 다른 사람들에게는 '외톨이'로 여겨졌다. 그는 조용하고 산만하지 않는 곳에서 살기를 원했기 때문에 대부분의 반 친구와 달리 동창회에 가입하지 않았다. P는 자신의 일을 즐겼고, 표창을 받기도 하였다. 1년 전 그는 현장 감독관 승진 제안을 받았지만, 정기적으로 보고를 해야 했고, 다른 산림 감시원 10여 명과 대면 접촉을 해야 했기 때문에 거절하였다. P는 대학 친구와 3년간 방을 같이 썼으며 지금도 가끔 연락을 주고받고 있다. 그는 결혼이나 가정을 생각해 본 적이 없어서 연애에 관심이 거의 없다.

**촉발사건.** 행동양식, 대인관계 양식, 인지양식, 정서양식에서도 언급되겠지만, 조현성 성격장애의 특징적인 부적응적 반응(Othmer & Othmer, 2002)을 촉발 또는 활성화시키는 상황, 환경, 사건은 '친밀한 대인관계'이다.

**행동양식.** 조현성의 행동 패턴은 무기력하고, 부주의하며, 가끔 괴팍함을 보인다. 그들은 느리고 단조로운 말투를 사용하고, 일반적으로 행동과 말 모두에서 비자발적이다.

**대인관계 양식.** 대인관계와 관련해서 그들은 사회적으로 냉담하고 홀로 지내는 것에 만족하는 것처럼 보인다. 이들은 혼자 하는 활동을 선호하며, 내성적이고 은

둔적이다. 그리고 타인의 감정과 행동에 거의 반응하지 않는다. 그들은 사회적 배경으로부터 물러나 있고, 다른 사람들에게는 '냉담한 사람'처럼 보이는 경향이 있으며, 집단이나 팀 활동에 참여하지 않는다. 한마디로, 그들은 사회적 상황에서 서투르고 불편해 보인다.

**인지양식.** 그들의 인지, 사고 및 정보처리 양상은 산만한 특징을 가지고 있다. 즉, 그들의 사고와 의사소통은 내외부적 산만함의 영향으로 쉽게 벗어날 수 있다. 임상 인터뷰를 통해 보고된 내용에 따르면, 조현성 성격장애 환자들은 자신의 생각을 정리하는 데 어려움을 겪고, 모호하며, 갑자기 어떤 사람들이 선호하는 신발 이야기를 꺼내는 것처럼 엉뚱한 길로 빠지게 된다(Millon, 1981). 이들은 자기성찰의 능력과 대인관계에서 중요한 것들을 구분하는 능력이 부족하며, 이들의 목표는 애매하고 우유부단해 보인다.

**정서양식.** 조현성 성격장애 환자들의 감정 또는 정서 양식은 재미없고, 차갑고, 냉담하고, 침착함으로 특징지을 수 있다. 이들은 칭찬과 비판에 무관심해 보이고, 자연스러움이 부족하다. 당연히 이들은 타인과의 라포 및 공감 능력이 떨어진다. 요약하면, 이들은 제한된 범위의 감정 반응을 보인다.

**애착양식.** 거부형 애착양식을 가진 사람들의 특징은 타인에 대해서는 낮고 부정적으로 평가하면서 자신에 대해서는 가치 있고 긍정적으로 여기는 자기감을 갖고 있다는 것이다. 이는 보통 타인에 대한 불신으로 드러난다. 이들은 자신은 감정적으로 충분한 데 반하여 타인은 감정적으로 둔감하다고 믿기 때문에 친구를 사귀거나 타인과 접촉할 필요성을 느끼지 못한다. 이러한 거부형 유형은 조현성 성격장애를 가진 사람들에게 흔하게 나타난다(Lyddon & Sherry, 2001).

**최적의 진단기준.** 조현성 성격장애에 대한 모든 진단기준 중 가장 유용한 기준은 '가족의 일부가 되는 것을 포함하여, 가까운 관계를 원하지도 즐기지도 않는 것'이다. 임상가는 이 기준의 유무를 파악해 보다 신속하게 조현성 성격장애를 진단할 수 있다(Allnutt & Links, 1996).

## DSM-5 기술

이 성격장애를 갖고 있는 사람들은 타인으로부터 끊임없이 분리되려는 패턴과

제한된 감정 표현이 특징적이다. 이들은 가족관계를 포함하여 친밀한 관계를 갈망하거나 즐기지 않는다. 직계가족을 제외하고 이들은 가까운 친구를 만들려고 하지 않는다. 이들은 보통 홀로 하는 활동을 선택하며 성적 관계가 있다 해도 거의 흥미를 갖지 않는다. 이들이 비판 등 타인의 피드백에 무관심해 보이는 것은 당연한 일이다. 대신 이들은 냉담한 감정, 분리, 혹은 둔마된 정동을 보인다(American Psychiatric Association, 2013).

## 원형적 기술

원형은 특정 장애가 일반적으로 어떤 모습으로 나타나는지 그 본질을 포착하여 짧게 설명한 문장이다. 원형적 기술은 유용하고 편리하기 때문에, 임상에서 행동 기준 목록이나 핵심 신념 목록 대신 사용되는 경우가 많다(Westen, 2012). 다음은 조현성 성격장애에 대해 일반적으로 알려진 원형적 기술이다. 타인과 관계를 맺거나 유지하는 것은 거의 혹은 아무 의미가 없고, 기쁨이나 위안이나 감정도 없다. 그러므로 이들은 홀로 지내고, 데이트를 피하고, 진정한 친구가 없고, 타인과의 접촉이 거의 없는 직업을 갖는다. 다른 사람들은 이들을 불편하고 멀게 느끼며 모든 사회적 접촉에 있어서 지나치게 형식적이라 여긴다. 줄여서 말하자면, 이들은 타인들로부터 '얼음 덩어리'라 여겨진다.

## 유병률

일반 인구에서 조현성 성격장애의 유병률은 3.1~4.0%로 추정된다(American Psychiatric Association, 2013). 임상적 장면에서 추정 유병률은 0.5~5.1% 정도로 매우 드물다(Torgersen, 2012).

# 조현성 성격장애의 개념화

## 정신역동적 사례개념화

조현성 성격장애를 가진 사람들의 내면세계는 이들의 겉모습과는 달라 보인다. Akhtar(1987)는 이들은 매우 무관심하고, 성욕이 없고, 자급자족하며, 흥미가 없어 보이나, 내적으로는 정서적으로 궁핍하고, 아주 절묘하게 민감하면서 취약하며, 창조적이고, 경계심이 몹시 높다고 묘사한다. 이러한 극명한 차이는 통합되어 유지되던 각기 다른 자기표상의 분열 혹은 파편화를 나타낸다. 그 결과는 정체성 분산(identity diffusion)이다.

Balint(1968)와 Nachmani(1984)는 이들이 타인과의 관계 맺기에서 겪는 어려움들은 오이디푸스기의 갈등이라기보다는 결핍, 즉 부적절한 엄마의 보살핌에서 비롯된다고 믿었다. 요컨대, 이런 사람들은 영아기에 엄마로부터 보살핌과 지원을 제대로 받지 못했기 때문에 무언가를 결정할 때 자신이 이후의 삶에서 만나는 유의미한 타인들로부터 어떠한 정서적 지원도 받지 못할 것을 확신하고서 고립된 결정을 하게 된다. Fairburn(1954)은 조현성 성격장애 환자들이 고립되는 현상을 타인과 연결되고자 하는 바람과 자신의 결핍이 타인에게 피해를 줄 것이라는 두려움 사이에서 생겨나는 갈등으로부터의 방어라는 측면에서 바라보았다. 따라서 이들은 자신의 결핍이 타인을 몰아낼 것이라는 두려움과 타인이 자신을 억누르거나 소진시켜 버릴 것이라는 두려움 사이에서 망설인다. 그 결과 모든 관계가 위험하거나 회피해야만 하는 것처럼 경험된다.

Kellerman과 Burry(1989)는 이런 고립과 사회적 거리두기를 불안을 다루는 방법의 하나라고 보았다. 조현성 성격장애 환자들은 쌀쌀맞고, 차갑고, 냉담하지만, 그렇다고 꼭 타인에게 악의적인 것은 아니다. 보통 조현성 성격장애 환자들은 타인과의 거리를 확보하고 불안을 피하기 위하여 억압, 억제, 환상적 감정의 격리, 전치, 보상과 같은 방어 기제를 활용한다.

## 생물사회적 사례개념화

Millon과 Davis(1996)는 조현성 성격은 생물 및 환경적 요소들의 상호작용에 의해 형성된다고 믿는다. Millon과 Everly(1985)는 변연계와 전두피질에서 도파민에 반응하는 시냅스 후 수용기의 확산이 조현성 성격장애 환자들의 특이한 인지적 활동과 어색한 감정 반응의 원인이라 제시한다. 이런 과도한 부교감신경계와 마찬가지로, 약화는 이들의 무관심, 정서의 둔마, 반응성 저하의 이유가 될 수 있다. 결국, Millon과 Everly는 외배엽의 마르고 허약한 체형이 수줍음 및 내향성과 결부되어 조현성 성격장애 환자들 사이에서 흔하다고 언급한다.

주요 환경적 요인은 부모의 무관심 및 분열된 소통 패턴과 관련되어 있다. 조현성 성격장애 환자 가족의 특징은 보통 대인관계의 실패, 격식, 피상, 냉담함이다. 이들은 분열되고 실패하고 우발적인 방식으로 소통하는 경향이 있다. 당연하게도 이런 환경에서 자란 사람들이 모든 소통에 있어서 모호하고, 미성숙하고, 우발적인 것은 놀랄 일이 아니다. 이런 일관성 없는 소통 패턴은 타인에게 혼란을 안기고 타인의 입장에서 오해, 좌절, 인내심 부족, 적대감을 갖게 하는 경향이 있다. 조현성 성격장애 환자들은 고립되기가 쉽고 다른 사람들이 자신을 이해해 주지 못한다고 믿게 되기가 쉽다. 게다가 보통 이 사람들은 문제를 바로잡을 능력이 없다.

이들의 조현성 성격장애는 사회적 거리두기에 의해서, 사회적 고립을 강화하는 데서 그리고 자신의 인지적 · 사회적 둔감함에 의해 영구화된다. 이들의 드문 사회활동은 성장할 수 있는 능력을 제한하고, 사회적 고립은 고립된 이들을 배척하는 사람들에 의해 빈번히 강화되게 마련이다. 게다가 이들의 사회적 및 인지적 둔감함은 타인에게는 풍성하고도 다채로운 이 세상을 지나치게 단순화하고 지루하게 만들어 버리는 경향이 있다.

## 인지행동적 사례개념화

Beck(2015)에 의하면, 조현성 성격을 가진 사람들은 모든 실용적 관점에서 봤을 때 타인으로부터 분리되어 있다. 이 성격장애를 가진 사람들에게는 특징적인 핵심 신념, 조건적 신념, 도구적 신념이 있다고 언급된다. 이들의 핵심 신념은 자신이 인생 부적응자이며, 관계 맺기는 힘들고 수고할 만한 가치가 없으며, 자신은 홀로 있는 것이 더 행복하다는 믿음이다. 이들의 **조건적 신념**은 자신이 타인에게 너무 가까이 다가가면 다른 사람들이 자신을 놀리거나 이용할 것이며, 타인과 관계를 맺기 위해 노력해서 얻을 것이 없다는 믿음이다. 이들의 **도구적 신념**은 타인과 엮이지 말고, 다른 사람의 요구를 거절하며, 사회적 상황에서 자리를 빨리 뜨라는 믿음이다. 이런 다양한 신념이 자기와 세상에 대한 신념이 기초를 이루고 있다.

이들은 보통 자신을 외톨이나 못 어울리는 괴짜라고 여긴다. 이들은 타인을 지나치게 요구하고 적대적이고 거슬린다고 보는 경향이 있다. 따라서 이들의 기본 전략은 타인으로부터 거리를 유지하고 다른 사람들이 주변에 있을 때 접촉을 피하는 것이다. 설령 이들이 직업 활동이나 기본적인 필요 때문에 타인과 접촉을 하게 되더라도, 이들은 보통 어떠한 형태의 친밀한 관계도 피하려 한다(Renton & Mankiewicz, 2015).

행동주의적 관점에서 Turkat(1990)는 이 성격장애에 대한 명확한 공식화를 제시하지는 않는다. 하지만 이 성격장애를 악화시키는 데 공헌하는 것은 부모의 무관심, 감정적 실패 그리고 대인관계를 발전시킬 기회의 부족일 것이다.

## 대인관계적 사례개념화

Benjamin(2003a)에 따르면 조현성 성격장애 진단을 받은 사람들은 질서와 격식을 차리는 가정에서 자랐을 확률이 높다. 이런 아이들이 신체적 · 교육적으로 필요를 채워 가는 동안에 가정 내에서든 혹은 다른 곳에서라도 온정, 놀이 혹은 사회적 정서적 상호작용이 부족했을 것이다. 조현성 성격장애 환자는 사회적 고립과 밋밋함, 무감정적인 기능(unemotional functioning)을 모델로 삼았을 것이다. 이렇게 내성적인 부모와의 동일시는 조현성 성격장애 환자들로 하여금 기대할 것도 받을 것도 없다고 생각하게 만든다. 이들이 일을 할 수 있도록 사회화가 되었다고 할지라도 친밀한 관계를 맺고자 하는 성향은 갖지 못하며, 그 대신 환상에 빠지거나 홀로 지내는 걸 선호한다. 요컨대, 이들은 타인을 두려워하지도, 바라지도 않는다. 사회적 자각과 기술의 결여에도 불구하고 이들은 직장인으로서, 혹은 부모로서도 사회적 역할 기대치를 충족시킬 수 있다. 이들은 결혼은 할 수 있겠지만 친밀한 관계로 발전하지는 못한다.

## 통합적 사례개념화

통합적 사례개념화는 조현성 성격장애가 어떻게 발달되고 유지되는지에 대한 생물사회적 설명을 제시한다. 생물학적으로 이들은 소극적이고 유쾌하지 않은 영아기적 패턴과 기질을 가졌을 확률이 높다. Millon(1981)은 이 패턴의 결과가 부분적으로는 도파민에 반응하는 시냅스 후부의 변연계와 전두엽 수용기 활동의 증가로 인한 것이라고 말하였다. 체질적으로 조현성 성격장애 환자는 외배협 체형(허약하고 여린)의 특징을 가질 확률이 높다(Sheldon, Dupertius, & McDermott, 1954).

심리학적으로 이들은 자신, 타인, 세계 그리고 삶의 목적을 다음과 같은 관점에서 바라본다. 이들은 "나는 인생 부적응자이기 때문에 아무도 필요치 않아. 나는 모든 것에 관심이 없어."라는 인식과 비슷한 개념으로 자기 자신을 바라본다. 조현성 성격에 있어서 세상과 타인은 "인생은 어렵고 사람들과 관계를 맺는 것은 해로워."라는 말과 비슷하게 인식된다. 이런 식으로 이들은 "그러므로 아무것도 믿지 말고 타인과 거리를 두라. 그러면 다치지 않을 것이다."라는 식으로 결론을 지으려 할 것이다. Alexandra Adler(1956)는 이런 생활 방식의 역동에 대하여 상술하였는데 이들이 사용한 가장 흔한 방어 기제는 주지화였다.

사회적으로 이들에게는 예측 가능한 부모의 양육 패턴과 환경적 요소들이 발견된다. 부모의 양육 방식은 보통 무관심과 피폐함의 특징을 가진다. 이는 마치 부모가 "너는 부적응자야."라고 말하거나 "넌 대체 뭐냐, 뭘 원하는 거냐?"라고 말하는 것과도 같다. 이런 가족의 특징은 파괴된 소통과 경직되고 무감정적인 반응이라 할 수 있다. 이런 조건들 때문에 조현성 성격장애 환자들은 극도로 사회화되지 못하고 대인관계 기술을 갖춘다 하더라도 매우 부족하다. 이러한 조현성 패턴은 조현성 성격장애 환자들이 자신을 부적응자라 믿으면서 사회 활동을 피하게 되는 개인적·체계적 요인에 의해 확증되고 강화되고 지속된다. 이렇게 더해지는 사회적 둔감함은 사회적 고립을 강화시키고 조현성 성향을 더욱 확증시킨다(Sperry, 2015; Sperry & Mosak, 1996).

〈표 11-2〉에서 조현성 성격장애의 특징을 요약하였다.

〈표 11-2〉 조현성 성격장애의 특징

| | |
|---|---|
| 촉발사건 | 가까운 대인관계 |
| 행동양식 | 느리고 단조로운 말씨<br>무기력하고 부주의함<br>무반응적이고 무관심함 |
| 대인관계 양식 | 최소한의 관계 욕구<br>사회적 상호작용보다 고독함을 선택<br>친구가 적음<br>사회적 배경 뒤로 사라지려 함<br>고립적이고 거리를 두는 것에 만족함 |
| 인지양식 | 분산된 인지력, 쉽게 주의를 놓침, 옆길로 새는 |
| 정서양식 | 감정적 거리감<br>타인의 감정에 거의 반응하지 않음 |
| 기질 | 수동적이고 즐거움이 없는 유아적 패턴 |
| 애착양식 | 거부형 |
| 부모의 금지명령 | "넌 대체 뭐냐, 뭘 원하는 거냐?" |
| 자기에 대한 관점 | "난 인생의 부적응자야, 내겐 누구도 필요치 않아."<br>"난 모든 것에 무관심해." |
| 세상에 대한 관점 | "인생은 어려운 현장이고 해로울 수 있어. 그래서 아무도 믿지 말고 타인과 거리를 두어야 다치지 않을 거야." |
| 부적응적 도식 | 사회적 고립, 정서적 박탈, 결핍, 예속, 미성숙한 자아 |
| 최적의 진단기준 | 가족의 일원으로서조차도 친밀한 관계를 바라거나 즐기지 않음 |

## 조현성 성격장애의 평가

정보 출처가 다양하면, 성격장애의 진단과 치료 계획 수립에 유리하다. 임상 면담에서 얻는 환자의 자기보고 외에도 관찰, 부수적 정보, 심리검사 등이 중요한 보조 자료로 이용된다. 이 절에서는 임상가가 해당 성격장애 환자를 처음 만났을 때 관찰할 수 있는 특징 일부와 라포 형성을 위한 내용을 간략하게 다루었다. 여러 가지 객관적 검사(이를테면, MMPI-2, MCMI-IV) 및 투사검사(이를테면, 로르샤흐 검사, TAT)의 특징적인 반응 패턴에 대해서도 기술하였다.

## 면담 시 행동과 라포

조현성 성격장애를 가진 환자들과의 면담은 이들에게 만연한 감정적 후퇴를 감안하면 허무함과의 싸움이라 할 수도 있다. 이들은 불안 및 우울한 감정에 대해 대화할 때조차도 감정을 거의 혹은 전혀 드러내지 않는다. 이들 중 지능이 더 높은 사람들은 쾌감 상실에 대하여 불평하거나 '우울증'이라는 병명을 이용할 수도 있다. 하지만 이것이 슬픔이나 죄책감과 연계되었다는 보고는 찾아보기 힘들다. 온정의 감정이 부재하기 때문에 이들에게 생긴 문제나 근심이 정말 마음속 중심에 존재하는지의 여부를 판단하기는 어렵다. 통상적으로 이들은 모든 질문에 한 단어 혹은 단답형으로 대답한다. 개방형 질문, 구조화된 질문이나 다른 어떤 면담 전략도 이들의 감정 정보나 표현의 흐름을 바꾸지 못할 것이다. 편집증 환자들과는 달리 이들의 언어적·감정적 표현의 제약은 자기방어 때문이 아니라 오히려 정서적 및 정신적 공허함 때문이다. 라포는 보통 증상, 문제 및 가장 깊은 감정을 드러내고자 하는 의지를 반영한다. 조현성 성격장애 환자들은 이런 부분에서 매우 제한적이기 때문에 이들에게 있어서 라포나 관계 형성이 어려워 보일 수 있다. 장기간의 침묵이 드문 일은 아니다. 만일 어떤 환자가 치료 장면으로 되돌아왔다면, 이는 그가 자신이 아는 한에서 '연결하고' 있다는 것을 의미한다. 그러므로 제한된 언어적 소통에 대한 치료자의 집념, 인내, 관용이 치료 효과에 도움이 될 것이다(Ackley et al., 2011; Othmer & Othmer, 2002).

## 심리검사 자료

MMPI-2, MCMI-IV, 로르샤흐 검사, TAT는 조현성 성격장애뿐만 아니라 조현성 성격양식 또는 특질 진단에도 유용하다. 합리적으로 잘 통합된 조현성 성격장애 환자들의 경우 MMPI-2에서 정상 프로파일이 흔하게 나타난다. 이러한 경우에 0번(Si, 내향성) 척도가 높게 나타날 수 있다(Lachar, 1974). 이들이 고통을 느끼게 되면 F(비전형) 척도, 2번(D, 우울증) 척도, 8번(Sc, 조현병) 척도가 상승할 수 있다. 경우에 따라 대인관계에서의 매력이 떨어지는 경우에 1-8(Hs-Sc, 건강염려증-조현병) 척도를 왔다 갔다 하는 프로파일이 보고된다(Graham, 2012).

MCMI-IV에서는 4A(연극성), 5(자기애성), N(양극성-조증) 척도가 낮고, 1(조현성)의 상승이 나타날 수 있다(Millon et al., 2015).

로르샤흐 검사에서는 높은 비중의 A(동물) 반응과 낮은 비중의 C(색깔) 반응이 나타날 수 있다. 전반적으로 반응수가 제한적이고, 몇몇 반점에 대한 반응을 거부할 것이다. 또한 다수의 카드에서 반응 시간이 늦으며, EA(experience actual)가 EP(experience potential)보다 더 높을 것이다. 전반적인 프로토콜의 수준이 높을수록 M(인간 반응) 반응의 수는 더 많아질 것이다(Exner, 1986).

TAT에서는 주제가 가려진 채 제한된 반응이 흔하다. 마찬가지로 이야기의 등장인물에 대한 묘사가 결핍되어 있다(Bellak, 1997).

## 치료적 접근법 및 개입

### 치료 시 고려사항

조현성 성격장애의 감별진단에는 각기 다른 세 가지의 성격장애가 포함되어 있는데, 회피성, 조현형, 의존성 성격장애가 바로 그것이다. 가장 흔하게 연관된 증상장애로는 이인성장애, 양극성장애, 강박장애, 신체증상장애, 조현양상장애 그리고 해체형과 긴장형 조현병이 있다.

조현성 성격을 가진 사람들은 보상으로 작용했던 무언가가 상실되지 않는다면 자발적으로 치료를 받으려 하지 않는다. 그러나 가족 등 누군가가 요구한다면 치료를 받을 수도 있다. 치료의 목적은 성격의 재구성보다는 증상의 완화에 초점을 맞추고 있다. 위기관리와 지속적으로 돕는 치료적 상호관계가 흔한 치료 전략에 포함된다. 약물치료, 특히 항정신성 약물이 이 성격장애에 효과가 있다고 제시된 바는 없다(Silk & Feurino, 2012).

### 개인치료

어떤 형식의 개인치료는 조현성 성격장애 환자 대부분에게 유용하다. 치료자의 치료 레퍼토리와 치료의 재원은 치료자가 적극적인 직면 접근 방식을 선택하든, 인지 재구성과 사회 기술 훈련 접근 방식을 선택하든, 아니면 더 지지적인 방식을 선택하든, 환자의 통찰력, 회복탄력성, 치료에 대한 기대 등 수많은 요인에 달려 있다.

이 절에서는 개인치료를 위한 정신역동적, 인지행동적 그리고 대인관계적 접근을 간략히 설명한다.

### 정신역동적 접근

조현성과 조현형 성격 둘 다 정신역동적 이해는 본질적으로 유사하기 때문에, Gabbard(1990, 1994)는 이들에 대한 치료 또한 유사하다고 말한다. 조현성 성격장애 환자는 자신의 기능 수준과 치료에 대한 준비도에 따라 지지적 및 표현적 정신역동 모두에 기초하여 효과적으로 치료할 수 있다(Gabbard, 1994). 정신역동치료의 근간은 갈등의 해석이 아니라 치유적 관계의 내면화라 할 수 있다(Stone, 1985).

치료자의 본질적인 임무는 환자의 얼어붙은 내적 대상관계를 올바른 정서적 경험을 제공하여 만족시키는 것이다. 조현성 성격장애 환자들이 관계를 맺는 방식은 부모 역할을 하는 이들과의 부적절한 초기 관계로 인한 결과이다. 그 결과 이 환자들은 타인으로부터 자신을 멀리하는 인생을 살게 된다. 그러므로 치료는 새로운 관계의 내면화를 제공해 주어야 한다(Gabbard, 1994). Thylstrup과 Hesse(2009)는 조현성 성격장애 환자가 보이는 타인으로부터의 표면상 감정 분리는 실제로 깊은 내면에서는 친밀함에 대한 갈망을 감추게 한다고 말한다. 이러한 양가감정은 치료의 맥락 안에서 다루어질 수 있다. 하지만 이런 환자들은 자신의 감정적 필요를 뚜렷이 표현해 내지 못하기 때문에 치료자들은 쉽게 이들에 대한 흥미를 잃기 마련이다. 치료자들은 소외가 심화되는 것을 막기 위해 이 환자들과의 역전이에 특별히 주의를 기울여야만 한다. "내가 지금 내 환자에게 상처를 주지 않을 거라 생각하면서 사회적으로 고립된 내 환자와의 약속을 취소하고 싶어 하는가?" 혹은 "이 환자에게 이렇게 명백한 증거가 있음에도 내가 지금 이 환자에게 문제가 있는 것인지를 고민하고 있는 것인가?"와 같은 질문은 유용한 가이드라인이다. Thylstrup과 Hesse는 어느 40세 무직 남성의 사례연구를 제시하였다.

Kavaler-Adler(2004)는 이 성격장애의 치료를 대상관계의 관점에서 제시하였다. 이 정신분석의 과정에서 조현성 성격장애 환자는 분리개별화의 정상적 발달 과정에서 상실에 대한 애도를 하기 위한 '발달적 애도'의 시기를 거치게 되고, 유아기의 트라우마 경험이 현재 대인관계 문제에 얼마나 영향을 주는지를 이해하게 된다. 이렇게 되면 조현성 성격장애 환자는 이와 관련된 후회를 직면하고 포기하는 작업을 하게 될 것이다. Kavaler-Adler는 어느 여성 작가와의 정신분석 작업을 한 예시를 자세한 사례로 제시한다.

**지지치료.** 조현성 성격장애를 가진 이들의 기본적인 기능 방식은 비관계적이기 때문에, 이들은 치료의 과업을 매우 도전적이고 어렵게 받아들인다. 이들이 이 도전에 침묵과 정서적 거리두기로 대응하는 것은 당연한 일이다. 치료자들은 관대하고 수용적인 태도를 가질 필요가 있으며, 이런 환자들에 대하여 극도로 인내심을 가져야만 한다. 이들의 침묵을 치료에 대한 저항으로 여기기보다는 비언어적 관계 형식이라 여기는 것이 훨씬 도움이 된다. 제3의 귀를 통해 들음으로써 치료자는 이런 환자들에 대하여 훨씬 많이 배울 수 있다. 투사적 동일시를 통해서 이들은 특정 반응을 불러일으킬 것인데, 이는 환자의 내면세계에 관한 가치 있는 진단 정보를 치료자에게 제공해 준다(Gabbard, 1989). 조현성 성격장애 환자를 치료하는 데 있어서 역전이 문제를 효과적으로 다루는 것이 중요하다. 그들의 침묵에 별다른 의미가 없다는 것을 받아들인다는 것은 지지적인 치료자들의 심리적 성향과 그간의 훈련을 고려할 때 낯선 것이다. 그러므로 침묵이 지속될 때 치료자는 어떤 행위를 하거나 환자에게 자기표상 및 대상표상을 투사하는 것을 경계해야 한다. 침묵을 받아들이고 해석을 멈춤으로써 환자의 개인적이고 비소통적 핵심 자기를 정당하게 인정하게 된다. 또한 이것이 치료적 동맹을 맺는 데 있어서 실행 가능한 유일한 기술이 될 것이다(Gabbard, 1989).

치료의 적절한 속도와 정도에 대해서는 논쟁의 여지가 있다. Bonime(1959)는 적극적인 직면 접근 방식을 옹호하는 데 비하여, Gabbard(1990) 등은 환자를 더욱 존중하고 덜 위협한다는 점에서 제한된 접근 방식을 강조한다.

지지적 기법들은 기능 수준이 낮은 조현성 성격장애 환자를 더욱 적극적으로 만들도록 격려하는 데 활용될 수 있다. 예를 들면, 처음에는 환자에게 다른 사람들이 있지만 본인의 참여는 최소화할 수 있는 스포츠 경기와 같은 활동에 참여하도록 권고할 수 있다. 일정 수준 이상의 안정감이 확보되면, 그 이상의 참여를 권고할 수도 있다. 컴퓨터 동호회, 단체 여행이나 에어로빅 수업 등에 참여하는 것은 이들로 하여금 스포츠 경기에 참석하는 것을 위협할 수는 있지만 사교 모임이나 댄스 수업보다는 낫다. Kantor(1992)는 이러한 치료 과제들과 더불어 '생산적인 대체(productive substitution)'와 '수정의 전면적 추진(modification total push)'의 기술을 옹호한다. 생산적인 대체를 통해 치료자는 환자의 삶에서 잃어버린 부분을 채워 주는 대체재를 제시한다. 그리하여 치료 집단에서 동료들과의 관계가 미혼 환자에게 있어서는 대체재가 된다. 수정의 전면적 추진을 활용함으로써 치료자는 환자에게 더욱 사회적으로 활발해지도록 권고하게 된다. 제안을 할 때는 환자의 한계를 시험하기 위하여 시험적으로 제시한다. 제기된 문제는 치료 시간에 언급하며 논의된다. 치료의 목적과 결과는 꽤 제한적일 수 있다. 환자는 야간 경비처럼 혼자 하는 업무일지라도 결국에는 일을 할 수 있게 될 것이다. 그리고 먼 친구로 계속 남아 있기를 원하는 누군가와 장기적인 관계를 가질 수도 있을 것이다(Kantor, 1992).

**장기 vs. 단기 정신역동치료.** 정신역동치료의 유형과 빈도에 대한 결정은 환자의 기능 수준과 치료를 위한 동기부여 및 준비도에 기초해야 한다. 약간의 우울 증세와 공감 능력 및 정서적 온정을 나타내는 고기능 조현성 성격장애 환자는 정신역동치료에서 더 나은 결과를 얻는 경향이 있다(Stone, 1983).

이런 탐색적 정신치료에 크게 동기부여를 받는 환자들은 수년에 걸쳐 주 2~3회씩 장기간에 걸쳐 고강도 치료를 통해 극적인 변화를 얻을 수 있다. 반면에 장기적 지지치료 요법은 주요한 자아 결핍과 이상 성격을 보이는 조현성 성격장애 환자 대부분에게 제시된다. 이러한 치료의 목표는 하루하루 일상 속의 적응 기술 향상이다. 대부분의 환자에게 있어서 치료 회기 빈도는 일주일에 1~2회 정도다(Stone, 1989). Gamache와 Diguer(2012)는 정신역동치료를 활용하여 1년간 조현성 성격장애 치료를 받은 34세 남성의 사례연구를 제시하였다.

단기 정신역동치료는 직업이나 인생 주기에서 일어나는 위기나 상황적 어려움의 경우에 제시된다. 단기치료는 또한 이전의 장기치료의 후속조치로서의 역할을 하기도 한다. 단기 정신역동치료가 효과적인 개인치료의 방식이라는 보고서가 없는 것은 놀랄 일이 아니다.

### 인지행동적 접근

**인지치료 접근 방식.** Beck 등(2004)은 인지치료 접근 방식이 조현성 성격장애 환자에게 어떻게 적용되는지를 설명하였다. 조현성 성격장애 환자들은 사회적 교감의 동기부여가 제한적인 경향이 있기에 주된 치료의 목표는 사회적 고립을 줄이는 것뿐만 아니라 사회적 교감의 자리를 만들거나 늘려 주는 것이다. 이들이 치료에 입문하게 되는 목적은 타인과 관계 맺는 방식을 대체하기 위한 것이라기보다는 대부분 축 I의 장애 증상들 때문이다. 따라서 최초의 치료 목표는 발현되는 증상에 관하여 공통의 초점을 맞추는 것이다. 증상이 발현되면 치료자는 환자의 관계 패턴에 대하여 코멘트하고, 유리한 점과 불리한 점에 관하여 논의하며, 이 패턴이 발현되는 문제에 어떤 영향을 미칠지에 대하여 언급할 수 있다. 치료를 위한 협동적 관계는 그 자체로 치료 회기 밖에서 이루어지는 대인관계의 폭과 빈도를 늘려 주는 기초가 될 뿐만 아니라 이후의 다른 대인관계를 위한 원형의 역할도 할 수 있다. 라포가 형성된 이후 치료자는 환자의 대인관계 패턴의 특징이 무엇인지를 일러 주고, 또한 이것이 타인에게 어떤 영향을 주는지에 대해 피드백을 줄 수도 있다. 환자들이 대인관계에 대하여 잘 인식하고 이해할수록 이들은 치료 회기 안팎의 자리에서 필요한 사회적 기술을 배우도록 안내받을 수 있다. 이들의 부족한 표현력을 감안했을 때, 이들의 불안 수준에 대하여 일상적인 격려성 피드백을 해 줌으로써 치료가 조기에 종결될 위험성을 줄여야만 한다. 다른 성격장애들의 경우에는 치료와 변화를 위한 많은 수단과 동기가 있는 데 비하여, 조현성 성격장애 환자들의 경우는 상대적으로 이유를 불문하고 이런 것들이 너무 적다. 그렇기에 Freeman 등(1990)은 치료자는 치료의 명확한 근거, 다르게 행동해야 하는 이유, 행동을 변화했을 때 오는 이점과 불리한 점 그리고 이로 인해 얻을 수 있는 분명한 이점에 대하여 분명히 제시할 수 있어야 한다고 조언한다. 짐작건대 이러한 전략은 환자들의 변화를 이끌어 낼 수 있을 것이다.

Beck 등(2004)은 다음의 기술이 조현성 성격장애 환자에게 효과적이라고 제시한다. 역기능적 사고 기록지는 역기능적 자동적 사고에 도전을 줄 뿐만 아니라 타인의 반응을 보여 주며, 다양한 효과와 이것들의 미묘한 정도 차이를 구분하는 데 도움이 된다. 사회적 기술을 가르치는 일은 역할극을 통한 실제상황 노출법과 과제 수행을 통해 직접적으로 가장 잘 이루어진다. 환자들을 돕는 것이 훨씬 수월해지고, 경험과 긍정적 감정이 안내된 발견을 통하여 촉진된다. 예를 들어, 환자들이 "나는 사람이 싫어."라고 말하는 식으로 타인에 대해 지나치게 일반화하고 있다는 것을 인지하도록 도움을 받게 되면, 결국 이들은 자신이 타인에 대하여 좋아하는 것들뿐만 아니라 좋아하지 않는 것들을 특정할 수 있는 능력을 갖추게 된다.

치료의 종결이 필요하게 될 때 재발 방지에 관한 이야기가 오가게 된다. Beck 등(1990)은 조현성 성격장애 환자들이 치료 종결 후 또 다시 고립된 생활방식에 처하게 될 수 있다고 설명한다. 그래서 이들은 환자들과 추수 회기를 통해서 접촉을 유지할 것을 제안한다. 결국 이런 환자들을 치료하는 일이 어려울지라도 인내를 갖고 임한다면 이들의 사회적 기술, 사회적 교감의 빈도를 향상시키고, '이상함'을 줄일 수 있다. 그러나 치료자는 계획된 치료가 종결된 이후에도 조현성 성격장애 환자가 대인관계에 있어서 거리와 소극성을 유지할 수 있음을 대비해야 한다.

Renton과 Mankiewicz(2015)도 조현성 성격장애 환자들은 자신의 의지에 의해 치료를 시작하는 경우가 드물며, 설령 그렇다 하더라도 오래가지 못하거나 특정한 증상을 완화시킬 목적이거나 처한 환경에서 닥치는 특정 문제들을 해결하기 위해서만 나오는 것이라는 생각에 동의한다. 치료가 기저에 깔린 인지 요인에 대한 검토와 해결로까지 이어지는 일은 거의 없고, 변화에 대한 양가감정은 치료 기간 내내 존재할 것이다. 만일 환자들이 자신의 유아기의 경험과 부적응적 신념과 현재의 문제 사이의 연관성을 인지할 수 있다면, 이들은 그러한 신념을 기꺼이 재구성(reframe)하려고 할 수 있다.

**심리도식치료.** 심리도식치료는 인지치료를 더욱 정교화시킨 것으로, 특히 성격장애 및 치료가 어려운 개인 및 부부 문제를 다루기 위해 Young(1999; Young et al., 2003)에 의해 개발되었다. 심리도식치료는 부적응적 도식을 찾아내고 구체적인 전략과 중재를 계획한다. 주요 전략은 네 가지가 있는데, 인지적 · 경험적 · 행동적 전략과 치료적 관계 그 자체이다. 인지적 재구성과 부적응적 도식의 수정은 중요한 인지적 전략으로, 심상 훈련, 공감적 직면, 과제 부여, '제한된 재양육' 기법을 병용할 수 있다(Young, 1999; Young et al., 2003).

전형적으로 조현성 성격장애와 관련된 부적응적 도식은 다음을 포함한다. **사회적 고립**, 즉 자신이 소외되고, 다른 사람들과 다르거나 어떤 집단에도 속하지 않는다는 신념; **결함**, 즉 자신의 중요한 부분에 결함이 있다고 믿는 동시에 자신은 나쁘고, 열등하며, 누구도 자신을 원치 않는다는 신념; **정서적 박탈**, 즉 다른 사람들이 정서적 지지를 바라는 자신의 욕구를 충족시켜 주지 않을 것이라는 신념; **예속**, 즉 자신의 욕구와 필요 및 감정이 다른 사람의 필요를 맞추거나 보복과 비판을 피하기 위해 억제되어야 한다는 신념 그리고 미발달한 자기, 즉 전적인 개별화나 보통의 사회적 발달을 희생하면서 정서적으로 타인과 가까워져야만 한다는 신념이다(Bernstein, 2002).

### 대인관계적 접근

대인관계적 관점에서 이 성격장애의 치료를 다룬 문헌은 매우 드물다. 예를 들어, Benjamin (2003a)은 조현성 성격장애에 관하여 어떠한 치료 목표나 전략에 관한 논의도 제시하지 않는다. 그녀는 조현성 성격장애 환자들은 사회에서 떠나 있고, 사회적 연결을 원하지 않고, 분노, 두려움, 우울감을 겪지 않는다고 지적한다. 그러므로 이들은 치료를 받으러 나올 이유가 거의 없다.

## 집단치료

조현성 성격장애 환자들은 집단치료, 특히 역동적 집단치료를 통해 이득을 얻을 수 있다 (Azima, 1983). 집단치료는 조현성 성격장애 환자들에게 안전하고 통제된 환경 안에서 사회화 경험과 참여적 환경에 노출되는 경험 그리고 타인으로부터의 피드백을 제공한다. 이는 새로운 양육이 발생할 수 있는 환경이라 말할 수 있다. 이곳에서 집단 구성원들은 재구성된 가족으로서의 기능을 할 수 있고, 조현성 성격장애 환자 내면의 부정적이고 무서운 대상들을 상쇄해 줄 수 있는 교정적인 정서 경험을 제공해 준다(Appel, 1974). 이들의 최악의 공포가 실현되지 않고 수용됨을 느끼게 되면, 조현성 성격장애 환자들은 점진적으로 타인과 편안해진다. Giles와 Wienclaw(2008)는 집단치료의 시점이 매우 중요한 고려사항임을 지적한다. 이들은 환자들이 대개 사회적 접촉을 회피하기 마련이므로, 우선 집단치료를 시작하기 전에 환자와 치료자 개인이 강력한 치료적 연대를 구축하는 것이 더 좋다고 제안한다.

대상관계이론의 관점에서 보았을 때, Leszcz(1989)는 치료 집단이 환자들에게 천천히 신뢰를 구축하는 초기에 '비관계적' 방식으로 엮일 수 있도록 유예적 환경을 제공해 준다고 주장한다. 이들은 자급자족의 보호막을 벗어나지 않아도 되면서 다른 사람들이 어떻게 집단 안에서 관계를 맺고, 감정이 어떤 영향을 주며, 집단 내에서 관계를 맺는 타인을 어떻게 상대할 것이며, 부정적 감정을 어떻게 다룰지를 관찰할 수 있다. 현명한 집단 리더라면 이 환자가 집단의 애매함을 더 잘 견뎌 낼 수 있을 때까지 관계를 맺지 않는 상태를 허락할 것이다.

체계이론의 관점에서 보았을 때, Bogdanoff와 Elbaum(1978)은 조현성 성격장애 환자의 고립은 단순히 연약한 자아 때문만이 아니라, 그 고립을 유지할 필요가 있는 집단의 기능 때문이라고 주장한다. 그래서 조현성 성격장애 환자는 집단으로 하여금 분열된 대화를 하도록 자극하는 데 반하여, 평소에는 집단 구성원들이 조현성 성격장애 환자가 겁을 먹도록 격분과 비난을 하며 그를 효과적으로 침묵시킨다. 근본적으로 조현성 성격장애 환자는 그들이 '역할 자물쇠(role lock)'라고 부르는 대인관계의 덫에 걸리게 된다. 반면에 성공적인 대인관계는 이 역할 자물쇠가 깨졌을 때에만 일어날 수 있다. 만일 집단이 조현성 성격장애 환자를 피하게 된다면, 치료적 과제는 집단의 주의를 역할 자물쇠로 돌리도록 하는 것이다. 여기서 목표는 집단 구성원들로 하여금 그 자물쇠에 대한 자신의 기여를 드러내고 잠겨 버린 구성원에 대한 압박을 푸는 것이며, 또한 잠겨 있는 구성원은 자신을 고립시키는 집단의 과정을 스스로 어떻게 바라보는지를 드러내는 것이다.

대인관계적 관점에서 보았을 때, Yalom(1995)은 이 역할 자물쇠를 다룰 때 유용한 다른 치료적 개입에 대하여 이야기한다. 조현성 성격장애 환자는 다른 집단 구성원들에 대한 반응들을 구별하고, 즉결을 요하는 상황에서의 감정을 진지하게 생각하고, 특정한 회피 전략에 대해서 더욱 잘 인지하게 되고, 자신의 신체 반응에 대하여 더욱 잘 인지하도록 도움을 받는다. Yalom은 이러한 목표와 전략이 조현성 성격장애 환자를 집단에서 몰아낼 수도 있는 카타르시스적 방법들보다 더 좋다고 주장한다. 그는 이런 과정이 꽤 더딜 것이고 치료자에게 인내가 매우 중요하다고 경고한다.

마지막으로, 여러 유형에 대한 일치가 있어야 하는데, 그것은 이질적 집단이 동질적 집단보다 더 낫다는 것이다(Bogdanoff & Elbaum, 1978; Leszcz, 1989; Slavik, Sperry, & Carlson, 1992). Sponitz(1975)는 조현성 성격장애 환자가 포괄적 기능의 관점에서는 동질적 집단에 의뢰되어야 하고, 성격 유형의 관점에서는 이질적 집단에 의뢰되어야 한다고 제안한다.

## 부부 및 가족 치료

조현성 성격장애 환자들 중 특히 남성들은 결혼하지 못하고 좀처럼 자립하여 살아가지 못한다. 이들은 가족과 함께 살거나 가족에 의지해서 사는 경우가 많다. 이는 사회적 접촉과 직업 및 경력에 대한 동기부여가 제한되는 악순환의 결과로 이어져서, 가족 안에서는 자아존중감이 낮고 집 밖에 나가기 싫어하는 방해꾼 혹은 아픈 손가락이 되게 마련이다(Stone, 1989).

임상가는 여전히 부모의 기대와 환자 자신의 능력과 동기부여 차이로 인하여 생겨나는 가족 간의 긴장과 성급함과 불화를 마주하는 집안에 살고 있는 조현성 성격장애 환자와 작업하게 된다. 가족치료는 이러한 기대 차이, 불화, 성급함을 다루는 데 꽤 효과적인 방식이 될 수 있다(Anderson, 1983). Shapiro(1982)는 가족치료자가 어떻게 전치되고 투사된 감정과 충동을 막으며, 이것들을 어떻게 인지하고, 견디고, 처리해 나가고, 바로잡는 역할을 할 수 있는지를 설명한다. 가족치료는 또한 조현성 성격장애 환자와 그의 가족들 사이에서 더욱 기능적인 소통을 재정립하도록 가족 구성원들을 도울 수 있다.

McCormack(1989)은 조현성 성격장애 환자가 경계성 성격장애 환자와 결혼하게 되는 흔한 결합 유형에 대하여 설명한다. 결혼한 조현성 성격장애 환자를 치료하는 논의에 있어서 McCormack은 조현성 성격장애 환자가 처한 핵심적인 곤경은 애착에 대한 압도적인 두려움임을 지적한다. 불안감은 상승하는 공격성으로부터 생겨나는데, 이는 이들의 의존적 욕구의 좌절이 결혼의 불만족과 불화로 이어지기 때문이다. 조현성 성격장애 환자들은 자신의 사랑이 치명적임을 경험하고, 방어 기제로서 이런 감정과 의존 욕구의 자각을 중단시킨다. 따라서 이들은 결코 전적으로 엮이지 않는 관계만 유지한다.

결혼한 조현성 성격장애 환자의 치료는 명백한 설명과 세심한 해석을 강조하지만 직면은 강조하지 않는다. 탐색할 때에는 이들의 자기애적 취약성, 그들의 욕구에 대한 정당화, 잠재적 위험의 인지와 그에 따르는 보상 그리고 조현성 타협을 포함시켜야만 한다. McCormack은 '조현성 타협(schizoid compromise)'이란 인격 발달을 제한하는 대가로 제한된 감정적 관여를 요구하는 관계를 유지하는 수단이라고 설명한다. 치료자는 환자들에게 이러한 타협이 적응에 도움이 되는 것 같지만, 진실하고 건강한 관계에 대한 자신의 두려움을 마주하기 위해서는 반드시 거쳐야 하는 단계임을 인식시킬 필요가 있다.

결혼한 조현성 성격장애 환자는 자신이 두려워하는 그 방식으로 타인을 다루는 경향이 있어서 이들과 친밀한 관계를 맺기를 원하는 사람들에게 좌절감을 안겨 준다. 공동치료 회기에서 치료자는 양측 배우자들로 하여금 둘 다 비슷한 어려움과 다른 어려움을 겪고 있으며, 이런 어려움이 결혼관계 속에서 커졌다 할지라도 이것들은 또한 결혼관계와 별개로 존재한다는 사실을 바라보도록 돕게 된다.

조현성-경계성 관계를 가진 부부의 치료는 한쪽 배우자로 하여금 따로 치료를 받거나, 약물치료를 받거나, 입원을 하도록 권고를 받을 수도 있다. 만일 치료의 목적이 독립성과 자율성을 키우고 결혼의 만족도와 조화를 높이기 위한 것이라면, 대체로 장기 부부치료가 필요하다.

## 약물치료

현재까지 향정신성 약물 중에서 조현성 성격장애 환자들의 치료에 명시적인 약물은 없다(Silk & Feurino, 2012). 몇몇 통제된 실험은 항정신성 약물이 조현형 성격장애를 치료하는 데 유용했음을 보여 주었기 때문에(Koenigsberg, Woo-Ming, & Siever, 2002), 조현성 성격장애에도 이런 약물치료가 효과가 있지 않을까 기대를 받았었다. 안타깝게도 그런 기대는 실현되지 못하였다. 그럼에도 불구하고 항정신성 약물은 여전히 처방되고 있다. 하지만 이는 정신적인 보상 작용의 상실이 보고되었을 때만 유용할 것이다(Sperry, 1995b). 게다가 조현성 성격장애에 대한 약물 사용의 지침을 제시하기 위한 연구 자료가 거의 없다(Silk & Feurino, 2012).

## 병행/통합적 치료 접근

조현성 성격장애 환자들은 평소에 관계 맺기를 회피하듯이 정신건강 전문가들을 회피하려는 경향이 있다. 이들이 간혹 가족들의 재촉에 의해 도움을 요청하러 온 경우에는, 얼마 지나지 않아 너무 이른 시기에 치료를 종결하려는 경향이 있다(Stone, 1989). 이는 치료의 과정에서 환자들의 환심을 살 기회가 너무나 적음을 의미한다. 치료양식을 결합하고 치료적 접근을 통합하는 일은 치료에의 전념과 긍정적인 결과 모두를 촉진시킬 수 있다.

Gabbard(1994)는 대다수의 조현성 성격장애 환자의 치료 방법을 선택할 때 집단

정신역동치료와 개인 정신역동치료를 병용하는 방식을 옹호한다. 하지만 그는 환자들이 집단치료를 받도록 권고받았을 때에는 치료자에게 배신당한 기분까지 느끼면서 뒷걸음칠 것이라고 경고한다. 그래서 Gabbard는 집단치료를 권하기 전에 집단 경험에 관하여 상상하며 탐색하는 작업이 선행될 필요가 있다고 제안한다. Stone(1989) 또한 개인치료와 집단치료를 병행할 것을 제안한다. 하지만 그는 환자와 치료자가 우선 둘만의 안정적 관계를 구축하고 나서 바로 그 치료자와 함께 집단치료를 진행하는 발전적 접근을 제안한다. 두 가지 예시 모두에서 혼합치료가 동시에 실시되었다.

앞서 언급했듯이, McCormack(1989)은 수많은 분열과 투사적 동일시가 있을 때 특별히 부부치료와 개인치료를 병행하였다. 가족치료와 개인치료를 병용하는 것은 조현성 성격장애 환자가 경제적으로 가족에게 의존하거나 가족과 함께 사는 경우에 특히 이점을 가지고 있다. 가족은 환자가 개인치료 및 집단치료를 이어 갈지에 대해서 엄청난 영향력을 행사할 수 있다.

Armstrong(2002)은 물질 남용 환자들에게서 나타나는 조현성 성격에 대하여 설명한다. 그는 이들이 관계 맺기를 원하나 사회적 불안감이 이런 식으로 자리 잡고 있다는 사람들이라는 것을 주장함으로써 다른 이들과 궤를 같이한다. 물질 남용은 이들이 약물을 통하여 강력한 느낌을 얻는 동안에 스스로를 타인으로부터 적극적으로 고립시키는 한 가지 방식이다. 이렇게 이중으로 진단을 받은 환자들을 위하여, 동기면담과 같이 물질 남용의 행동을 고치는 것을 목표로 하는 치료를 추가하는 것이 도움이 될 것이다.

Slavik 등(1992)은 치료 양식의 병용과 치료적 접근 방식의 통합을 옹호한다. 이들은 개인치료와 집단치료가 함께 이루어질 때의 유용성을 지적한다. 그리고 이들은 아들러식 접근이 환자의 스타일, 필요, 기대에 따라서 어떻게 대상관계이론적 접근, 사회 기술 훈련, 최면 그리고 심리극과 통합될 수 있는지를 설명한다. 이 저자들은 조현성 성격장애가 확실히 치료 가능한 것인데, 환자들이 대부분 치료가 안 되는 것은 치료자들이 환자들과 관계를 맺고 격려하여 변화의 과정에 들어설 수 있는 방법을 충분히 찾아내지 못했기 때문이라고 믿는다.

제12장

# 조현형 성격장애

조현형(schizotypal) 성격을 갖고 있는 사람들은 조현성 성격과 몇 가지 공통점이 있다. 이들은 기이한 행동과 독특한 내용의 생각을 특징적으로 드러낸다. 보통 이들은 기이한 정신내적 경험을 묘사하고, 특이하고 흔치 않은 방식으로 생각하고, 관계를 맺기가 어렵다. 하지만 이런 특징들 중 정신병적 단계에 이르는 것은 없다. 조현형 성격장애는 조현병 스펙트럼 장애의 하나로 여겨져 왔는데, 이는 조현병이 조현형 성격장애 환자의 가족 구성원들 중에서 높은 빈도로 발생하기 때문이다(Kwapil & Barrantes-Vidal, 2012).

이 장은 조현형 성격장애의 평가 및 치료를 위한 이론적 틀을 기술하고 있으며, 진단, 심리평가, 사례개념화, 치료 중재 등을 포함하고 있다. DSM-5의 기술과 원형적 기술, 배경 정보를 먼저 소개하고, 사례개념화 부분에서는 널리 사용되는 다섯 가지 접근법, 즉 정신역동적 · 생물사회적 · 인지행동적 · 대인관계적 · 통합적 개념화에 따라 이 성격장애의 임상적 측면을 살펴보고자 한다. 또한 개인치료, 집단치료, 부부 및 가족 치료, 약물치료, 병행 및 통합 치료 등 여러 가지 치료적 접근법과 치료양식, 중재 전략도 기술하였다.

## 조현형 성격장애의 기술

조현형 성격장애는 조현형 성격양식 vs. 조현형 성격장애, 촉발사건, 행동양식, 대인관계 양식, 인지양식, 정서양식, 애착양식 그리고 최적의 진단기준 같은 요인과 특성으로 나누어 설명할 수 있다.

**양식 vs. 장애.** 조현형 성격을 건강함에서부터 병리라는 연속체적 관점에서 본다면 조현형 성격양식은 건강함의 끝에, 조현형 성격장애는 병리의 끝에 해당한다. 〈표 12-1〉에서 조현형 성격양식과 조현형 성격장애를 비교하였다.

다음의 두 가지 사례는 조현형 성격장애(Ms. R)와 조현형 성격양식(Ms. S)의 차이를 더욱 명확하게 보여 준다.

**〈표 12-1〉 조현형 성격양식과 조현형 성격장애의 비교**

| 성격양식 | 성격장애 |
|---|---|
| 자신의 감정과 신념에 경도된 채 유지되는 경향이 있음 | 관련 관념; 의심이 많거나 편집형 사고; 부적절하거나 위축된 정동 |
| 타인을 예리하게 관찰하며, 타인이 자신에게 어떻게 반응하는지에 특별히 민감함 | 과도한 사회불안(사회 속에서 낯선 사람들과 엮이는 것을 극도로 불편해함) |
| 추상적이거나 사변적인 생각에 끌리는 경향이 있음 | 특이한 신념이나 마법적인 생각, 영향을 주는 행동과 규범적 하위문화와의 모순(미신, 예지력, 텔레파시, 혹은 '육감') |
| 오컬트, 초감각, 초자연적인 것을 잘 수용하거나 이에 관심이 있음 | 특이한 지각적 경험(환상), 실제로는 없는 힘이나 사람의 존재를 감지하는 것("죽은 어머니가 방안에 함께 있는 게 느껴져.") |
| 사회적 관습에 무관심하고 흥미롭고 독특한 생활 방식을 영위함 | 기이한 행동과 외양(부스스한 외모, 특이한 버릇들, 혼잣말, 연설) |
| 대체로 아주 적은 친밀관계만 필요로 하며 자기주도적이고 독립적임 | 직계가족 외에는 절친한 친구들이 없음(혹은 1명뿐임) |

### 사례 조현형 성격장애

R은 41세 미혼 여성이며 어머니의 의뢰로 동네 정신의학과 병원을 방문하였는데, 그 이유는 R이 의욕이 없고 친구도 없고 바깥 활동을 하지 않았으며 이웃들은 그를 괴짜라고 여겼기 때문이다. R의 아버지는 최근 은퇴했고, 연금이 적어서 부모는 생활에 어려움을 겪고 있는 중이었다. R은 10년간 일하던 생산라인 업무에서 해직된 이후로 최근까지 8년을 부모와 함께 지내고 있었다. 환자는 선뜻 자신이 홀로 지내기를 선호한다고 인정했지만 그것이 자신의 문제라는 것은 부정하였다. 그녀는 어머니가 자신과 남편이 죽고 나면 그녀에게 벌어질 일에 대해 염려하고 있다고 믿었다. R은 평균 정도의 성적으로 고등학교를 졸업한 외동딸이었지만 학교에서 방과후 활동에는 전혀 참여한 적이 없었다. 그녀는 데이트도 전혀 안 해 봤고 친구로는 4년간 대화가 없었던 여성 친구 1명뿐이라고 하였다. 부모님 댁으로 들어간 이후로 그녀는 점성술 도서와 자신의 점성술 예측 기록들이 가득한 자신의 방에서 지냈다. 진찰을 받을 때 그녀는 주변을 경계하고 다소 비협조적이었으며, 헝클어진 머리와 옷차림에 또래보다 나이가 더 들어 보였다. 그녀의 어조는 단조롭고 신중했으며, 검사자와 눈을 잘 맞추지 못하였다. 그녀의 생각은 모호하고 연결이 잘 안 됐으며, 자신의 운명이 별들에 달려 있다는 믿음을 표출하였다. 그녀는 특정 망상이나 지각 이상에 대해서는 부인하였다. R의 정동은 치료자가 비판적이라고 생각해서 화를 냈던 한 삽화를 제외하고는 위축되어 있었다.

### 사례 조현형 성격양식

S는 37세로 대형 출판사의 원고 검토 편집자이다. 그녀의 주 업무는 공상과학과 오컬트 분야의 제안서와 원고들을 검토하여 회사의 출판 여부를 결정하는 일이다. 그녀는 자신의 업무에 매력과 활기를 느끼는데, 그 이유는 그녀의 상사가 5일 중 4일은 재택근무를 하도록 허락해 주었기 때문이다. 그녀는 9시에서 5시까지의 전형적인 근무를 매우 힘들어했는데, 그 이유는 그녀가 낮에는 자고 밤에 일하는 것을 선호했기 때문이다. 접수된 원고를 검토할 때 그녀는 자기 자신이 이야기의 주인공이라 생각하고서 말 그대로 줄거리 속으로 들어가 보려 노력하며 이야기의 느낌을 살리기 위해 적절한 의상을 착용하고, 향을 피우고, 적절한 배경음악을 틀기도 한다. 그녀는 마크를 남자친구라기보다는 '소울 메이트'라 칭한다. 그들은 실제로 데이트를 하지는 않는데, 이는 마크가 다른 도시에 살기 때문이다. 그러나 이들은 전화로 긴 시간 통화를 하고, 나머지 시간에는 '그들의 영혼이 대화하도록' 한다. 종종 이들은 UFO나 스타트렉 같은 다양한 공상과학 관련 모임에서 만난다.

**촉발사건.** 행동양식, 대인관계 양식, 인지양식, 정서양식에서도 언급되겠지만, 의존성 성격장애의 특징적인 부적응적 반응(Othmer & Othmer, 2002)을 촉발 또는 활성화시키는 상황, 환경, 사건은 '친밀한 대인관계'이다.

**행동양식.** 행동적으로 조현형 성격장애 환자들은 기이하고 변덕스럽고 특이한 기능 방식을 갖고 있다. 그들은 말하는 것이 일관성이 없지는 않지만 아주 독특하다. 직장에서 이들은 부적응하여 길게 일하지 못하고 관두거나 해고당하게 된다. 일반적으로 이들은 직장이나 주거지 이곳저곳을 전전하게 된다. 이들은 오래 참는 일을 회피하는 경향이 있으며 일하는 도중에 연락을 끊고 잠적을 하기도 한다.

**대인관계 양식.** 대인관계에 있어서 이들은 친구가 있다손 치더라도 거의 없다. 이들이 혼자 일을 하며 사회적으로 고립되는 것은 불안감으로 표출되는 극심한 사회불안의 결과일 수 있다. 이 불안감은 친밀감을 통해 없어지지 않으며 부정적 자기평가보다는 망상과 관련되어 있다. 이들이 결혼을 하게 되면 피상적이고 얕은 관계를 맺기 때문에 짧은 시간 안에 별거나 이혼으로 이어지곤 한다. 이들은 주변인으로 살게 되며 자신의 능력에 비하면 가벼운 일이나 타인과의 소통이 적은 일을 하게 되는 경향이 있다.

**인지양식.** 조현형 성격장애 환자의 인지양식은 산발적이면서 곰곰이 생각하는 모습으로 그려지며, 인지 불이행으로 특징지어지기도 한다. 미신, 텔레파시, 특이한 환상이 특징으로 나타난다. 이들은 모호한 관계사고(ideas of reference)와 비인간화와 관련된 반복적인 환영, 환청, 환시, 관계망상이 없는 비현실적인 경험을 묘사할 것이다.

**정서양식.** 이들은 위축된 감정으로 인하여 차갑고 냉담하고 정서가 결여된 양식으로 묘사된다. 이들은 유머가 없고 말을 섞기 어려운 사람들인데, 이는 아마도 이들이 대체로 의심 많고 불신하는 특성을 갖고 있기 때문일 것이다. 또한 이들은 실제든 상상이든 모욕에 과민하다.

**애착양식.** 부정적인 '타인관'과 긍정과 부정을 오가는 '자기관'을 가진 사람들은 두려움과 거부형이 결합된 애착양식을 드러낸다. 이들은 자신이 특별하고 특권층이라 여기는 경향이 있지만, 또한 타인이 잠재적으로 자신에게 해를 가할 수도 있으면서도 동시에 자신에게 필요한 존재라는 사실도 유념하고 있다. 그러므로 이들은 타인에 대한 경계와 의존의 마음을 동시에 품고서 그들을 이용하여 자신의 필요를 채운다. 이러한 두려움-거부 애착양식은 조현형 성격장애를 가진 이들에게서 흔하게 나타난다.

**최적의 진단기준.** 조현형 성격장애에 대한 모든 진단기준 중 가장 유용한 기준은 '특이한 생각과 말, 즉 이상하고 특이한 행동과 외양'이다. 임상가는 이 기준의 유무를 파악해 보다 신속하게 조현형 성격장애를 진단할 수 있다(Allnutt & Links, 1996).

## DSM-5 기술

이 성격장애를 갖고 있는 사람들은 왜곡된 지각과 기이한 행동은 물론 중대한 불편함과 제한된 관계 능력을 동반한 사회적 · 대인관계적 결손의 끊임없는 패턴의 특징을 보인다. 이들은 자신의 행동에 영향을 미치면서도 자신이 속한 하위문화와 일치하지 않는 특이한 신념과 사상은 물론 관계사고를 경험한다. 이들은 또한 신체적 환상과 이상한 말을 생각하는 것과 같이 특이한 지각을 경험한다. 이들은 의심이 많거나 편집증적 사고를 하기 쉽다. 이들은 부적절하거나 위축된 감정과 이상하고 특이한 행동을 드러낸다. 몇몇 예외를 제외하고는, 이들은 직계가족을 제외하고는 친한 친구가 없다. 이들은 타인에게 둘러싸여 있을 때 의심과 두려움이 결합된 극도의 사회불안을 경험하며, 이는 친밀함으로 경감되지 않는다(American Psychiatric Association, 2013).

'성격장애에 대한 대안적 DSM-5 모델'은 이 성격장애에 대한 또 다른 설명을 제시한다(American Psychiatric Association, 2013). 이는 손상된 관계의 능력과 왜곡된 자기상과 의심, 제한된 감정 표현에 관련된 앞뒤가 안 맞는 목표들과 관련 있는 지각, 인식, 행동의 특이함으로 설명된다. 이들이 겪는 특유의 어려움은 의심, 위축, 제한된 감정, 기이함, 특이한 신념과 경험이나 인식과 지각 조절장애뿐만 아니라 정체성, 자기지시, 공감, 친밀감까지도 포함한다.

## 원형적 기술

원형은 특정 장애가 일반적으로 어떤 모습으로 나타나는지 그 본질을 포착하여 짧게 설명한 문장이다. 원형적 기술은 유용하고 편리하기 때문에, 임상에서 행동 기준 목록이나 핵심 신념 목록 대신 사용되는 경우가 많다(Westen, 2012). 다음은 조현형 성격장애에 대해 일반적으로 알려진 원형적 기술이다. 이들은 체계적이지 못한 언행과 무딘 감정을 보이지만, 이들의 망상이나 환각이 조현병의 진단기준에는 해당하지 않는다. 이들이 보이는 이상한 생각과 행동, 특이한 신념, 색다른 지각 경험은 정신증의 문턱 아래에 있다. 이러한 증상들은 일찍 나타나기 시작하여 보통은 평생 안정된 형태로 남아 있게 된다. 또한 이런 증상을 가진 사람들이 아스퍼거장애로 오진되는 경우가 드물지 않다.

### 유병률

일반 인구에서 조현형 성격장애의 유병률은 0.6~4.6%로 추정된다(American Psychiatric Association, 2013). 임상 장면에서 추정 유병률은 0.6~9.1%로 상대적으로 드물게 관찰된다(Torgersen, 2012).

## 조현형 성격장애의 개념화

### 정신역동적 사례개념화

Gunderson(1988)은 조현형 성격장애의 역동에 대하여 알려진 게 거의 없음을 인정한다. 정신분석학적 배경을 가진 저자들 중에서 Gabbard(1990)는 약화된 조현병 형태의 증상을 연상시키는 몇몇 증상을 제외하고는 조현성 성격과 조현형 성격은 본래적으로 유사하다고 믿었다.

반면에 Kellerman과 Burry(1989)는 이 두 장애의 역동은 크게 다르다고 믿었다. 이들은 조현성 성격장애가 편집성 및 강박성 성격장애와 함께 감정조절되는 정서양식이라 분류하는 반면, 조현형 성격장애는 경계성 및 회피성 성격장애와 함께 및 회피하는 정서양식으로 분류한다.

Kellerman과 Burry는 조현형 성격장애 환자들이 아마도 아주 어린 시기에는 대상과 일관된 접촉을 경험했을 것이라 믿었다. 그러나 이들의 부모는 충분한 정서적 친밀함과 따뜻함을 제공하지 못했고, 아마도 가혹하고 비판적이었을 것이다. 아마 이런 요소들이 이 부류의 환자들에게 나타나는 극도의 사회 불안에 대한 방어 기제로 작용하는 사회적 과민증의 원인일 것이다. 감정은 보통 억제되지만, 한번 표현되면 부적절하게 드러나는 경향이 있다. 대개 이들은 두려움과 분노를 외현화하기 위해 투사를, 마술적 사고에 대한 집착과 정서적 과잉자극을 감소시키기 위한 주지화를, 자신을 합리화하고 바람직하지 않은 사회적 상호작용을 차단하기 위한 히스테리적 부정과 같은 다양하고 폭넓은 방어 기제를 활용한다.

## 생물사회적 사례개념화

Millon과 Everly(1985)는 조현형 성격이 조현성 성격장애와 회피성 성격장애 증상이 연속된 것이라고 보았다. 따라서 조현형 성격장애의 원인과 발달을 결정짓는 요인은 조현성과 회피성 성격장애의 경우와 비슷하지만, 그 강도나 지속성은 훨씬 크다. 조현형-조현성 변이의 생물학적 지표들은 유전적 소인을 포함한다는 연구 결과가 보고된 바 있다(Torgerson, 1984). Millon과 Everly는 조현형-조현성을 가진 사람들이 어린아이같이 유치한 반응 패턴을 보인다고 했는데, 이는 아마도 유아기 때 자극의 결핍과 이로 인해 부모가 무관심하게 되는 일련의 과정을 통해 일어나는 것으로 보인다. 게다가 이들은 대뇌 변연계의 복잡하게 얽힌 활동 체계의 상승이 꺾일 때 이것이 이 사람들에게는 자동 자극(autostimulation)과 환상의 결과를 낳을 수 있다는 사실에 주목한다. 환경적으로 부모 간의 소통이 깨진 냉랭하고 형식적인 가족은 아마도 이런 성격 패턴과 장애를 발생시키는 생래적(biogenic) 요소들과 상호작용을 할 것이다. 조현형-회피성 경향 사람들의 배경은 약간 다르다. 유전적으로 이 사람들은 '더딘' 기질을 보일 가능성이 높다(Thomas & Chess, 1977). 이 사람들은 불안해하고 긴장하고 새로운 환경에 빠르게 적응하지 못하는 경향이 있다. 이런 행동은 부모의 긴장과 비방을 촉발시킬 수 있는데, 이런 반응은 이 기질을 더 악화시킬 뿐이다. 사회적으로 이런 사람들의 발달사는 보통 동료나 형제자매에 대한 모욕뿐만 아니라 부모에 대한 비난으로 나타나며, 사람에 대한 불신과 낮은 자존감이라는 결과를 낳는다. 이러한 비하와 모욕적 태도가 지속되면 결국에는 자기비판과 자기

경시로 이어진다.

조현형 성격은 사회적 고립, 과보호, 자기단절에 의해 악순환된다. 사회적 고립과 과보호가 즉각적으로는 유익할 수도 있지만, 길게 봤을 때는 의존성을 키우는 것 말고도 사회성 기술들을 발달시킬 기회를 박탈한다는 점에서 역효과를 낳는다. 더욱이 이들의 자기단절적인 경향은 이 성격장애의 특징인 인지적 · 사회적 악화를 더욱 키우고 고착시키는 데 기여한다(Millon & Davis, 1996).

## 인지행동적 사례개념화

Beck(2015)에 의하면, 조현형 성격을 가진 사람은 특이하고 다른 사람들과 다르다. 이 성격장애를 가진 사람들에게는 특징적인 핵심 신념, 조건적 신념, 도구적 신념이 있다고 알려져 있다. 이들의 **핵심 신념**은 '세상은 나에게 신경을 쓰지 않으며 인생은 설명될 수 없는 거대한 힘으로 가득 차 있다'고 믿는 것이다. 이들의 **조건적 신념**은 '사람들에게 다가가면 거절당할 것'이라는 믿음이다. 만일 다른 사람들이 이들을 다르게 보기 시작하면 이들은 홀로 남겨질 것이며, 이들이 특별한 재능을 사용한다면 그 힘이 이들을 지켜 줄 것이다. 이들의 **도구적 신념**은 '달라지는 것이 곧 보호하는 것'이라는 믿음이다. 이런 다양한 신념의 기저에는 자신과 세상에 대한 신념이 깔려 있다. 이들은 자신이 남들과 다르고, 특별하고, 재능 있고, 초자연적으로 맞추어졌다고 보는 경향이 있다. 이들은 대개 타인을 바라볼 때 불친절하고, 적대적이고, 믿을 만하지 못하며, 자신의 특별함을 이해하지 못한다고 생각한다. 그렇기에 이들의 기본 전략은 특이한 외모와 버릇을 만들고, 다른 사람들과 거리를 두면서 자신들의 특별한 재능과 마술적인 힘을 스스로를 보호하는 일에 사용하는 것이다(Renton & Mankiewicz, 2015).

Turkat(1990)는 조현형 성격장애를 행동주의적 관점에서 설명하지만, 이에 대한 행동적 공식화를 제시하지는 못한다. 대신 그는 이 사람들이 매우 다양하게 행동을 표출하는 경향이 있음을 언급한다. 이는 조현형 성격이 회피성 성격 혹은 조현성 성격의 보상 실패(decompensation)로 인한 것이라는 관찰 결과와 일치한다(Millon & Davis, 2000; Millon & Everly, 1985).

## 대인관계적 사례개념화

Benjamin(2003a)에 의하면, 조현형 성격장애를 진단받는 사람들은 습관적으로 부적절한 말을 했다는 이유로 부모에게 야단을 맞았을 가능성이 높은데, 이들의 부모도 조부모로부터 동일한 이유로 야단을 맞았을 것이다. 이를테면, 집에 잘 안 들어오는 아버지가 아이가 집에 잘 없다고 엄청나게 혼을 낸다. 본질적으로 그런 부모는 '독심술'을 사용하는데, 이는 설령 집에 같이 있지 않더라도 자신이 아이에 대해 아주 중요한 무언가를 '알고' 있다고 전제하는 것을 의미한다. 이런 조현형 모델링의 최종 결과는 환자가 텔레파시, 독심술 혹은 '육감'과 같은 특별한 수단을 통해서 이런 방식의 '앎'을 모방한다는 것이다. 또한 부모는 지나친 강요와 압력을 행사하여 아이들에게 집안일을 시킴으로써 이들에게 부적절하게 의존할 가능성이 높다. 따라서 아이들은 안 좋은 결과를 피하기 위해 적절한 행동과 복종을 배우게 된다. 그 결과로 어른이 되면 통제권을 가져다주는 의식(rituals)을 따르는 역설적인 경향성을 갖게 된다. 종종 이 아이들의 성격적 경계를 침범하는 가혹한 학대가 흔히 일어난다. 게다가 친구 집에서 놀기 위해서나 혹은 여타 이유로 집을 비우지 못하도록 부모가 강하게 막을 가능성이 또한 높다. 이런 것들을 금지하면 사회적 감수성과 기술의 발달에 방해가 되고, 환각이나 자폐증뿐만 아니라 사회적 고립을 더욱 강화시킨다. 결국 모욕을 통해 공격당하고 통제당할 것에 대한 공포가 생기게 된다. 이런 사람들은 적대적 위축과 자기방임을 하기 쉽다. 게다가 이들은 자신이 원거리에서 텔레파시나 의식을 통해 마술적으로 환경과 사람에 영향을 줄 수 있다고 믿는다. 이들이 자신이 지닌 공격적인 감정을 알고 있다 하더라도 이들은 보통 그것을 억누른다.

## 통합적 사례개념화

통합적 사례개념화는 조현형 성격장애가 어떻게 발달되고 유지되는지에 대한 생물사회적 설명을 제시한다. 이 성격장애는 조현성 혹은 회피성 성격장애 증상의 연장 혹은 퇴보이기 때문에(Millon, 1981), 이 두 가지 하위양식의 생물학적·기질적 특징은 논의될 필요가 있다. 조현형 성격의 조현성 하위양식은 수동적이고 유아기적인 패턴의 특징을 갖고 있는데, 이는 아마도 낮은 자율신경계 반응성과 유아기적 자극의 결핍으로 이어진 부모의 무관심으로부터 기인했을 것이다. 반면에 회피성 하위양식은 겁 많은 유아기적 기질 패턴의 특징을 나타낸다(Millon, 1981). 이는 아마도 아이에 대한 부모의 비판과 비난이 형제자매나 동료의 비난에 의해 더 심해진 탓에 자율신경계 반응성이 커졌기 때문일 것이다. 이 두 종류의 하위양식 모두 조현병 환자와 마찬가지로 손상된 안구 추적 동작의 특징을 가진다.

심리학적으로 조현형 성격장애 환자들은 자신, 타인, 세상 그리고 삶의 목적을 다음 주제들을 통해 바라본다. 이들이 자신을 바라보는 방식은 다음의 문장들과 비슷한 양식이다. "난 남들과 사고방식이 달라." 이들은 흔히 '무아(selfless)' 상태를 경험하는데, 이는 그들이 공허함, 소외, 여생과의 단절 혹은 분리되었다고 느끼는 것을 말한다. 이들은 "인생은 이상하고 특이한 것이며, 남들에게는 특별한 마술적 의도가 있다."라는 말과 비슷한 세계관을 갖고 있다. 그렇기에 이들은 이런 결론에 도달할 것이다. "남들의 이런 특별한 마술적 의도에 대해 궁금해할 때 주의할 필요가 있다." 이들이 활용하는 가장 흔한 방어 기제는 취소(undoing)인데, 이는 '사악한' 짓과 생각을 그들의 기이하고 이상한 신념과 행동을 통해 중화시키는 효과를 뜻한다.

사회적으로 조현형 성격장애는 예측 가능한 부모의 양육 패턴과 환경적 요소를 발견할 수 있다. 부모의 양육 패턴은 앞서 말했듯이 조현형 하위양식의 차가운 무관심 혹은 회피형 하위양식의 비난하고 경멸하는 양육 방식과 가정 환경이 원인으로 언급된다. 조현성 성격장애나 회피성 성격장애의 사례 모두 당시 원가족의 기능 수준이 언급된다. 부모 간 소통의 붕괴는 조현형 성격장애의 두 가지 하위양식 모두에서 흔히 발견되는 특징이다. 그들은 부모로부터 "너는 이상한 아이야."라는 소리를 들어 왔을 것이다(Sperry, 2015; Sperry & Mosak, 1996).

〈표 12-2〉에서 조현형 성격장애의 특징을 요약하였다.

**〈표 12-2〉 조현형 성격장애의 특징**

| 촉발사건 | 친밀한 대인관계 |
|---|---|
| 행동양식 | 기이하고 이상한 행동<br>이상하지만 맥락이 없지는 않은 말<br>비인격화 및/또는 성격의 해리 |
| 대인관계 양식 | 특이한 관심을 통해 타인과 연결 지으려 함<br>마음이 같은 집단 아니면 남을 의심함<br>사회적 관습에 무관심함 |

| | |
|---|---|
| 인지양식 | 주제를 벗어난 산발적인 사고 과정<br>마술적인 생각을 하며 미신적임 |
| 정서양식 | 부적절하거나 위축된 감정<br>과민함 |
| 기질 | 조현성 유형: 소극적인 유아기적 패턴<br>회피성 유형: 두려워하는 유아기적 패턴 |
| 애착양식 | 두려움과 의존 |
| 부모의 금지명령 | "너는 이상한 아이야." |
| 자기에 대한 관점 | "난 남들과 사고방식이 달라." |
| 세상에 대한 관점 | "인생은 이상하고 특이한 것이며, 남들에게는 특별한 마술적 의도가 있다. 남들의 이런 특별한 마술적 의도에 대해 궁금해할 때 주의할 필요가 있다." |
| 부적응적 도식 | 소외, 유기, 의존, 취약성 |
| 최적의 진단기준 | 생각, 말, 행동 혹은 이상하고 기이하고 특이한 외모 |

## 조현형 성격장애의 평가

정보 출처가 다양하면, 성격장애의 진단과 치료 계획 수립에 유리하다. 임상 면담에서 얻는 환자의 자기보고 외에도 관찰, 부수적 정보, 심리검사 등이 중요한 보조 자료로 이용된다. 이 절에서는 임상가가 해당 성격장애 환자를 처음 만났을 때 관찰할 수 있는 특징 일부와 라포 형성을 위한 내용을 간략하게 다루었다. 여러 가지 객관적 검사(이를테면, MMPI-2, MCMI-IV) 및 투사검사(이를테면, 로르샤흐 검사, TAT)의 특징적인 반응 패턴에 대해서도 기술하였다.

### 면담 시 행동과 라포

조현형 성격장애를 가진 사람들과의 면담은 보통 놀라운 진술과 특이한 생각들을 이끌어 낸다. 이들이 치료자가 그들의 경험을 이해하지 못한다고 느끼는 한 라포 형성은 어렵다. 치료자가 공감과 이해를 보이는 한도 내에서 이들은 자신의 비밀과 자기만의 세계를 공유하려 할 것이다. 조현성 성격장애와 달리 이들은 쉽게 라포를 형성하며 일반적으로 모든 양식의 질문에 대답하려고 한다. 치료자는 그들이 말하는 감상과 구조를 명확히 하려는 질문을 자주 던지게 될 것이다. 대화를 지속하는 기술이 동반된 공감적 경청은 그들의 경험을 들려주도록 격려하기에 충분하다. 반면에 의심하는 질문이나 그들의 견해에 맞서는 일은 이들을 뒷걸음치게 할 것이다. 이 성격장애를 가진 사람들 중에 기능 수준이 높은 이들은 치료자들도 자신이 경험한 것과 같은 경험을 해 봤는지 알고자 하는 의도로 질문할 수도 있다. 이런 상황을 다루는 것은 더 효과적인 질문을 형성하는 것의 문제라기보다는 라포의 문제에 더 가깝다(Ackley et al., 2011; Othmer & Othmer, 2002).

### 심리검사 자료

MMPI-2, MCMI-IV, 로르샤흐 검사, TAT는 조현형 성격장애뿐만 아니라 조현형 성격양식 또는 특질 진단에도 유용하다.

MMPI-2에서 2-7-8 코드가 이런 사람들에 해당하며(Edell, 1987), 또한 F 척도와 0번(Si, 사회적 내향성) 척도가 높게 나타나기 쉽다(Graham, 2012).

MCMI-IV에서는 S(조현형), 2A(회피성), 7(강박성), 8A(부정성: 수동-공격성)를 예측할 수 있다(Choca & Denburg, 1997; Millon et al., 2015).

로르샤흐 검사에서 이들은 조현성 성격장애를 가진 사람들과 매우 유사한 반응을 할 것으로 기대된다. 하지만 조현형 성격장애 환자들의 반응은 조현성 성격장애보다 조현병이나 경계성 성격장애에 더 가깝다(Swiercinsky, 1985).

## 치료적 접근법 및 개입

### 치료 시 고려사항

조현형 성격장애의 감별진단에는 각기 다른 세 가지의 성격장애가 포함되어 있는데, 조현성, 회피성, 경계성 성격장애가 바로 그것이다. 조현형 성격장애에 가장 흔하게 연관된 장애는 조현병, 그중에서 특별히 와해형, 긴장형, 잔류형이다. 보고된 다른 장애로는 불안장애, 신체증상장애 그리고 해리성장애가 있다. 이 성격장애를 가진 사람들은 심리치료를 위한 관계를 형성하고 유지하기가 어렵다. 전형적으로 이들은 약을 복용 중이고, 부가적으로 심리치료가 의뢰되었을 것이다. 따라서 치료의 중점은 '치료'라기보다는 '관리'에 있다. 따라서 조현형 성격장애의 현실적인 치료 목표는 성격을 바꾸려 하기보다는, 환자가 사회의 주변부에 머물러 있다 하더라도 보다 더 일관되게 기능할 수 있는 능력을 향상시켜 주는 것이다. 구체적으로 성공적인 관리라고 하면 이는 심리교육적 혹은 지지적인 심리치료 기법과 함께 사회적 기술 훈련을 포함해야 할 것이다. Reid(1989)가 지적하기를, 만일 환자들이 장기적 치료를 받을 수 있다면 이들의 증상은 줄어들고 훨씬 더 일관되게 기능할 수 있는 능력을 키울 수 있을 것이라고 하였다. 그는 동질 집단치료가 개인치료에 있어서 때로는 유용한 보조적 역할을 할 수 있다고 본다. 약물치료에 있어서는 소량의 신경이완제가 정신증적 양상을 보이지 않는다 할지라도 조현형 성격장애에 도움이 된다는 사실이 발견되었다. 하지만 약물치료에 대한 순응이 이 성격장애에게는 특히 문제가 될 수 있다는 것도 고지되어야 한다(Sperry, 2015).

## 개인치료

### 정신역동적 접근

조현형 성격장애를 가진 사람들은 입원치료보다는 상담기관, 개인병원 그리고 통원치료를 하며 치료를 받는 경향이 있다. 환자들은 자신의 기능 수준과 치료에 대한 준비도에 따라 정신역동에 기초한 표현적 및 지지적 치료를 통해 도움을 받을 것이다. 정신역동치료의 근간은 갈등의 해석이 아니라 치료적 관계의 내면화이다(Stone, 1985).

근본적으로 치료자의 임무는 올바른 정서적 경험을 제공함으로써 환자의 얼어버린 내면의 대상관계를 '녹이는' 것이다. 환자들의 관계 양식은 부적절한 부모상과의 초기 관계의 결과로 인해 생겨난다. 그 결과 이런 환자들은 자기 자신을 타인으로부터 멀리하는 삶을 살아가게 된다. 그러므로 이에 대한 치료는 내면화될 수 있는 새로운 관계를 제공하는 것이어야 한다(Gabbard, 2000).

Perry, Presniak과 Olson(2013)이 지적했듯이, 조현형 성격장애에 대한 정신역동적 연구는 상대적으로 적게 이루어졌다. 이들은 비디오 녹화를 했던 치료 회기 중에 다양한 성격장애를 갖고 있는 사람들이 사용하는 방어 기제를 평가하는 연구를 진행하였다. 여기서 조현형 성격장애를 가진 사람들은 다른 장애를 가진 사람들보다 가장 적은 방어 기제의 변화를 보였다. 투사, 분리, 수동-공격성 그리고 평가 절하가 가장 흔한 방어로 사용되었다. 조현형 성격장애에 특화된 방어 기제에는 전치와 환상을 포함한다. 이 성격장애를 가진 사람은 다른 사람들을 간접적으로 상대하는 것을 더 좋아한다. 이는 이들의 기본 기능 방식이 비합리적이기 때문에, 치료라는 과제가 매우 도전적이고 어렵다. 놀랄 것도 없이, 이들은 침묵과 정서적 거리두기에 반응을 한다. 치료자들은 관대하고 흔쾌히 받아 주는 태도를 취할 필요가 있고, 이 사람들에게 극도로 인내심을 가져야만 한다. 이때 환자들의 침묵이 치료에 대한 저항이라기보다는 관계를 맺는 비언어적 방식임을 이해하고 있으면 도움이 될 것이다. 제3의 귀로 들음으로써, 치료자는 이 환자들로부터 많은 것을 배울 수 있다. 투사적 동일시를 통해 이들은 몇몇 반응을 보이게 되는데, 이 안에 환자의 내면세계와 관련한 귀중한 진단 정보가 담겨 있다(Gabbard, 1990). 조현형 성격장애 환자를 대하는 데 있어서 전이의 문제를 효과적으로 다루는 것은 매우 중요하다. 그들의 침묵에 별다른 의미가 없다는 것을 받아들인다는 것은 지지적인 치료자들의 심리적 성향과 그간의 훈련을 고려할 때 낯선 것이다. 그러므로 침묵이 지속될 때 치료자는 어떤 행위를 하거나 환자에게 자기표상 및 대상표상을 투사하는 것을 경계해야 한다(Gabbard, 1990).

**장기 vs. 단기 정신역동치료.** 정신역동치료의 양식과 빈도에 관한 결정은 환자의 기능 수준과 치료에 대한 동기 및 준비 정도에 기초해야 한다. 우울한 증상을 어느 정도 드러내거나 공감과 따스한 감정을 갖고 있는 고기능 조현형 성격장애 환자들은 역동적 심리치료 과정에서 더 나은 결과를 얻는 경향이 있다(Stone, 1983). 이와 유사하게, 판단, 현실 검증, 인지 불이행의 관점에서 자아 기능이 더 좋은 환자들은 자아 기능이 부족한 환자들보다 치료적으로 더 나은 경향을 보인다.

탐색적인 심리치료에 크게 동기부여가 되는 이런 환자들은 주 2~3회씩 수년간 이어지는 강도 높고 장기적인 치료를 통해 커다란 변화를 얻는다. 다른 한편으로, 장기적인 지지적 심리치료는 자아 결손과 기이한 특성을 보이는 다수의 조현형 성격장애 환자에게 권장되고 있다. 이러한 치료의 목적은 일상 속에서 더 나은 기능적

적응력을 보이는 것이다(Stone, 1989). Mehlum 등(1991)은 조현형 성격장애를 가진 이들을 위한 정신역동적 원리에 기초를 둔 장기적 외래치료 프로그램을 만들었다.

단기 정신역동치료는 직업관계나 개인적 삶과 관련하여 위기나 상황적 어려움을 접한 사람들에게 권장된다. 또한 이전의 장기 심리치료 과정에 대한 후속조치로 활용되기도 한다. 그렇기에 단기 정신역동치료를 통해 치유된 환자가 드문 것은 당연한 일이다.

### 인지행동적 접근

Stone(1989)은 더 잘 '어울리고' 덜 소외되기를 열망하는 조현형 성격장애 환자들에게는 교정적 경험이 필수적이라고 지적한다. 이런 경험에는 웅변 수업이나 데일 카네기 코스(Dale Carnegie course),[1] 혹은 환자를 옷가게에 데려가서 직업 면접에 어울리는 의상을 골라 보도록 돕는 일 등이 포함된다. Stone은 또한 동영상 피드백이 환자의 어색한 걸음걸이나 동작을 지적해 내는 데 도움이 됨을 발견하였다. Turkat(1990)는 사례개념화에 따라 불안 관리 그리고 과민증과 과잉각성의 수정이 또한 필요할 것이라고 권고한다.

**인지치료.** Beck 등(2004)은 인지치료 접근 방식이 조현형 성격장애 환자에게 어떻게 적용되는지를 설명하였다. 협력관계를 발달시키는 것이 환자들을 치료하는 출발점이다. 이런 환자들은 타인에 대한 수많은 비합리적 신념을 고수하므로, 치료적 관계의 중요성이 간과되어서는 안 된다. 그리고 환자들이 사회적 관계를 갈망하는 와중에 사회적 고립으로 인한 괴로움을 경험하므로, 치료의 첫 목표는 이들이 사회연결망을 늘리도록 돕는 일이다. 사회적 적응성을 늘리는 것은 연관된 목표이다. 치료자 모델링을 통한 적절한 행동과 말하기를 배우는 것과 사회성 기술 훈련 또한 효과적인 전략이다. 이러한 행동 전략들의 조합을 통해 치료자는 사회적 상호작용에 대한 자동적 사고와 기저의 심리도식을 파악할 수 있도록 환자와 협력적으로 작업한다. 더 적절한 행동을 역할극을 통해 해 보는 것은 더 유의미해진다.

치료에 있어서 가장 중요한 요소는 조현형 성격장애 환자가 감정적 반응에 의존하기보다는 자신의 생각을 판단할 수 있는 환경 속에서 객관적 증거를 추구하도록

1) 역자 주: 데일 카네기가 만든 관계 형성, 리더십, 말하기 능력 등을 포함한 자기개발 트레이닝 프로그램

돕는 일이다. 이들은 부적절한 생각들을 무시하는 법을 배우게 되면서 그러한 생각에 감정적으로 반응했을 때의 결과를 고려할 수 있게 된다. 환자의 기이하고 마술적인 생각들은 증상으로 간주되어, "내가 또 이러는군. 내게 이런 생각이 있더라도 이게 진짜는 아니야."라는 식으로 미리 준비된 대응을 연습하게 된다. 부적응적 신념의 안내된 발견과 직접적인 논박에 더하여, 조현형 성격장애 환자로 하여금 자신에 대하여 계속 예측하게 하고 이런 예측의 정확도를 올리도록 격려하는 간접적인 전략들은 효과적이면서도 덜 위협적인 방법이다. 무의식적 생각과 심리도식에 집중하는 것에 더하여 조현형 성격장애 환자의 인지양식을 바꾸려는 노력도 도움이 된다. 이런 환자들의 소통 패턴은 특이하며 정황에 따라 다르기 때문에 이런 양식을 수정하기 위한 협력적인 공동 실험이 고안될 수 있다. 게다가 Beck 등(1990)에 의하면 치료자가 현실적인 치료 기대를 갖고 있을 때 많은 것이 달성될 수 있고, 환자들이 자신의 행동과 생각의 부적절한 부분을 통제할 수 있게 되면서 협력적 공동 작업은 긍정적인 경험이 될 수 있다.

Freeman 등(1990)은 조현형 성격장애 환자의 인지치료에 대하여 낙관적이지는 않으나, 사회성 기술 훈련과 같은 행동적 개입이 처음에는 유용하다고 지적한다. 환자들의 무의식적 사고와 인지 왜곡이 인지적 방법으로 치료가 가능해지는 것은 오직 환자들이 사회적으로 더욱 적절해질 수 있게 된 이후이다. 다시 말해, 그들이 조현성 성격처럼 행동하기 시작함을 의미한다. 이들의 자동적 사고와 인지적 왜곡은 인지적 기법들을 적용하기에 수월하다.

Renton과 Mankiewicz(2015)는 이 환자들의 성공적인 치료를 위해 협력적이며 신뢰로운 치료적 관계를 맺는 것이 매우 중요하다는 것에 동의한다. 보통 그들은 외적 위기로 인해 어쩔 수 없을 때만 도움을 구한다. 조현형 성격장애 환자들은 치료자에 대하여 의심을 품는데, 여기에는 자신의 의지에 반하여 마음을 읽힐 것이라는 마술적인 생각이 포함될 수 있다. 일단 신뢰가 구축되고 치료 목표가 정해지면, 다양한 인지치료적 방식을 시도할 수 있다. 발달적 사례개념화는 특별히 조현형 성격장애 환자들로 하여금 어떻게 과거의 사건들이 자신이 현재 붙들고 있는 세상에 대한 신념과 법칙을 만들어 냈는지를 바라보도록 돕는 데 유용할 수 있다.

**심리도식치료.** 심리도식치료는 인지치료를 더욱 정교화시킨 것으로, 특히 성격장애 및 치료가 어려운 개인 및 부부 문제를 다루기 위해 Young(1999)에 의해 개발되었다. 심리도식치료는 부적응적 도식을 찾아내고 구체적인 전략과 중재를 계획한다. 주요 전략은 네 가지가 있는데, 인지적 · 경험적 · 행동적 전략과 치료적 관계 그 자체이다. 인지적 재구성과 부적응적 도식의 수정은 중요한 인지적 전략으로, 심상 훈련, 공감적 직면, 과제 부여, '제한된 재양육' 기법을 병용할 수 있다(Young, 1999).

전형적으로 조현형 성격장애와 관련된 부적응적 심리도식은 다음과 같다. **유기**, 즉 중요한 타인이 믿을 만하고 안정적인 도움을 제공하지 않거나 못할 것이라는 신념; **소외**, 즉 자신의 만족을 희생하면서까지 다른 사람의 요구를 맞춰야만 한다는 신념; **피해에 대한 취약성**, 즉 내재적 재앙이 어느 때든 들이닥칠 것이며 이를 예방할 수 없을 것이라는 과장된 두려움 그리고 **의존성**, 즉 다른 사람의 상당한 도움 없이는 일상의 책무들을 완전히 해낼 수 없다는 신념이다(Bernstein, 2002).

### 대인관계적 접근

Benjamin(2003a)에 의하면 조현형 성격장애를 가진 사람들에 대한 심리치료적 개입은 이것이 협동성을 강화하거나, 부적응성 패턴에 대해 배우도록 하거나, 그 뿌리가 이 패턴들을 막거나, 변화 의지를 강화하거나, 효과적으로 새로운 패턴을 장려하는 측면에서 계획되고 평가될 수 있다.

치료자는 조현형 성격장애 환자의 예민함을 포용함으로써 협력을 촉진할 수 있다. 예를 들면, 치료를 시작할 때 치료자는 회기를 취소하는 것과 회기 과정을 통제하는 일에 대하여 꽤나 인내할 필요가 있을지 모른다. 만일 이런 방식으로 거리를 유지하며 통제하지 못하게 된다면, 이들은 치료를 금세 중단할 것이다. 치료자는 점진적으로 이 환자들이 공감적 경청, 정확한 반영 그리고 일관성을 가지고 이런 환자들과 관계를 맺을 수 있어야 한다. 치료가 진행되면서 이들은 충분한 신뢰와 통찰을 발전시킬 것이고 마술과 의식에 의한 통제를 포기하게 될 것이다. 부모와는 다르게 치료자들은 자기를 돌봐 줄 것을 요구하지 않는다. 또한 조현형 성격장애 환자의 부모들과 다르게, 치료자들은 이들에 집중하고 지지적인 관심을 유지할 수 있다. 그러므로 이러한 경험은 정서적인 교정적 역할을 하게 된다.

치료 과정 동안 조현형 성격장애 환자들은 어쩔 수 없었던 학대 상황에서 책임을 지려 했던 노력을 통해 자신으로 하여금 마술적 사고를 하게 만들었다는 것을 깨달을 필요가 있다. 이런 초기 경험을 통해 이들은 과도한 힘과 영향력을 지녔다고 믿게 되었다. 다음으로, 이들은 언제 그리고 어떻게 현실을 왜곡하는지 깨닫도록 도움을 받는다. 동시에 이들은 자신을 지금-여기에 계속 발을 딛고 있도록 새로운 자기 대화를 배운다. 이후에 이들은 어렸을 때 경험하고 배웠던 것들이 자신이 갖고 있는 비현실적인 생각의 원인을 제공했음을 이해하도록 도움을 받는다. 그러나 재구성적 변화가 일어나기 위해서는 어렸을 때의 학대자들에게 충성을 유지하면서 자기 자신과 타인을 마술적으로 보호하길 바라는 태도를 바꾸어야만 한다. 예를 들면, 기저의 소망과 관련된 자살적 혹은 기타 환상들을 해석하는 일은 환자로 하여금 새로운 선택의 기회를 갖게 하면서 더 온전한 자각을 하게 이끈다. 정확한 반영과 공감은 이런 환자들이 자신과 세계와 타인을 바라보는 더 나은 관점을 되찾고 시각화하고자 하는 자신의 의지를 동원하도록 도울 수 있다. 이런 환자들과 함께할 때 치료자는 반드시 주의를 유지해야 한다. 왜냐하면 환자가 계속 치료를 받고 싶어서 계속 부적응적 행동을 지속하는 것과 이들이 변화를 촉진하게 되었을 때 그들을 가로막는 것 사이에는 깨지기 쉬운 균형이 유지되고 있기 때문이다. Benjamin은 학습 패턴에 있어서 큰 변화가 일어날 것이라는 견해에는 회의적인데, 이는 이 성격장애에 유전적인 영향이 개입한다고 믿기 때문이다.

## 집단치료

조현형 성격장애 환자들의 집단치료에 관한 임상적 보고가 많지는 않다. 그럼에도 불구하고 조현형 성격장애 환자들이 집단치료의 도움을 통해서 혜택을 얻는다고 볼 수 있는 충분한 지표가 있다(Mehulm et al., 1991; Stone, 1989).

집단치료의 합리적인 결과 혹은 목표는 다른 사람들도 조현형 성격장애 환자들과 같이 환상을 갖고 자기비판을 한다는 자각을 향상시키는 것과 자신이 비호감이라는 확신이 든다고 할지라도 다른 사람들이 자신에게 호감을 가질 수 있는 여지가 있다는 사실을 더욱 인식시키는 것이다. 집단치료는 서먹하거나 이상하게 말하는 것과 같이 사회적으로 소외를 유발하는 경향에 영향을 줄 수 있다. 동질 집단은 이런 경향을 어느 정도 관용해 줄 수 있다. 그러나 관용의 한도를 넘어서게 되면, 이런 행동들은 환자나 다른 집단 구성원들에게 영향을 주게 되어 집단치료의 과정 자체가 뭉개지게 된다. 분명한 것은, 어떤 조현형 성격장애 환자가 집단에 들어가서 도움을 얻을지 적절한 선택을 하는 것은 집단 리더의 중요한 의무이다(Stone, 1989).

## 부부 및 가족 치료

조현형 성격장애 환자들을 대상으로 한 부부 및 가족 치료는 아직 임상 사례가 보고된 바 없다. 일반적으로 조현형 성격장애 환자들은 독신으로 남을 가능성이 높다. 타인의 감정에 대한 애착 안정성 혹은 불안정성 때문에 이런 환자들은 헌신적인 관계를 피할 가능성이 높다. 결혼한 조현형 성격장애 환자들의 문제는 배우자의 감정에 대한 둔감함으로부터 시작되거나 배우자의 행동에 대한 예민함 때문에 시작되는 경향이 있다. 그래서 부부치료에서 치료자의 첫 임무는 이 두 경향의 정도를 평가하고, 둘 사이의 균형을 유지하는 일이다. 보통은 과도하게 예민한 배우자로 하여금 적절하게 반응하도록 돕는 일이 둔감한 배우자로 하여금 더 공감적이 되게 하는 것보다 더 쉽다(Stone, 1989).

가족치료는 조현성 성격장애를 갖고 있는 청소년들에게 잠재적으로 유익한 방법이라고 알려져 왔다(Ryan, Macdonald, & Walker, 2013). 조현병 및 기타 조현병 스펙트럼 장애와 공통된 증상들이 있기 때문에, 가족들에게 환자의 회복을 돕도록 요청하는 가족 교육 개입이 조현형 성격장애에 맞춰져 왔다. 이러한 가족 교육에는 장애, 재발 징후의 구분과 행동 계획 개발 그리고 가족 내에서 스트레스를 줄이면서 소통하는 훈련이 포함된다.

## 약물치료

현재까지 향정신성 약물 중에서 조현형 성격장애 환자들의 치료에 명시된 약물은 없다(Silk & Feurino, 2012). 그럼에도 불구하고 약물치료는 우울증, 불안 또는 수면 문제와 연관된 특정 문제 증상을 대상으로 사용되고 있다. 일반적으로 이러한 약물치료는 심리치료나 기술 훈련의 부속물로 사용된다. 왜냐하면 문제 증상에 있어서 약물치료가 종종 다른 어떤 정신적 치료보다도 빠르게 반응하기 때문에 치료가 시작될 때 보통 약이 처방된다. 여기에는 소량의 신경이완제가 포함되는데, 이는 통제를 상실한 불안 증세를 경감시킬 때 사용될 수 있다(Sperry, 1995b). 한 무작위 대조 실험에서 항정신성 치료제인 리스페달(리스페리돈)이 이 성격장애에 효과가 있음이 나타났다(Koenigsberg, Woo-Ming, & Siever, 2002; Silk & Feurino, 2012).

## 병행/통합적 치료 접근

이 성격장애의 손상적 특성 때문인지 놀랍게도 약물과 심리치료의 병용과 맞춤치료에 대한 저항이 거의 없다. Liebowitz 등(1986)은 개인치료와 약물치료를 동시에 시작할 것을 제안한다. Stone(1992)은 약물 혹은 행동 치료와 차원적 심리치료를 함께 시작하는 것을 옹호하는데, 이는 환자의 공존하는 욕구와 환자가 처한 환경에 상응하는 지지적 · 탐색적 · 인지적 · 행동적 요소의 조합이라 할 수 있다. 이것은 당연히 통합, 맞춤 치료의 본보기를 제시한다.

다른 이들은 도움을 주는 심리치료의 부속물로서의 사회 기술 훈련(Liebowitz et al., 1986)이나 집단치료를 개인 정신역동치료와 병행하는 것(Gabbard, 1994)을 옹호해 왔다. Mehlum 등(1991)은 조현형과 경계성 성격장애 환자들을 위한 개인 정신역동 심리치료, 집단치료, 공동체 모임, 미술치료, 자각 증진 집단치료, 환경치료 등 여러 치료 방식의 결합을 제시한다. 이 외래치료 프로그램에 대한 독특한 전향적 연구는 이 결합된 치료적 접근법의 효과가 평균적으로 3년 후까지 유지된다는 것을 보여 주었다. 그러나 이들의 사회 적응과 취업률이 경계성 성격장애 환자들만큼 탄탄하지는 못하였다. Nathanson과 Jamison(2011)은 조현형 성격장애 진단을 받은 21세 미군 전투보병 청년의 사례연구를 제시한다. 그의 치료는 약리학적 개입뿐만 아니라 긍정적 자기 선언, 사회성 기술 훈련, 불안 감소를 선택적으로 강화하는 것을 포함한다. Ryan, Macdonald와 Walker(2013)는 조현병 스펙트럼 장애를 갖고 있는 많은 환자가 또한 정신병 증상을 악화시키는 대마초를 남용한다는 사실을 밝혀냈다. 이 문제를 다루기 위해서 그들은 효과적인 옵션으로 동기강화상담에 대해 논의하였다.

# 참고문헌

Accordino, M. P., Keat II, D. B., & Guerney, Jr., B. G. (2003). Using relationship enhancement therapy with an adolescent with serious mental illness and substance dependence. *Journal of Mental Health Counseling*, *25*(2), 152-164.

Ackley, C., Mack, S., Beyer, K., & Erdberg, P. (2011). *Investigative and forensic interviewing: A personality-focused approach*. Boca Raton, FL: CRC Press.

Adler, A. (1956). Problems in psychotherapy. *American Journal of Individual Psychology*, *12*, 12-24.

Adler, G. (1985). *Borderline psychopathology and its treatment*. New York: Jason Aronson.

Ainsworth, M. D. S., Blehar, M. C., Waters, E., & Wall, S. (1978). *Patterns of attachment: A psychological study of the strange situation*. Hillsdale, NJ: Erlbaum.

Akhtar, S. (1987). Schizoid personality disorder: A synthesis of developmental, dynamic, and descriptive features. *American Journal of Psychotherapy*, *41*, 449-518.

Alden, L. (1989). Short-term structured treatment for avoidant personality disorder. *Journal of Consulting and Clinical Psychology*, *57*, 756-764.

Alden, L. (1992). Cognitive-interpersonal treatment of avoidant personality disorder. In P. Keller, S. Heyman (Eds.), *Innovations in clinical practice: A source book. Vol. 11* (pp. 5-22). Sarasota, FL: Professional Resources Exchange.

Alexander, J., & Parsons, B. (1973). Short-term behavioral intervention with delinquent families: Impact on family process and recidivism. *Journal of Abnormal Psychology*, *8*, 219-225.

Allen, J., & Fonagy, P. (Eds). (2006). *The handbook of mentalization-based treatment*. New York, NY: Wiley.

Allnutt, S., & Links, P. (1996), Diagnosing specific personality disorders and the optimal criteria. In P. Links (Ed.), *Clinical assessment and management of severe personality disorders* (pp. 21-48). Washington, DC: American Psychiatric Press.

Allport, G. (1937). *Personality: A psychological interpretation*. New York, NY: Holt.

Alonso, A. (1992). The shattered mirror: Treatment of a group of narcissistic patients. *Group*, *16*, 210-219.

Alonso, A., & Rutan, J. (1984). The impact of object relations theory on psychodynamic group therapy. *American Journal of Psychiatry*, *141*, 1376-1380.

American Psychiatric Association. (2013). *Diagnostic and Statistical Manual of Mental Disorders, Fifth Edition*. Alexandria, VA: Author.

Arntz, A. (2015). Borderline personality disorder. In A. Beck, D. Davis, & A. Freeman (Eds.), *Cognitive therapy of personality disorders* (3rd ed., pp. 366-392). New York, NY: Guilford.

Anderson, C. (1983). A psychoeducational program for families of patients with schizophrenia. In W. McFarlene (Ed). *Family therapy in schizophrenia* (pp. 99-116). New York, NY: Guilford.

Appel, G. (1974). An approach to the treatment of schizoid phenomena. *Psychoanalytic Review*, *61*, 99-113.

Armstrong, R. (2002). Schizoid phenomena in substance abusers. *Journal of Addictive Diseases*, *21*(3), 73-85.

Azima, F. (1983). Group psychotherapy with personality disorders. In H. Kaplan & B. Sadock (Eds.), *Comprehensive group psychotherapy* (2nd ed., pp. 262-268). Baltimore: Wilkins & Wilkins.

Babiak, P., & Hare, R. (2007). *Snakes in suits: When psychopaths go to work*. New York, NY: Harper.

Bailey, G. (1998). Cognitive-behavioral treatment of obsessive-compulsive personality disorder. *Journal of Psychological Practice*, *4*, 51-59.

Balint, M. (1968). *The basic fault: Therapeutic aspects of regression*. London: Tavistock.

Balint, M., Ornstein, P., & Balint, E. (1972). *Focal psychotherapy*. London: Tavistock.

Barber, J., Morse, J., Krakauer, I., Chittams, J., & Crits-Christoph, K. (1997). Change in obsessive-compulsive and avoidant personality disorder following time-limited supportive-expressive therapy. *Psychotherapy*, *34*, 133-143.

Barlow, D., & Waddell, M. (1985). Agorophobia. In D. Barlow, (Ed.), *Clinical handbook of psychological disorders: A step-by-step manual*. New York, NY: Guilford.

Bartholomew, K. (1990). Avoidance of intimacy: An attachment perspective. *Journal of Social and Personal Relationships*, *7*, 147-178.

Bartholomew, K., & Horowitz, L. (1991). Attachment styles among young adults: A test of a four-category model. *Journal of Personality and Social Psychology*, *61*, 226-244.

Bateman, A., & Fonagy, P. (1999). Effectiveness of partial hospitalization in the treatment of borderline personality disorder: A randomized controlled trial. *American Journal of Psychiatry*, *156*, 1563-1569.

Bateman, A., & Fonagy, P. (2001). Treatment of borderline personality disorder with psychoanalytically oriented partial hospitalization: An 18-month follow-up. *American Journal of Psychiatry*, *158*, 36-42.

Bateman, A., & Fonagy, P. (2007). *Mentalization based treatment: A practical guide*. New York, NY: Oxford University Press.

Bateman, A., & Fonagy, P. (2009). Randomly controlled trial of outpatient mentalizingbased treatment versus structured clinical management for borderline personality disorder. *American Journal of Psychiatry*, *166*, 1355-1364.

Bateman, A., & Fonagy, P. (2010). Mentalization based treatment for borderline personality disorder. *World Psychiatry*, *9*(1), 11-15.

Beck, A. (2015). Theory of personality disorders. In A. Beck, D. Davis, & A. Freeman, A. (Eds.) *Cognitive therapy of personality disorders* (3rd ed., pp. 19-62). New York, NY: Guilford.

Beck, A. Davis, D., & Freeman, A. (Eds.) (2015) *Cognitive therapy of personality disorders* (3rd ed.). New York, NY: Guilford.

Beck, A., Freeman, A., & associates (1990). *Cognitive therapy of personality disorders*. New York, NY: Guilford.

Beck, A., Freeman, A., Davis, D., & associates (2004). *Cognitive therapy of personality disorders* (2nd ed.). New York, NY: Guilford Press.

Behary, W., & Davis, D. (2015). Narcissistic personality disorder. In A. Beck, D. Davis, & A. Freeman, A. (Eds.), *Cognitive therapy of personality disorders* (3rd ed., pp. 299-324). New York, NY: Guilford.

Beitman, B. (2003). *Integrating psychotherapy and pharmacotherapy: Dissolving the mind-brain barrier*. New York, NY: Norton.

Beitman, B., & Yue, D. (1999). *Learning psychotherapy*. New York, NY: Norton.

Bellak, L. (1997). *The TAT, CAT and SAT in clinical use* (6th ed.). Boston: Allyn & Bacon.

Bellino, S., Rinaldi, C., & Bogetto, F. (2010). Adaptation of interpersonal psychotherapy to borderline personality disorder: a comparison of combined therapy and single pharmacotherapy. *Canadian Journal of Psychiatry*, *55*, 74-81.

Bellino, S., Bozzatello, P., & Bogetto, F. (2015). Combined treatment of borderline personality disorder with interpersonal psychotherapy and pharmacotherapy: Predictors of response. *Psychiatry Research*, *226*, 284-288.

Bender, D., Morey, L., & Skodol, A. (2011). Toward a model for assessing level of personality functioning in DSM-5, Part I: A review of theory and methods. *Journal of Personality Assessment*, *93*(4), 332-346.

Benjamin, L. (1993). *Interpersonal diagnosis and treatment of personality disorders*. New York, NY: Guilford.

Benjamin, L. (2003a). *Interpersonal diagnosis and treatment of personality disorders* (2nd ed.). New York, NY: Guilford.

Benjamin, L. (2003b). *Interpersonal reconstructive therapy: Promoting change in nonresponders*. New York, NY: Guilford.

Benjamin, L. (2007). *Interpersonal reconstructive therapy: An integrative, personality-based treatment for complex cases*. New York, NY: Guilford.

Berger, P. (1987). Pharmacologic treatment for borderline personality disorder. *Bulletin of the Menninger Clinic*, *51*, 277-284.

Berkowitz, D. (1985). Self-object needs and marital disharmony. Psychoanalytic *Review*, *72*, 229-237.

Berkowitz, D., Shapiro, R., Zinner, J., & Shapiro, H. (1974). Concurrent family treatment of narcissistic disorders in adolescents. *International Journal of Psychoanalysis*, *3*, 371-396.

Berman, E. (1983). The treatment of troubled couples. In L. Grinspoon (Ed.), *Psychiatric Updates, Vol. 2*. Washington, DC: American Psychiatric Association.

Bernstein, D. (2002). Cognitive therapy of personality disorders in patients with histories of emotional abuse or neglect. *Psychiatric Annals*, *32*, 618-628.

Binder, J. (1979). Treatment of narcissistic problems in time-limited psychotherapy. *Psychiatric Quarterly*, *51*, 257-270.

Black, D., Zanarini, M., Romine, A., Shaw, M., Allen, J., & Schulz, S. (2014). Comparison of low and moderate doses of extended-release quetiapine in borderline personality disorder: A randomized, double-blind, placebo-controlled trial. *American Journal of Psychiatry*, *171*, 1174-1182.

Blocher, D. (1974). *Developmental counseling*. New York, NY: Wiley.

Blocher, D. (2000). *Counseling: A developmental approach* (4th ed.). New York, NY: Wiley.

Bogdanoff, M., & Elbaum, P. (1978). Role lock: Dealing with monopolizers, isolates, helpful hannahs, and other associated characters in group psychotherapy. *International Journal of Group Psychotherapy*, *28*, 247-281.

Bonime, W. (1959). The pursuit of anxiety-laden areas in therapy of the schizoid patient. *Psychiatry*, *22*, 239-244.

Bornstein, R. (2012). Dependent personality disorder. In T. Widiger (Ed.), *The Oxford handbook of personality disorders* (pp. 505-526). New York, NY: Oxford University Press.

Bowlby, J. (1973). *Attachment and loss, Vol. 2, Separation*. New York, NY: Basic Books.

Brauer, L., & Reinecke, M. (2015). Dependent personality disorder. In A. Beck, D. Davis, & A. Freeman (Eds.), *Cognitive therapy of personality disorders* (3rd ed., pp. 155-173). New York, NY: Guilford.

Brennan, K., & Shaver, P. (1998). Attachment styles and personality disorders: Their connection to each other and to parental divorce, parental death, and perceptions of parental caregiving. *Journal of Personality*, *66*, 835-878.

Brown, E., Heimberg, R., & Juster, H. (1995). Social phobia subtype and avoidant personality disorder: Effects of severity of social phobia impairment and outcome of cognitive behavioral treatment. *Behavior Therapy*, *26*, 467-486.

Buie, D., & Adler, G. (1982). The definitive treatment of the borderline personality. *International Journal of Psychoanalysis*, *9*, 51-87.

Caligor, E., Levy, K., & Yeomans, F. (2015). Narcissistic personality disorder: Diagnostic and clinical challenges. *American Journal of Psychiatry*, *172*, 415-422.

Carlson, J. (2006). *Psychotherapy over time* [DVD]. Washington, DC: American Psychological Association.

Cass, D., Silvers, F. and Abrams, G. (1972). Behavioral group treatment of hysterics. *Archives of General Psychiatry*, *26*, 42-50.

Chessick, R. (1982). Intensive psychotherapy of a borderline patient. *Archives of General Psychiatry*, *39*, 413-419.

Chessick, R. (1985). *Psychology of the self and the treatment of narcissism*. New York, NY: Jason Aronson.

Choca, J., & Denburg, E. (1997). *Interpretative guide to the Millon Clinical Multiaxial Inventory* (2nd ed.). Washington, DC: American Psychological Association.

Chodoff, P. (1989). Histrionic personality disorder. In T. Karasu (Ed.), *Treatment of psychiatric disorders* (pp. 2727-2735). Washington, DC: American Psychiatric Press.

Clarkin, J., Cain, N., & Livesley, J. (2015). An integrated approach to patients with personality disorders. *Journal of Psychotherapy Integration*, *25*, 3-12.

Clarkin, J., Foelsch, P., Levy, K., Hull, J., Delaney, J., & Kernberg, O. (2001). The development of a psychodynamic treatment for patients with borderline personality disorder: A preliminary study of behavior change. *Journal of Personality Disorders*, *15*, 487-495.

Clarkin, J., Marziali, E., & Munroe-Blum, H. (1991). Group and family treatment of borderline personality disorder. *Hospital and Community Psychiatry*, *42*, 1038-1043.

Clarkin, J., Yeomans, F., & Kernberg, O. (2015). *Transference-focused psychotherapy for borderline personality disorder: A clinical guide*. Washington, DC: American Psychiatric Publishing.

Clinical Psychiatry News. (1991). Better personality disorders therapies foreseen. *Clinical Psychiatry News*, *September*, p. 26.

Cloninger, C. (2004). *Feeling good: The science of well-being*. New York, NY: Oxford University Press.

Cortright, B. (1997). *Psychotherapy and spirit*. Albany, NY: State University of New York Press.

Costa, P., & McCrae, R. (1990). Personality disorders and the five-factor model of personality. *Journal of Personality Disorders*, *4*, 362-371.

Costello, C. (Ed.). (1996). *Personality characteristics of the personality disordered*. New York, NY: Wiley.

Cramer Azima, F. (1983). Group psychotherapy with personality disorders. In H. Kaplan & B. Sadock (Eds.), *Comprehensive group psychotherapy*. Baltimore: Williams & Wilkins.

Crits-Christoph, P., & Barber, J. (2002). Psychological treatment for personality disorders. In P. Nathan & J. Gorman (Eds.), *A guide to treatments that work* (2nd ed., pp. 611-624). New York, NY: Oxford Press.

Davidson, K., Halford, J., Kirkwood, L., Newton-Howes, G., Sharp, M., & Tata, P. (2010). CBT for violent men with antisocial personality disorder: Reflections on the experience of carrying out therapy in MASCOT, a pilot randomized controlled trial. *Personality and Mental Health*, *4*, 86-95.

Davidson, K., Tyrer, P., Tata, P., Cooke, D., Gumley, A., Ford, I., et al. (2009). Cognitive behaviour therapy for violent men with antisocial personality disorder in the community: An exploratory randomized controlled trial. *Psychological Medicine*, *39*, 569-577.

Day, M., & Semrad, E. (1971). Group therapy with neurotics and psychotics. In H. Kaplan & B. Sadock (Eds.), *Comprehensive group psychotherapy* (pp. 566-580). Baltimore: Williams and Wilkins.

Diamond, R. (2009). *Instant psychopharmacology* (3rd ed.). New York, NY: W. W. Norton.

Dick, B. M., & Wooff, K. (1986). An evaluation of a time-limited programme of dynamic group psychotherapy. *The British Journal of Psychiatry*, *148*(2), 159-164.

Dimaggio, G., Catania, D., Salvatore, G., Carcione, A., & Nicolo, G. (2006). Psycho therapy of paranoid personality disorder from the perspective of dialogical self-theory. *Counseling Psychology Quarterly*, *19*, 69-87.

Dimaggio, G., D'Urzo, M., Pasinetti, M., Salvatore, G., Lysaker, P. H., Catania, D., & Popolo, R. (2015). Metacognitive interpersonal therapy for co-occurrent avoidant personality disorder and substance abuse. *Journal of Clinical Psychology*, *71*(2), 157-166.

Dolan, M., & Park, I. (2002). The neuropsychology of antisocial personality disorder. *Psychological Medicine*, *32*, 417-427.

Dorfman, W. I. (2000). Histrionic personality disorder. In H. E. Hersen & M. Biaggio (Eds.), *Effective brief therapies: A clinician's guide* (pp. 355-370). San Diego, CA: Academic Press.

Driscoll, K., Cukrowicz, K., Reardon, M., & Joiner, T. (2004). *Simple treatments for complex problems: A flexible cognitive behavior analysis system approach to psychotherapy*. Mahwah, NJ: Lawrence Erlbaum Associates.

Edell, W. (1987). Relationship of borderline syndrome disorders to early schizophrenia on the MMPI. *Journal of Clinical Psychology*, *43*, 163-174.

Eells, T. (2007). Comparing the methods. Where is the common ground? In T. Eells (Ed.), *Handbook of psychotherapy case formulation* (2nd ed., pp. 412-432). New York, NY: Guilford.

Eells, T. (2010). The unfolding case formulation: The interplay of description and inference. *Pragmatic Case Studies in Psychotherapy*, *6*(4), 225-254.

Eikenaes, I., Gude, T., & Hoffart, A. (2006). Integrated wilderness therapy for avoidant personality disorder. *Nordic Journal of Psychiatry*, *60*, 275-281.

Ekleberry, S. (2014). *Treating co-occurring disorders: A handbook for mental health and substance abuse professionals*. New York, NY: Routledge.

Epstein, L. (1984). An interpersonal-object relations perspective working with destructive aggression. *Contemporary Psychoanalysis*, *20*, 651-662.

Erdman, P., & Caffery, T. (Eds.). (2003). *Attachment and family systems: Conceptual, empirical and therapeutic relatedness*. New York, NY: Brunner/Routledge.

Eskedal, G., & Demetri, J. (2006). Etiology and treatment of cluster C personality disorders. *Journal of Mental Health Counseling*, *28*, 1-18.

Everett, S., Halperin, S., Volgy, S., & Wissler, A. (1989). *Treating the borderline family: A systematic approach*. Boston: Allyn & Bacon.

Exner, J. (1986). *The Rorschach: A comprehensive system* (2nd ed.). New York, NY: John Wiley.

Fairburn, W. (1954). *An object-relations theory of the personality*. New York, NY: Basic Books.

Fawcett, J. (2002). Schemas or traits and states: Top down or bottom up? *Psychiatric Annals*, *32*, 567.

Fay, A., & Lazarus, A. (1993). Cognitive-behavior group therapy. In A. Alonso & H. Willer (Eds.), *Group therapy in clinical practice* (pp. 449-469). Washington, DC: American Psychiatric Press.

Fenichel, O. (1945). *The psychoanalytic theory of the neurosis*. New York, NY: Norton.

Fernandez, S. (2010). Complex case Carmen: Histrionic personality disorder and psychotherapy. *Personality and Mental Health*, *4*, 146-152.

Fernando, J. (1998). The etiology of the narcissistic personality disorder. *Psychoanalytic Study of the Child*, *53*, 141-158.

Fernbach, B., Winstead, B., & Derlega, V. (1989). Sex differences in diagnosis and treatment recommendations for antisocial personality and somatization disorders. *Journal of Social and Clinical Psychology*, *8*(3), 238-255.

Finn, B., & Shakir, S. (1990). Intensive group psychotherapy of borderline patients, *Group*, *14*, 99-110.

Fiore, D., Dimaggio, G., Giuseppe, N., Semerari, A., & Carcione, A. (2008). Metacognitive interpersonal therapy in a case of obsessive-compulsive and avoidant personality disorders. *Journal of Clinical Psychology: In Session*, *64*, 168-180.

Flegenheimer, W. (1982). *Techniques of brief therapy*. New York, NY: Jason Aronson.

Fossatti, A., Madeddu, F., & Maffei, C. (1999). Borderline personality disorder and childhood sexual abuse: A meta-analytic study. *Journal of Personality Disorders*, *13*, 2268-2280.

Fraiberg, S. (1969). Libidinal object constancy and mental representation. *Psychoanalytic Study of the Child*, *24*, 9-47.

Frances, A. (2013). *Essentials of psychiatric diagnosis: Responding to the challenge of DSM-5* (rev. ed.). New York, NY: Guilford.

Frances, A., Clarkin, J., & Perry, S. (1984). *Differential therapeutics in psychiatry: The art and science of treatment selection*. New York, NY: Brunner/Mazel.

Freeman, A., Pretzer, J., Fleming, B., & Simon, K. (1990). *Clinical application of cognitive therapy*. New York, NY: Plenum.

Freud, S. (1914/1976). On narcissism: An introduction. *Complete psychological works, standard edition, Vol. 14* (pp. 69-102). London: Hogarth Press.

Gabbard, G. (1989). On "doing nothing" in the psychoanalytic treatment of the refractory borderline patient. *International Journal of Psychoanalysis*, *70*, 527-534.

Gabbard, G. (1990). *Psychodynamic psychiatry in clinical practice*. Washington, DC: American Psychiatric Press.

Gabbard, G. (1994). *Psychodynamic psychiatry in clinical practice: The DSM-IV edition*. Washington, DC: American Psychiatric Press.

Gabbard, G. (2000). *Psychodynamic psychiatry in clinical practice* (3rd ed.). Washington, DC: American Psychiatric Press.

Gabbard, G. (2014). *Psychodynamic psychiatry in clinical practice* (5th ed.). Washington, DC: American Psychiatric Press.

Gamache, D., & Diguer, L. (2012). The film enthusiast: Reflections on the treatment of schizoid personality disorder. *Mental Health in Quebec*, *37*, 135-155.

Gilbert, S., & Gordon, K. (2012). Interpersonal psychotherapy informed treatment for avoidant personality disorder with subsequent depression. *Clinical Case Studies*, *12*, 111-127.

Gilles, G., & Wienclaw, R. (2008). Schizoid personality disorder. In L. Fundukian & J. Wilson (Eds.), *The Gale encyclopedia of mental health* (2nd ed., pp. 990-993). Farmington Hills, MI: The Gale Group.

Glantz, K., & Goisman, R. (1990). Relaxation and merging in the treatment of personality disorders. *American Journal of Psychotherapy*, *44*, 405-413.

Glueck, S., & Glueck, E. (1950). *Unraveling juvenile delinquency*. Cambridge, MA: Harvard University Press.

Goldberg, A. (1973). Psychotherapy of narcissistic injuries. *Archives of General Psychiatry, 28*, 722-726.

Goldberg, A. (1989). Self psychology and the narcissistic personality disorders. *Psychiatric Clinics of North America, 12*, 731-739.

Graham, J. (2012). *MMPI-2: Assessing personality and psychopathology* (5th ed.). New York, NY: Oxford University Press.

Graybar, S., & Boutilier, L. (2002). Nontraumatic pathways to borderline personality disorder. *Psychotherapy: Theory/Research/Practice/Training, 39*(2), 152-162.

Greist, J., & Jefferson, J. (1992). *Panic disorder and agoraphobia: A guide*. Madison, WI: Anxiety Disorders Center and Information Centers.

Groth-Marnat, G. (2009). *Handbook of Psychological Assessment* (5th ed.). New York, NY: Wiley.

Grotjahn, M. (1984). The narcissistic person in analytic group psychotherapy. *International Journal of Group Psychotherapy, 30*, 299-318.

Guerney, B. (1977). *Relationship enhancement: Skill-training programs for therapy, problem prevention, and enrichment*. San Francisco: Jossey-Bass.

Guidano, V. and Liotti, G. (1983). *Cognitive processes and emotional disorders*. New York, NY: Guilford Press.

Gunderson, J. (1986). Pharmacotherapy for patients with borderline personality disorders. *Archives of General Psychiatry, 43*, 698-700.

Gunderson, J. (1988). Personality disorders. In A. Nicholi (Ed.), *The new Harvard guide to psychiatry* (pp. 337-357). Cambridge, MA: Harvard University Press.

Gunderson, J. (1989). Borderline personality disorder. In T. Karasu (Ed.), *Treatments of Psychiatric Disorders* (pp. 2749-2758). Washington, DC: American Psychiatric Press.

Gunderson, J. (1996). Introduction to section IV: Personality disorders. In T. Widiger, A. Frances, H. Pincus, R. Ross, M. First, W. Davis, et al. (Eds.), *DSM-IV Sourcebook* (pp. 647-664). Washington, DC: American Psychiatric Association.

Gurman, A., & Kniskern, D. (1981). Family therapy outcomes research: Known and unknown. In A. Gorman & D. Kniskern (Eds.), *Handbook of family therapy* (pp. 742-776). New York, NY: Brunner/Mazel.

Haley, J. (1978). *Problem solving therapy*. San Francisco, CA: Jossey-Bass.

Haley, J., & Hoffman, L. (1976). *Techniques of family therapy*. New York, NY: Basic Books.

Halleck, S. (1978). *The treatment of emotional disorders*. New York, NY: Jason Aronson.

Harbir, H. (1981). Family therapy with personality disorders. In J. Lion (Ed.), *Personality disorders: Diagnosis and management* (2nd ed.). Baltimore: Williams & Wilkins.

Hare, R., Neumann, C., & Widiger, T. (2012). Psychopathy. In T. Widiger (Ed.), *The Oxford handbook of personality disorders* (pp. 478-504). New York, NY: Oxford University Press.

Harman, M., & Waldo, M. (2001). Family treatment of borderline personality disorder through relationship enhancement therapy. In M. MacFarlane (Ed.), *Family therapy and mental health: Innovations in theory and practice* (pp. 215-235). Binghamton, NY: Haworth Clinical Practice Press.

Harper, R. (2004). *Personality-guided therapy in behavioral medicine*. Washington, DC: American Psychological Association.

Harris, G., & Rice, M. (2006). Treatment of psychopathy: A review of empirical findings. In C. Patrick (Ed.), *Handbook of psychopathy* (pp. 555-572), New York, NY: Guilford.

Harwood, I. (1992). Advances in group psychotherapy and self psychology: An interobjective approach with narcissistic and borderline patients. *Group*, *16*, 220-232.

Hatchett, G. (2015). Treatment guidelines for clients with antisocial personality disorder. *Journal of Mental Health Counseling*, *37*(1), 15-27.

Havens, J., Cornelius, L., Ricketts, E., Latkin, C., Bishai, D., Lloyd, J., et al. (2007). The effect of a case management intervention on drug treatment entry among treatmentseeking injection drug users with and without comorbid antisocial personality disorder. *Journal of Urban Health*, *84*(2), 267-271.

Havens, L. (1976). Discussion: How long the Tower of Babel? *Proceedings of American Psychopathological Association*, *64*, 62-73.

Hayes, S., Follette, V. & Linehan, M. (Eds). (2004). *Mindfulness and acceptance: Expanding the cognitive-behavioral tradition*. New York, NY: Guilford.

Hazan, C., & Shaver, P. (1987). Romantic love conceptualized as a attachment process. *Journal of Personality and Social Psychology*, *52*, 511-524.

Hend, S., Baker, J., & Williamson, D. (1991). Family environment characteristics and dependent personality disorder. *Journal of Personality Disorders*, *5*, 256-263.

Hill, D. (1970). Outpatient management of passive dependent women. *Hospital and Community Psychiatry*, *21*, 402-405.

Hoch, J., O'Reilly, R., & Carscadden, J. (2006). Relationship management therapy for patients with borderline personality disorder. *Psychiatric Services*, *57*(2), 179-181.

Hopwood, C., & Thomas, K. (2012). Paranoid and Schizoid Personality Disorders. In T.

Widiger (Ed.), *The Oxford handbook of personality disorders* (pp. 582-602). New York, NY: Oxford University Press.

Horowitz, L. (1977). Group psychotherapy of the borderline. In P. Hartocollis (Ed.), *Borderline personality disorder* (pp. 399-422). New York, NY: International Universities Press.

Horowitz, L. (1980). Group psychotherapy for borderline and narcissistic patients. *Bulletin of the Menninger Clinic*, *4*, 181-200.

Horowitz, L. (1987). Indications for group psychotherapy with borderline and narcissistic patients. *Bulletin of the Menninger Clinic*, *51*, 248-318.

Horowitz, L. (1997). Psychotherapy of histrionic personality disorder. *Journal of Psychotherapy Practice and Research*, *6*(2), 93-107.

Horowitz, M. (1988). *Introduction to psychodynamics: A new synthesis*. New York, NY: Basic Books.

Horowitz, M., & Lerner, U. (2010). Treatment of Histrionic Personality Disorder. In J. F. Clarkin, P. Fonagy, & G. O. Gabbard (Eds.), *Psychodynamic psychotherapy for personality disorders: A clinical handbook* (pp. 289-309). Arlington, VA: American Psychiatric Publishing, Inc.

Horowitz, M., Marmar, C., Krupnick, J., Wilner, N., Kaltreider, N., & Wallerstein, R. (1984). *Personality styles and brief psychotherapy*. New York, NY: Basic Books.

Hulse, W. (1958). Psychotherapy with ambulatory schizophrenic patients in mixed analytic groups. *Archives of Neurology and Psychiatry*, *79*, 681-687.

Imbesi, E. (2000). On the etiology of narcissistic personality disorder. *Issues in Psychoanalytic Psychology*, *22*(2), 3-58.

Jenike, M., Baer, L., & Minichiello, W. (1998). *Obsessive-compulsive disorders: Theory and management* (3rd ed.). St. Louis, MO: Mosby.

Jones, S. (1987). Family therapy with borderline and narcissistic patients. *Bulletin of the Menninger Foundation*, *51*, 285-295.

Kabat-Zinn, J., Massion, A., Kristeller, J., Peterson, L., Fletcher, K., Ebert, L., et al. (1992). Effectiveness of a meditation-based stress reduction intervention in the treatment of anxiety disorders. *American Journal of Psychiatry*, *149*, 936-943.

Kagan, J., Resnick, J., & Snidman, N. (1988). Biological basis of childhood shyness. *Science*, *240*, 167-171.

Kalojera, I., Jacobson, G., Hoffman, G., Hoffman, P., Raffe, I., White, H., & Leonard-White, L. (1998). The narcissistic couple. In J. Carlson & L. Sperry (Eds.), *The disordered couple* (pp. 207-238). New York, NY: Brunner/Mazel.

Kantor, M. (1992). *Diagnosis and treatment of the personality disorders*. St. Louis, MO: Ishiyaku EuroAmerica.

Kavaler-Adler, S. (2004). Anatomy of regret: A developmental view of the depressive position and a critical turn toward love and creativity in the transforming schizoid personality. *American Journal of Psychoanalysis*, *64*(1), 39-76.

Keller, M., McCullough, J., Klein, D., Arnow, B., et al. (2000). A comparison of nefazodone, the cognitive behavioral analysis system or psychotherapy, and their combination for the treatment of chronic depression. *New England Journal of Medicine*, *342*, 1462-1470.

Kellerman, H., & Burry, A. (1989). *Psychopathology and differential diagnosis: Vol. 2, Diagnostic primer*. New York, NY: Columbia University Press.

Kellett, S. (2007). A time series evaluation of the treatment of histrionic personality disorder with cognitive analytic therapy. *Psychology and Psychotherapy: Theory, Research and Practice*, *80*(3), 389-405.

Kellett, S., & Hardy, G. (2014). Treatment of Paranoid Personality Disorder with cognitive analytic therapy: A mixed methods single case experimental design. *Clinical Psychology & Psychotherapy*, *21*(5), 452-464.

Kellner, R. (1986). Personality disorders. *Psychotherapy and Psychosomatics*, *46*(1-2), 58-66.

Kernberg, O. (1975). *Borderline conditions and pathological narcissism*. New York, NY: Jason Aronson.

Kernberg, O. (1984). *Severe personality disorders: Psychotherapeutic strategies*. New Haven, CT: Yale University Press.

Kernberg, O. (2010). Narcissistic personality disorder. In J. Clarkin, P. Fonagy, & G. Gabbard (Eds.), *Psychodynamic psychotherapy for personality disorders: A clinical handbook* (pp. 289-309). Arlington, VA: American Psychiatric Publishing.

Khan, M. (1975). Grudge and the hysteric. *International Journal of Psychoanalysis and Psychotherapy*, *4*, 349-357.

Klein, R. (1989a). Diagnosis and treatment of the lower-level borderline patient. In J. Masterson & R. Klein (Eds.), *Psychotherapy of disorders of the self* (pp. 147-168). New York, NY: Brunner/Mazel.

Klein, R. (1989b). Shorter-term psychotherapy of the personality disorders. In J. Masterson & R. Klein (Eds.), *Psychotherapy of disorders of the self* (pp. 90-109). New York,

NY: Brunner/Mazel.

Koenigsberg, H. (1993). Combining psychotherapy and pharmacotherapy in the treatment of borderline patients. In J. Oldham, M. Riba, & A. Tasman. (Eds.), *American Psychiatric Press Review of Psychiatry, Vol. 12* (pp. 541-564). Washington, DC: American Psychiatric Press.

Koenigsberg, H., Woo-Ming, A., & Siever, L. (2002). Pharmacological treatment for personality disorders. In P. Nathan & J. Gorman (Eds.), *A guide to treatments that work* (2nd ed., pp. 625-641). New York, NY: Oxford University Press.

Kohut, H. (1971). *The analysis of the self*. New York, NY: International Universities Press.

Kohut, H. (1977). *The restoration of the self*. New York, NY: International Universities Press.

Kristeller, J., & Hallet, B (1999). An exploratory study of meditation-based intervention for binge eating disorder. *Journal of Health Psychology*, *4*(3), 357-363.

Kwapil, T., & Barrantes-Vidal, N. (2012). Schizotypal personality disorder: An integrative review. In T. Widiger (Ed.), *The Oxford handbook of personality disorders* (pp. 437-477). New York, NY: Oxford University Press.

Kyrios, M. (1999). A cognitive-behavioral approach to the understanding and of obsessivecompulsive personality disorder. In C. Perris & P. McGorry (Eds.), *Cognitive psycho-therapy of psychotic and personality disorders* (pp. 351-378). New York, NY: Wiley.

Lachar, D. (1974). *The MMPI: Clinical assessment and automated interpretation*. Los Angeles: Western Psychological Services.

Lachkar, J. (1986). Narcissistic/borderline couples: Implications for medication. *Conciliation Courts Review*, *24*, 31-38.

Lachkar, J. (1992). *The narcissistic/borderline couple: A psychoanalytic perspective on marital treatment*. New York, NY: Brunner/Mazel.

Lachkar, J. (1999). Narcissistic/borderline couples: A psychodynamic approach to conjoint treatment. In J. Carlson & L. Sperry (Eds.), *The disordered couple* (pp. 259-284). New York, NY: Brunner/Mazel.

Landucci, J., & Foley, G. (2014). Couples therapy: Treating selected personality-disordered couples within a dynamic therapy framework. *Innovations in Clinical Neuroscience*, *11*(3-4), 29-36.

Lasch, C. (1991). *The culture of narcissism*. New York, NY: Norton.

Lazarus, A. (1981). *The practice of multimodal therapy*. New York, NY: McGraw-Hill.

Lazarus, A. (Ed.). (1985). *Casebook of multimodal therapy*. New York, NY: Guilford.

Lazarus, L. (1982). Brief psychotherapy of narcissistic disturbances. *Psychotherapy: Theory, Research and Practice*, *19*, 228-236.

Leszcz, M. (1989). Group psychotherapy of the characterologically difficult patient. *International Journal of Group Psychotherapy*, *39*, 311-335.

Levy, K. (2012). Subtypes, dimensions, levels, and mental states in narcissism and narcissistic personality disorder. *Journal of Clinical Psychology*, *68*, 886-897.

Liberman, R. P., DeRisi, W. J., & Mueser, K. T. (1989). *Social skills training for psychiatric patients*. Oxford: Pergamon Press.

Liebowitz, M., & Klein, D. (1981). Interrelationship of hysteroid dysphoria and borderline personality disorder. *Psychiatric Clinics of North America*, *4*, 67-87.

Liebowitz, M., Stone, M., & Turkat, I. (1986). Treatment of personality disorders. In A. Frances & R. Hales (Eds.), *Psychiatric Update, American Psychiatric Association, Annual Review, Vol. 5* (pp. 356-393). Washington, DC: American Psychiatric Press.

Linehan, M. (1983). *Dialectical behavior therapy for treatment of parasuicidal women: Treatment manual*. Seattle, WA: University of Washington.

Linehan, M. M. (1987). Dialectical behavior therapy: A cognitive behavioral approach to parasuicide. *Journal of Personality Disorders*, *1*, 328-333.

Linehan, M. (1993). *Cognitive-behavioral treatment for borderline personality disorder*. New York, NY: Guilford.

Linehan, M. (1994). Acceptance and change. The central dialectic in psychotherapy. In S. Hayes, N. Jacobson, V. Follette, & M. Dougher (Eds.), *Acceptance and change: Content and context in psychotherapy* (pp. 73-86). Reno, NV: Context Press.

Linehan, M. (2015). *DBT skills training manual* (2nd ed.). New York, NY: Guilford.

Linehan, M., Armstrong, H., Suarez, A., Allmon, D., & Heard, H. (1991). Cognitive-behavioral treatment of chronically parasuicidal borderline patients. *Archives of General Psychiatry*, *48*(12), 1060-1064.

Linehan, M., Heard, H., & Armstrong, H. (1993). Naturalistic follow-up of a behavioral treatment for chronically parasuicidal borderline patients. *Archives of General Psychiatry*, *50*(12), 971-974.

Linehan, M., Dimeff, L., Reynolds, S., Comtois, K., Welch, S., Heagerty, P., & Kivlahan, D. (2002). Dialectical behavior therapy versus comprehensive validation therapy plus 12-step for the treatment of opioid dependent women meeting criteria for borderline personality disorder. *Drug & Alcohol Dependence*, *67*, 13-26.

Linehan, M., Comtois, K., Murray, A., Brown, M., Gallop, R., Heard, H., . . . & Lindenboim, N. (2006). Two-year randomized controlled trial and follow-up of dialectical behavior therapy vs therapy by experts for suicidal behaviors and borderline personality disorder. *Archives of General Psychiatry, 63*(7), 757-766.

Links, P., Stockwell, M., & MacFarlane, M. (2004a). Indications for couple therapy: The paradox of the histrionic/obsessive-compulsive couple. *Journal of Family Psychotherapy, 15*(4), 73-88.

Links, P., Stockwell, M., & MacFarlane, M. (2004b). Is couples therapy indicated for patients with dependent personality disorder? *Journal of Family Psychotherapy, 15*(3), 63-79.

Livesley, W. J. (2012). Integrated treatment: a conceptual framework for an evidence-based approach to the treatment of personality disorder. *Journal of Personality Disorders, 26*(1), 17-42.

Luborsky, L., & Crits-Christoph, P. (1990). *Understanding transference: The Core Conflictual Relationship Theme method*. New York, NY: Basic Books.

Lyddon, W., & Sherry, A. (2001). Developmental personality styles: An attachment theory conceptualization of personality disorders. *Journal of Counseling and Development, 79*(4), 405-414.

Lynch T., & Cuper, P. (2012). Dialectical behavior therapy of borderline and other personality disorders. In T. Widiger (Ed.), *The Oxford handbook of personality disorders* (pp. 785-793). New York, NY: Oxford University Press.

Lynch, T., Trost, W., Salsman, N., & Linehan, M. (2007). Dialectical behavior therapy for borderline personality disorders. *Annual Review of Clinical Psychology, 3*, 181-205.

Mackinnon, R., & Michels, R. (1971). *The psychiatric interview in clinical practice*. Philadelphia: Saunders.

Main, M., Goldwyn, R., & Hesse, E. (1998). Adult attachment scoring and classification system. Unpublished manuscript, University of California at Berkeley.

Main, M., & Solomon, J. (1990). Procedures for identifying infants as disorganized/disoriented during the Ainsworth Strange Situation. In M. T. Greenberg, D. Cicchetti, & E. M. Cummings (Eds.), *Attachment in the Preschool Years* (pp. 121-160). Chicago, University of Chicago Press.

Malan, D. (1976). *The frontier of brief psychotherapy*. New York, NY: Plenum.

Malancharuvil, J. (2012). Empathy deficit in antisocial personality disorder: A psychodynamic formulation. *American Journal of Psychoanalysis, 72*(3), 242-250.

Malinow, K. (1981). Dependent personality. In J. Lion (Ed.), *Personality disorders: Diagnosis and management* (2nd ed., pp. 79-91). Baltimore: Williams & Wilkins.

Manduchi, K., & Schoendorff, B. (2012). First steps in FAP: Experiences of beginning Functional Analytic Psychotherapy therapist with an obsessive-compulsive personality disorder client. *International Journal of Behavioral Consultation and Therapy*, 7(2-3), 72.

Mann, J. (1973). *Time-limited psychotherapy*. Cambridge, MA: Harvard University Press.

Mann, J. (1984). Time-limited psychotherapy. In L. Grinspoon (Ed.), *Psychiatry Update, Vol. 3*. Washington, DC: American Psychiatric Association.

Markowitz, J., Bleiberg, K., Pessin, H., & Skodol, A. (2007). Adapting interpersonal psychotherapy for borderline personality disorder. *Journal of Mental Health*, *16*, 103-116.

Marlatt, G. (1994). Addiction, mindfulness and acceptance. In S. Hayes, N. Jacobson, V. Follette, & M. Dougher (Eds.), *Acceptance and change: Content and context in psychotherapy* (pp. 175-197). Reno, NV: Context Press.

Marlatt, G., & Kristeller, J. (1999). Mindfulness and meditation. In. W. Miller (Ed.), *Integrating spirituality into treatment: Resources for practitioners* (pp. 67-84). Washington, DC: American Psychological Association.

Marmar, C., & Freeman, M. (1988). Brief dynamic psychotherapy of post-traumatic stress disorders: Management of narcissistic regression. *Journal of Traumatic Stress*, *1*, 323-337.

Marra, T. (2005). *Dialectic behavior therapy in private practice: A practical and comprehensive guide*. Oakland, CA: New Harbinger Publications.

Martin, J. (1997). Mindfulness: A proposed common factor. *Journal of Psychotherapy Integration*, *7*, 291-312.

Masterson, J. (1976). *Psychotherapy of the borderline adult: A developmental approach*. New York, NY: Brunner/Mazel.

Masterson, J. (1981). *The narcissistic and borderline disorders*. New York, NY: Brunner/Mazel.

Masterson, J., & Klein, R. (Eds.) (1989). *Psychotherapy of the disorders of the self*. New York, NY: Brunner/Mazel.

McCormack, C. (1989). The borderline/schizoid marriage: The holding environment as an essential treatment construct. *Journal of Marital and Family Therapy*, *15*, 299-309.

McCullough, J. (2000). *Treatment for chronic depression: Cognitive behavioral analysis system of psychotherapy*. New York, NY: Guilford.

McCullough, J. (2002). What kind of questions are we trying to answer with our psychotherapy research? *Clinical Psychology: Science and Practice*, *9*, 447-452.

McCullough, J., Schramm, E., & Penberthy, J. (2015). *CBASP as a distinctive treatment for persistent depressive disorder: Distinctive features*. New York, NY: Routledge.

McGauley, G., Yakeley, J., Williams, A., & Bateman, A. (2011). Attachment, mentalization, and antisocial personality disorder: The possible contribution of mentalization-based treatment. *European Journal of Psychotherapy & Counseling*, *13*(4), 371-393.

McMain, S., Boritz, T., & Leybman, M. (2015). Common strategies for cultivating a positive therapy relationship in the treatment of borderline personality disorder. *Journal of Psychotherapy Integration*, *25*(1), 20-29.

McMain, S., Links, P., Gnam, W., Guimond, T., Cardish, R., Korman, L., & Streiner, D. (2009). A randomized trial of dialectical behavior therapy versus general psychiatric management for borderline personality disorder. *American Journal of Psychiatry*, *166*(12), 1365-1374.

Meares, R., Stevenson, J., & Comerford, A. (1999). Psychotherapy with borderline personality patients: A comparison between treated and untreated cohorts. *Australian & New Zealand Journal of Psychiatry*, *33*, 467-472.

Megargee, E., & Bohn, M. (1979). *Classifying criminal offenders*. Beverly Hills, CA: Sage.

Mehlum, L., Fris, S., Irion, T., Johns, S., Karterud, S., Vaglum, P., et al. (1991). Personality disorders 2-5 years after treatment: A prospective follow-up study. *Acta Psychiatrica Scandinavia*, *84*, 72-77.

Meichenbaum, D. (1977). *Cognitive-behavioral modification: An integrated approach*. New York, NY: Plenum.

Meissner, W. (1978). *The paranoid process*. New York, NY: Jason Aronson.

Meissner, W. (1986). *Psychotherapy and the paranoid process*. Northvale, NJ: Jason Aronson.

Meissner, W. (1989). Paranoid personality disorder. In T. Karasu (Ed.), *Treatments of psychiatric disorders* (pp. 2705-2711). Washington, DC: American Psychiatric Press.

Meloy, J. (1988). *The psychopathic mind: Origins, dynamics, and treatment*. Northvale, NJ: Jason Aronson.

Meloy, J., & Yakeley, J. (2010). Psychodynamic treatment of antisocial personality disorder. In J. Clarkin, P. Fonagy, & G. Gabbard (Eds.), *Psychodynamic psychotherapy for personality disorders: A clinical handbook* (pp. 289-309). Arlington, VA: American

Psychiatric Publishing.

Messina, N., Farabee, D., & Rawson, R. (2003). Treatment responsivity to cocainedependent patients with antisocial personality disorder to cognitive-behavioral and contingency management interventions. *Journal of Consulting and Clinical Psychology, 71*(2), 320-329.

Messina, N., Wish, E., Hoffman, J., & Nemes, S. (2002). Antisocial personality disorder and TC treatment outcomes. *American Journal of Drug and Alcohol Abuse, 28*(2), 197-212.

Meyer, R. (1995). *The clinician's handbook: Integrated diagnostics, assessment, and intervention in adult and adolescent psychotherapy* (4th ed.). Boston: Allyn and Bacon.

Miller, W., & Rollnick, S. (2013). *Motivational interviewing: Helping people change* (3rd ed.). New York, NY: Guilford.

Millon, T. (1981). *Disorders of personality: DSM-III Axis II*. New York, NY: Wiley.

Millon, T. (1990). *Toward a new personology: An evolutionary model*. New York, NY: Wiley.

Millon, T., & Davis, R. (1996). *Disorders of personality: DSM-IV and beyond* (2nd ed.). New York, NY: Wiley.

Millon, T., & Davis, R. (2000). *Personality disorders in modern life*. New York, NY: John Wiley & Sons.

Millon, T., & Everly, G. (1985). *Personality and its disorders: A biosocial learning approach*. New York, NY: Wiley.

Millon, T., Millon, C., Grossman, S., Boice, A., & Sinsabaugh, K. (2015). *MCMI-IV manual*. Minneapolis, MN: Pearson.

Minuchin, S. (1974). *Families and family therapy*. Cambridge, MA: Harvard University Press.

Minuchin, S., & Montalvo, B. (1967). Techniques for working with disorganized low socioeconomic families. *American Journal of Orthopsychiatry, 37*(5), 880.

Mitchell, D., Tafrate, R., & Freeman, A. (2015). Antisocial personality disorder. In A. Beck, D. Davis, & A. Freeman, A. (Eds.), *Cognitive therapy of personality disorders* (3rd ed., pp. 346-365). New York, NY: Guilford.

Montgomery, J. (1971). Treatment management of passive-dependent behavior. *International Journal of Social Psychiatry, 17*, 311-319.

Morey, L., Skodol, A., & Oldham, J. (2014). Clinician judgments of clinical utility: A comparison of DSM-IV-TR personality disorders and the alternative model for DSM-5 personality disorders. *Journal of Abnormal Psychology*, *123*, 398-405.

Mulder, R. (2012). Cultural aspects of personality disorders. In T. Widiger (Ed.), *The Oxford handbook of personality disorders* (pp. 260-274). New York, NY: Oxford University Press.

Nachmani, G. (1984). Hesitation, perplexity, and annoyance at opportunity. *Contemporary Psychoanalysis*, *20*, 448-457.

Nathanson, B., & Jamison, S. (2011). Psychotherapeutic and pharmacologic treatment of schizotypal personality disorder: The heuristic utility of stressing function over form. *Clinical Case Studies*, *10*(5), 395-407.

Nehls, N. (1991). Borderline personality disorder and group therapy. *Archives of Psychiatric Nursing*, *5*, 137-146.

Nehls, N., & Diamond, R. (1993). Developing a systems approach to caring for persons with borderline personality disorder. *Community Mental Health Journal*, *29*, 161-172.

Nichols, W. (1996). Persons with antisocial and histrionic personality disorders in relationships. In F. Kaslow (Ed.), *Handbook of relational diagnosis and dysfunctional family patterns* (pp. 287-299). New York, NY: Wiley.

Nurse, A. (1998). The dependent/narcissistic couple. In J. Carlson & L. Sperry (Eds.), *The disordered couple* (pp. 315-332). New York, NY: Brunner/Mazel.

O'Donohue, W., Fowler, K., & Lilienfeld, S. (2007). *Personality Disorders: Toward the DSM-V*. Thousand Oaks, CA: Sage.

O'Leary, K., Turner, E., Gardner, D., & Cowdry, R. (1991). Homogeneous group therapy or borderline personality disorder. *Group*, *15*, 56-64.

Oldham, J., & Skodol, A. (2000). Charting the future of Axis II. *Journal of Personality Disorders*, *14*, 17-29.

Ogloff, J., Talevski, D., Lemphers, A., Wood, M., & Simmons, M. (2015). Co-occurring mental illness, substance use disorders, and antisocial personality disorder among clients of forensic mental health services. *Psychiatric Rehabilitation Journal*, *1*, 16-23.

Osterbaan, D., van Balkom, A., Spinhoven, P., de Meij, T., & van Dyck, R. (2002). The influence of treatment gain on comorbid avoidant personality disorder in patients with social phobia. *Journal of Nervous and Mental Disease*, *190*(1), 41-43.

Othmer, E., & Othmer, S. (2002). *The clinical interview using DSM-IV, Vol. 1, Fundamentals*. Washington, DC: American Psychiatric Press.

Padesky, C., & Beck, J. (2015). Avoidant personality disorder. In A. Beck, D. Davis, & A.

Freeman, A. (Eds.), *Cognitive therapy of personality disorders* (3rd ed., pp. 174-202). New York, NY: Guilford.

Parsons, B., & Alexander, J. (1973). Short-term family interventions: A therapy outcome study. *Journal of Abnormal Psychology*, *8*, 219-225.

PDM Task Force. (2006). *Psychodynamic diagnostic manual (PDM)*. Silver Spring, MD: Alliance of Psychoanalytic Organizations.

Perry, J., Francis, A., and Clarkin, J. (1990). *A DSM-III-R casebook of treatment selection*. New York, NY: Brunner/Mazel.

Perry, J. C., Presniak, M., & Olson, T. (2013). Mechanisms in schizotypal, borderlines, antisocial, and narcissistic personality disorders. *Psychiatry*, *76*(1), 32-52.

Phillips, K., & Stein, D., (Eds.). (2015). *Handbook on obsessive-compulsive and related disorders*. Alexandria, VA: American Psychiatric Publishing.

Pies, R. (1992). The psychopharmacology of personality disorders. *Psychiatric Times*, *February*, 23-24.

Pincus, A., Wright, A., & Cain, N. (2014). Narcissistic grandiosity and narcissistic vulnerability in psychotherapy. *Personality Disorders: Theory, Research, and Treatment*, 5(4), 439-443.

Pines, M. (1975). Group psychotherapy with difficult patients. In L. Wolberg & M. Aronson (Eds.), *Group therapy 1975: An overview*. New York, NY: Stratton Intercontinental Medical Books.

Porcerelli, J., Dauphin, V., Ablon, J., Leitman, S., & Bambery, M. (2007). Psychoanalysis with avoidant personality disorder: A systemic case study. *Psychotherapy: Theory, Research, Practice, Training*, *44*(1), pp. 1-13.

Pretzer, J. (1988). Paranoid personality disorder: A cognitive view. *International Cognitive Therapy Newsletter*, *4*(4), 10-12.

Quality Assurance Project (1991). Treatment outlines for borderline, narcissistic and histrionic personality disorders. *Australian & New Zealand Journal of Psychiatry*, *25*, 392-403.

Regier, D., Boyd, J., Burke, J., Rae, D., Myers, J., Kramer, M., et al. (1988). One-month prevalence in mental disorders in the United States. *Archives of General Psychiatry*, *45*, 977-986.

Reich, J. (2002). Drug treatment of personality disorder traits. *Psychiatric Annals*, *32*(10), 590-600.

Reich, J. (2005). State and trait in personality disorders. In J. Reich (Ed.), *Personality*

*Disorders: Current Research and Treatments* (pp. 3-20). New York, NY: Routledge.

Reid, W. (1989). *The treatment of psychiatric disorders. Revised for the DSM-III-R*. New York, NY: Brunner/Mazel.

Rennenberg, B., Goldstein, A., Phillips, D., & Chambliss, D. (1990). Intensive behavioral group treatment of avoidant personality disorder. *Behavior Therapy*, *21*, 363-377.

Renton, J., & Mankiewicz, P. (2015). Paranoid, schizotypal, and schizoid personality disorders. In A. Beck, D. Davis, & A. Freeman, A. (Eds.), *Cognitive therapy of personality disorders* (3rd ed., pp. 244-275). New York, NY: Guilford.

Rentrop, M., Zilker, T., Lederle, A., Birkhofer, A., & Horz, S. (2014). Psychiatric comorbidity and personality structure in patients with polyvalent addiction. *Psychopathology*, *47*(2), 133-140.

Rinsley, D. (1982). *Borderline and other self disorders*. New York, NY: Jason Aronson.

Roche, M., Pincus, A. Lukowitsky, R., Ménard, K., & Conroy, D. (2013). An integrative approach to the assessment of narcissism. *Journal of Personality Assessment*, *9*(3), 237-248.

Roemer, L., & Orsillo, S.(2002). Expanding our conceptualization of and treatment for generalized anxiety disorder: Integrating mindfulness/acceptance-based approaches with existing cognitive-behavioral models. *Clinical Psychology: Science and Practice*, *9*(1), 54-68.

Ronningstam, E. (2011). Narcissistic personality disorder: A clinical perspective. *Journal of Psychiatric Practice*, *17*, 89-99.

Ronningstam, E. (2012). Narcissistic personality disorder: The diagnostic process. In T. Widiger (Ed.), *The Oxford handbook of personality disorders* (pp. 527-548). New York, NY: Oxford University Press.

Rutan, J. S., Stone, W., & Shay, J. (2014). *Psychodynamic group psychotherapy* (5th ed.). New York, NY: Guilford.

Ryan, A., Macdonald, A., & Walker, E. (2013). Treatment of adolescents with schizotypal personality disorder and related conditions: A practice-oriented review of the literature. *Clinical Psychology: Science and Practice*, *20*(4), 408-424.

Ryle, A. (2004). The contribution of cognitive analytic therapy to the treatment of borderline personality disorder. *Journal of Personality Disorders*, *18*(1), 3-35.

Sadoff, R., & Collins, D. (1968). Passive dependency in sufferers. *American Journal of Psychiatry*, *124*, 1127-1136.

Salkovskis, P., & Kirk, J. (1989). Obsessional disorders. In K. Hawton, P. Salkovskis, J.

Kirk, & D. Clark (Eds.), *Cognitive behavior therapy for psychiatric problems* (pp. 129-168). Oxford: Oxford University Press.

Salvatore, G., Russo, B., Russo, M., Popolo, R., & Dimaggio, G. (2012). Metacognitionoriented therapy for psychosis: The case of a woman diagnosed with delusional disorder and paranoid personality disorder. *Journal of Psychotherapy Integration*, *22*(4), 314-329.

Salzman, L. (1980). *Treatment of the obsessive personality*. New York, NY: Jason Aronson.

Salzman, L. (1989). Compulsive personality disorder. In T. Karasu (Ed.), *Treatment of psychiatric disorders* (pp. 2771-2782). Washington, DC: American Psychiatric Press.

Samuels, J., & Costa, P. (2012). Obsessive-compulsive personality disorder. In T. Widiger (Ed.), *The Oxford handbook of personality disorders* (pp. 566-581). New York, NY: Oxford University Press.

Sanislow, C., da Cruz, K., Gianoli, M., & Reagan, E. (2012). Avoidant Personality Disorder, Traits, and Type. In T. Widiger (Ed.), *The Oxford handbook of personality disorders* (pp. 549-565). New York, NY: Oxford University Press.

Schanche, E., Stiles, T., McCullough, L., Svartberg, M., & Nielsen, G. (2011). The relationship between activating affects, inhibitory affects, and self-compassion in patients with Cluster C personality disorders. *Psychotherapy*, *48*, 293-303.

Schane, M., & Kovel, V. (1988). Family therapy in severe borderline personality disorder. *International Journal of Family Psychiatry*, *9*, 241-258.

Scheidlinger, S., & Porter, K. (1980). Group therapy combined with individual psychotherapy. In T. Karasu & L. Bellak (Eds.), *Specialized Techniques in Individual Psychotherapy* (pp. 426-440). New York, NY: Brunner/Mazel.

Schwartz, J., & Begley, S. (2002). *The mind and the brain: Neuroplasticity and the power of mental force*. New York, NY: HarperCollins.

Segal, Z., Williams, J., & Teasdale, J. (2002). *Mindfulness-based cognitive therapy of depression*. New York, NY: Guilford.

Segal, Z., Williams, J., Teasdale, J., & Williams, M. (2004). Mindfulness-based cognitive therapy: Theoretical and empirical status. In S. Hayes, V. Follette, & M. Linehan (Eds.), *Mindfulness and acceptance: Expanding the cognitive-behavioral tradition* (pp. 45-65). New York, NY: Guilford.

Shafer, R. (1954). *Psychoanalytic interpretation in Rorschach testing*. New York, NY: Grune and Stratton.

Shapiro, D. (1965). *Neurotic styles*. New York, NY: Basic Books.

Shapiro, E. (1982). The holding environment and family therapy for acting out adolescents. *International Journal of Psychoanalysis, 9*, 209-226.

Sharoff, K. (2002). *Cognitive coping therapy*. New York, NY: Brunner/Routledge.

Sheldon, W., Dupertius, C., & McDermott, E. (1954). A guide for somatotyping the adult male at all ages. *Atlas of men* (2nd ed.). New York, NY: Harper Brothers.

Shostrum, E. (1976). *Actualizing therapy: Foundations for a scientific ethic*. San Diego, CA: EdITS Publishers.

Shulman, B. (1982). An Adlerian interpretation of the borderline personality. *Modern Psychoanalysis*, 7, 137-153.

Siegel, D. (1999). *The developing mind*. New York, NY: Guilford.

Sifneos, P. (1972). *Short-term psychotherapy and emotional crisis*. Cambridge, MA: Harvard University Press.

Sifneos, P. (1984). The current status of short-term dynamic psychotherapy and its future: An overview. *American Journal of Psychotherapy, 38*, 472-487.

Silk, K., & Feurino, L. (2012). Psychopharmacology of personality disorders. In T. Widiger (Ed.), *The Oxford handbook of personality disorders* (pp. 713-726). New York, NY: Oxford University Press.

Simon, W. (2009). Follow-up psychotherapy outcome of patients with dependent, avoidant and obsessive-compulsive personality disorders: A meta-analytic review. *International Journal of Psychiatry in Clinical Practice, 13*, 153-165.

Simon, K. (2015). Obsessive-compulsive personality disorder. In A. Beck, D. Davis, & A. Freeman (Eds.), *Cognitive therapy of personality disorders* (3rd ed., pp. 203-222). New York, NY: Guilford.

Singer, M. T., & Larson, D. G. (1981). Borderline personality and the Rorschach test. *Archives of General Psychiatry, 38*(6), 693-698.

Skodol, A., Bender, D., Gunderson, J., & Oldham, J. (2014). Personality disorders. In R. Hales, S. Yudofsky, & L. Weiss (Eds.), *The American Psychiatric Publishing Textbook of Psychiatry* (pp. 851-894). Alexandria, VA: American Psychiatric Publishing.

Slavik, S., Sperry, L., & Carlson, J. (1992). The schizoid personality disorder: A review and an Adlerian view and treatment. *Individual Psychotherapy*, 7, 137-154.

Slavson, S. (1939). *Dynamics of group psychotherapy*. New York, NY: Jason Aronson.

Slavson, S., (1964). *A textbook in analytic group psychotherapy*. New York, NY: International Universities Press.

Snyder, M. (1994). Couple therapy with narcissistically vulnerable clients: Using the relationship enhancement model. *Family Journal: Counseling and Therapy for Couples and Families*, *2*, 27-35.

Soloff, P., Lynch, K., & Kelly, T. (2002). Childhood abuse as a risk factor for suicidal behavior in borderline personality disorder. *Journal of Personality Disorders*, *16*(3), 201-214.

Solomon, M, (1989). *Narcissism and intimacy: Love and marriage in an age of confusion*. New York, NY: Norton.

Solomon, M. (1999), Treating narcissistic and borderline couples. In J. Carlson & L. Sperry (Eds.), *The disordered couple* (pp. 239-258). New York, NY: Brunner/Mazel.

Sperry, L. (1990). Personality disorders: Biopsychosocial descriptions and dynamics. *Journal of Individual Psychology*, *46*, 193-202.

Sperry, L. (1995a). *Handbook of diagnosis and treatment of DSM-IV personality disorders*. New York, NY: Brunner/Mazel.

Sperry, L. (1995b). *Psychopharmacology and psychotherapy: Strategies for maximizing treatment outcomes*. New York, NY: Brunner/Mazel.

Sperry, L. (1988). Biopsychosocial therapy: An integrative approach for tailoring treatment. *Journal of Individual Psychology*, *44*, 225-235.

Sperry, L. (2000). Biopsychosocial therapy: Essential strategies and tactics. In J. Carlson & L. Sperry (Eds.), *Brief therapy with individuals and couples*. Phoenix, AZ: Zeig, Tucker & Theisen.

Sperry, L. (2002). From psychopathology to transformation: Retrieving the developmental focus in psychotherapy. *Journal of Individual Psychology*, *58*, 398-421.

Sperry, L. (2003). *Handbook of diagnosis and treatment of DSM-IV-TR personality disorders* (2nd edition). New York, NY: Brunner-Routledge.

Sperry, L. (2005). Case conceptualization: The missing link between theory and practice. *The Family Journal: Counseling and Therapy for Couples and Families*, *13*, 71-76.

Sperry, L. (2006a). *Cognitive behavior therapy of DSM-IV-TR personality disorders: Highly effective interventions for the most common personality disorders* (2nd ed.). New York, NY: Brunner/Mazel.

Sperry, L. (2006b). *Psychological treatment of chronic illness: The biopsychosocial therapy approach*. New York, NY: Brunner/Mazel.

Sperry, L. (2010). *Core competencies in counseling and psychotherapy: Becoming a highly competent and effective therapist*. New York, NY: Routledge.

Sperry, L. (2014). Effecting change: The centrality of the case conceptualization. In L.

Sperry & J. Carlson. *How master therapists work: Effecting change from the first through the last session and beyond* (pp. 74-99). New York, NY: Routledge.

Sperry, L. (2015). Personality disorders. In L. Sperry, J. Carlson, J. Duba-Sauerheber, & J. Sperry (Eds.), *Psychopathology and psychotherapy: DSM-5 diagnosis, case conceptualization and treatment* (3rd ed., pp. 27-61). New York, NY: Routledge.

Sperry, L. (in press). Educating the next generation of psychotherapists: Considering the future of theory and practice in Adlerian Psychotherapy. *Journal of Individual Psychology*.

Sperry, L., Brill, P., Howard, K., & Grissom, G. (1996). *Treatment outcomes in psychotherapy and psychiatric interventions*. New York, NY: Brunner/Mazel.

Sperry, L., & Carlson, J. (2014). *How master therapists work: Effecting change from the first to the last session and beyond*. New York, NY: Routledge.

Sperry, L., Gudeman, J., Blackwell, B., & Faulkner, L. (1992). *Psychiatric case formulations*. Washington, DC: American Psychiatric Press.

Sperry, L., & Maniacci, M. (1996). The histrionic-obsessive couple. In J. Carlson & L. Sperry (Eds.), *The disordered couple* (pp. 187-205). New York, NY: Brunner/Mazel.

Sperry, L., & Mosak, H. (1996). Personality disorders. In L. Sperry & J. Carlson (Eds.), *Psychopathology and psychotherapy: From diagnosis to treatment* (2nd ed., pp. 279-336). Washington, DC: Accelerated Development/Taylor & Francis.

Sperry, L., & Sperry, J. (2012). *Case conceptualization: Mastering this competency with ease and confidence*. New York, NY: Routledge.

Sperry, L., & Sperry, J. (2016). *Cognitive behavior therapy of DSM-5 personality disorders* (3rd ed.). New York, NY: Routledge.

Spotnitz, H. (1975). The borderline schizophrenic in group psychotherapy. *International Journal of Group Psychotherapy*, *7*, 155-174.

Stern, B., Yeomans, F., & Diamond, D. (2013). Transference-focused psychotherapy (TFP) for narcissistic personality disorder. In J. Ogrodniczuk (Ed.), *Understanding and treating pathological narcissism* (pp. 235-252). Washington, DC: American Psychological Association.

Stevenson, J., & Meares, R. (1992). An outcome study of psychotherapy for patients with borderline personality disorder. *American Journal of Psychiatry*, *149*, 144-150.

Stone, M. (1983). Psychotherapy with schizotypal borderline patients. *Journal of the American Academy of Psychoanalysis*, *11*, 87-111.

Stone, M. (1985). Schizotypal personality: Psychotherapeutic aspects. *Schizophrenia*

*Bulletin*, *11*, 576-589.

Stone, M. (1989). Schizotypal personality disorder. In T. Karasu (Ed.), *Treatment of psychiatric disorders* (pp. 2719-2726). Washington, DC: American Psychiatric Press.

Stone, M. (1992). Treatment of severe personality disorders. In A. Tasman & M. Riba (Eds.), *American Psychiatric Press Review of Psychiatry. Vol. 2* (pp. 98-115). Washington, DC: American Psychiatric Press.

Stone, M. (1993). *Abnormalities of personality: Within and beyond the realm of treatment*. New York, NY: Norton.

Stone, W., & Whiteman, R. (1980). Observation and empathy in group psychotherapy. In L. Wolberg & M. Aronson (Eds.), *Group and Family Therapy*. New York, NY: Brunner/Mazel.

Stone, M., & Weissman, R. (1984). Group therapy with borderline patients. In H. Slavinska (Ed.), *Contemporary perspectives in group psychotherapy*. London: Routledge & Kegan Paul.

Stout, M. (2005). *The sociopath next door*. New York, NY: Broadway Books.

Strauss, J., Hayes, A., Johnson, S., Newman, C., Brown, G., Barber, J., et al. (2006). Early alliance, alliance ruptures, and symptom change in a nonrandomized trial of cognitive therapy for avoidant and obsessive-compulsive personality disorders. *Journal of Consulting and Clinical Psychology*, *74*, 337-345.

Stravynski, A., Grey, S., & Elie, R. (1987). Outline of the therapeutic process in social skills training with socially dysfunctional patients. *Journal of Consulting and Clinical Psychology*, *55*, 224-228.

Stravynski, A., Marks, I., & Yule, W. (1982). Social skills problems in neurotic outpatients. *Archives of General Psychology*, *39*, 1378-1383.

Strupp, H., & Binder, J. (1984). *Psychotherapy in a new key: A guide to time-limited dynamic psychotherapy*. New York, NY: Basic Books.

Sungar, M., & Gunduz, A. (2015). Histrionic personality disorder. In A. Beck, D. Davis, & A. Freeman, A. (Eds.), *Cognitive therapy of personality disorders* (3rd ed., pp. 325-345). New York, NY: Guilford.

Svartberg, M., Stiles, T., & Seltzer, M. (2004). Randomized control trial of the effectiveness of short-term dynamic therapy and cognitive therapy for Cluster C personality disorders. *American Journal of Psychiatry*, *161*(5), 810-817.

Swiercinsky, D. (Ed.). (1985). *Testing adults*. Kansas City: Test Corporation of America.

Symington, N. (1980). The response aroused by the psychopath. *International Review of*

*Psychoanalysis*, 7, 291-298.

Tacbacnik, N. (1965). Isolation, transference, splitting and combined treatment. *Comprehensive Psychiatry*, 6, 336-346.

Tarrier, N. (Ed.). (2006). *Case formulation in cognitive behaviour therapy. The treatment of challenging and complex cases*. London, UK: Routledge.

Teasdale, J., Segal, Z., Williams, J., Mark, G., Ridgeway, V., Soulsby, J, et al. (2000). Prevention of relapse/recurrence in depression by mindfulness-based cognitive therapy. *Journal of Consulting and Clinical Psychology*, 68, 615-623.

Thomas, A., & Chess, S. (1977). *Temperament and development*. New York, NY: Brunner/Mazel.

Thylstrup, B.& Hesse, M. (2009). "I am not complaining"—Ambivalence construct in schizoid personality disorder. *American Journal of Psychotherapy*, 63(2), 147-167.

Toman, W. (1961). *Family constellation: Theory and practice of a psychological game*. New York, NY: Springer.

Torgersen, S. (1984). Genetic and nosological aspects of schizotypal and borderline personality disorders: A twin study. *Archives of General Psychiatry*, 41, 546-554.

Torgersen, S. (2009). Prevalence, sociodemographics, and functional impairment. In J. Oldham, J. Skodol, & D. Bender (Eds.), *Essentials of personality disorders* (pp. 83-102), Washington, DC: American Psychiatric Publishing.

Torgersen, S. (2012). Epidemiology. In T. Widiger (Ed.), *The Oxford handbook of personality disorders* (pp. 186-205). New York, NY: Oxford University Press.

Trujillo, M. (2013). Treating pathological narcissism with short term dynamic psycho therapy. In J. Ogrodniczuk (Ed.), *Understanding and treating pathological narcissism* (pp. 269-284). Washington, DC: American Psychological Association.

Turkat, I. (1990). *The personality disorders: A psychological approach to clinical management*. New York, NY: Pergamon.

Turkat, L. & Maisto, S. (1985). Application of the experimental method to the formulation and modification of personality disorders. In D. Barlow (Ed.), *Clinical handbook of psychological disorders* (pp. 503-570). New York, NY: Guilford.

Vaccani, J. (1989). Borderline personality and alcohol abuse. *Archives of Psychiatric Nursing*, 3, 113-119.

Valliant, G., & Perry, J. (1985). Personality disorders. In H. Kaplan & B. Sadock (Eds.), *Comprehensive textbook of psychiatry* (4th ed.). Baltimore: Williams & Wilkins.

Van der Kolk, B. A., Perry, J. C., & Herman, J. L. (1991). Childhood origins of selfdestructive behavior. *American Journal of Psychiatry, 148*(12), 1665-1671.

Van Gelder, K. (2010). *The Buddha and the borderline: A memoir*. Oakland, CA: New Harbinger.

Vaughn, B., & Bost, K. (1999). Attachment and temperament: Redundant, independent, or interacting influences on interpersonal adaptation and personality development? In P. Cassidy & P. Shaver (Eds.), *Handbook of attachment: Theory, research and clinical applications* (pp. 198-225). New York, NY: Guilford.

Vinogradov, S., & Yalom, I. (1989). *Concise guide to group psychotherapy*. Washington, DC: American Psychiatric Press.

Wagner, E., & Wagner, C. (1981). *The interpretation of psychological test data*. Springfield, IL: Charles Thomas.

Waldinger, R. (1986). Intensive psychodynamic psychotherapy with borderline patients: An overview. *American Journal of Psychiatry, 144*, 267-274.

Waldo, M., & Harman, M. (1993). Relationship enhancement therapy with borderline personality. *Family Journal, 1*, 25-30.

Waldo, M., & Harman, M. (1998). Borderline personality disorder and relationship enhancement marital therapy. In J. Carlson & L. Sperry (Eds.), *The disordered couple* (pp. 285-298). New York, NY: Brunner/Mazel.

Walker, R. (1992). Substance abuse and B-cluster disorders: Treatment recommendations. *Journal of Psychoactive Drugs, 24*, 233-241.

Wallerstein, R. (1986). *Forty-two lives in treatment: A study of psychoanalysis and psychotherapy*. New York, NY: Guilford.

Walsh, A., & Wu, H. H. (2008). Differentiating antisocial personality disorder, psychopathy, and sociopathy: Evolutionary, genetic, neurological, and sociological considerations. *Criminal Justice Studies, 21*(2), 135-152.

Weeks, G., & L'Abate, L. (1982). *Paradoxical psychotherapy: Theory and practice with individuals, couples, and families*. New York, NY: Brunner/Mazel.

Weissman, M., Markowitz, J., & Klerman, G. (2000). *Comprehensive guide to interpersonal psychotherapy*. New York, NY: Basic Books.

Weissman, M., Markowitz, J., & Klerman, G. (2007). *Clinician's quick guide to interpersonal psychotherapy*. New York, NY: Oxford University Press.

Wells, M., Glickauf-Hughes, C., & Buzzell, V. (1990). Treating obsessive-compulsive personalities in psychoanalytic/interpersonal group therapy. *Psychotherapy, 27*, 366-379.

Westen, D. (2012). Prototypic diagnosis of psychiatric syndromes. *World Psychiatry*, *11*(1), 16-21.

Wilberg, T., Karterud, S., Urnes, O., Pedersen, G., & Friis, S. (1999). One-year followup of day treatment for poorly functioning patients with personality disorders. *Psychiatric Services*, *50*(10), 1326-1330.

Williams, J. (1988). Cognitive intervention for a paranoid personality disorder. *Psychotherapy*, *25*, 570-575.

Williams, P. (2010). Psychotherapeutic treatment of Cluster A personality disorders. In J. Clarkin, P. Fonagy, & G. Gabbard (Eds.), *Psychodynamic psychotherapy for personality disorders: A clinical handbook* (pp. 289-309). Arlington, VA: American Psychiatric Publishing.

Winer, J., & Pollock, G. (1989). Psychoanalysis and dynamic therapy. In T. Karasu (Ed.), *Treatments of psychiatric disorders* (pp. 2639-2648). Washington, DC: American Psychiatric Press.

Winston, A., & Pollack, J. (1991). Brief adaptive psychotherapy. *Psychiatric Annals*, *21*, 415-418.

Woody, G., McLellan, A.., Luborsky, L., & O'Brien, C. (1985). Sociopathy and psychotherapy outcome. *Archives of General Psychiatry*, *42*(11), 1081-1086.

Wright, A., Hallquist, M., Morse, J, Scott, L., Stepp, S., Nolf, K, et al. (2013). Clarifying inter personal heterogeneity in borderline personality disorder using latent mixture modeling. *Journal of Personality Disorders*, *27*(2), 125-143.

Wurmser, L. (1981). *The mask of shame*. Baltimore: Johns Hopkins University Press.

Yalom, I. (1995). *The theory and practice of group psychotherapy* (4th ed.). New York, NY: Basic Books.

Young, J. (1994). *Cognitive therapy for personality disorders: A schema-focused approach* (rev. ed.). Sarasota, FL: Professional Resource Exchange.

Young, J. (1999). *Cognitive therapy for personality disorders: A schema-focused approach* (3rd ed.). Sarasota, FL: Professional Resource Press.

Young, J., Klosko, J., & Weishaar, M. (2003). *Schema therapy: A practitioner's guide*. New York, NY: Guilford.

Young, P. (1990). *Cognitive therapy for personality disorders: A schema-focused approach*. Sarasota, FL: Professional Resource Exchange.

Zanarini, M., Frankenburg, F., Reich, D., & Fitzmaurice, G. (2010). Time to attainment of recovery from borderline personality disorder and stability of recovery: A 10-year prospective follow-up study. *American Journal of Psychiatry*, *167*, 663-667.

Zimbardo, P. (1977). *Shyness*. New York, NY: Jove/Berkeley Publishing Group.

Zimmerman, M., Rothschild, L., & Chelminski, I. (2005). The prevalence of DSM-IV personality disorders in outpatients. *American Journal of Psychiatry*, *162*, 1911-1918.

# 찾아보기

## 인명

## 내용

# 저자 소개

Len Sperry(MD, Ph.D)

미국 플로리다주 보카 러톤 소재 플로리다 애틀랜틱 대학교(Florida Atlantic University)의 정신건강상담학과(Mental Health Counseling) 교수 및 위스콘신 의과대학 정신의학과 교수를 역임하였다. 현재는 플로리다 애틀랜틱 대학교의 명예교수이며, 『The American Journal of Family Therapy』 저널지의 편집위원장(editor-in-chief)을 맡고 있다. 아들러 심리치료와 CBT를 통합한 'Pattern-Focused Therapy'를 창시하였으며, 성격장애 및 사례개념화 등을 포함하여 다양한 주제에 관한 수백 편의 저서와 논문을 발표하였다. 대표 저서로는 『Psychopathology and Psychotherapy: DSM-5 Diagnosis, Case Conceptualization, and Treatment』 『Cognitive Behavior Therapy of DSM-5 Personality Disorders: Assessment, Case Conceptualization, and Treatment』 『The 15 Minute Case Conceptualization: Mastering the Pattern-Focused Approach』 『Pattern-Focused Therapy: Highly Effective CBT Practice in Mental Health and Integrated Care Settings』 등이 있다.

## 역자 소개


김석웅(Kim Seok-Woong)

전남대학교 심리학과 Ph.D(임상심리학 전공)

한국임상심리학회 공인 임상심리전문가(제914호)

현 심리건강연구소 소장

전문가 QR코드

강영신(Kang Young-Shin)

노스이스턴 대학교(Northeastern University) Ph.D(상담심리학 전공)

현 전남대학교 심리학과 교수

이세라(Lee Sera)

전남대학교 심리학과 Ph.D(임상심리학 전공)

한국임상심리학회 공인 임상심리전문가(제1830호)

전문가 QR코드

# DSM-5 성격장애의 진단 및 치료 핸드북(원서 3판)
## 평가, 사례개념화, 치료

**Handbook of Diagnosis and Treatment of DSM-5 Personality Disorders: Assessment, Case Conceptualization, and Treatment (Third Edition)**

2023년 7월 20일 1판 1쇄 발행
2024년 3월 25일 1판 2쇄 발행

지은이 • Len Sperry
옮긴이 • 김석웅 · 강영신 · 이세라
펴낸이 • 김 진 환
펴낸곳 • (주) 학지사
04031 서울특별시 마포구 양화로 15길 20 마인드월드빌딩 5층
대표전화 • 02) 330-5114 팩스 • 02) 324-2345
등록번호 • 제313-2006-000265호
홈페이지 • http://www.hakjisa.co.kr
인스타그램 • https://www.instagram.com/hakjisabook

ISBN 978-89-997-2926-3 93180

**정가 25,000원**

역자와의 협약으로 인지는 생략합니다.
파본은 구입처에서 교환하여 드립니다.